U0946469

邵荃麟全集

SHAO QUANLIN QUANJI

第五卷

译著　译文（上）

武汉出版社

WUHAN
PUBLISHING HOUSE

(鄂)新登字 08 号

图书在版编目(CIP)数据

邵荃麟全集. 5,译著、译文. 上/邵荃麟著. —武汉:武汉出版社,2013.10

ISBN 978—7—5430—7887—1

Ⅰ. ①邵…　Ⅱ. ①邵…　Ⅲ. ①中国文学—当代文学—作品综合集　Ⅳ. ①I217.2

中国版本图书馆 CIP 数据核字(2013)第 232953 号

著　　者:邵荃麟

责任编辑:李杏华

封面设计:刘福珊

出　　版:武汉出版社

社　　址:武汉市江汉区新华路 490 号　　邮　　编:430015

电　　话:(027)85606403　85600625

http://www.whcbs.com　　E-mail:zbs@whcbs.com

印　　刷:武汉精一印刷有限公司　　经　　销:新华书店

开　　本:880mm×1240mm　1/32

印　　张:17　　字　　数:354 千字　　插　　页:7

版　　次:2013 年 12 月第 1 版　　2013 年 12 月第 1 次印刷

定　　价:480.00 元(全套八卷)

邵荃麟在书房

1957年与陈学昭（前排左二）等合影

1958年，邵荃麟在陕西西安白庙村

1959年，邵荃麟、葛琴在浙江杭州

目　录

菲多·田亚廷

M·高尔基

窗上铁格子的黑线条，把一片灰白色的天空划成了六个方块。为炎热天气所引起的窒闷的气息，混合着狱场上滞钝与沉闷的生活中那重浊的喧嚣声，从那里流入到监房里来。

时间过去得很慢。

田亚廷摸着墙壁，小心地走过去。很敏捷地挥着臂膀，去捉苍蝇，他捉到了一只，把手指一个一个的慢慢地放开来，等那虫豸跑掉了，他又挺起眉毛，从深黝的眼睛里，发出一种凝神一志的神气，望着它飞去。有时，他恶狠狠地咬着嘴唇，把苍蝇的翅膀撕掉了，忿忿地将它丢开，接着提起外衣的袖子，拭去了脸上的汗珠。

他的举动是流利而有力的，但背脊有些弯曲，脑袋不自主地勾在胸前。有时他不高兴地把脑袋往后一仰，向监房的门恨恨地瞧着，仿佛用他的眼睛在倾听着什么似的。粗浓的眉毛抖动了一下，露出一双扩大的瞳孔，黑胡子一撅，瘦削的脸孔变成了死板板的，显出一种又冷酷又倔强的神情。

从走廊上可以听到一阵喃喃的声音，仿佛有谁在做祷告似的。疲弱的声浪混合在低低的喧嚣中。这是看守马加罗夫在教年轻的新兵念书。他粗鲁的声音不时地扬了起来。

“念这个‘I’(我),说‘Soldiar’(兵),不是‘Soliar’,你们呆虫呀!”

田亚廷温和地然而带些自卑地微笑起来。他把胡子一抹,脸上的笑容也随着被抹掉了。接着,理一理他那绑在腰带上的外衣,继续在监房里蹑着脚轻轻地走,瞅着那些惊醒的苍蝇向四周乱飞开去。

“注意!”狱场上传过来一个声音。

隔了一会,什么地方有一扇门给打开了,发锈的门链大声而尖利地叫了一声,脚步声音钝重地向这边在走过来,还夹着一把刺刀的响声,于是又听到马加罗夫在叫喊:“注意!”

田亚廷把衬衫扣好,挺直了身体,向足音挨近来的这一边突然转过去。一种滞钝的冷酷而阴郁的外貌,陡然笼罩了他的全身。

那笨重的包铁的门,好像不高兴似的只打开了一半,一个小个子的兵士,慌乱地滚进监房里来。他喘着气,东西瞎窜了一会,似乎想要躲藏起来一般。随着,他站住了,用拳头推着门,对田亚廷映起一只右眼,柔和地讨好似的说:

“牢靠得紧呀!喂,朋友,热哪!来得多久了?”

田亚廷笑了笑,向他温和地点点头。那新来的伙伴没等他回答,又走到窗口去,握着铁格子,把身体腾上去,望一望外边,又柔软地落下来,搓搓他的手,向四周打量一下,注意地说:

“嘿,咱们怎么睡法呀?这儿只有一张帆布床啊。”

“他们会加一张的。”田亚廷温和地说:

那小个子兵士在角落里站住了，一双小而无光的眼睛把田亚廷打量了一会，神秘地说：

“嘿，咱在什么地方曾见过你的，朋友，你说怎么样？咱叫鲁金伊凡河，营里的军佐（Non－Dombatant）[①]，你是第二连里来的，菲多·田亚廷不就是你吗？”

“对啦！”——田亚廷说，向他望着。

“那么，好极了，咱们从前见过！在那铸造厂附近的营盘背后，一条沟里开会——咱记得的。你有一次跟那组织员说，传单要写得叫士兵们能看得懂，所以必须要全部简单明了——可不是吗？——咱记得的。”

话说得很快，好像在背一本烂熟的书，而在他语气中间还带着一种讨好的神气。

田亚廷沉思地皱着眉毛，半闭了眼睛，简洁地说：

“我可记不起你来了……”

那小个子的兵士离开角落里，坐到帆布床上去，喃喃地说：“人是那么多！这当然容易忘记的！可是现在他们全给抓去啦——一个也不漏！”

“全抓去了？”田亚廷又问，伸直身体来，微笑着。

“全抓去啦！”鲁金重说一遍，把靴子脱了，“连最后一个也抓去了。我们的弱点呀！人们的嘴巴都没遮拦的，就轻易地把别人出卖了。每一个人都被吓坏了啦。咱们还想咱们是一种势力！现在却变成——只是空口说白话——什么都没有了。是啰，很多人参加这次兵变，可是多数是出于好奇心的。

① 军队中不参加作战的人员，如看护，军医勤务等。

谁能干得成功呢?”

脱掉了靴子,他在他左足趾中间扬着,一壁喘息,一壁吃吃地说:

“那些人——他们懂得什么?你想替他们去干事——可是他们懂得义气吗?呸!这一切人……那些教官也是一样,那一批老爹们!譬如说,凡西里·伊凡诺维契,他是什么东西?谁也不知道!他来了,高谈阔论地说着,忽然地又跑了。跑到哪里去?也许他是在教导咱们,也许他正是在困缚咱们呢?他们说他也在牢里。但是咱们怎样能晓得?咱们一些儿也不知道他呢……”

田亚廷耸一耸肩膀,严肃地说:

“你可别说这样话,朋友!凡西里·伊凡诺维契是一个诚实的人,是一个我你可敬的使徒……”

“谁知道呢?”鲁金挑拨地重说了一句。

田亚廷瞅着这小家伙的滚圆的粗壮的身体,用力地说:

“我知道!我可以为他而死!”

鲁金拿来地板上的靴子,把它弄直了,满意地点一点头,低声叫起来:

“当然啰,假使你……”

“慢着,”田亚廷阻止他,“不能全被捕的。”

“为什么不?有的关得长久一些呢,有的关得短一些。”

“那么谁关得长久一些呢?”田亚廷神气地问,“你可知道?”

“当然啰,咱不能屈着指头来数,但是……”

田亚廷做一个手势打断他的话,又在监房里来回地踱起来，鲁金用瞇动的小眼睛紧盯着他，并听着他柔和而坚决的声音：

“从前只有很少的使徒——一共十二个①。他们谁曾胜利了呢?”

窗子下面在抽水，抽水机的柄在柄格咯吱咯吱地发响，时间仿佛过得快起来了。

“而现在有很多很多的使徒了。他们是人民的精神之子。我们秘密地产生出来的孩子——你要懂得！他们是知道人民的一切思想与希望的——他们是知道的！真理的使徒是被人民所爱戴的。为什么？因为他的胸中是怀着我的心，你的心，以及千万人的心。当千万人的心集合于一人的心中——这是一个使徒的心。而千万人的思想——从各地各处摄取来的思想，你的思想，我的思想——汇集于一个人的脑中，它们结合起来，燃起了并照出了我们所无从瞧见的东西和我们所谓神秘的东西。这就是叫做一个人民的使徒。一个真理的圣仆。”

田亚廷很困难地说着。他把手移到喉咙上，用手指扼着它。他咳得很厉害。由于过分用力，他的脸孔涨成了紫黑色，但同时却是平静而和蔼的。

鲁金靠在帆布床上，把靴子放在膝盖上面，高而阔的鼻子像悬空突出似的，眼睛斜睨着，嘴唇如一只饿瘪了的小牛的嘴唇一样在颤动。前额上的和面颊上的皮肤，厚厚地布满了雀斑，皱成了一条条的纹路，红胡子的硬毛竖了起来，整个滚圆的身体，被一种焦灼所激动，在震撼着。他似乎要看到田亚廷

① 指耶稣十二使徒。

的喉咙底里去，要看出他那沉重的语句——那组成他深刻思想与确信的说话里的语句。

“你在这里耽了很久的吗？朋友。”他突然地问。

“已经是第二个月了——也许是第三个月吧？”

“那很久了。干吗要耽得这么久呢？”

“我不知道。”

田亚廷没有声音地蹑着步子，又在监房里踱起来。

“那从人民中间，从他们伟大的劳动与牺牲中间所产生出来的事物，是永恒的，亘古的，将永远传流下去的！”

“你为什么要进来呢？”鲁金柔和地问，多雀斑的脸孔上露出一种狡狯的率直。

“那没有什么关系！”田亚廷回答说。

鲁金受不住田亚廷的眼光，把头低下去，叹息了一下，又继续的固求似的，探试地说。

“在那些军伍中间，”他说，“有一种谣言——但是，当然啰，他们是撒谎……”

“他们说些什么？”田亚廷严肃地问，又站了下来，望着这个小家伙。

鲁金不安起来了，拉上他的靴子，呻吟一下，抛出几句零落的话：

“唔——他们——在称赞你——朋友。他们——又在奇怪……”

“奇怪什么？”

“奇怪你可是真的，在护送那犯人的时候，把他放走了，还有一些别的话……那些废话！”

田亚廷把身体一挺，手移到脸上去，温和地笑了笑，带着一些骄傲的神气承认说：

“那是确实的，我把他放了。”

鲁金猛然地跳了起来，惊恐地顿着足挥着手。

“你没有把他枪毙吗？没有枪毙吗？”

“是的。”

“好，好！”鲁金回答说，又在帆布床上坐下来。“你会受到报应呀！太坏了！太严重了！啐，你破坏你的誓词了！那是太严重的事情了。法律不能允许这样事情的。”

这小个子的兵士，叫声中，带着一种惊惶的错愕。可是他脸上却露出一丝意外的满足的，而几乎是狂变的神情。

“我难道没有权利去探求真理的所在吗？”田亚廷平静而和缓地说，“我能够有，因为我是一个人！这个犯人对于我乃是一个真理的使徒。因此我得让他平安地逃跑，使他可以多活一些时候。在他的心中，我告诉你，是有你的和我的心中最好的东西——去了解这一点吧！”

“你是一个怪东西呀！”鲁金带着显然的惊佩，叫起来，“啊，我的天！你就不怕吗？”

鲁金搓着手，在地板上擦着脚，把脑袋向门口伸去，听着什么似的，一丝微笑从他多雀斑的脸上掠过去，有如一块石头投入泥水潭里时所激起的微波。

“唯一可怕的事情乃是——抗逆人民的罪恶，而我并不曾做甚坏事，不！我做的是好事，”田亚廷平静地回答说，又慢慢地开始吐出他的话。

“我曾经看见过那把真理像一个火焰般来照耀着世界的

人们，也曾经看见过这真理就是我的真理，你的真理，以及一切生存的人们的真理。这样的人们必须被爱护，必须由我们，和由人民的精神来拥护，使他强大起来。他们决不能因卑鄙的贪婪而被消灭。人民的真理中有上帝般的权力存在，而这真理就是上帝，因为在他中间是没有罪恶的。”

“咱瞧你很喜欢说话呢，”鲁金带着满足的腔调说，“你似乎沉默很久了吧，唔？”

“是的，我现在可以说话了，我已经思索了很多，圣火一定得给维护着。一定的！”

“你所说的可是《圣经》上说的呢，还是你自己想出来的呢？”鲁金隔了一会儿问。

“我读过《圣经》，还读过《预言书》。你，朋友，假如你会读书，那么去读《预言书》吧！它们曾经预言了我们的时代，我们的罪恶，甚至直说到今天。当你能了解古《预言书》上的话，你也会了解我们现在的话了。”

田亚廷在沉思的静默中向窗口走去。鲁金的多雀斑脸孔严重起来了，他把嘴唇大声地“啪”地响了一下说：

“唉，你是一个怪东西，朋友，一个‘老信徒’，是吧？是你所谓那种？——有那么多的——真的！”

“全体人民是一个‘老信徒’！”田亚廷回答说，没有旋动他的身体。“他们常常是坚定的，不能改变地去相信真理的权力。我是指那些劳动的人民——那些在地球上创造一切和产生一切的人们。”

在外面狱场上，有个愤怒的声音在数着：

“一，二，三，四……”

那声音又突然地叫起来：

“你的眼睛在哪里呀？你这瞎猪！”

天渐渐的暗起来了。

田亚廷从窗旁旋过去，摇摇他的头，带着微笑，继续柔和地说：

“我的祖父是一个农奴。他离开他的庄园——抛弃了他的家庭而去找求真理。他被捉到了，痛打了一顿。当他伤一好，他又跑走了。这一回他可完全失踪了！在现今他就不消跑到那么远去。现在是很容易找到真理了。她（真理）的声音到处都能够听到。现在我们是在牢里——她也在这里。这里：可是，我要显给你瞧？”

他向门口跨了一个大步，鲁金惊异而骇惑地从帆布床上跳起来。

“喂，慢着，什么事呀？——朋友。”

田亚廷粗鲁地微笑着，向他瞟了一眼，用手指在牢洞板上轻轻地叩了几下，接着伸直了身体说：

“人们在思想上，无论在哪里都是自由的！”

“慢着，”鲁金说，惊惶地跟着向门口走过去，“咱也要出去，——咱一定要出去……”

他的眼睛不停地眏着，仿佛有什么心思一般，摸摸他的裤袋，又扯扯他的胡子。

“别害怕哪，”田亚廷温和地劝告他，“他们是靠得住的，不会把你出卖的！你怕些什么呀？你等着瞧吧。”

那牢洞板小心地被移开了。田亚廷把头低下去，鲁金奔到窗口，愤怒地喃喃说：

“我不要……你大概疯了……我要叫他们来替我调号子——是的，我要一个人住！”

田亚廷显然没有在听他。他把耳朵贴在牢门的洞口上，肩膀紧紧地顶着门，注意地听了一会儿。

“原来这样的么？”他的脑袋在门上碰着，沉滞地问。

“各种的疯子呀，而我在此地受难……”鲁金喃喃地叫，他的声音高亢起来。他把颈项向门一边伸过去，似乎马上要跳起来一般，眼睛睁得挺大，眼珠几乎要从眼眶飞跃出来了。

菲多·田亚廷把身体吃力地一挺，背靠着门，脑袋沉了下去，抹着他额角上的汗，沉默了几秒钟。

“咱不要跟你在一块儿呀！”现在鲁金是尖锐地呼喊起来了，“你听见吗？咱要出去呀，你说的是那些话……咱怕呀！”

于是他用一个微弱的声音叫起来：

“看守！看守！”

随着，他的声音又立刻打断了。

田亚廷望着他，伤心地摇摇头，他的脸孔转成死灰色了，他沉思地咬着他的嘴唇，把拳头紧握起来。

“你要干吗了呀？”鲁金问，声音沉了下来，“让咱到门口去！”

“原来你怕的是为的这些话！”田亚廷平静地说。

“咱怕！”鲁金掩着眼睛回答说，“当然咱怕，你大概疯了！”

“原——来！”菲多·田亚廷困难地把话吐出来，“原——来你是被选进来骗取我的话的？”

鲁金踮着足趾站起来，又一次喊出，但声音并不怎么大，“唉！看守！”

“好的，你既是一个密探，那么去告诉我所做过的一切吧，我向你承认了，滚吧！”

“但是咱们是关在牢里呢？”鲁金向门口点点头，用愤怒的低声回答说。

“他们会开放你的，但是听我说……”

田亚廷沿着墙壁走过去，用肘子擦着壁，在那小个子的兵士对面站住了。

“你已经完成了你被选进来的任务了。你可以获得他们所允许给你的报酬了，但是关于他们从外面廊上通知我你是来干什么的这回事，可别去告诉你长官——听见吗？”田亚廷对他劝戒着。

“唔！唔！”鲁金回答说，把自己缩作了一团，不敢望一望菲多。

“慢着！为什么叫你不要说呢？因为告诉我的只有一个人。你又不知道是哪一个，可是在走廊上他们一共有九个人呢。他们会去拷打他们每一个，去威逼他们。他们会毫无理由地去磨折那些无罪的人。你既然也是个兵士，你就应该懂得——这是太过分了！”

“咱懂得！”鲁金昏乱地回答。

“你能发誓说你不会去告诉吗？”

“这有什么用呢？你现在不会相信我了！”

“为什么不？”

“因为咱干了……这种……”

“唉，那是因为你愚蠢呀。你是一个愚人，所以你才去干这种事。而现在已经一回错了，应该别再犯错误了。”

两人都说得很快，但是声音很低。这一个是平静而悲伤，那一个是沮丧而阴郁。

一只胡蜂飞入监房里来，它飞翔时候奇怪的嗡嗡之声，和两个人的说话声音混成了一片。

鲁金走到窗口去，抬起眼睛，喃喃地念着：

“上帝鉴临——咱不会说出这……”

“你只去告诉关于我的——是不是？”

鲁金瞧着他的脸孔，耸起肩膀，用一种因惊恐而颤栗的声音叫起来：“但是他们会枪毙你呀！”

“那是真的，”田亚廷平静地说，离开了他，“他们无论如何也不会饶赦我的……现在去吧！”

鲁金冲向门口去，菲多紧贴着墙，用臂膀把他的外衣圈在背后，生怕要碰着哪一个的衣服似的。

鲁金用靴子踢着门，以一种微弱而激动的声音叫着：

“看守！开门！野兽呀！……”

突然，他又转向窗口来，用着足以淹没过门外的喧嚣的大声，急促地说：

“咱的名字是菲陂西夫——不是鲁金……”

田亚廷挥挥手，回答说：

“这对我都是一样的！”

“啊！”鲁金推着门叫了起来，“但是他们来得多么慢呀！”

于是他退后一步，门打开了，看守马加罗夫翘着胡子走进来，严厉地问：

“谁在这儿捣乱呀，唔？”

“把咱带出去！”鲁金插进去说，他挥着手臂，要把那看守推开去。马加罗夫把他当胸一把揪住了。

“你忙些什么?”

“我要到办公处去……”

“我要给你一个办公处瞧!”

从监房的后部,田亚廷的声音清楚地可以听到。

“他真的要去,看守先生,他要去报告长官哩,因为他已经完成他被送进到这儿来的任务了。”

这时,马加罗夫的背后,有两个脑袋忽然抬起来,两双注意的眼睛在闪动着。

“那么你招认了,田亚廷,唔?”马加罗夫沉滞而愤怒地问。

“是的,他们总是决定我死了,他们只管没有好意的骗人家去做坏事……”

“唉……那么,当然……”

马加罗夫突然凶暴地叫起来:

“把监门锁起来,你们瞧些什么呀?”

“慢着!……”鲁金惊惶地叫,“咱怎么样啦?”

“你等着。我要先去报告。”

田亚廷温和的声音又在说了。

“对不起,看守先生,把他带到廊上去吧。”

“但是为什么呢?”马加罗夫犹豫地问,从鲁金的头上望过去。

“对不起,看守先生,我恳求你,因为他和我在一起,他受不住,而我也一样。对不起。”

“是的,”鲁金钝滞地说。

马加罗夫踌躇了一会,于是叫起来:

“走！滚出去！你们两个守着他——你们！”

鲁金把头低下来，溜了出去，马加罗夫跟着他，一匹上了鞍的马似的向后走去。门慢慢地闭，慢慢地加上闩，于是锁上了。

接着，在门外可以听到低声的然而是愤怒的谈话。说话的人相互的在打断彼此的话头。一个尖锐的叫声可以听到：

“蠢子！你会马上把我都说出去了。”

一只脚在地上顿。

田亚廷听着这一切喧声，叹了一口气，微笑着旋向窗子一边来，把身体挺直了，抬起他的头。

夜已经到来了。天气凉了起来。

（此稿作于一九一〇年）

载于1939年7月20日《鲁迅风》第17期，冯梦云编辑

游击队员范思加

弗兰欧门

一

范思加醒来已经不早了，他翻了一个身，还想重新睡去；但是尽管那么渴睡，他忽然感到好像忘记了什么重要的事情。他把兔子皮的盖被摔开——被窝底下睡着他跟他的老婆和幼年的儿子——在炕上坐起来。他把床毯推开一点，这些毯子是用满布着跳蚤和垢污的熊皮缀补起来的。他那永远不洗澡和永远不见阳光的赤裸身体，在微明中闪出一种难看的白色。昨天他多喝了一点伏特加，现在脑袋里还在隐隐作痛。他望望这所满洲式的小屋的泥地上，一些人在靠近他角落里一堆鱼干上蜷缩着——在鱼皮鞑子中间，往往是几家人住在一间屋子里的。接着，他伸手到床头底下去找摸他的烟筒。烟筒找着了，可是没有烟叶。范思加吃了一惊，他的烟叶哪里去了？怎么会一点儿都不剩呢？马上他记起来，昨天他把它搁到炉灶去烘焙了，那炉灶在晨光熹微中间，隐约地可以看到。

这小屋就是在白天里也是很昏暗的。太阳光只能从鱼皮袋饰着的和被冰遮掩着的小窗子里微弱地映进来。屋子里似乎永远是烟雾朦胧的。范思加困难地从那些肮脏的兽皮底下爬出来，在这些兽皮底下，睡在他旁边的老婆儿子，因为怕冷，紧紧地挤缩着。干泥的炉子里已经冷却了很久，只有这土炕子，因为炕里底流动着一些余热，还保住一点微微的温暖。

范思加吸烟的欲望更加强烈起来。他把手伸到炉子上摸到一片满洲烟叶，放在掌心里搓了一回，然后装到烟筒里去。

狗在院子里悲惨地嗥。那声音使范思加忧虑起来。“该喂狗了”，他想，一壁把衣服穿上。接着，他拈了十五片鱼干，走出去。

这是一个没有风的凝霜的早晨。在海湾和那些分布着的鱼皮鞑子的小屋顶上，天显得很高而晦涩，只有接近山顶和远处黑色森林的地方，天空是淡白色的。太阳还很低，逗留在远处的海岬上。西边天上，月亮依然可以看见。她和太阳一样，很惨白，搽着雪似的。范思加眨着眼睛望望这月亮，想在她旁边找出一颗星来，可是没有。于是他断定，今天全日要和这早晨一样的寒冷和阴沉。

那些狗嗅嗅范思加和他的鱼，猛撼着它们的铁链，吊着铁链的柱子格格地震动起来。它们敏锐的鼻头和耳朵上满蒙着雪，由于饥饿，它们在颤动着和猛摇着它们的身体，从狗衣上，飞起一阵像闪着光的灰尘般的霜屑。这严冷的空气，这雪，这烟筒，使范思加精神活泼起来。他数一数狗，每一只丢给它一片鱼，又另外多丢了半片给那只领队的狗。

范思加是那些穷苦的鱼皮鞑子中间的一个。自从那可怖的一天，那个做买卖的薛姆加把他一只叫倭龙的狗带走了以后，他每天都得数一数他的狗。倭龙是这些领队的狗中间最优良的一只，从朝马到普隆加的所有鱼皮鞑子都知道这回事情。无论范思加到哪里，人们会向他说：

“你的倭龙不是一只狗，是个魔王呢，你把它卖掉，你就会发财啦！”

于是范思加大笑起来。他高兴人家称赞他的狗，但是他决不想卖掉它。假如谁告诉他，有一天他会失去倭龙，他就会唾这人的脸。可是到最后，他终于把这只狗卖掉了。

一个礼拜以前，薛姆加——一个从沙加林来的商人，曾经劝他把倭龙卖给他。

“你发疯了，”范思加说，“我宁可卖掉老婆和我的一杆新枪，可是我不许你提起倭龙一个字。这儿有的是海豹皮，你要，你买去，我可让你便宜一些儿。”

“很好，我就买它，”薛姆加回答说，并且给他一个很好的价钱。

范思加把那新鲜的兽皮，还带着脂膏和肉的，拿出来，放在薛姆加的膝盖上，和对待一个好朋友一样对待他。接着，他们又来喝“生意酒”。几个邻居不请自到地走进来。薛姆加叫人去买中国白酒。他们痛饮了一整夜。范思加醉了，大吹他爷爷的杨木硬弓，和他自己新置的“文契斯脱”①以及他的老娘和他的狗。

那些客人照例地称赞范思加，但是每个人都知道范思加是这个地方上最贫苦的人。只有七只狗和六码鱼网——这算得起什么呢？

---

① 文契斯脱，一种猎枪的牌子。

这一天晚上大家回家已经很迟了，第二天早晨，范思加出去喂狗，倭龙不在了。范思加冲入草屋里去。他老婆告诉他，昨天晚上她已经把倭龙三见六面地卖给薛姆加了。她已经拿到了钱。

这一天，这个男子汉和猎手的范思加犯了四次罪恶！他打他的老婆，践踏她的锡耳环，和她藏在皮夹里的“护身符”，咒骂塔汉里的圣石①，和号啕大哭。在这以前，即是他老子在黑龙江里溺死的时候，他都不曾哭过一次的。

一个礼拜来，他就把薛姆加的钱拿来喝酒，和请这屋子里所有的人一起喝。现在全部的钱都花光了。当他望着这些狗在嚼鱼，范思加仍然苦念着倭龙。扁平的、无毛的脸孔上带着一种沉郁和苦思的表情。这些鱼看过去很是难吃到明年春天，目下这捕海豹的生涯又很坏，也许他还得再卖掉一只狗吧。

“这些钱都到哪儿去了啊?”他惊愕地问着自己，竭力想回想起这一个沉醉的礼拜中间的事情来。突然，他记起他为什么昨天把那最后一个卢布给密加·加仑了。范思加蹲下去，拉掉帽子，猛烈地把他的辫子一扭——扭辫子是他极端愤怒的一种表示。

“唉，碰到鬼!”他叫起来，“我全忘了。”帕克太，一只黑色的、神经质的狗，望着它主人惊异地转动它的黄眼睛，一壁却并不停止吃它的鱼。范思加向它眼睛里唾了一口，跳起来，把这些狗赶开，奔回草屋里去了。他直到现在才记起，他一大早

---

① 这些都是鱼皮靼子的神圣物。

起来是为什么。昨天早上，他在离开村子不远的森林里发见一只狐狸足迹，他曾经向密加借了一些木鳖子，和着蜡烛油做成丸子，在夜里放在那条足迹上。他该天一亮就到那里去的。

范思加不高兴地啰唣着，把他老婆叫了起来，取出他的雪鞋和猎枪，向森林里（原文为 Taiga，特指西伯里亚一种广漠的森林——译者注）走去，这条路并不很远。他从高堤上走下海湾，向黑压压的都是树林和岩石的海岬方向走去。雪在朝阳中闪烁着。范思加翻起一双白眼，不高兴去瞧下面。

天气清朗而寒冷，右首是沙加林岛的海岸，海水蔚蓝地在地平线上躺着。当他转过海岬，爬过岩石的时候，范思加已经在森林里了。他在这儿把雪鞋穿上。在杉木丛中走着，似乎觉得温暖一些。他吸着那些闻惯了的冻树和松脂的气味，这种松脂气味在森林里即是冬令中也是很普通的。

这里昨天晚上曾经下过一些雪，因此他的雪鞋踏过的地方足迹很轻浮。从杉树上不时有被严霜腐烂了的针叶掉落到雪地上来。范思加在荆棘丛中吃力地走过去，生怕被这些荆棘所钩住。他望望他雪鞋的尖头，那是用鹿皮仿着通古斯人①的式样做的。白色的绒毛从鞋底下渗出来。

范思加肚子里想：什么时候，那狐狸曾经来过了？下雪以前还是下雪以后呢？他盼望它是下雪以后来过的，而且盼望最好这一只不是那种普通的赤狐，而是一只有森林中的曙光般的颜色，和背上有一个黑十字，毛要比紫貂更柔软些的狐狸。

---

① 通古斯人，也是满洲蒙古民族之一，分居中俄交界之处。

他幻想那狐狸瘦小的身体在昨天他做过标记的雪地上，挣扎着临死的痛苦。接着，他又感到一种突然的、不舒服的惊慌："也许那些乌鸦会先赶上了吧？"于是他希望中的目的物，被撕成一片片的散在森林里。

他身体向前俯着，更快地溜过去。一会儿他瞧见昨天做的那个标记了——一支杉树的桠枝插在初生的杉木丛中一块干净的地上。那里并没有狐狸，只有一些黑色的足迹，向荒芜的矮树丛中绕成一个半圆形，像一根丢掉的绳子在白雪里躺着。那附近的雪已经有些被擦掉了。

范思加的心凝住了。他停下去抓起那颗食饵。那蜡烛油的丸子依旧是整个的，而且和石弹子一般坚硬。只有表面上有一两处爪痕。那狐狸显然曾经把它放进嘴里去过。范思加嘘了一声，学着黑龙江里俄国渔夫的口吻咒骂起来，回头又用鞑子话骂着："它已经跑了，他妈的，该恶鬼去吃掉它的心肝吧！"

那很显然是一只老狐狸，它曾经先嗅过一下，能够闻得出这是木鳖子的气味，但是现在我们猎人心中，希望像沼泽里的水般的并不立刻干涸。范思加蹲了下去，仔细地考察着那足迹：这足迹不像刚才踏过，大概那狐狸是两个钟头以前，天发白时候才经过这里的，范思加拿起枪，仍然跟着这足迹寻去。

雪鞋在凝了冰的雪地上很平滑地溜过去。林子里非常静寂。只有杉木偶然在发出折裂声，和松鼠在树上打哨子，把雪和隔年的针叶都拍了下来。

那足迹清楚而平整。大概是只很镇定、很有把握的老狐狸。

范思加走了两里把路，歇了一下。他懊恼不曾把雪橇、干粮和其他打猎的必需品带来。他从暗绿色的树隙中间望望天空，雪看过去是很深的。

“终不该打大风暴的吧，那狐狸已经跑了，可是它无论如何绝逃不出咱郎八的手！”他叫着他老子跟他起的名字说。

当他一个人的时候，他从来不叫他自己做范思加。他很想忘掉这个古怪的名字，这是十五年前一个传教的神甫依格纳都斯，特地从城里来替这堡里的人施洗礼时候起的。那时候，范思加的老子为了一只小狗被许多大狗咬死了，正和一个从樊家来的鞑子在打官司。听人家说受了洗礼以后，老爷审判起来可以占一些便宜的。

范思加想来还是回去的好。一阵微风从树顶上吹过，吹起满天的雪花，松鼠的叫声和打哨子更响起来，范思加抬起头来瞧瞧。一只松鼠的尾巴刚巧把一块雪拍到他的脸上。他用嘴唇发出一个“八”的声音，伸出套着那种连指的手套的手吓一吓那些松鼠。一大群松鼠向东边逃去了。那最后一只，当它爬到稍高的地方，从杉木中间露出它雪白的肚皮，把发亮的、惊讶的眼睛望望范思加。范思加和所有的鱼皮鞑子一样，是很难得笑的，但是现在他那笨厚的，龟裂的嘴唇也居然张开来笑了。瞧见大群的松鼠乃是一种吉兆，瞧见了许多松鼠，回头就会碰到狐狸、狼、大山猫和那些沙加林的通古斯人——一群勇敢而快乐的家伙。范思加是从那些通古斯人那里学会打猎的真本领的，不碰到他们，他也许终生终世和其他那些鞑子一样，只食晒晒鱼干，养养狗，东西去找找朋友，和捉捉海豹罢了。

“做一个通古斯人多么好呀，一个自由自在的猎人，”范思加嫉羡地想，“可是，他们真可怜，把头发剪了，也不留一条辫子。”

二

范思加回到家里，他老婆已经把炉子燃旺，在切鱼片了。几个邻人依旧还睡着，但是女人和孩子们都已经起来，围在炉子的大釜旁边。范思加的姐姐塔姆加，一个寡妇，和他住在一起的，正搓着面粉预备做饼吃。范思加七岁的儿子本甘站在炉子前面，把个小肚皮对着火焰，含着一个烟斗在吸烟。每隔上几分钟，他娘从他手里把烟斗抢过来，抽了两三口，又塞到孩子的嘴里去。

屋子里被炉子里和那烟斗里的烟子熏得烟雾腾腾的，很黑暗。鱼片的气味，以及那海豹的脂膏，和晒在屋椽下的干皮子的气味，使刚从森林里回来的范思加感觉特别的难闻。他把烟斗取过来，嚷着要东西吃。密加给他蹩脚的木鳖子，使他发起脾气来。他老婆在炕上放了一张短桌儿的脚很短的中国几，切了几片鱼，和煮了些黑茶，塔姆加烘起饼来，在饼上面很节省地洒上一些海豹油。于是，这屋子内一切臭味之外，又加上这一种烙面饼的味儿。

今天并不是节日，但塔姆加却穿着节日的衣服，蓝色的中国缎带扎在她粗糙的头发上，梳了两条辫子。耳朵上垂着一副锡耳环，她的围裙是用红色的布镶边的。

她这样穿戴是为了她亡夫的大哥密加·加仑，照这儿孀妇的规矩，她在几天后就要嫁给他。

范思加知道这种规矩不是一定的。假如密加不愿意的话，她是可以不嫁。事实是塔姆加年纪既轻，而且她的亡夫纳却克又替她遗留下来铁马喀一座小屋、一大群狗、百来个银卢布和许多衣服，她是可以守寡的，但是她没有儿女，她承受的全部遗产就会给丈夫的哥哥拿去。没有一个人愿意把她的嫁妆送给密加·加仑的。这几年来渔事又不好。密加自己又有钱，又是一个鳏夫，不过在塔姆加看来，这个鳏夫也究竟不能算怎样老吧。

可是范思加对密加却不大高兴，因为他的钱是用欺骗手段弄来的。他替一个俄罗斯商人在做外柜，根本是和狗一般的贪婪和狡猾，密加喜欢人家碰到他的时候向他致敬，似乎他是一个了不起的大人物般的。

范思加把早餐用完，又预备去打猎了。他把雪鞋上的带子换了一副，检查检查他那双海豹皮做的、塞着草的呜拉①，穿上一条皮裤，把枪拿起来，

正在这时候，密加进来了。他和其他鱼皮鞑子一样，是个矮个子、阔胸膛的人，他不戴普通那种狗皮帽，而是一顶有长耳朵的貂皮帽，学着那做买卖的薛姆加的样子。他跟薛姆加是常常交手，而且常常跟他打官司的。他黑色的辫子已经有些灰白了。但是他不见得怎样苍老，一则他不喝酒，二则他在春秋二季忙碌时节，还雇用着一个俄国工人。照他的境况，他很可以娶上三四个老婆，但是他从琴加死后，他宁愿做一个鳏夫。他并不和其他有钱的鞑子一般，把锦缎和银饰在大箱子

① 呜拉，一种满洲人穿的靴子。

里储藏起来。他决不愿意花一个白板去买别人估计值三百卢布的古代盔甲。但是他喜欢金子和好衣服，常常穿着一件黑狗皮的长袍，认为是这些衣服中最漂亮的一件。

“唔，怎么样了？”密加在门口叫。

范思加冷冷地招待他进来。除了范思加，所有的人都从炕上站起来。密加这时却特别的和气。

“去打猎吗？”他望一望范思加的枪问。

“是的。”

“我以为你已经打完猎回来了，并且得到一只狐。我的木鳖子是顶刮刮的。不像你那没中用的中国货，你在城里，即使在沙加林都找不出更好的。狐狸只消闻一闻——就会倒下去的。”

“唔，可并没有那么好，”范思加不高兴地说，“那狐狸把它啃了啃，又跑掉了。”

“呵——呵！”密加摇摇头同情地说，“你现在去找它吗？”

“是的，它可不能跑得多远，那儿是有足迹的。”

“唔，那很好，我祝你乘兴而去，乘兴而返。”

“谢谢你，我祝你运气好吧。”范思加淡然地说。

“我们鱼皮鞑子有什么好运气呢。”密加在炕上坐下来，叹了一口气。“好像小路旁边一株枯树罢了，谁瞧见它谁就会把它砍下来当柴烧。不过薛姆加是有运气的，昨天他又从铁马的鱼皮鞑子那里买了两只狗。我瞧见他从普吉坪到城里去的，你的倭龙在领着那些狗。倭龙真是一只好狗！你才是一个笨伯，范思加，不把它卖给我而去卖给一个俄罗斯商人。”

密加一提起倭龙，范思加把打猎的事立刻忘了。他向他走过去，甚至还将烟袋递给密加。

“你是个好家伙，范思加，”密加一壁抽着烟筒，一壁继续说，“薛姆加是只疯狼，他要咬无论什么人，可惜这儿的鱼皮鞑子没有一个能把他杀掉。”

范思加向密加不信任地斜睨了一眼，懒懒地回答说：

“这张狼皮，可没有人敢来买去，倒是那个把他杀死的猎手会给捆起来送到城里去呢。”

密加默默地抽了一回烟，接着咯咯地笑起来，

“没有人会去买这张皮，那倒是真的，但是所有的鞑子们却会谢天谢地了。至于那打猎的，也许会被送到城里去，也许不。昨天一个从樊家来的鞑子说，黑龙江上聚集了很多很多的渔民。他们自己叫做‘红军’和‘游击队’，”密加很困难地说出这两个新名词，“他们跟着军队——一大群的军队，向城里进发。他们不怕日本人和任何人。那些做买卖的雇着鱼皮鞑子和他们的狗队，把皮货，兽毛从城里运到沙加林去，接着他们自己也跑了。那些做买卖的这回可要倒霉了，薛姆加也要倒霉了。”

“那么，咱要从薛姆加那里把倭龙取回来，”范思加说，“咱可以给他三张豹皮，和我这双新皮靴，他给咱的钱也不过值这一些吧。”

“这样你还是一个傻子，”密加在范思加的背上亲热地拍了一下。“把倭龙拿回来，别给薛姆加什么。他是一个狡猾的狼。这个时候他还不肯走啦。”

“那你怎么样？密加，你也是一个做买卖的呀。你也要倒霉了吗？”范思加想了一想问，竭力想描摹出那些红军来，那把

富人们吓得那个样儿的。

“他们把我又怎样？”密加向四周严重地扫视了一下，“我是一个鱼皮韃子，一个穷人。有些人要倒霉，有些人却会走运呢。”

“我看你却不是那么穷吧！”范思加想，却不做声，只是忙着准备出去。

他卷起鹿皮的卧囊，把火柴从口袋里拿出来，放到胸口里去，恐怕它着潮，又摸摸他的烟筒、打火石、烟袋，出去以前又喝了一口凉水。

他老婆给他一些冻鱼和饼带去，又跟了他出去。虽然他是一个受过“洗礼”的鱼皮韃子，范思加仍然向那谷仓里注视了一会，一些菩萨的偶像供奉在那里，用一些皮子缝起来的。一只周岁的小熊在角落里锁着，它的铁链格朗朗地响，一双蓝灯笼似的眼睛在黑暗中间闪着光。范思加不去理会它。他向恶神金沙菩萨——死亡和风暴的精灵——祷告了一会，于是把雪鞋挟在手臂底下，回过头来跟他老婆说：

“别给那小狗吃得太饱，当心那熊，一天两天不必等我，第三天太阳出山，我会回来。假使我仍然没有回来，也不必等。”

三

范思加打了很久猎，却不曾碰见过像今天这样晴朗的日子。他是习惯于鄂霍次克海上时常吹来的风暴的。沿着海岸一带森林，都是由许多矮小而枯朽的树木和蔓延着的榛莽组成，可是再走过去，在小山中间却长着高大的树木和西洋杉。在那些树下，雪像蓝色的曙光般躺着。这里是那样的静寂，即使范加思戴着包着耳朵的皮帽子，他还能听得出他雪鞋底下礫砾地碎裂着的雪的声音。

他已经两度在西洋杉树和星光底下睡在他的卧囊上，两度因雪在他眼皮上溶解而惊醒过来，和两度看见星星的出现，但是那狐狸依旧没有发现，那足迹还是老样子，只有松鼠是不见了。

“这可恶的狐狸并不曾找到什么洞钻进去，是跑到鬼知道的地方去了啊！”

这看来真是一个不幸，范思加，懊悔不曾向善神“古沙菩萨”祷告，古沙菩萨乃是开天辟地的，能够把他从这不幸中间拯救出来。他又懊悔不曾把他的狗帕克太带出来，帕克太是他所有狗中间仅有的一只能侦察出野兽藏匿的地方的。

烟叶只剩得一些些，而饼已经吃完了。但是哪个猎人肯在迷失兽迹以前就回家呢？黑龙江已经很近了。宽大的甘士湖在远远的左方展开着。北面是城镇，靠右首在河弯外面是马铃丝沟的村庄，范思加时常到那里去看他的朋友马格罗夫。每一回马格罗夫到下江去打鱼的时候，也总是和范思加住在一起的。

第三天早晨，范思加刚决定到马铃丝沟去的时候，他忽然看见那只狐狸了。那狐狸在他前面约莫三十来步的地方跑，嘴里还衔着一只正在挣命的松鼠。范思加的脸因为过度惊愕和高兴变涨成紫色了。他跪了下去，把手套除掉。一阵微风吹起一些霜雪夹着杉树皮的气息，扑到他鼻子里来。

范思加小心地举起他的枪。他处在一个很好的距离上——正对着一株杉木。假如他射它的腰部，那会擦损它的毛，而这一只果然是真正的“十字狐”，颜色是蓝灰的，仿佛钢上铺了一层严霜——那似乎是森林之夜向山岭背后急促地逃去时所遗留的一条影子。范思加等待着。最后，当他瞄准了，手指在枪机上感到寒霜轻轻地刺入骨髓，四周是肃静的，范思加和大地一般，一动也不动。突然，他觉得那狐狸已经看到他了，他的心可怖地凝结起来，很响地跳动着。那野兽野蛮的、惊怖的脸孔在他眼前闪动起来。一霎时，当他听见枪弹的回声时，他已经知道那狐狸是跑掉了。雪地上凌乱的足迹和明显的狐痕告诉他，那狐狸是怎样在恐怖中间跑走的。他把枪插入雪地里，为了某种理由，把鹿皮带子从外褂上抽出来，吸了一下火药的气味，狼狈地向四周望着。

打了两天猎，什么都没有，他只得上马铃丝沟去了。他踏着雪鞋蹲下去，把最后一些烟叶装入烟筒里。

“穷人是没有好运气啊!”

范思加把嘴唇大声地翕动了一下，表示他全部的烦恼与失望。从早晨以来他已经疲乏了，他站起来向前走去。

森林溶入于山岭中间，小山在他眼前隆起来，林子里显得更黑暗，更狭窄了。由于腐烂而掉下来的杉木和西洋杉的树枝更见得多了，薄薄地被雪掩盖着。这些朽木堆不断的是他雪鞋的对头。

四

范思加把他的雪鞋脱了，向马铃丝沟方面走去。当他踏着雪，他那疲乏的，肿涨的脚底感觉特别灵敏起来。寒冷而带着青绿色的周围空气和死一般静寂，天似乎有些发亮，但是在这溟蒙的亮光中，什么都辨认不出——简直瞧不出海岬没入什么地方，和冰雪是从什么地方吹来的。范思加在风雪中颠蹶了好几次。那朦胧的微光并不使他害怕，这是和那静寂的四周跟橙色圈中的月光一样对他是很习惯的。他只顾踏着步子向前走，什么也没有想，甚至有一个沉重的声音几次的在向他叫，他都没有听见：

"站住！谁在那儿走？"

范思加骇得倒退一步。起初，他想掉转身来就跑，因为在昏暗中间听见有人在叫，在鱼皮鞑子们看来，是再没有比这更恐怖的事了。

但是，前面那声音并不很严厉，却反而温和起来。

"停一下，你上哪儿去的？假如你不站住，当心我开枪。"

那人影渐渐向他走近来，从朦胧的月光中望过去，奇怪而又可怖，特别是那人前部的影子——庞大的，尖尖的，像一株老杉树的影子似的向他伸过来。

当那人走近他时，范思加可以看出那人戴着一顶高高的头巾和穿着一件羊皮的外套，所以才有那么一副奇怪的形状。

从那毡制的头巾中间，吐出一股热气和露出一抹蒙着严霜的胡子，接着，从岩石背后又走出一个戴头巾的人影来。

"你是谁？"那第一个问。

"一个鱼皮鞑子。"范思加回答说，接着又加以解释："一个打猎的鱼皮鞑子范思加。"

那人向他俯下来。

"嗳哈，一个鱼皮鞑子，一些不错。你打算上哪儿去呀，伙计？"他同情地问，"你到什么地方去呀？"

"到马铃丝沟去。咱的老伙伴,他住在那里——那个马格罗夫。"

"哪个马格罗夫?那边第三连里有一个司令叫这个名字,一个下江的渔夫,可是他?他的名字叫安特烈。"

"安特烈,安特烈。"范思加高兴地向那个说话的人伸过手去,好像对待一个知道他朋友的名字的人。但是那个人并不来接他的手。那人想了一下,带着一些失望的神情,回过头去对他的同伴说:

"唔,我们把他怎样办呢?鬼碰到他!把他带到总部里去吧。可以吗?"

"为什么要那样?"那一个冷冷地回答说:"把一个鞑子拖到总部里去干吗?把他送给马格罗夫去吧。他也许认识他,但是你先得把他的枪拿开了。"

范思加默默地、不信任地把火器交给了他们。

随着,跟他们跑了很长的一段路,他始终凝视着地下走。

路上平滑的雪在月色下看去,像是一道亮光,村庄里的灯火在朦胧的江岸上小星似的闪烁着。每一回范思加抬起头来,总是模糊地看见他前面那黑色的外套和蒙着霜的头巾,他现在并不觉得他们怎样可怕了。

一路上他瞧见了许多很深的雪橇痕迹。那些痕迹的确很深,他们的边沿在月亮下还闪着光呢。

"一定有过许多人马和许多车子经过这地方。密加的话是不错的,关于那些红军。"范思加想。

现在他对于自己那杆枪更不担心事了。他相信那些家伙不会害他的,于是他带着一些敬意望望那尖耸的头巾和广阔的背部，那背部不时地遮住了江岸上射过来的灯光。

虽然时间已经很迟了，但是范思加被带进来的这间小舍里仍然挤满着许多人。他们在喝茶，桌子上放着许多鱼、面包和糖——对于糖，范思加曾经听到过许多奇怪的故事的。这里很温暖又很热闹，范思加立刻想起要抽烟了。他贪婪地用鼻子吸吸这温暖的含着烟的辣味的空气。

“马格罗夫同志，我给你带来一位鬼客人，”那游击队员说，把胡子上的冰柱拉掉，同时用来福枪把范思加推过去。

马格罗夫正在大声地说着一些故事之类，并不立刻回答。范思加走过去把手伸出来，却忘记把手心屈着——这种招呼人的手势是他向俄国毛子学来的。

“好吗？马格格。”

马格罗夫挺着他粗浓的、淡红色的眉毛，仔细地向他望了望，带着一些惊异叫起来：

“范思加，是你吗？你怎么跑到这儿来了？”迷惘的眼光从范思加转向马格罗夫，马格罗夫的脸上已经回复他那种经常的焦虑与小心的神情。“你可是从黑龙江经过城里来的吗？”

“不，不，我是从森林里过来的。”

“唉，”马格罗夫发出一个失望的声音，“我以为你是从城里来的，给我们带些什么消息来了。”接着，他回过头去向众人说：“是一个朋友，一个鱼皮鞑子，我认识他的，他很不错，一个很好的猎手。”

“那么，也是我们的人吗？”带范思加进来的那个游击队员问。

“我们的，当然，是我们的，”马格罗夫说，有些不高兴他来打岔，“把他的枪还给他吧。”

但是那个游击队员却并不立刻还他，他把枪拿到灯光下去瞧瞧。那枪依旧带着严霜，沉甸甸的，他看了一会儿，摇摇头说：

“不错，这是一杆好家伙，谁知道，这些鞑子会些什么呢？”

“还给他，波曾可夫，你这只老馋狼！”一个头剃得很光的人从角落里尖声地叫。

“叫呀，再叫响些，看我就怕你？”

波曾可夫冷冷地说，向范思加高兴地瞟了一眼。他有一张老年人的脸孔，面颊上和眼皮下的紫色脉管深深地遭受过风霜的侵蚀。范思加带着紧张的惶急望着他自己的枪。波曾可夫静默了一下，似乎看他们还会说些什么，接着挺豪爽地笑了一笑，虽然布满了胡子和脉管的脸部上，也露出一种朴质的亲切的表情。“是该还他，否则人家会问，他是个甚么鸟猎人呀，连枪都没有一杆的。”

波曾可夫踏着他毡鞋里的冻脚出去了。一会儿，大家已经把范思加的事情忘掉。他独自地吃了许多时候的茶、面包和咸鲑鱼。桌子上放着一堆堆的烟叶，他拿来抽着，又听着他们谈天，可是他们所谈的他大多听不懂。

现在他第一遭的尝着糖的滋味，但是他却不喜欢它，他吃了三片，又偷偷地放一片在怀里，想带回去给他的小儿子吃——另外又藏了一些烟叶在一起。

经过两夜的森林生活，现在又吃得饱饱暖暖的，范思加想睡觉了。但是他仍然把枪夹在两只膝盖中间，竭力把眼睛睁开着。那些人皮帽子上的红带子似乎在变成蓝色了，他们说话的声音有时候像渐渐的远开去，有时又像在他耳朵旁边嗡嗡地叫。范思加很困难地听着。

他们在说日本鬼子的事情，有一队两千多人的出征军，中间还有许多白毛子，现在已经进城了。严重的战事正等待着爆发，而假使矿工和沙加林人不来援助，这城是很难攻克的。

后来，他们又谈起打鱼的事情来，讲起顾迅和那些大企业怎样垄断了整个海岸线。渔民没有地方可以捕鱼了。在淘金场里目前正在短粮，城里正在进行逮捕和枪毙工人。

“那些做买卖的正在把所有的皮货从城里运到沙加林去呢。”范思加说，这样加入到他们的谈话中间去了。

“嗯，那些臭猪仔！”那个剃光头和尖喉咙的人——马格罗夫叫他做顾马儿大的——说，“他们运给日本人去藏起来呢。”

“他可不能把老百姓所有的货物统拿去藏起来啊。”马格罗夫站起来，把灯捻得旺一些。“好吧，现在，伙计们，可以去睡觉了。不是吗？”他像一个慈父般说，“我们明天早晨还有事呢，也许我们明天就要被命令去进攻——我在总部里听到一些来。”从他坚决的口吻和断然的行动上看来，范思加知道他是一个首领，而他——范思加——乃是首领的朋友，他觉得这比朝马的“沙门”[①]是他的哥哥更得意些。马格罗夫有过好几次宿在范思加的家里，吃他的鱼，喝他的白酒，而在高兴的时候，还把他的手指给小本甘去咬咬。

范思加跟着马格罗夫到街上去。村庄上月亮斜挂在一个橙色的圈子里。范思加瞧了月亮一眼，心里想，这时候该是夜

① 沙门，是鞑子中间一种僧侣。

半，正是他家里那些狗在嗥的时候。

“听着，老朋友，”他开始说。他是充溢着感谢，对于那些面包，那些糖，那些烟叶，以及对那些背着帆布子弹带和皮帽子上有红带子的人们没有拒绝给他住宿。“听着，老朋友，你是一个好家伙，你可要咱的雪鞋吗？你在下江一带找不出比咱这双更好的呢。”

“我不要你的雪鞋，”马格罗夫打了一个呵欠，把外套拉得紧紧的裹住他的身体。

“老朋友，”范思加又说一次，“我跟了那狐狸两天，它跑掉了。”范思加倒了霉，他想告诉一些人，关于那只十字狐，关于他怎样在森林里失了手，以及他在那时怎样想，他会躺在大雪之下冻死掉一些事情。

但是马格罗夫打断他的话头，在倾听着什么。一阵营营的微声从黑龙江方面传过来，像是在沈音的四弦琴弦子上拨了一下所发出来的声音似的。

“我已经没有功夫来管你的狐狸了。”他做了一个不耐烦的姿势向村子的远方急急地跑去，矮小而粗壮的范思加几乎跟他不上。

有个人叫着很大的声音在向他奔过来：“嗨，你知道吗，瑷珲的人已经从淘金场过来了？”

“你不说吗？”马格罗夫高兴地说。

他们的声音在稀薄的空气中颤动着。从高堤上可以瞧见黑龙江，和月光底下袒裸着的雪、闪烁的冰，和大路上一长列雪橇。那行列的尾消失在岩石下面的黑暗中间，他们升上山崖向村子里驰下来，烟尘在最前面的雪橇上飞扬着，雪在这些疾驰的人们身体底下吱吱地叫，连青绿色的天空上那些闪烁着灰白色光芒的星星都似乎在战栗了。

“他们来了——瞧！”马格罗夫兴奋地叫，望望范思加的脑袋。“瑷珲人，哥斯脱雅金人，索诺维夫的青年人。我们可有什么地方比不上人家呢？唔？”

他大声地笑起来，从他口里喷出来热气，凝住了，落在他的胡子上。

范思加这夜睡得很不好。他睡近门口的地方，旁边则是一个水桶。整夜里有人起来喝水，便得踏过范思加的脚。他几次的起来走出去。街上很凌乱。人家窗子里整夜的点着灯，马的嘶声和雪的被踏碎声音都可以听到。门口雪橇矗立着，它们的车杠高高地指着天上的星斗。

范思加依旧睡一会醒一会的。他梦见倭龙，梦见那只狐狸，又梦见薛姆加把他的枪拿了去。

早晨到来，村庄上一片的喧闹和忙乱，到处都是武装的人。总部所在的小舍上，一幅红旗挂在冰冻着的旗杆上。虽然时间很早，霜还很重，歌声已过传出来。一切都很奇异而愉快。范思加从来不曾像在这个群众中感觉得这样高兴过，即使当他捕到很多的鱼以后，和许多渔人围着篝火的时候，或是在帐幕里举行熊宴的时候，都不曾感到这样的高兴。

他从这些人的衣服和鞋子上，辨认出他们是什么人。那些渔人穿着缝成奇怪花样的靴子，那些瑷珲的矿工和中国汉人穿着高高的鹿皮鞋，那些俊俏的高丽人穿着好看的白色大褂，甚至还有穿着羚羊皮靴的，从黑龙江来的哥尔第人——那是些大胆的猎人，他们往往用刀去代替枪的。这些人的脸孔比范思加还要高兴和开朗，他们的雪鞋很轻快，他们的眼睛很坚毅。

范思加还碰到一些通古斯人，穿着皮袄和鹿皮鞋，饰着很美丽的颜色。他常常的羡慕通古斯人——全世界上再没有比通古斯人打得更好的猎，和有像他们那样和气跟有信用的人了。

"你们到哪儿去呀?"范思加用他们自己的言语问，"你们也去打那日本鬼子和俄罗斯的老爷吗?"

"大高特，"(即是同志的意思)他们回答说，"这是真的，咱们只会杀野兽，可是顾迅，那做买卖的，不许咱们活命。每个通古斯人都欠他债，每个通古斯人都要还他钱。这比向汉人去缴捐更坏。从前的时候，一年只缴一回捐。现在冬天和夏天，我们都得把皮货送到顾迅的仓里去，紫貂、鹿茸、熊皮、大山猫皮——这一切给他不值得。他的面粉是苦的，他的火药又贵又不纯净。假使咱们不是学会了用枪，咱们真要像咱们的老辈子一般去用弓和箭了。"

"你说的顾迅是不是那个在下江开着渔场的商人的哥哥吗?"范思加问，"那个汉人鲁都石替他在做工的?"

"咱们不曾听到什么鲁都石，但是正是那个商人，他在瑷珲也一样有很大的垦地呢。"

"嗳，嗳，他们要这许多皮货、鱼和金子干什么呢？你们可知道这个吗?"

"这个咱们也不懂，但是咱们在森林里听说，黑龙江一个大战要起来了。那些矿工到城里去惩罚那些做买卖的。这是一个新的法律出来了。于是咱们赶了两百只鹿给红毛子，给他们吃和拉橇。”

“那谁给你们钱呢?”

“那老辈告诉咱们不必管。”

“嗳哈。”范思加说,要避免再说什么,把眼睛不赞成地望着地下。

他知道通古斯人平日豪爽的脾气,他们永远是快乐的、健谈的、和蔼的。

但是这些骄傲的通古斯人并不肯失掉这个机会来向鱼皮鞑子开玩笑。中间有个年轻的家伙,穿着一件有领章的大衣的,说:

“咱一瞧见你那双弯腿子,就知道你是个鱼皮鞑子。听着,弯腿子,狗肉味儿好不好呀?”

范思加懂得他们讥笑他。

“咱们腿子弯,是因为咱们划船。咱们从小就坐在船底里的——你们不过像一根腐烂的桦树罢了。到咱们那边儿去走走呀。咱请你们吃小狗仔肉。狗肉比你们那鹿肚子加青苔①好吃得多啦,还有咱们的鱼比你们的虱子还多哩。”

“大高特,”一个年老的通古斯人说,“咱们的虱子比快乐还多哩。别去惹这个孩子——他还年纪轻,俄国毛子叫他彼得,咱们通古斯人叫他‘卡白喇加’。”②

范思加大笑起来,于是争吵停止了。通古斯人走了开去。

他站了好一会儿,望着他们的背影,赞羡着他们强健的身

---

① 青苔,是通古斯人一种美味。

② “卡白喇加”,意思□□羊(整理者注:此处二字难以辨认。)

材，他们的皮袄，他们的长腿——那向里弯着的长腿，永远是那么轻快，不管在夏天的荒草路上，或是冬天穿上雪鞋，从来不会知道疲乏似的。

向城里的攻击开始了。第一列输送到的雪橇向城里驰去。

雪橇上装满了人。来福枪的筒子朝着白色的天空，震栗着风和雪。

在一架雪橇上，范思加忽然瞧见鲁都石肮脏的兔皮帽，和他被霜雪所冻裂着的坦鼻头。

范思加向他叫叫，但正在这当儿，一个穿着巨大靴子的游击队员奔了过来，喊着："哈，你，鬼碰到你，同志，你站在路上干吗?"接着，一个哥尔第人穿着雪鞋突奔过去，摇着他的臂膊，于是雪橇在江岸的弯曲处消失了。

沿着黑龙江，可以瞧见雪橇上满是通古斯人，从那转角处的背后在奔腾着。鹿被马所惊骇，向路旁乱窜，拱着它们的颈项，埋到雪地里去。彼得的青春而愉快的声音在叱着鹿，可以听到。范思加木立在那儿，想着这一切见所未见的混乱与忙碌。

他该怎么办呢？再回到林子里去呢？看来是不成了：他怎能离弃一个同猎者呢？住在这村子里吧，他的朋友和首领是走了，看来也是不成。于是，范思加突然觉得他应该和彼得以及这些不知姓名的哥尔第人同去，他应该到东方去，到城里去，肩着他的枪，去面对这可怖的野兽，为了对付这野兽，那么许多人都出来了。

他决定去告诉马格罗夫，但是当他瞧见他那红眉毛和焦灼的脸孔时，他说话又换过了。

“今天人家叫了咱十几回‘同志’了——可是咱什么也不曾替他们干过。咱从来不会听见毛子叫鱼皮鞑子做‘同志’。咱将怎样报答他们呢？”

“别嚷，”马格罗夫说，他正在和顾马儿大——那个剃光头的，昨天晚上帮助范思加把枪发还他的人——做深切的谈话。

“回家去吧，瞧瞧上帝面上，我现在没有工夫跟客人谈天啊。”

“呀，你为什么那么说？”范思加向马格罗夫怨恨地瞥了一眼。他发起脾气来，正待要走开去，但是顾马儿大把他阻住了。

“同志，你要说些什么？”

“咱要跟你们一块儿干。鱼皮鞑子范思加也是一个游击队了。”

“要当一个游击队？”顾马儿大惊愕地问。他奇怪地向范思加望了好一会，接着大笑起来，“这比不得去找狐狸呀——你要晓得。你也许会被杀掉。”于是，他闭着眼睛，做出一副可怖的怪相儿，表示人死是个什么样子。

“嗳，嗳，”范思加深深地叹息一声。“熊也是很可怕的，可是鱼皮鞑子也能杀死它，并不比哥尔第人差。熊可不是咱的仇人——假使咱运气好一些，咱可不愿意去杀死它，咱只把它用链子锁起来，咱老婆喂它桑子吃和让它喝大瓢的水，直等到大节日到来。但是咱将怎样去对付那贩狗的薛姆加，那鱼皮鞑子密加和那做买卖的顾迅呢？咱不能去把他们锁起来，咱只能枪毙他们！”

"你这样一个鱼皮鞑子,"顾马儿大满意地叫起来,"养着一条辫子,可是你的头脑并不比我们坏。你可愿意加入我这一队跑雪队吗?我们已经有哥尔第人、通古斯人和中国人——一个真正的国际军。这真是好玩意儿呀!"

"这是什么?国际军?"范思加微笑着,重复念着这一个新名词。

这是第一次,马格罗夫,虽然心里充满着对游击队的焦虑和惶惑,也注意地和温和地向范思加瞅了一眼。

"我从前没有看出你是什么样人,范思加,"他抱歉地说,"我们在一起打鱼,而现在我们在一起作战了。"于是范思加瞧见这老渔夫风霜侵蚀的手掌和因风湿病而肿涨了的手指,向他前面伸过来。

范思加把自己的手放在他的手上面。于是,他走到院子里去,从小屋中把雪鞋取来,坐在一堆雪上,等待着顾马儿大去加入他的队伍。

他依然觉得有些不安。这似乎他是在一个大风雪中间,必须静默和保住自己的呼吸,和不顾一切代价把狗队赶回家去——他突然地转过头来,向着这恐怖的黑龙江大声地唱起一只歌:

"Oi－deO－lai"

五

范思加成为瑷珲国际营的跑雪队队员,已经有一个多月了。他对于许多事情,已经没有什么惊奇——就如对于糖的甜味吧,现在他是常常尝着的了,又如对那些因枪伤而死去的俄国渔民的那种无畏的精神，和他自己在跑雪队司令顾马儿大指挥下做一切事情时那种平静的态度，都不以为奇了。

后来，当他在游击队中碰到那个汉人鲁都石，胸前缚着一条子弹带，肮脏的兔子皮帽上绕着一块红布，他也并不惊讶。鲁都石为什么也会夹在这儿这些人中间，他再不奇怪。但是使他感到微微惊愕的，是这个鲁都石把辫子割掉了。

范思加欢迎他，就好像是一个昨天才到他家去过的老朋友似的。他请鲁都石转入他的一队里来。骇异是鱼皮鞑子们所不屑有的。一个人应当让心地和眼睛一样的开朗，让心反映着白雪与晨光，反映着射击和同行者的愿望。

起初，范思加以为这些人的愿望是有许多样的——和黑龙江的人群一样的多。但是后来当他对事情更了解一些，他断定这儿只有一种愿望，那使这些游击队员去穿上他们的雪鞋和装上他们的枪弹。即是说：把人们的房子盖得好一些，换句话说，把生活改善一些。

这样，他的思想路线和别人的路线交在一起了。他时常在宿营的时候去找马格罗夫，当后者似乎从平日那种焦虑的神情中宽解一些的时候，他便乘机问：

“同志，你所要求的，究竟是什么啊？”

“我是一个布尔什维克，范思加，你懂得吗？”马格罗夫用鞑子话告诉他。

“不——告诉我，你究竟要求什么？”

“我要使政权落到这些打鱼的、淘金的和打猎的手里来。我不要顾迅用诡计把所有的鱼都赶入他自己的渔场里去。我要使这些渔场都属于打鱼的人。我要使他的垦地上的金子属于每一个人；属于你，范思加，和你一切的伙伴们。”

范思加默默地听着，平滑而无毛的脸孔皱呀皱的，努力想明了他所说的意思。这样的话，他不仅从马格罗夫那里听见过。现在敌人依旧在城里，山丘上面依然扬着第一次袭击的烟尘；在村里，渔民们已经联合成为工人的集团，在分着顾迅的渔场，夺取商人的场地、盐斤、器具。淘金场已经由工人们在管理了。

范思加不懂得这是好事还是坏事。他自己却不想妄取顾迅一袋鱼干或一件皮袄，但是他找不出话来回答通古斯人所问的问题，这问题也是他不时地在问着他自己的：

“顾迅为什么要有这许多鱼、皮货和金子呢？”

范思加就照着这共同的路线想去，这路线是很清楚而很深刻地印着他的脑筋。他有时又想，假如把鱼皮鞑子的苦工们在驻马喀集合起来，大家去买上一只铁壳帆船，那该多么伟大。他以乎还听见这帆船的铁锚在冬季的空气中辘辘地响着，但是这只不过是白军的炮车声音罢了。

城市已经可以瞧见了。夜像在火烧一般，城市上面浮着一层黄色的微光。这是电灯光所映起，像是锐利而含敌意的眼光般，在望着这黑龙江朦胧的雪地。

自从要塞与炮台以及无线电台落入日本人的手中，那城市就一直难以攻克下来。

从早到夜，那边不断有炮声可以听见——他们是在瞄准着远处游击队所占领的渔场。

炮弹在黑龙江上像风一般的吼着。弹药的爆发震碎着江里蓝色的冰块，但是游击队并不曾受到多大损失。

每天每夜雪橇沿着黑龙江畔吱吱地叫着。

范思加想不到世界上竟然有这许多人，不吝惜他们自己的性命，和跟他自己一般，那么的在憎恨这城市、这些日本兵、白军军官、商人、官吏和娼妓。

天亮的时候，港口上的工人奔过来，和游击队合在一起，向他们要求枪械和子弹。但是每个人都很珍惜他自己的枪弹——因为这儿军火太少了。那些工人们说，城里现在草料和木柴都没有了，马在沿街饿死着，在中国区内，百姓们在放火烧屋。

接着，游击队决定派一个代表到日本司令那里去。安特烈·马格罗夫被指定去了，要求日本军放弃城市。代表被招待了进去。石川大佐，一个有礼貌、受过教育的人注意地听着他，叫他做“马格罗夫先生”，甚至还请他吸香烟，但是被拒绝了。

但是，一个小时以后，马格罗夫被送到白军的谍报局去，用惨刑杀死了。整个夜里，他粗糙的红发染着鲜血在他头项上矗立着。

第二天，石川大佐听到一个不愉快的消息，有六个日本的商人被游击队在渔场上捉到，当作报复在前线枪毙了。而更使他烦恼的，是这六个人中有几个还是他的朋友，在冬天里大佐常到他们家里去打扑克的。他恨着白毛子、红毛子，又恨着他自己。

“这个政府所发动的无谓的战争，”他向一个叫松井肇的军官说，“给我们害处比好处更多啦。”

他在他的友人中，常常被认为自由主义者的。

“一个人要有武士精神，大佐，”松井肇很恭敬而有些感伤地说。

“是的，当然，那不错，”大佐微彻地叹息一下。“但是布尔什维克困扰我们太厉害了。我希望那些和平的日本国民和其他的人们能够上沙加林去，假使这是必要的。”

他发出一个命令，派一队海军警戒着未被游击队所占领的沿途。

松井离开室内，等大佐瞧不见他了，咯咯地自笑起来。他知道大佐所谓“其他的人”，是指着一位俄国太太，谍报局长布尔斯基将军的老婆。

六

范思加在跑雪队里不但和鲁都石，并且也和波曾可夫做了朋友。

这很奇怪的，范思加从不能忘记那暗蓝色的月夜，弥漫着寒冷的烟雾，那天晚上波曾可夫在路上把他阻住，想把他的枪缴掉。但是，他同样也记得，当他同意把枪还他时，那副满是胡子的脸孔上亲爱的表情，和那双愉悦的眼睛。

在他看来，这波曾可夫和马格罗夫彼此都很有些相像，虽然他们的外貌上是很少有什么一样的。波曾可夫也能说一些鞑子话，是他们中间说话最多、最捣乱，也是最好的一个。他很瞧得起范思加。因此范思加原谅他那沙嗄的声音和他的咆哮、他的咒骂甚至他的开玩笑——这个范思加不大听得懂。他是一个老年的流浪汉，到过一切的淘金场和渔场上。他和其他的淘金工人一样，穿着高统的靴子，和蓝色中国冲缎的裤子;那裤子脚管很大,足够绕他的小腿三转。这裤子可以保护他的膝盖,免得受淘金场里的潮气,和铁铲的碰击。但是,经过十五年森林生活的他,纵然有这条裤子,仍然免不了遭受风湿病的磨难。在下霜发雾落雨的时候,他非常痛楚,而常常梦想着一个长时间的休息。

范思加是第一次从他那里知道马格罗夫的死讯的。他走入冬天的草舍里,脸孔被霜冻得肿胀的,在范思加旁边坐下来。

“嗯,白军把可怜的马格罗夫干掉了。”他悲郁地说,搓着他的膝盖。

这个消息来得那么兀突,范思加脸孔立地发青了。他从坐着的一根木头上站起来,恐怖而愤怒地跺着脚。

这天早上,他非常起劲的和鲁都石、波曾可夫以及一个哥尔第人柯特孙出去侦察。日本船依旧在堪金次克湾里抛着锚。这些跑雪队要绕着道儿避开它们。

他们爬过小山,穿过森林的最深处。一路上,范思加心神很乱,很悲郁。鲁都石不十分穿得惯雪鞋,时常掉落到后面去,范思加便坐在雪地里等他。他一动不动地坐着,把脑袋垂在膝盖中间,直等到波曾可夫把雪鞋踢着他才动一下。

“范思加,别太胡想了,”他说,在他旁边坐下来,又从烟袋里取出一些烟,“你这样下去,辫子都会愁掉的,甚至会变一个秃头啦。”

范思加并不回答,只顾沿着自己的思路想下去:

“啊嗳,他们为什么要杀死马格罗夫呢,这样一个好家伙!”

“那就是他们为什么要杀死他了。那些白党最大的满意就是杀死我们中间的一个人。这就是为什么要有这个战争——要把世界上的事情弄它合理来,和把劳动者放到最上层去。等着瞧吧,我们要拿他们的骨头来当石弹子玩呢。这是我对这回事情的认识。但是,你是一个鱼皮鞑子,你能懂得什么呢?”

“啊——啊,你以为只有你们俄国毛子才会懂得么?”范思加反抗说,“可是咱也懂得呢。”

“那你也是一个布尔什维克了?”

“一个布尔什维克,当然。”

“那好极了,等这回战争完了,我要休息一下,到什么地方去打打鱼。我得联合更多几个渔人,几个很好的合作对手,否则,就去当一名看守人,啊——啊——唉,我可怜的腿呀。”

波曾可夫擦擦他的膝盖,一壁咒骂着,直着那像树干般的腿站起来。随着,又坐了下去,把手里的枪威吓着鲁都石,那老鲁还没有跟上来。

“你这辫子鬼,你别跟咱们来跑雪吧,还是回到家里跟娘儿们去采集桑葚吧。全队的人都给你拖回去啦!”

鲁都石,气喘喘地,在他旁边坐下来。他是一个三十来岁的汉人,有些木头木脑和神经些些的气质。他有六尺多高,脸孔是古铜色的。在这张脸上,眼睛小得几乎找不到。从巨大的鼻孔里喷着热气,看过去红红地映在夕阳光里。

“唉,唉,”波曾可夫说,“你在尝森林的滋味吗?你?这和在兵营里抽大烟打纸牌的味儿可不同吧?是不是?等着吧,这森林不久就会把你干掉啦。瞧着你,我就好笑。”波曾可夫露着几颗牙齿说。“你来加入游击队干吗呀？我不懂你在这中间希望些什么？你想你可以做一些趁火打劫的勾当吗？我这样猜想你，那么，你以后可以开始做些小买卖了，唔？你打算到城里去开上一家小铺子，是不是？”

可是鲁都石是一个木头木脑的、沉默的家伙，很不容易惹动他。

“为什么说做买卖？”他天真地问，瞅了一眼波曾可夫，“在中国，俺替东家看守茶树和种稻，在哈尔滨，俺当听差。俺在渔场里替顾迅洗鱼。工作多啦，没有偷过东西，也没有做过买卖。俺要去打做买卖的，俺也要去打日本佬哩”。

“哼——你要打仗，”波曾可夫揶揄地说，“你还是到家里跟妈妈们一块儿去住着吧。你们大伙儿跑到这儿来干什么鬼？你们一先令就会做一天苦工。瞧，工资为什么老是跌下去呀。那白党要砍掉我们的脑袋，也许就是为了你们的缘故吧？”

鲁都石呆呆地望着他，不知该说些什么。

“你，波曾可夫；俺，鲁都石；他，范思加——大家都是一样的人哪。”

“一样，但是不一样，你，你是光秃秃的——瞧，我有多少胡子。”波曾可夫傲然地梳梳他凝着冰珠的胡子，“其次——我比你赚得两倍多，因为，老实告诉你说吧，讲起做工来，你只好比马粪。”

接着，他突然看到鲁都石不怕冻把袄子打开来。波曾可夫凶狠地瞪了他一眼，叫：

“把你的衣服裹起来！你蠢虫！干吗在风地冻着呀？你

冻坏了谁来负责？我吗？”

鲁都石驯服地把衣服裹起来。

波曾可夫是不必对什么人负范思加和鲁都石的责任的。但是，和一般的住惯森林地带的人一样，他是非常喜欢说话的。谈天，在这种人就和喝酒一般的有味。他爱他的伙伴——虽然他自己并不懂这个——正如一个把半世生活和他们一起花在渔场上、矿工的工房里、鱼皮鞑子的草屋里和篝火的四周的人，能够爱他的伙伴一样。

于是，他们又并着前进。只有那哥尔第人柯特孙远远地走在前面，两只臂膊在树林中间摇呀摇的，一会儿消失在小山背后了，一会儿又出现在树木稠密的地方。这真有些神秘，何以他竟然不会撞到杉木上去呢？

“唔，飞得和燕子一般快。”波曾可夫赞羡地说。“像这样一个猎人，正和通古斯人一样的要得。”

范思加对柯特孙的敏捷很嫉羡，假使今天是个节日，他真要跟他来比赛一下，但是他最近在森林中那回不测事情的回忆——就是说，他几乎不能从雪鞋中间解脱出来的事情——还很新鲜地在他的胸中。他现在得好好地保住他的力气他的腿和他的雪鞋，好像一个好主人在路上保住他的狗和他的鱼干一般，因为鱼皮鞑子范思加的前途是很艰难的，何况这回事情的胜负还在未可预卜之列呢。

顾马儿大很从容地跟随着侦察队的踪迹前进。他在两基罗米突之后，带领着一队和波曾可夫、范思加一样的跑雪队，穿着用女人衬衣改制成的、连头巾的白色套裤（Overall 即一种普通工人穿的工衣——译者注）。这样白色的人群在雪地上移动，即是在白天里，从很近地方望过去，也很难辨认得出的。这个分队现在是打算抄到日本军的背后去。

这天晚上，这个侦察队出现在黑龙江上。

七

江上的天空黑漆漆的没有一颗星。夜并不怎样冷，但是看起来，似乎天空、路和整个漫着白雪的地平线都密密地被皮袄似的黑暗包起来。一阵轻风从海湾上吹过来，把雪块都翻在路的中间。这很难说出，天是否在下雪。

范思加知道，在这样的夜里，是和在大风暴的时候一样，很容易迷路的，会把你阻住在一个老地方，或者踏着自己的足迹跑到天亮为止。但是他对这一带的路都很熟悉。他勇敢地跑过去，只是把雪鞋触着雪块，小心地避开它们。

他只有一个人。波曾可夫、柯特孙和鲁都石都已经停留在江岸上，被海岬背后的森林所遮掩着了。

路有时沿着江岸伸入岩石底下，有时又伸向当中去。接着，在地平线上可以瞧到一条灰色白的亮光，和清早的鱼肚色般的。那儿是城市了。略略地靠右首一些，有一微弱的灯光在一闪一闪。那是炮台上向城中在放信号。但是在这儿岩石底下的江面上，却是黑沉沉的，荒寂得可怖。风一停止，四周又变成那么死一般的静寂，范思加可以听到干雪和小冰块在石头上溜滑下去。忽然，他似乎听到一个轻微的吱吱的声音。他抬起头来，把覆在耳朵上的皮帽子取下：那不是从森林里传过来吱吱的声音吗？不，这是从下面，从江上过来的。

范思加溜到岩石的背后去听，那石头把每个声音都扩大起来。这种吱吱的声音只有雪橇滑过雪地上才有的。接着，范思加又听到远处一阵狗的叫嗥和咆哮，和赶橇的人的声音。这分明是有人在驱着一队狗的声音。范思加把枪紧握起来。这并不是说，那雪橇上的人在使他害怕。他带着恐惧轻轻地咬着牙齿。他要逃开那些人倒是挺容易的，但是他知道，如果刚刚撞着那群在疾奔的狗，那才够危险，那些狗在路上碰到无论什么东西，就会把他活活地撕成碎片的。即是一架载重的运输雪橇碰到它们，也得从路上让开，而那些马匹，瞧见狗奔近来，都会簌簌地发抖的。

范思加回头奔去。他唯一目的，就是逃到田野间去，避开那些狗。但是当他刚回过身来，他的雪鞋陷入雪块中间了，和被下面的冰胶起来。他爬回到路上，奔入黑暗里，脸上几处被雪所冻裂着。

那赶橇的人高声的叱骂从背后传过来。那声音里带着一种恐怖与狼狈的调子。范思加知道那些狗是在不肯服从命令了。

啊，范思加是透底懂得那些该死的鞑子狗的脾气的。它们宁使让自己立刻去被杀死，宁使去吃掉自己的小狗，可是决不肯停步，当它们看见有人在它们前面跑。

冷汗从范思加面颊上流下来。他的雪鞋在他脚下吱吱地响，风声和雪声在他耳朵里叫。他瞪着眼睛开始在看些洞穴和小丘；随着雪鞋绕过和爬过它们。现在是没有时间可以逃走或开枪了。事情已经无救了。那些狗队是在赶上来。

接着，范思加把手握着枪口，预备敲走那些狗，同时用鞑子腔喊着：

“啊哇，啊哇，赶橇的，路上有人哪！”

回答过来的是一声狗叫，而这叫声像不过是某一只狗的。接着，不是别的声音，却是怒号，狂嗥，骨头的碰撞声，雪橇倾翻的屈轧声。而在这一切中间，连赶橇的声音，范思加听来都有些耳熟：

“嗨！倭龙，嗨！疯鬼呀！”范思加依旧站着，用他的枪击着自己。随着，他大笑起来，把武器放下。他坐在地上，柔声地叫：

“啊哇，倭龙，啊哇，同志！”

他在黑暗中把白色的套裤剥下来，忙乱地撕着那些带子。在约莫十步以外，那些狗狂嗥着，彼此在乱咬着。他一时找不出倭龙在它们中间，但是他可以听得出它的声音，那严肃而有威力的，平静的，像是领袖的声音，每一次听到它的声音，其余的声音便立刻静下来，只有磨牙齿和扑击的声音可以听到。

没有一只狗敢动了。一阵强烈的臭气，和着狗毛上的汗臭在发出来。

那些狗渐渐地平静下来。人们在倾覆的雪橇四周攒动着。他们想把雪橇扶起来，但是不管那赶橇的怎样在叱唤，倭龙却把其余的狗引着向范思加走来。它们在寒风中间浑身大汗地躺下来，开始嚼着地下的雪。

倭龙把狗头压着范思加的雪鞋，舐着他的靴子，从靴子上发出那闻惯了的鱼脂气味。范思加瞧着狗眼里闪着的黄色的光，大笑起来：

“这可不是，咱为什么要加入游击队呀！”

“怎么样呀？薛姆加，”他急忙地喊，把枪藏到身体背后去。

薛姆加举着枪，站在前面，瞧着这雪地上被狗所包围着的模糊的人影。

从那一旁，一个高大的、雄伟的人，穿着一件很长的皮大衣，向范思加走近来。从他伸着手的姿势上看去，他显然是握着一支转轮手枪在对准他。范思加不知为了什么缘故，对于这转轮手枪，似乎觉得比来福枪或游击队土制的炸弹还可怕些。

范思加站了起来。倭龙也站起来向那握着转轮手枪的人咆哮着。其余的狗都准备跟着倭龙扑过去。

“停住！坐下去！”那高个子叫。“这是谁？我立刻要开枪了。”

范思加又坐下来，狗也跟着躺下。

“呀，薛姆加——你不认识鱼皮靴子范思加吗？咱们曾经在一块儿喝过白酒的呀。”

“什么范思加？这儿每一只狗都叫范思加的。”

“朝马来的。”

“唉——唉，”薛姆加吐出一个慰藉的叹息。“这可不是向你买倭龙的吗？”

“咱的倭龙。”

“那么对了。我瞧见这狗嗅到前面有人，但是那领队的狗不许它们过去。你真是运气，那些狗没有把你撕成碎片。”

范思加发出一个猛烈的笑声，好像一个不许多笑的人在狂欢的一霎那中大笑出来般的。

那高个子把枪放了下来。

"呸！上帝恕我。我以为我们碰到赤党了。"他用跟他的衣服一样沉重的声音嗍嗍地说，从袋里摸出几根火柴来。但是要把这火柴在风中擦着，那真好比要从一个鱼皮鞑子的脸上去找出眼泪和笑容来一样的困难。

于是，薛姆加说了：

"别擦吧，奥雪普·狄密铁里维支，"接着，又转向范思加说："这个时候，你上哪儿去？干什么又不带着你的狗？"

"我打普隆加来，喝了一些酒，喝些白酒。"

"唉，你这个狗养的懒种！"薛姆加叹息一声，镇定下来。他开始来配狗缰："这些家伙，只晓得喝酒闲逛——他们比囚徒还要混蛋！他们把所有的钱都拿来喝酒。相信我吧，我差不多跟他们做了二十年的交易呢。"

奥雪普·狄密铁里维支并不在听他。他不是一个懦夫。但是这漆黑的夜里刮着呼呼的风，同着这鱼皮鞑子，狗，和四周黑沉沉的森林地带，却给他心中击入一种恐怖。

范思加模糊地可以辨认出那第三个人影子。在兽皮和大氅中间缩作一团，坐在雪橇的后座上，那人不做声，也不动一下。

奥雪普·狄密铁里维支向那人走去，用一个非常小心的声音说，竭力想把他声音中恐怖的调子压下去。

"你害怕吗？没有什么事，路上一个喝醉酒的鱼皮鞑子罢了。"于是，他重重地坐到雪橇上。

范思加站起来，绕到路旁去，想把他的枪先藏在前面，再藏到腰旁去。

薛姆加向赶橇的座位上一坐，从雪地里拾起鞭子来，高兴地叫着：

“走呀，倭龙！”

可是倭龙并不照平常那样向前跑，却随着范思加奔过去。

“嗨！范思加，别诱这只狗，”薛姆加用愤怒的声音叫，“跑到路的外面去！”

范思加转入到田野里。倭龙便躺地下去，于是雪橇停止了。薛姆加奔到狗的前面，愤怒地挥着他的鞭子，接着，在黑暗中，从风雪的怒号里传来一阵低低的但是可怕的咆哮声，这声音曾经使倭龙在鱼皮鞑子们中间获得“沙门”的绰号的。

薛姆加往后一跳。

“天杀的！鱼皮鞑子，鱼卵子！范思加，过来！”

“听着，我们不能再冒什么险了，把这个鱼皮鞑子射死吧！”奥雪普·狄密铁里维支残暴地说，他显然是骇坏了。

“范思加！”薛姆加又叫了一声。

但是那边却没有回答。范思加已经逃避得很远，瞧不见了。风吹着雪，回击着薛姆加的脸孔。那些狗开始慢慢地跟着范思加的路跑。岩石已经到了尽头了。天色似乎亮了一些。范思加早已消失到不知什么地方去了。

突然，倭龙转向右首，那边有一列飒飒地作响的树林，向着江边伸去。

“啊哇！这边呀……”薛姆加的叫声混合着风声和杉树沙沙的声音。倭龙停住了。

“你们还吵骚到什么时候去啊？猪猡！”

最可怖的事情发生了，一个沙嗄的声音从离开雪橇后座很近的黑暗中传过来的，在这沙嗄的叫声以后，接着一个女人惊恐的呼喊，这喊声在奥雪普·狄密铁里维支听来似乎特别的尖锐而微弱。

“怎么的？范思加，你要捉一个女俘虏吗？”奥雪普·狄密铁里维支向那声音开过枪去，回头向薛姆加叫，“尽快地赶！”

倭龙识相地只管向白漫漫的雾中咆哮着，不肯动步。

“把武装缴下来！”

人们向雪橇走近来了。

八

天破晓的时候，日本人知道他们是被围了，于是开始在机关枪掩护之下，向城里退回去。

顾马儿大曾经想越过黑龙江的山脉，没有成功，但是现在跑雪队却抄侧路越过它，一直往前冲过去，并遭受到巨大的损失。但是他们仍然想去占领那大路。他们踏着雪鞋弓着背，用枪柄来掘战壕。接着，日本兵越过旷原向城市方面移动过去。太阳已经出来了，寒暑表指着三十二度；天和晶石一般的坚硬，太阳光从雪地上反射过来，很难受地刺着人们的眼睛。等范思加渐渐的受惯了这眩目的阳光，他可以辨认出雪地上日本人身体的轮廓；他们一跳一跳的在雪地上颠蹶着，样子十分滑稽。

在瞄准的时候，范思加全神贯注在他们的动作上，他不曾想到杀死别人或被别人杀死。因为他知道今天一定不许剩留一个人在地上的。他觉得他现在所握着的，似乎不是他平日只能射野兽的枪，而是一条罟网的索子，他所要做的乃是翻起他的眼睛，急促地拉起这条索子，这索子会绊倒一个人，而使他掉到雪里去。

这一点也不可怕。他在一分钟之内就会站起来，冲过去的。但是其他的人已经站起来了，在困难地奔着，一壁把皮帽子摔掉，高声地叫喊。在他附近，鲁都石也在叫喊，并且把枪震耳欲聋地砰砰地开过去。波曾可夫伏在左首的近处，向雪地俯下去，叫着！

“嗨！你，好好儿干，射他们的输送工具，那才是一个好家伙！”

范思加把自己身体挺起来，瞄准着那些马匹，但是波曾可夫滚过来把范思加跌倒雪地上去。

“机关枪！”

范思加这才听到继续不断的“啪……啪……”枪响，和尖锐的、难以忘记的嘘嘘声音，像是一枚针似的刺着他的心房近旁什么地方，他瞧见一顶高高的帽子沾满了鲜血和脑浆，在雪堆上伸出着；他想站起来，逃到那些小山上去，但是波曾可夫把他紧紧地捉住，他还想逃，波曾可夫用枪柄敲着他：

“躺下去，他们会杀死你的！”

于是，他开始用手指挖着雪，拼命地想钻到地底下去。

那些日本人越过山岭，很有秩序地退到城里去了。在这天傍晚，他们又重复地做一次没有希望的反攻，想把游击队追回到小山边去。但是范思加再不愿到小山上去了。他坐在雪橇上沿着战线在运送子弹，他驱逐不掉那想逃走和想躲到森林深处去的念头。他觉得他本来可以永远穿着雪鞋，站在一株松树底下，闭着眼睛听听森林的静寂中那松鼠啁啾的声音。

倭龙和人一般地工作着，自己拉着雪橇，同时又管理着其它的狗，使全队里没有一只在偷懒，在缠着雪橇的缰，和咬着它旁边的狗。它不满意范思加。和他久别以后，重听到他的声音，它发现这声音中间有许多是从前没有的东西。倭龙不断地向四周侦视着，露着它的牙齿，耸动着它的耳朵，有时似乎在猜想范思加要做什么。它领着整队的狗奔向黑龙江，奔向海湾去。一对黄眼睛望着那苍凉的落日和那些小山以及炮弹落下去地方的弥漫的雪雾。但是范思加却用疲乏的声音在叱止它。他仍然是忠实的，和通古斯人一样忠实的。他知道他的责任，他向自己说着和对波曾可夫以及鲁都石所说过的同样的话：他是欠着顾迅、薛姆加和密加·加仑的钱债的，而在秋天里，他还向密加·加仑借过半袋面粉。

九

在第二天早晨，当日本人已经最后的离开黑龙江而逃入到城里去以前，范思加始终没有知道这夜在路上所捉到的、除了薛姆加以外还有些是什么人。那些俘虏被解到总部里去了。所有的人都在忙着作战。

但是，到了第二天，不仅所有游击队员，并且连下江来的鱼皮鞑子都知道那三个俘虏是——狗贩薛姆加、奥雪普·顾迅和莎菲亚·安特里夫娜·波里支加耶，或者依城里人的叫法：白军谍报局的“太太”。在那雪橇上，并且还抄出了值十万卢布的金子和紫貂。

鱼皮鞑子范思加的大名，立刻传遍上江下江各处——从塔汗里到朝马。鱼皮鞑子的雪橇都载着鱼和冻鹿肉加入到游击队的雪橇队里来。

那年青的通古斯人彼得，当他碰见范思加时，马上向他致敬。他们现在不再嘲笑弯腿子的鱼皮鞑子了。

“那些老辈子请您到他们那里去，请您的老婆和孩子也去，咱们会用肉喂您的狗呢。”

那哥尔第人柯特孙站在旁边，碰碰范思加的肩胛。

“别答应他，到咱们那边去，这些日子正好去打猎。咱们可以用鱼和熊肉喂你的狗呢。”

鲁都石没有说什么。但是等到晚上，他偷偷地向堪金次克的中国人那里弄了一些淡色的伏特加来。这酒发出一种面包发酵的强烈气味。虽然照规矩喝酒是严禁的，但是这三个人——波曾可夫、范思加和鲁都石都足足喝完了两瓶。

分队司令在骂他们，威吓着要敲死他们三个，因为他们纵酒。

范思加对那分队司令发起脾气来。他一壁诅咒着，走了出去，要去告诉总部里的顾马儿大。但是走到半路上，雪打着他的睫毛，又闻到杉树的气味，又因为高兴和严冷，他的酒渐渐醒了。于是决定还是去找薛姆加谈一谈吧；问他是不是肯把倭龙还给自己，假使给他一百只灰鼠和五张 Nerpa 皮。

起先，人们不许他和俘虏接见，但是当他们知道范思加就是把这些俘虏捕来的鱼皮鞑子，就让他进去了。

他找到薛姆加坐在一间污秽屋子里的地板上，他光着头，赤着脚，那张麻子脸肿了起来，好像人家打过似的。他旁边坐着顾迅，也是赤脚的，穿着一件破大褂，和戴着一顶獭皮帽，他那张戴着金丝边眼镜的阔脸，死沉沉的像是一只假面具。他没有睒一睒或抬一抬他的眼睛。那个女人却给范思加一个更强烈的印象，她的灰鼠外衣罩在一件绒线衫上，她的鹿皮靴是整齐而结实的，那双深蓝色的眼睛很干枯，呆呆地望着这个鱼皮鞑子。他们没有恐惧，也没有憎恶的表情，只是从薛姆加和顾迅的脸上，可以瞧得出一种同样的绝望的神情。

大家都知道她是石川大佐的情妇，是由于她的请求，马格罗夫才被移送到白军去的。她将被枪决，那是不容怀疑的事情。这污秽的小房间中，依旧可以闻得到她的一种日本女人的香气。

范思加又从她身上转过去看薛姆加。

“把倭龙还给我吧，薛姆加，我可以给你一百只灰鼠皮。”那五张 Nerpa 皮，范思加想慢一慢加上去，因为那商人会开始还价的。

薛姆加神经地动了一下，没有回答。

“唔，薛姆加，那么，我要把它带到衙门里去哩。”

接着，顾迅把他滞钝的、无神的近视眼抬起来，看着范思加的脸孔：

“蠢才！”

范思加突然明白了，这官司是不需要打的了，倭龙和全队狗都将永远归他所有，这个做买卖的薛姆加和顾迅的末日到了——什么事情都正如密加·加仑在家里时候所告诉他的一样。

他急急地走出去，当他跨过门槛时，他回过头来向里面瞅了一眼，那女人依旧一动不动的呆望着。范思加对于这种痴狂的眼睛——那就是出卖他的朋友马格罗夫的，一点不觉得有什么可怜。

十

这是一个晴朗而静寂的中午，范思加驱着雪橇进城了。游击队早上就开到那里，但是雪橇队到现在才载着草料和军火，吱吱地穿过中国区。把通古斯人的驯鹿赶到路旁去，那些鹿逃到那里站住了，松弛的嘴角上还吊着带血的冰柱。

那些美丽的旗帜使街上变成更拥挤了。倭龙向那些驯鹿呜呜地叫着，和踪跃过去。那些通古斯人用鞭子吓着范思加。

他折入一条小街里，但是那里也有人。

“嗨！狗来了！”范思加叫。

“呕！你狗养的！干吗把狗赶到城里来？”

人们向屋子旁边紧挤着，逃到门道里，或者爬到雪堆上去，狗队狂暴地奔跑着——一共一十三只，狗具上飘着红旗和红带子。范思加紧张地举着鞭子——注意有没有人跑到路中间来。可是他究竟还欠敏锐。那雪橇好像从空中陡的竖起来。一个尖厉的声音穿过空气。一只小猪突然闯入路中间来了，狗乱了起来。范思加只能瞧见它们屁股在愤怒地颤动着。他用鞭子击着它们，踢它们，命令着倭龙。这一切都没有用。几分钟工夫，倭龙任着它自己的性子干，舐着它的口吻，和摇着它头上染血的羽饰。范思加用鞭子恫吓着它。那狗没有规矩的向后斜睨了一眼，领着全队又往前跑了。

“唔，那么——”范思加说，“这终算是咱们的节日啦！”

猪的主人从门里张出来，只看到狗，赤色的羽饰和范思加帽子上游击队员的带子。他立刻把门“砰”的关上了。

雪橇赶入一家常住鞑子的客店的院子里。

只有在这种客店里，人们和范思加一样，可以听到许多好的或坏的消息。他从那些朝马来的鱼皮鞑子的口里，知道他的老婆又卖了两只小狗给密加，换来一袋面粉。这使他发了一大会脾气。同时一个从樊家来的鱼皮鞑子给他一张盖着印的纸，说他们已经推举了他做出席区苏维埃大会的代表了。另外，一个已经瞧见过雪融冰解八十回的老年鱼皮鞑子，过来吻着他的脸颊，这是最隆重的敬礼的表示。

“你是一个猎人，范思加，一个聪明的鱼皮鞑子，假使面粉、鱼网和火药都便宜起来，咱们什么事情都会转好了。”

范思加答应说，这是应该的。于是他们在一起默默地吸着烟和喝着鹿乳。有人在喂范思加的狗，给它们那么多鱼吃，那使其中的一只几乎都吃出病来了。

在大会上，范思加是呆头木脑的。那里有许多的困难和严重的谈话。起初几天，他按着时间到那座冷森森的石屋的大厅中去，把屁股靠着墙壁一坐，燃着烟筒，闭起眼睛，想听得更清楚一些。

范思加只懂得一件事，就是说苏维埃政权是一片大海，在冲洗着所有的海岸。范思加难道会不欢迎这片海吗？一种奇怪的贪欲捉着他。他望望挂在四周天花板底下的电灯，心里想着：“假使咱们有这样一盏灯挂在家里的炕上，假使咱们可以用机关枪去打海豹，假使顾迅的鱼网可以弄到鱼皮鞑子的手里来，那该多好呀！”

有一次他居然也跑到主席台上去演说，熏得他四周都是鱼腥和海豹皮的臭味。他被允许发言了。他站起来，搔搔自己的身体，又去找他的烟筒，于是想了一会，说了：

“鱼皮鞑子要求面粉便宜一些——还有烟草、火药和鱼网。苏维埃一定办得到，这是鱼皮鞑子范思加所说的。”

大家都拍起手来。那喧嚣和喝彩把他吓住了。当他从主席台下来时候，颠蹶了一下子。他终觉得他还是再回到家里去的好。

已经九个星期了，自从他跟他老婆说过“别等我”。但是她仍然等着他，而家里面粉又快完了。鱼干也快没有了，而不久熊节又要到来。

范思加可以很快乐地回家去。他除了这些薛姆加的狗以外，家里还有六只。这样一笔财，哪个鱼皮鞑子都会羡慕他的。但虽然是这样，虽然他过不惯这沉闷的城市生活，范思加并不急急回家去。起初，他总以为这些狗是薛姆加的，不是他的。等后来他确信事情并不是这样，于是他想：“这是不是为了倭龙和这些狗，咱才走这遥远而恐怖的红毛子的路吗？假使苏维埃政权是一片大海，要冲洗所有的海岸，那么，这不也会使咱们朝马分到一些好处吗？”

于是他老惦念着把朝马的渔民组织一个“亚太尔”[①]。他甚至跑到渔民联合会去，整天的找人谈话，用许多的问题去打搅每一个人。最后，他知道希望得太多还是不大好；仍然只有一些盐、木桶和一只小小的舢板可以给他赊着拿去。

他决定去和波曾可夫、鲁都石商量。也许他们会帮助他，他们会一起去加入“亚太尔”。他们是他在游击队里最接近的

---

① “亚太尔”，俄语即工人组合。

朋友。

范思加在兵营里找着他们。他们坐在靠窗的长凳上打纸牌。鲁都石运气不好，波曾可夫赢了。他在那中国人的鼻子上拍了三十下，埋怨着说：

“打你们中国人的坦鼻头正好比削水片一样。这玩意儿不公平呀，孩子。”

他们给范思加一个热闹而亲切的欢迎，请他吃鱼子酱和日本饼干。这些饼在口里溶起来是非常甜的。接着他们又告诉他，许多游击队员已经被允许可以回家了；因为平白地养他们在营里吃粮，没有什么意思的。

范思加沉思地听着。他拨着垂在肩上的辫子末稍，接着又把它盘起来。他谈着大会，谈着鱼和面粉的价钱，又趁机会把全村的鱼皮鞑子一起去打海豹的事说了。

“是的，”波曾可夫没精打采地嗫嚅地说：“一个‘亚太尔’是我们需要的。在淘金场和渔场上都一样需要一个‘亚太尔’。请告诉我，假如你愿意，你们鱼皮鞑子为什么不害风湿病，他们不是和我一样常常到水里去的吗？”

“他们不会吗？”范思加悲伤地说，把靴子的上沿剥下去，露出那蓝色的、肿胀的膝盖来。

波曾可夫高兴地叫了起来。他突然感到对范思加有一种比平常更亲切的感情。这是一种奇异而痛苦的爱情，那只有同病的人才会感到的。

“你也用桑叶茶治你风湿病吗？”

“是的，用桑树的叶子和根株泡茶喝。”

“用一些赤连姆沙也很好，”鲁都石插进来。

波曾可夫严厉地瞅了他一眼。

“赤连姆沙只好医坏血病的，不能医风湿病，我们整个营盘，只闻你赤连姆沙的臭味。”

“人参根很好。”

“人参吗?”波曾可夫十分高兴地说：“替我弄些来，可以吗？我可以给你要的随便什么东西。”

“让我去找找看。”

“你要去找?”波曾可夫嘲笑地说，“到你脑袋里去找吧，你到桑丘上去都胆小呢。”

鲁都石虽然是个高个子，而且外貌也很像一个勇敢的汉子，可是真的，他非常害怕那森林和熊，但是他跟许多中国人一样，常常在梦想离开那些腌台，那些狗鲑的内脏，和那些浸在盐水里的木桶，而到森林里去，到黑龙江和乌苏里去找人参以及一切可以延年益寿的草药。那些人已经找到了的，很快乐。

他用几乎瞧不出什么东西来的醉眼凝视窗外。

“鲁都石!”范思加叫。

他不做声。也许他还有另一个名字——真正的中国名字，不过叫他这个别号，他从来不会不答应的。

“鲁都石!”

他最后把悲愁的眼睛从窗上移开，向着范思加。

“让咱们三个都到朝马去吧，咱们一块儿打鱼去。咱们说‘亚太尔’现在肯将盐和鱼网赊给咱们了。咱还有狗，还有一间屋子，一只船和一个老婆。”

这是一个重大的提议。波曾可夫要有时间来考虑一下。

但是他们都不会怎样去想，等范思加再把他们叫拢来时候，他只是探询地望望鲁都石，又诉说了一些关于他的风湿病，终于同意了，因为波曾可夫知道鲁都石住在城里，在任何方面也是不能找什么事做的。

天黑了下来，灯已点上了。范思加走到中国区的剃头店里去，把辫子割了。这是和旧时代的一个分手，他不会想到那些鱼皮鞑子见了会说些什么话。

倭龙高兴地奔出城门，很快乐地回家去了。雪橇的路是笔直的，宽阔和舒适的。那些狗没有跟范思加发刁，一次都不必用鞭子去打它们。这可以算是条很好的路。只有鲁都石穿着他厚厚的棉袍和背上已经破了的旧马褂，有些觉得冷。

当他们经过下江那些村落，苏维埃已经选举出来，渔民们在开会。鲁都石很勉强去参加他们，但是波曾可夫却从不错过一次。有时范思加和他们一起停了两个钟头，把狗都忘记了，让它们没有人喂，也没有人看管。

“在大风暴中，什么树都一样的摆动起来，”他和波曾可夫说。

村里的人在想着和争论着正如范思加心里所想着同样的事情。渔民们在要求把一切捕鱼的界限都摧毁掉，要求管理那些私人的大渔场，一切船只和船具都应归“亚太尔”很平均去分配。

“在‘亚太尔’之下去捕鱼有什么不好？”他们问。“在佛拉胥湾，那边渔民全村一起的在打鱼已经有好多年了，可并没有比别处坏。前年他们还买了一艘帆船呢。”

“真实的就是真实。一个渔业‘亚太尔’——为什么这不是新的？每个村庄都应该有它自己的‘亚太尔’。当然，私人渔场是许多纠纷的起源，是使苏维埃能获得政权的原因。从前时候，假使你有钱，你就可以在夏天雇用二十几个中国人，和腌一百桶鱼，我有钱我也可以这样干。”

这儿有许多咒骂和猛烈的辩论。

“这对于我有什么意思呢？要我做了工，积了钱来加入‘亚太尔’吗？我把货物交给‘亚太尔’，你们预备再给我好多呢？”

“再给你好多？那么，你要不要这个？”毛茸茸的拳头从众人头上摇起来。

“这算什么，强盗抢劫罢了，这不要脸的暴徒！”

“继续下去吧——现在用不着这种废话了。”

有时，这种争吵在谈话和高喊声中结束了，但有时，他们又达到对“亚太尔”投票的阶段。

在这种情形下，范思加、波曾可夫和鲁都石也都会偶然地举起他们的手，但是屡次被反对派所注意，把他们当作陌生人赶出去了。

一般地说，这是一个很有生气的旅程。渐渐的范思加兴奋和怯惧都消失了。他回到家里，精神很好，辫子没有了，又带来一大队狗，和几位跟他一样的，带着风霜与狗汗的气味的客人。

连载于《现代青年》1940 年 10 月 10 日第 2 卷第 6 期至 1941 年 1 月 10 日第 3 卷第 3 期。1941 年出单行本。

对面的房子

Bethony Hope

我们在谈论着青年亚尔奇格·鲁姆的不幸事情;我向希拉莱太太解释那事情发生的实在情形。

“他的爸爸,”我说,“给了他一百英镑,供他在巴黎住三个月学习法文的费用。”

“那真够阔绰哩!”希拉莱太太说。

“这也看怎样花法,”我说,“不过,这个还谈不到,因为亚尔奇格到巴黎的第二天,他就跑去看 Grand Prix[①]。”

“是赛马吗?”希拉莱太太带着十分鄙夷的神气问。

“自然啰,那些参加竞赛的都是马啊,”[②]我应着说,“而他老兄,倒霉之至,还没有学上一些法文,就把全部的钱输得精光了。”

“多恼人哪!”希拉莱太太叫起来,小菲列斯姑娘惊骇地喘着气。

---

① Grand Prix:法语,大赛马,希拉莱太太大概不很懂法语,所以接着问:“是赛马吗?”

② 这是一句双关的话,马的另一意思就是蠢人。

“唔，咳，”希拉莱说，比较豪爽得多（我这样感觉），“他的爹很有钱呢。”

“那一点也没有用，”他的太太说。

“这种小赌是没有什么道德上罪过的，亲爱的，孩子总是孩子啊！”

“即使这样，”我插进去说，“也没有关系，只要我们别让女孩子太那个。”

希拉莱太太没有注意我说什么，宣布着她的断语。“他大大地欺骗了他的父亲。”她说着，拿起她的刺绣来。

“我们大多数人从前都大大地欺骗过我们的父母，”我说，“我们都得承认这种事情。”

“我希望你是在讲你们男人自己。”希拉莱太太说。

“你们女人也差不多，”我说，“你从前常常趁你爹不在的时候到桥台[①]上去和希拉莱相会——这是你自己告诉我的。”

“爹准许我和希拉莱认识的。”

“我讨厌诡辩。”我说。

沉默了一下，希拉莱太太刺着绣花，希拉莱望望天色，这是一个很好的天气。

“现在，”我毫无顾忌地继续说下去，“就是菲列斯姑娘，也已经懂得去欺骗她的父母了。”

“啊，别去惹这可怜的孩子吧。”希拉莱太太说。

“你是不是已经懂得了？”我问菲列斯姑娘。

我等待着一个愤怒的否认，希拉莱太太也是一样，她带着

---

① 桥台，pier，一种伸入到海中或江中的桥台，以供市民散步用。

一种同情的神气说：

“别去理睬他胡说，菲列斯，亲爱的。”

“你是不是已经懂得了，菲列斯姑娘?”我说。

菲列斯姑娘脸孔涨得通红。我怕引起她的痛苦，打算把话转到国会解散的前途上去。正在这时候，菲列斯姑娘脸上浮出一丝羞愧的微笑。

“是的，有一次，”她说，向希拉莱太太怯怯地瞥了一眼，希拉莱太太立刻把她手上的刺绣放了下来。

“说出来!”我胜利地喊，“来吧，菲列斯姑娘。我们不会说出去的，我发誓!”

菲列斯姑娘又望了希拉莱太太一眼，希拉莱太太是深通人情的。

“好吧，菲列斯，亲爱的，”她说，“既然以前你一直没有告诉过我，我想这不应该是我的责任了!”

“这是去年夏天的事，”菲列斯姑娘说。希拉莱太太这回好像是要动气了。

“不过——”她说。

“我们一定要听这故事!”我说。

菲列斯姑娘把她织着的袜子放了下来。

“我是非常顽皮的。”她解释着，“这是上学期，在学校里。”

“我知道这个年龄，”我向希拉莱说。

“我的窗子正对着大街，你一定不会说出去吗?好的，我那对面有一座房子——”

“那里面有一个年青人。”我说。

“你怎么知道的呢?”菲列斯姑娘问，脸孔红得非常厉害。

“没有一家女学校里的号码中间，不能没有第一号呀！”我解释说。

“唔，总之是有那样一个人，”菲列斯姑娘说，“我和其他两位姑娘常要上市政厅去听关于文学或其他的演讲，我们照例可以领到一个先令去买票。”

“一点不错，”我说，“一百个金镑！”

“不，一个先令，”菲列斯姑娘纠正说，“一百个金镑！你多么荒唐呀，卡德先生！唔，有一天，我——我——”

“你真的要说下去吗？菲列斯。”希拉莱太太说。

“你在害怕了，希拉莱太太，”我严厉地说。

“瞎说，卡德先生。我想，菲列斯也许——”

“我说下去没关系，”菲列斯姑娘说，笑了一笑。“有一天，我——我——和那几个姑娘失散了。”

“那几个姑娘是常常容易失散的。”我说。

“我走到半路上——啊，你晓得，他恰巧也去听演讲。”

“这小狗仔，”我说，触触布拉莱的胳膊，“我想，他是会去的！”

“路上，雾却越来——越大了。”

“天帮忙！”我叫起来，小菲列斯姑娘那种半正经半顽皮的神气使我高兴。

“而他——他在雾里找到了我。”

“你做什么，卡德先生？”希拉莱太太怒声地喊起来。

“没有什么，没有什么。”我说，我相信，我是朝希拉莱映了一下眼睛。

“我——我们找不着市政厅了。”

“啊，菲列斯！”希拉莱太太呻吟起来。

小菲列斯姑娘惊惶地望了一下，接着又笑了。

“可是我们找到了一家点心店。”她说。

“赛马场！”我说，把我的手指触触希拉莱。

“他一个钱也没有。”菲列斯姑娘说。

“妙极了！”我说。

“于是——于是我们就喝茶，喝掉——喝掉——”

“——那个先令？”我狂悦地喊。

“不错，”小菲列斯姑娘说，“喝掉了那个先令，于是他送我回家。”

“请说得详细一些！”我说。

小菲列斯姑娘摇摇她的头。

“他把我留在门前。”

“天还在下雾吗？”我问。

“是的，否则，他不会——”

“那么，他怎么——？”

“他走到门上来，卡德先生，”菲列斯姑娘带着显然小心的神情说。“啊，那就是那么好笑！”

“我断定是这样的。”

“不，我是说，当我们听过演讲要受考试的时候，我就买一份本地报纸，读了一通，于是我很容易的获得最好的分数，而格芩小姐便写信给我妈妈，说我考得多么好啊。”

“这一切都结束得十分圆满。”我说。

“是呀，可不是这样吗？”小菲列斯姑娘说。

希拉莱太太可又严重起来。

“那你就一直没有告诉过你的妈妈吗，菲列斯？”

“没——没有，玛莉表姐。”菲列斯小姐说。

我站了起来，背朝炉火立着。小菲列斯姑娘又拿起她的袜子来。在她嘴角上，却依然停留着那一丝微笑。

“我倒要知道知道，”我望着天花板说，“在门口发生些甚样事情。”接着，看着没有人说话，我又加了一句：

“啐！我就知道在门口发生了甚样事情。”

“我再不告诉你别的了。”菲列斯姑娘说。

“可是，我倒要听你自己亲口——”

菲列斯姑娘走了！她突然的站起来，奔到房间外面去。

“这是在门口发生的了。”我说。

“傻丫头，菲列斯！”希拉莱太太沉思起来。

“我希望，”我说，“这是对你一个教训。”

“我以后倒要管束管束她呢。”希拉莱太太说。

“你不能这样做，”我很信任地说。我绝不担心菲列斯姑娘这样玩玩会上人家当的。“同时，”我接下去说，“重要的问题在这里：我的比喻是非常明白和恰当的。”

“那一点也不相同。”希拉莱太太锐声地说。

“因为一百金镑正等于一个先令，而大赛马就等于对面的青年。”我说，拿起我的帽子，向希拉莱太太伸出手去。

“我对你非常生气，”她说，“你教那孩子以为这样做是没有错的。”

“啊，废话！”我说，“你瞧，她说得多么高兴啊。”

接着，我没有去注意希拉莱太太，望着空际自己诉说起来。

“啊，神圣的对面的房子呀！”我喊着，“快乐的‘对面的房子’呀！一个人把自己的沉闷的、四平八稳的家庭跟这愉快的‘对面房子’来比较一下罢！我就渴望能永远住在‘对面的房子’里啊！”

“我一点也不懂你说些什么，”希拉莱太太顽固地说，“我猜想，这是一些下流的——或者卑劣的话。”

我带着一些迷惑，望着她。

“你一点也不想望‘对面的房子’吗？”我问。

希拉莱太太凝视着我，她的眼睛不再是那么老愣着的了。她把胳膊挽着布拉莱的胳膊，驯顺地说：

“我不要想那‘对面的房子’。”

“唉，”我说，把我帽子一甩，“不过你也许会记得那‘房子’——当它在‘对面’的时候吧？”

希拉莱太太，一只胳膊依旧夹在希拉莱的胳膊里，把手伸给我。

她红着脸，微笑着。

“哼，”她说，“这是你的不好；因此，我不想去责备菲列斯。”

“对的，别去责备她，亲爱的。”希拉莱笑着说。

我呢，就走下楼梯去，心不在焉地吩咐我的马车夫，把车子驱向“对面的房子”去。

不过我却并没有到达那里。

载于1941年8月《野草》第2卷第5、6期

被侮辱和被损害的

陀思妥耶夫斯基

第 一 部

第 一 章

去年，三月二十二日傍晚，我遇到一件非常奇怪的事情。那一整天，我都在城里奔波，想找一间寓所。我的旧寓所非常潮湿，我已经开始害上一种病兆的咳嗽病了。从去年秋天起，我就打算搬家，可是一直拖到春天。一整天，我都没有找到一家合适的。首先，我要一间不跟别人寓所夹杂在一起的隔离的房子；其次，我虽然只要一间房子，可是必须是间大的，自然同时还得越便宜越好。我曾经感到局处斗室，连思想都要受到束缚的。当我在思索一部未来的长篇小说的时候，我老喜欢在屋子里来回踱步。顺便说一下，我喜欢思索我的作品和梦想着怎样去写，往往比实际动笔去写更喜欢；这倒并不是由于懒惰。到底为什么呢？

一整天我都觉得身体不舒服，到了太阳下山的时候，觉得当真害起病来了。似乎一种热病袭来。再加上我跑了一整天，也疲乏了。到了傍晚，正在天黑以前，我沿着伏兹尼赛斯基街走着。我爱彼得堡三月的太阳，尤其是在日落的时候——自然，是在那晴朗和寒冷的天气里。整条街蓦地明朗起来，浸浴在灿烂的光线里。所有的房子好像突然都发射出光辉。它们那灰色的、黄色的和浊绿色的色调一下子都丧失了它们所有的幽暗色彩；仿佛一个人的灵魂突然明朗了，又仿佛一个人突然震颤了一下，或者说，仿佛被什么人用肘子推了一下似的。这就产生了一种新的景色，一串新的思想……一道太阳光，竟能对人的灵魂发生这样的作用，这真是不可思议啊！

可是太阳光消失了；寒气更强烈起来，冻得人的鼻子发酸；暮色更浓了；煤气灯光从店铺里闪射出来。当我走到那个开糖果店的缪勒的门口的时候，我突然愣住了，向街的那边注视着，仿佛预感到什么意外的事情要落到我的身上；就在那一瞬间，我看见街对面那个老人和他的狗。我记得很清楚，当时有一种不快的感觉捉住了我的心，可是又说不出是一种什么样的感觉。

我不是一个神秘的人。我简直不相信预感和预兆，可是在我一生中却有过一些相当费解的经历，这种经历也许很多人都有过。譬如这个老人吧：为什么我和他一见之下，立刻就会预感到好像当天晚上会有什么意外的事情落到我身上呢？不过我正在害病，病中的感觉多半是不可靠的。

那老人弯着身体，迈着滞缓而无力的步子，走向那糖果店，用手杖轻轻敲着人行道，他的两条腿好像棍子一样移动着，似乎并不弯曲。在我一生中间，我从来不曾碰到过这样奇形怪状的人，而在这以前每一回，我在缪勒的铺子门口碰见他的时候，他总是给我一种痛苦的印象，他那高高的身材，他那伛偻的背脊，他那副带着八十岁印痕的死一般的脸孔，他那件脱了线的旧大氅，和覆在秃头——上面只剩下一撮不是灰白色却是黄白色的头发——上的那顶至少有二十年历史的破圆帽，以及他那似乎没有目的，却像是被弹簧推动着一般的一切动作——无论什么人第一次碰到他的时候，都不免大吃一惊。看到一个活过了自然的寿数的老年人孤零零的，没有一个人照顾他，尤其是他好像是一个从看守人那里逃出来的疯子，这实在叫人惊讶。他那出奇的消瘦也使我很吃惊：他几乎就像没有肉体一样，除了皮包骨头以外，仿佛一无所有。那双好像嵌在蓝眼圈里的大而无光的眼睛，永远笔直地盯着前面，从不望一望两旁，也从不瞧瞧什么——我敢这么说；他虽然看见你，可是他却会笔直地向你走过来，仿佛他前面就是一块无物的空间。这样情形我看到过好几回了。他最近才在缪勒的铺子门口出现，老是带着他的那条狗，没有一个人知道他是从哪里来的。缪勒的铺子里那些顾客，谁也没有心思去和他交谈，他也从来不跟他们哪一个说话。

“他干吗老是这样拖着脚步到缪勒的铺子里去呢？他在那儿有什么事干呢？”我惊奇地想，站在街的对面，紧紧地盯着他。由于病和疲乏而引起的一种暴躁的烦闷，在我胸中沸腾着。“他在想些什么呢？”我继续想。“他头脑里还有些什么呢？是不是他还在思索什么呢？他的脸色是那么死气沉沉，什么表情也没有。他那条狗从来不离开他，就像是他的不能分离的一部分似的，而且那么像他，这条可厌的狗，他是从哪里找来的呢?”

那条倒霉的狗仿佛也有八十岁似的;是的，它一定有那么大岁数了。首先，它看来比一般狗都老;其次，我头一回看见它的时候，不知怎么使我觉得，它和其它的狗不一样。它是一条特别的狗;这条狗一定有些什么奇异的怪诞的故事，它也许是化身为狗的什么梅斐斯多斐尔斯[①]，它的命运是以某种神秘的不可知的方式，跟它主人的命运联结在一起的。看着它，你立刻会相信，它吃最后一餐饭，到现在一定有二十年了。它瘦得就像一架骨胳，也可以说跟它主人差不离一样。它全身的毛几乎都脱光了，尾巴拖在两腿之间，光秃秃的好像一条棍子。它的头和长耳朵忧郁地向前低垂着。我一生中从不曾见过这样可憎的狗。他俩一块儿在街上走的时候，主人走在前面，狗跟在脚后，狗鼻子贴着他外衣的边缘，仿佛粘在那上面一样。他们的步子，他们全部的风貌，几乎像是每走一步都要大声地叫出来:“我们老了，老了，啊，主呀，我们多老呀!”我还记得，有一次我忽然想到，这个老人跟这条狗，该是从加发尼作插图的霍夫曼[②]的书页中走出来的吧，该是替那书做着活动广告，漫游于这人世间吧。

我穿过街道，跟着老人走进那家糖果店去。

老人在铺子里，行动一向很古怪。缪勒站在柜台里面，对

---

① 地狱中的魔鬼。

② 霍夫曼(1776—1822)，德国浪漫主义小说家;加发尼(1804—1866)，法国讽刺画家。

于这位不速之客进来，近来已经表示很讨厌了。主要一点，这位怪客从来不要什么东西。每一回他都一直走到靠近火炉的屋角上，在一把椅子上坐下。如果火炉旁边那座位给别人占去了，他就在那坐着的客人前面带着惊惶的迷惑站立一会，似乎迷乱地走开，到靠窗的另一角落里。在那里，他拣了一张椅子，不慌不忙地坐下，取下他的帽子，放在他旁边的地板上，又把手杖放在帽子旁边，接着把身体靠到椅子里，他会一动不动地接连坐上三四个钟头。他从不拿张报纸，也从不说一句话，发一个音，只是坐在那里，睁大眼睛凝视着前面，可是他的眼睛里却含着那样一种空虚的、没有生气的神色。人们可以打赌，他对于周围的事物实际上并不曾看见和听到。那条狗在同一块地方旋了几个转以后，就闷闷地在他脚旁躺下来，把鼻子搁在他的两只靴子中间，发出深沉的叹息，伸直了身体在地板上躺着，它也同样地一动不动地躺它一个黄昏，仿佛暂时死过去一般。这会叫人想象到，这两个生物大概是在什么地方整天死死睡着，到了日落才醒过来，只是为了走到缪勒的铺子里来尽尽某种神秘的不可告人的义务。坐上三四个钟头之后，老人最后站了起来，拿起他的帽子，打算回到什么地方的家里去。那狗也站起来，和原来一样垂头拖尾的，用同样迟缓的步子，机械地跟着他主人出去了。铺子里一些老顾客，到后来都开始用种种方法来避开这老人，甚至不愿坐在他的旁边，似乎他惹起大家一种反感。可是他却全然没有注意到。

这家糖果店的顾客，多半是德国人。他们是从伏兹尼赛斯基街的各处聚集到这里来的，大部分是各种工场的老板：木匠、面包师、漆匠、帽匠、马鞍匠。照德国说法，都是些当家长的人。总之，这种家长制的传统在缪勒家里是维持着的。这位老板常常走到几个熟悉的主顾那里，坐在他们桌子旁边，于是一定数量的甜酒就喝光了。家里的狗和小孩子们有时也跑出来瞧瞧这些顾客，于是这些顾客就抚弄那些狗和孩子们。他们彼此都很熟，而且彼此都很尊敬。当客人们专心阅读德国报纸的时候，从老板的私室里，传来破钢琴上弹出的“我亲爱的奥古斯汀”的丁冬琴声。这是老板的大女儿在弹奏，那女儿是个有亚麻色鬈发的德国小姑娘，很像一只白老鼠。这华尔兹乐曲大家都很高兴听。我经常在每月初到缪勒的铺子里去，阅读他那里订购的俄文杂志。

我进去的时候，看见那老人已经靠窗坐着了，那只狗照老样子伸开身体躺在他的脚旁。我坐在一个角落里，没有做声，心里自己问着：“我到这儿来干什么呢？在这儿我又没有一点儿事，而且我又害着病，倒不如赶快回家去喝点茶睡觉呀。我到这儿来，难道仅仅是为了来看这个老头儿吗？”我烦恼起来了。“我跟他有什么关系呢？”我想着，记起刚才在街上看到他时的那种奇怪和痛苦的感觉。而且这些枯燥无味的德国人跟我又有什么关系呢？这种古怪的心情有什么意义呢？近来我常常感到，为了一点琐碎的事情便容易激动，妨害我的生活和清楚地观察生活。这种激动又有什么意义呢？有位尖锐的批评家在论及我最近一部小说时，已经在他愤激的批评中指出这一点了。我虽然有点踌躇，而且也很感慨，可是我仍然逗留着没有走。同时，我的病越来越把我制伏住了，我舍不得离开这间温暖的屋子。我拿起一张弗兰克福特报纸，读了一两行便打起瞌睡来了。那些德国人并不打搅我。他们只管读报和抽烟，仅仅每隔半小时左右忽然用低声互相交谈一些弗兰克福特报上的新闻，或者互相说几句笑话，或是引用德国著名才子莎菲尔的一些讽刺警句。之后，他们又带着一种加倍的民族骄傲埋头读报了。

我瞌睡了半个钟头，被一阵猛烈的寒颤所惊醒。实在是不得不回家了。

可是，这时屋子里正在演的一幕哑剧，这又把我拖住了。我已经交代过，那个老人一坐到椅子里，他的眼睛便直直地盯住一件什么东西，整个黄昏都不移动一下。我以前也碰到过这样晦气，受到他那毫无意义的、固执的而实在又一无所见的眼光的凝视。这是一种非常不愉快，而且实在是受不住的感觉，我总是尽快把我的位置调换一下。而在眼前，作为这老人的牺牲品的，却是一个小个子、滚胖的、穿得很整洁的德国人。那人戴着一只浆得很硬的高领，有一副红得出奇的脸孔，他是这铺子里的一个新顾客，一个从里加来的商人，他的名字后来我才知道，叫做亚当·伊凡涅契·休尔兹。他是缪勒的一个要好朋友，但是对于那老人或许多顾客他还都不熟悉，他正在啜着甜酒，津津有味地读着"Dorfbarbier"报[1]，忽然抬起眼睛，瞧见那老人一动不动的眼光直盯着他。这使他老大不高兴。亚当·伊凡涅契和所有的"高等"德国人一样，是个易怒而敏感的人。这样给人家无礼地盯着，在他觉得是奇怪而且是侮辱的。他带着抑制的愤怒，把眼睛避开那呆蠢的客人，自己嘟哝了一阵，拿报纸把自己遮起来。但是不到五分钟，他又耐不

---

① 《乡村理发师》，当时的德文报纸。

住从报纸后面狐疑地窥探一下：对方依旧是那样固执地盯着他，依旧是那样没有意义地在考察他，这回亚当·伊凡涅契还没有做声。可是当同样事情重复到第三次的时候，他可冒火了，他觉得他有义务保卫他自己的尊严，在这样高贵的人群前面不使他们堂堂里加城的威信减低，他也许觉得他自己是这个城市的代表吧。他以按捺不住的手势，把报纸扔到桌子上，用报夹子猛烈地敲着桌子，为了个人的尊严，他发起脾气来，脸孔因为喝了甜酒和自尊心的关系变得绯红。这一回他也用充血的小眼睛瞪着那个冒犯他的老人。他们两个——德国人和他的对手——好像彼此用眼光的吸力在互相角斗，等着看谁先丢脸，谁先把眼睛垂下来。棍子的敲击声和亚当·伊凡涅契那种尴尬的处境引起所有顾客的注意。大家都放下手里的事情，带着严重而静默的好奇心，望着这两位对手。这情形变得很滑稽，可是小个子红脸孔先生那双挑衅的眼睛里的吸力是完全白费了。那老人依旧笔直地盯住暴怒的休尔兹，完全不觉得他是大家好奇心的目标；他泰然不动，仿佛他不是在地面上，而是在月亮里似的。最后，亚当·伊凡涅契实在按捺不住了，他发作起来。

“你干吗老是这样盯住我呀？”他用德国话叫，带着一种尖利而刺人的声音和一种恫吓的神气。

可是他的对手却依旧一声不响，似乎不懂得甚至没有听见他的问题。亚当·伊凡涅契决心用俄国话向他说一遍。

“我问你，你老朝我这样盯着干什么呀？”他加倍愤怒地叫，“老子是皇宫里有名的，而你是谁也不知道啊！”他补了一句，从椅子上跳起来。

可是那老人却丝毫没有动一动。那些德国人中间发出一阵喃喃的愤怒声音。缪勒给这吵闹惊动了，走进屋子里来。等他弄清楚是怎么一回事之后，他以为那老人是个聋子，于是俯到他耳朵旁边去。

“休尔兹先生，请你不要老盯着他。”他尽可能大声说，注意地望着这个莫名其妙的客人。

老人机械地望望缪勒，他那依旧是那么呆板的脸上，显出一种纷扰的思念，一种不安的激动的痕迹。他慌乱起来，弯下身体，一壁叹息和喘气，一壁抓着他的帽子，跟手杖一起抓起来。他从椅子上站起，带着一个叫化子被人家从坐错的座位上赶出来那种可怜的微笑，预备走出屋子去。在这个可怜的龙钟老人的卑逊和驯顺的慌张中间，有那么多激起人们的同情和那样绞压人们的心的东西，使所有在座的人，从亚当·伊凡涅契起，都立刻改变了对这件事情的看法。这很显然，那老人不但不可能侮辱别人，而且了解他会像叫化子一样被人家从任何地方赶出去的。

缪勒是个好心肠而富于同情心的人。

“不，不，”他鼓励地拍拍那老人的肩膀说，“依旧坐着吧，休尔兹先生只是请你不要老盯着他一个人。他是皇宫里有名望的人哪。”

但是那可怜的老人对这个也不理解；他比刚才更惊惶了。他弯下身去拾起一条手帕，那是一条破旧的蓝手帕，从帽子里掉出来的，接着又唤他那条狗，那狗一动不动地躺在地板上，把鼻子拱在脚爪上，好像睡得很熟似的。

“亚助尔加，亚助尔加，”他用一种上年纪的颤抖声音喃喃地叫。“亚助尔加!”

亚助尔加没有动。

“亚助尔加,亚助尔加,”那老人着急地连声叫,用手杖推推那狗。可是那狗依旧是老样子。

手杖从他手里掉了下去。他弯下身,跪下去,双手抱起亚助尔加的头,那可怜的狗死了。它就是那样不知不觉地在它主人脚下,因为年纪太老或许也因为太饿而死掉了。老人朝着狗望了半响,仿佛吃惊了,又仿佛不明白亚助尔加已经死了似的;接着向他这个老仆人兼老朋友慢慢地俯下身去,把他苍白的面颊贴着那狗的死脸。一分钟沉寂地过去了。我们都感动了。末了,那可怜的老人站了起来。他脸色异常苍白,像害了热病似的浑身发起抖来。

“你可以把它剥子一番。”富于同情的缪勒说,急于要想出办法来安慰他(他说“剥子”,意思就是说“剥制”)①,“你可以好好地剥子它,费沃多·卡立契·克鲁格尔剥子得顶呱呱的;费沃多·卡立契·克鲁格尔是剥子野兽的老手。”缪勒重复地说,从地下拾起手杖,交给老人。

“是啊,我剥子得很好,”克鲁格尔谦逊地说,走到前面来。

他是一个瘦长的善良的德国人,长着蓬乱的红头发,钩鼻子上架着一副眼镜。

“费沃多·卡立契·克鲁格尔做各种剥子品是极有天才的,”缪勒又补了一句,对于自己出的这个主意更加热心起来。

---

① 剥制是把兽皮剥下来,塞进别的东西,做成标本。这里说成“剥子”是表示德国人说俄语发音不准确。

“是啊，我对做各种剥子品是极有天才的，”克鲁格尔又重复一遍，“而且我替你剥子这条狗，不要你一个钱。”他带着过度慷慨的自我牺牲的神气，再补上一句。

“不，你剥子它，我来出钱！”亚当·伊凡涅契·休尔兹狂乱地喊，脸色比刚才红了两倍，这一次轮到他慷慨得热情横溢了，天真地认为他自己是这不幸的起因。

那老人听着这些话，显然一点也不理解，他依旧和刚才一样浑身发抖。

“等一等！喝杯上等白兰地吧！”缪勒看见这位难以理解的客人竭力想走出去，大声地叫起来。

他们把白兰地拿来给他。那老人机械地拿起杯子来，可是他的手在发抖，还没有举到嘴唇边，就泼了半杯，一滴也不曾喝，仍旧放回盘子里。接着，他浮出一丝奇怪的、完全不适当的微笑，踏着迅速的颠蹶的步子走出铺子去，把亚助尔加遗弃在地板上。每个人都惊愕得呆住了，有人在惊呼。

“Schwernoth! Was für eine Geschichte?”[①]那些德国人睁圆眼睛，面面相觑地说。

但是，我却冲出去追赶那老人。离开铺子几步路，穿过右首一座门道，有条黑暗而狭窄的巷子夹在一些大房子中间。似乎有什么东西在告诉我，那老人一定是转到那巷子里去了。这儿右首第二家房子正在建造，围着一些脚手架。那座房子的篱笆似乎伸到巷子的中心，铺着一些木板让行人绕着篱笆走过去。我就在那由房子和篱笆构成的一个黑暗角落里找到

---

① 德文：“碰到鬼！这是怎么一回事呀！”

了那老人。他坐在木板人行道的边沿上，两只手支着头，肘子搁在膝盖上。我在他旁边坐了下来。

“听我说，”我说，不知道该怎么开头，“别替亚助尔加伤心吧。跟我来，我送你回家去。别难过了。我马上替你去叫辆车来。你住在哪里呀？”

老人没有回答。我不知道该怎么办。巷子里没有一个过路人。忽然，他抓住了我的胳膊。

“气闷啊！”他用一种粗嗄的、几乎听不见的声音说，“气闷啊！”

“让我们到你家里去吧，”我叫着站起来，强迫地拉他起来。“你去喝些茶，上床睡吧……我去喊车子。我替你去找一个医生……我认得一个医生……”

我不知道还向他说了一些什么，他想挣扎起来，但是又倒在地上，又用同样粗嗄的、窒息的声音喃喃地说起来，我俯下去更靠紧他一点，听着他说。

“在华西里耶夫岛，”老人喘着气说，“六道街。六道……街……”

他不响了。

“你住在华西里耶夫岛吗？那你走错路了。那是往左走，你却走到右边来。我马上带你去吧……”

老人没有动。我拉起他的手，手像死了一样滑落下去。我瞧瞧他的脸孔，摸摸他——他死了。

我觉得一切都仿佛在梦里一样。

这意外的事件引起我许多麻烦。在这当儿，我的热度倒自然而然地退了。那老人的住处找到了。不过，他并不住在华西里耶夫岛，就住在离开他死的地方不多几步路，在鲁克金大楼，紧靠着屋顶的第五层上面。他住着一个独进独出的楼面，有一个小门道和一间宽大而低矮的房间，房间里开了三道裂孔算是窗户。他生活很清苦。他的家具只有一张桌子，两把椅子，一只很旧很旧的沙发，硬得和石头一样，里面的毛从四面八方戳出来；甚至这些东西也都是房东的。火炉显然很久没有烧了，房间里也找不到一支蜡烛。我现在真的认为，那老人到缪勒的铺子里去，不过是想找个有亮的地方坐坐，取点暖罢了。桌子上放着一只空的有把的陶器杯子，旁边有一片陈面包。连一个小钱都没有找到。甚至要找件给他埋葬用的替换衬衣都没有；还是由旁人捐出一件自己的衬衫来作这用场。显然，他决不可能像这样孤独地生活的，不消说不时会有什么人来看望他。他们在他抽屉里找到了他的护照。死者是个俄国人，却是在外国出生的，他的姓名是吉里美·斯密司，是个机器工程师，七十八岁。桌子上放着两本书，一本是简明的地理，一本是《新约》的俄译本，书的空白处都有铅笔做的记号和手指甲刻划的痕迹。这些书我拿去了。查问过房东跟其他房客——他们差不多都不知道他的情形。这大楼里有许多房客，大都是做手艺的或者做二房东带包饭兼招呼的德国女人。这大楼的管理人是个上流人物，也说不出关于这个前房客的什么事情，只知道这房间是租六个卢布一个月，死者在这儿住了四个月，但是后来两个月连一文房钱也不曾付过，所以他要赶他出屋呢。又问是不是有什么人常来看他，但是谁也作不出一个令人满意的答复。这是一所很大的房子，到这只

"诺亚方舟"[①]来的人很多，谁也无法记得清楚。那个看门人，在这大楼里服务了五年。也许他可以说出一些什么，偏偏他在两个礼拜以前回到故乡去了，留下一个侄儿来代理他。那侄儿是个年轻小伙子，倒有一半房客还不曾见过面哩。我现在记不清楚当时的询问是怎样结束的，但是那老人终于埋葬了。在这些日子里，我虽然有许多事情要照管，可也到过华西里耶夫岛，到六道街去过，到了那边，我自己又好笑起来。除了普通的一排一排房子以外，我在六道街又能看到一些什么呢？但是我却奇怪，那老人在临死时为什么要说六道街和华西里耶夫岛呢？难道他是精神错乱吗？

我看看斯密司留下来的房间，很喜欢它。我就把它租了下来。主要是因为它宽大，虽然极其低矮，甚至起初我以为那天花板会碰我的脑袋的。但是不久也就习惯了。只花六个卢布一个月，再也找不到更好的房子了。尤其它是独进独出的很诱惑我。此外，我所要做的，就是找个服侍的人，因为我不能没有一个佣人。那看门人答应每天来一次，做些绝对必要的事情。谁知道呢，我想，也许会有什么人来探询这个老人吧！可是他死去五天了，还不曾有一个人来过。

第　二　章

那时候，正是一年以前，我还在几家报馆的编辑部里工作，写写作品，而且我坚信有一天我会写出一些大部头的好作

① "诺亚方舟"见《创世纪》，古代洪水时诺亚所乘的大船。此处用以譬喻这人多而杂乱的大楼。——英译者注。

品来。那时我正在写一部长篇小说，但是我到这里住进医院以后，这写作就完全结束了，而且我相信我不久就要死了。既然我快要死了，那么为什么，人家也许会这样问吧，还要写这些回忆呢？

我却忍不住要不断地回想我一生中这痛苦的最后一年。我要把它们全部写出来，而且要是我不是从事写作职业的话，我相信我早就痛苦死了。过去的这一切印象有时刺激我到了痛苦和烦闷的极点。倒是把它写出来，这些痛苦会比较减轻一点，缓和一点。它们会不至于像狂病、像梦魇一样。我这样想。就是机械地练习写作吧，也还是有意义的。这会使我安慰，使我冷静，会激起我著述的老习惯，会把我的记忆和痛苦的幻想转移到工作，到职业中去……是的，这是一个好主意。而且这也可以给我的佣人遗留一点东西，当冬天到来，他要装双层窗格子的时候，可以拿我的原稿去糊窗子啊。

但是，我不知道为什么，会忽然从拦腰里开始叙述起我的故事来。如果这一切都要写出来的话，我应该从头写起的。好吧，还是让我从头开始吧，虽然我的自传并不很长。

我不是在此地出世的，而是在一个遥远的省份。我的父母应该说是善良的人吧，不过我在幼年就成为孤儿了，我被领到邻村的一个小地主尼古拉·舍盖伊契·伊赫曼涅夫的家里。他出于怜悯收养我。他只有一个孩子，是个姑娘，叫娜泰莎——一个比我小三岁的孩子。我们像兄妹一样在一块儿长大。啊，我珍贵的童年啊，在二十五岁的今天再去悼念它，叹息它和只用热情与感谢去回想它，那多么傻啊！在那些日子里，天空有着那样辉煌的阳光，跟彼得堡的阳光那么不同，而我们小小的心房，是那么活泼而愉快地跳跃着。我们的四周都是森林和田野，不像现在这样到处都是死相的石头堆。在华西里耶夫斯哥耶，尼古拉·舍盖伊契所管理的花园和公园，是多么美妙啊！娜泰莎跟我常常到那花园里去散步，花园外面是一片广大的潮湿的森林，我们两个有一回曾经在那里迷了路。快乐的黄金时代哟！第一次预尝生活的滋味，是神秘而诱人的，看到生活的闪光又是那么的甜蜜啊。在那些日子里，每一簇灌木后面，每一株树木后面，似乎还有些什么人在生活着，神秘的，我们所看不见的；仙境和现实混合在一起；而每当夜雾在深洼中变浓了，我们那座大谷的石壁上那些灌木被一缕缕灰白的、盘旋的雾气笼罩住的时候，娜泰莎和我彼此手握着手，带着胆怯的好奇心，从山谷边沿上向底下深处窥视着，随时盼望着有什么人会从谷底的浓雾中出现，走向我们或者呼唤我们，于是我们保姆讲过的童话就会变成确切不移的真实了。好久以后，有一回，我偶然向娜泰莎提议，我们怎样去弄一本"儿童读物"来；我们马上跑到花园的池塘旁边去，那里的老枫树底下有我们爱好的绿色座位，我们就在那里坐下，开始来念一篇童话——《亚尔芳梭和达林达》。直到现在，我一记起这篇故事，心里也不能不起一阵奇怪的战栗。一年前我曾经向娜泰莎提起它的第一行："亚尔芳梭，我这故事的主人公，是生在葡萄牙；他的爸爸唐·拉密罗"等等的话，我几乎流下泪来。这大概是很傻相的，当时娜泰莎对我的热情报以奇异的微笑，也许就是这个缘故吧。但是（我记得）她立刻就忍住笑，并且提起一些旧日的事情来安慰我。从这件事情讲到那件事情，她自己也感动起来了。那真是一个愉快的晚上。

我们回忆着当时每一件事情，谈到我怎样被送到省城里的寄宿学校去——天哪，当时她是怎样号啕大哭啊！——还有我和华西里耶夫斯哥耶永别的时候，我们最后分离的情形。我那时离开原来的寄宿学校，要到彼得堡准备进大学去。那时我十七岁，她十五岁。娜泰莎说，我当时是那么一个拙笨的、土头土脑的家伙，人家看见我就忍不住要发笑的。在分别的那一刻儿，我拉着她到一旁，要告诉她一些极其重要的话，可是我的舌头突然不灵了，它贴住我的上腭。她还记得我是极其激动。自然我们并不曾谈出什么来。我不知道该说些什么，或许她还不会理解我。我只是痛苦地哭泣着，没有说什么就这样走开了。我们隔了很久以后，才又在彼得堡见面了；那是在两年以前。老尼古拉·舍盖伊契为了他的官司到彼得堡来，而我也才刚刚开始我的文学事业。

第　三　章

尼古拉·舍盖伊契出身于一个高贵的家族，那家族早已衰落了。不过他父母死后却留给他一份相当不错的田产，有一百五十名农奴。二十岁的时候，他到轻骑兵队里去服务。一切都很顺利；但是在军队里住了六年以后，他在一个倒霉的夜里，把全部财产都输在纸牌上了。他一夜不曾睡觉。第二天晚上，他又出现在赌台上，押下他那匹马——他的最后的产业。他拿到一副赢牌，接着二次三次都是赢牌，半个钟头之内已经赢回来他的一座村庄——伊契曼耶夫加小村。这座村庄据最后一次户口调查，是有五十个农奴。他呈上一张请求退休的报告，第二天就离职了。可是他永远丧失了一百名农奴。

两个月以后，他辞职获得批准，给他保留一个陆军中尉的阶级，于是回到自己村庄的家里来了。他终身不谈他输钱那回事情，虽然他是个出名好脾气的人，可是如果有谁提起那件事情，他就一定会跟他吵架的。在乡下，他勤谨地照料他的田地，在三十五岁那一年，他娶了一个出身于高贵家族的贫穷姑娘安娜·安德烈耶夫娜·苏密罗娃，她完全没有陪嫁，不过她却在一个叫做蒙·里维契的法国侨民所办的高等学校里受过教育，虽然没有人能够确实打听出她学的究竟是些什么名堂，可是安娜·安德烈耶夫娜却把这个资格终生引为荣耀。尼古拉·舍盖伊契是个杰出的农业家。附近的一些地主都向他学习管理田产的方法。几年过去了，忽然有一位地主彼得·亚历山特罗维契·华尔戈夫斯基亲王从彼得堡来到邻近的田庄——一个叫做华西里耶夫斯哥耶的村庄上，那里有九百个农奴。他一到来，在邻近的整个地方引起了相当大的骚乱。那亲王年纪还轻——虽然已经不是早期的青年时代。他有很高的官阶，有重要的亲戚关系，又有财产；他是一个俊俏的人物，并且是个鳏夫，这尤其引起附近太太小姐们的兴趣。人们谈论着总督大人怎样隆重地招待他，他和总督是有某种关系的；又说他怎么靠着他的漂亮的相貌引得所有的太太都发了狂，等等的话。总之，他是彼得堡贵族社会那些辉煌的代表者之一，那些贵族是很少在外省露面，但是一露面就引起异常的感觉了。可是那位亲王却不那么客气，特别是对那些于他没有用处的和那些他认为是比他卑下的人。他并不以为跟这些乡下的邻人认识是合适的事情，而由于忽视了这一点，他立刻就招出许多冤家来。因此，当他忽然想起去拜访尼古拉·舍盖伊契的时候，每个人都惊异极了。尼古拉·舍盖伊契是他最近的邻居，这倒是确实的。那亲王给伊赫曼耶夫家庭一个极深刻的印象。他立刻把他们两老迷惑住了；安娜·安德烈耶夫娜对他特别热心。很短一个时间之后，他就跟他们搞得很亲密了，每天到他们那儿去，并且请他们到他家里去。他常常跟他们说故事，开玩笑，弹他们的破钢琴，唱歌。伊赫曼耶夫一家人老是奇怪，像这样一个善良而可爱的人，那些邻近居民怎么会众口一词地都说他是骄傲、自大、冷酷的自我主义者呢。人们也许以为亲王真的喜欢尼古拉·舍盖伊契，这个心地单纯、坦白、直爽、没有私心和慷慨大度的人呢。但是，这一切不久就说明白了。原来亲王到华西里耶夫斯哥耶来，是为了要辞退他的管理人，一个善于挥霍的德国人。那家伙是个自尊自大的人，而且是个农业专家，长着一头令人尊敬的白发，戴起眼镜，还有一只钩鼻子；可是他虽有这些条件，却毫无羞耻毫无限量地揩亲王的油。而尤其糟糕的，他把几个农民活活地折磨死了。最后，伊凡·卡罗维契的错处给捉住了和揭穿了，受到了严重的申斥。他说了许多德国人很诚实的话，但是尽管这样，还是给辞退了，并且还遭受到相当的侮辱。亲王需要一个管理人，于是他选中了尼古拉·舍盖伊契。他是一个高明的经理人才，而且在忠实这一点上是绝对没有问题的人。亲王似乎异常焦急，希望尼古拉·舍盖伊契自己提出来。可是没有做到。于是有一天晴朗的早上，亲王以极友谊和极谦恭的请求方式亲自提出了。尼古拉·舍盖伊契最初没有答应，但是高额的薪水却打动了安娜·安德烈耶夫娜的心，而亲王加倍的恳切终于克服了他仍然怀着的犹豫。亲王的目的达到了。人们可以推想，亲王判断人的本领是很精明的。在他和伊赫曼耶夫一家认识的短短时期中间，他立刻看出同他打交道的是怎样一类人物，他知道必须用热情和友谊的方法去争取对方，必须征服对方的心，没有这些条件，单靠钱是没有多大用处的。华尔戈夫斯基需要一个他可以永远盲目信托的管理人，使他可以不必再到华西里耶夫斯哥耶来，这正是他所打算的。他对尼古拉·舍盖伊契所运用的魅力是那么强烈，使后者居然诚心诚意地深信他的友谊了。尼古拉·舍盖伊契是那样一种心地单纯、天真痴情的人，这种人无论人们怎么不赞成他，然而在俄国我们这些人中间，他们却是那么妩媚可爱，如果他们喜欢上谁，那就全心全意地去为他效劳（上帝知道是为什么），而他们那种忠诚的程度有时竟会达到可笑的程度。

许多年过去了，华西里耶夫斯哥耶的田产兴旺起来。华西里耶夫斯哥耶庄主和他的管理人之间一直没有丝毫磨擦的痕迹，彼此之间的关系也从来没有超出过纯粹的事务来往。亲王虽然从不干涉尼古拉·舍盖伊契的管理，可是有时也给他一些劝告，那种出众的精明和注重实利的精神，使后者十分钦佩。这显然看出他并不爱多花钱，而且在赚钱上极其聪明。在访问华西里耶夫斯哥耶以后五年，亲王授给尼古拉·舍盖伊契一种全权，代他在同省中买进另一份有四百名农奴的雄厚田产。尼古拉·舍盖伊契高兴了。亲王的成功，他的事业发展的消息，他的升职，都使他心里感到和自己兄弟的事情一样的亲切。有一次，当亲王对他表示出特别的信任的时候，他的高兴可是达到顶点了。这是这样发生的……但是这里，我觉得必须交代一些关于这位华尔戈夫斯基亲王生活上的细节，他在我这故事中多少是一个主要的角色啊。

第 四 章

我已经说过，他是一个鳏夫。他年纪很轻的时候曾经结过婚，结婚的目的只是为了钱。由他那在莫斯科早已破产了的父母那里，他什么也没有拿到。华西里耶夫斯哥耶田庄押了又押，负担着大宗的债款。二十二岁那一年，亲王不得不到莫斯科政府机关里去做事，那时他穷得连一文小钱都没有，正如所谓“旧家的讨饭子孙”一样，走入到生活圈子里。幸亏他娶了一个包税商的老闺女，这才把他搭救了。

包税商在陪嫁上面自然欺骗了他，可是靠他老婆的钱，他究竟把他的田产买了回来，而且重新站稳了。落到亲王手里的这位包税商的女儿既不会写字，就是把两个字拼在一起都不会，脸孔又丑，可是却有一个伟大的德性：她脾气好而又驯顺。亲王极力利用她这种品质。结婚后头一年，他老婆生了一个儿子，他就把老婆丢在莫斯科，托她的父亲——那个包税商——照顾，自己跑到另外一个省份做官去了。他在那里通过彼得堡一个有权势的亲戚的关系，弄到一个优越的官缺。他的灵魂渴望着显达、发展和做一番事业，他认为无论在莫斯科或彼得堡他决不能跟他老婆住在一块，他决定在那个省份里来开始他的事业，直到有更好的事情的时候再说。人家传说，就在他结婚的头一年，他老婆就被他兽性的行为折磨得不堪。这个传说使尼古拉·舍盖伊契很生气，他热烈地替亲王辩护，说他决不可能有这种卑鄙的行为。但是七年以后，亲王的老婆死了，做鳏夫的那个丈夫立刻就回到彼得堡来。他在彼得堡确实引起了一些小小的注意。以他的财产，他的俊俏容貌，他的青春，他的许多出色的特点，他的机智，他的嗜好和他从不减低的豪兴，他在彼得堡的出现，显得并不像一个谄谀之徒或幸运的猎取者，却像一个完全有独立地位的人物。据说他确实有些迷人的地方，有些卓越出众和具有魄力之处。他对于女人们尤其有吸引力。他和一位交际花的暧昧关系，给他一些不大好听的名声。虽然他天性很节俭，而且几乎到了悭吝的程度，可是花起钱来却并不吝惜；假如是该花的话，他可以在纸牌上输钱，而且可以不动声色地输去大批金钱。不过他并不是到彼得堡来玩儿的。他是决意来干一番事业和最后树立他的地位的。他达到了这个目的。他在社会上的成功，使他的一位阔亲戚耐音斯基伯爵那样吃惊——如果他只是作为一个普通找差使的人去求见，那伯爵决不会理他的——他认为应该而且可以给他一种特殊的垂青，甚至可以屈尊把他那个七岁的儿子接到自己家里来抚养。他到华西里耶夫斯哥耶去以及和尼古拉·舍盖伊契认识就在这个时候，靠着这位伯爵的势力，他终于在一个极重要的驻外国大使馆中弄到了一个显要的官缺，于是他出国去了。这之后关于他的传说就不大清楚了。人们也谈到他在国外的一些不愉快的遭遇，不过谁也不能确定说是些什么事情。他们只知道，就是我上面所说过的，他置了一份有四百个农奴的田产。过了许多年，他从国外回来了；他的官阶已经很高，而且立刻在彼得堡找到一个很显要的位置。谣言传到伊赫曼耶夫加田庄，说他将要续弦了，这段婚姻将使他攀上一份有钱有势的极显赫的人家。“他是踏上富贵大道了，”尼古拉·舍盖伊契快活地搓搓手说。那时我正在彼得堡大学读书，我记得尼古拉·舍盖伊契为这件事特地写了一封信给我，要我打听这个消息确实不确实。他也写了一封信给亲王，求他照顾我，但是亲王把那封信搁着没有复。我只知道那位从前在伯爵家里抚育大的少爷，以后进了官立高等学校，现在十九岁，已经结束学业了。我把这些写信告诉尼古拉·舍盖伊契，并且还告诉他，亲王异常喜欢他的儿子，纵容他，而且已经在替他打算未来的前途了。这一切我都是从那些认识小亲王的同学那里听来的。大概就在这时候吧，有一个晴朗的早晨，尼古拉·舍盖伊契接到亲王一封信，使他大大地吃了一惊。

正如我上面所叙述的，直到这时以前，亲王跟尼古拉·舍盖伊契的关系，只局限在枯燥的事务的通信往来，现在他却用一种最细腻的、披肝沥胆的友爱的态度，给他写信来谈他私人的事情了。他埋怨他的儿子，说那孩子的荒唐行为使他痛心；又说，像这种年轻人的不正道，自然看得不必过于严重（他显然是想表示他自己公正），不过他却决心要惩罚他儿子一番，吓唬他一番；事实上就是要把他送到乡下来住一个时候，托尼古拉·舍盖伊契照管。亲王还写着，他完全信赖“他善心的、大度的尼古拉·舍盖伊契，更信赖安娜·安德烈耶夫娜”。他请求他们两位把这个年轻的无赖汉收留在他们的家里，在恬静的生活中教导他，能够爱就爱他，而最重要的，是要“灌输人类生活中所需要的那种严格而有益的原则”，来改正他轻浮的性格。尼古拉·舍盖伊契不消说热心地接受了这个任务。小亲王来到了。他们像对儿子一样欢迎他。不久，尼古拉·舍盖伊契爱他就跟爱他自己的娜泰莎一样。甚至到后来这孩子的父亲跟尼古拉·舍盖伊契终于闹翻了以后，后者有时还欣然地谈起他的阿略沙——这是他对于阿历克舍·彼特罗维契亲王的习惯称呼。他确实是个很可爱的孩子，漂亮，纤柔，有些神经质，很像一个女人，不过同时他是愉快而且心地单纯，具有高尚感情的坦白的灵魂和一颗率直而仁慈的心肠的惹人喜欢的孩子。他成为这一家的宠儿了。他虽然已经十九岁，却完全是个小孩子。这很难教人想象，他父亲——据说他是那么爱他的——为什么要把他送开。据说他在彼得堡过着一种懒惰和轻浮的生活，因为不肯去服军役，使他父亲很失望。尼古拉·舍盖伊契不曾去问阿略沙，因为亲王在那封信上对于惩罚他儿子的真实原因显然是保持缄默的。不过外面有种种谣言，关于阿略沙的一些不能宽恕的尴尬事情，说他跟一个女人私通，说他跟人家挑起决斗，说他在纸牌上输得一塌糊涂；甚至说他滥用别人的钱。还有一个谣言，说亲王决定惩罚他的儿子，根本并不是因为他荒唐，而是为了某种纯粹自私的动机。尼古拉·舍盖伊契愤怒地驳斥了这种说法，特别是因为阿略沙非常爱他的父亲，他从童年时代到少年时代，对他父亲的事情什么也不知道。他谈到他父亲的时候总是带着崇敬和热诚；显然他是完全在他父亲影响之下的。阿略沙有时也闲谈到一位伯爵夫人，说他跟他父亲都向她调情，并且说到他——阿略沙——怎样战胜了他的父亲，他父亲因为这件事气得多厉害。他常常带着高兴，带着孩子般的单纯，带着清朗和愉快的笑来谈这件故事，但是尼古拉·舍盖伊契立刻把他阻止了。阿略沙也证实了他父亲想结婚的传说。

他被放逐出来已经快一年了。他平常每隔一定时期总要写封恭敬而慎重的信给他父亲，最后他在华西里耶夫斯哥耶是住得那么舒适，当那年夏天他父亲亲自来到的时候（他在事前把来访问的事情通知了尼古拉·舍盖伊契），这位流放者亲自请求他父亲，让他尽可能留在华西里耶夫斯哥耶，说乡村生活真正适合他的地方。阿略沙一切的冲动和倾向都是一种出于过度的神经质的敏感，一种热烈的心肠，一种有时几乎近乎矛盾的无责任感，一种极其容易接受外来的种种影响以及完全缺乏意志力的结果。但是亲王听了他的请求却有些怀疑了。……总之，尼古拉·舍盖伊契几乎完全不能理解这位从前的"朋友"了。华尔戈夫斯基亲王改变得非常厉害。他对尼古拉·舍盖伊契突然变得特别地吹毛求疵。当他们共同查阅田产账目的时候，他显出一种令人嫌恶的贪婪、吝啬和一种莫名其妙的猜疑。这一切深深地伤了那善良的尼古拉·舍盖伊契的心；他好些日子不敢相信他自己的感觉。这一回什么事情都和十四年前初次来访时截然相反了。这一回亲王跟所有的邻居交起朋友来，自然是那些重要的人物罗。可是尼古拉·舍盖伊契家里，他却一次都不曾去拜访过，而且把他好像作为他的一个下属来看待。一件不可理解的事情突然发生了。没有什么明显的理由，亲王跟尼古拉·舍盖伊契之间发生了一场猛烈的口角，双方在叫喊着暴怒的侮辱的话，都给人家听到了。尼古拉·舍盖伊契愤怒地离开了华西里耶夫斯哥耶，但是争吵并不曾停止。一种难听的谣言突然传遍了邻近村庄。那谣言说尼古拉·舍盖伊契看穿了小亲王的性格，打算利用他的缺点以达到自己的目的；就是说，他的女儿娜泰莎

（她那时十七岁）已经吊上那个二十岁青年的膀子了，又说做爹娘的表面上虽然装作不注意，实际上却在促进这个恋爱，那个有所企图的和“无廉耻的”娜泰莎已经迷上了这位青年，而且由于她的努力，使他在这儿住了一整年，却不曾跟邻近那些地主的高贵家庭里那么多的大家闺秀中间的任何一个接触过。那谣言还确定说，这一对恋人已经计划好到离开华西里耶夫斯哥耶十五俄里的格里高耶伏村去结婚，表面上装作瞒着娜泰莎的双亲，实际上他们全知道的，并且以他们那卑鄙的主意在指导着他们的女儿。实在说，地方上这些多嘴的男男女女关于这件事所散播的一切谣言，足足够我写满一卷书。然而最惊人的是，这一切谣言亲王完全相信，而且在接到从这个省份里寄去的一封匿名信以后，单单为了这个缘故就当真跑到华西里耶夫斯哥耶来了。人们也许会以为，凡是知道一点尼古拉·舍盖伊契的人，对于这些攻击他的罪名，一句话都不会相信吧。然而，事实往往是这样，人人都很兴奋，人人都讲得厉害，虽然他们并不能证实这谣言，但是他们却在摇头，而且……毫无余地地攻击他。尼古拉·舍盖伊契太骄傲了，不屑为这些谣言去替他女儿辩护，而且还严厉地禁止安娜·安德烈耶夫娜去向邻居作任何解释。娜泰莎自己给人家诽谤到这样程度，她却对这一切谣言和攻讦一点也不知情，直到整整一年以后才晓得。他们小心地把这全部谣言向她瞒住，而她呢，像十二岁的小孩子一般快乐而天真。这时双方的裂痕越来越深了。好管闲事的人决不会错过时机的。造谣家和假证人挺身而出，使亲王相信尼古拉·舍盖伊契管理田庄那么长久，决不会是个诚实的模范者。尤其凶的，说三年以前尼古拉·舍盖伊契在卖树木的一笔账上，吞了一万二千卢布，还说关于这件事是可以向法庭提出无可指摘的证据的，特别是这件买卖，他不曾由亲王那里取得合法的委托书，只凭他自己的决定去干，而在事后劝诱亲王说这件买卖是必须做的，只把卖木头实际得到的款子中间一笔极小的数目送给亲王。自然，这一切只是谣言，到后来都证明了，但是亲王却全相信，并且当着证人的面前骂尼古拉·舍盖伊契是贼。尼古拉·舍盖伊契按捺不住了，也用同样侮辱的话回击他。一场可怕的事故发生了。接着就立刻打起官司来。尼古拉·舍盖伊契拿不出一定的证据，他既没有大力的撑腰者，又没有打官司的经验，立刻就弄得很糟糕。他的财产被扣押起来了。这位被激怒了的老人，抛开一切事务，把省里的事情托给一位有经验的代理人，决定亲自到彼得堡去打官司。不久以后，亲王大概也明白了他控告尼古拉·舍盖伊契这事情是错的，但是双方的侮辱已经那么深，根本谈不上和解了。狂怒的亲王拼命要打赢这场官司，就是说，一定要剥夺掉他从前管理人的最后一片面包皮。

第 五 章

伊赫曼耶夫一家人就这样搬到彼得堡来了。我并不打算描写我和娜泰莎久别重逢的情形。这四年中间我从不曾忘记过她。不消说，我自己并不十分理解，我是带着怎样一种情感在想着她的，但是当我们重新见面的时候，我感到她已经注定是我的命运女神了。在他们初到的几天中，我老是想，她在这四年中间还不曾懂得多少人事吧，依旧是像我们分别时候一样的一个小姑娘。但是后来我每天在她身上发现一些我所不知道的新东西，那似乎是故意隐藏着的，似乎那姑娘在躲藏着我——这个发现是怎样的一种快乐啊。

搬到彼得堡来以后，老人起初是易怒而且忧郁。事情进行得不顺手。他常常愤慨，发脾气，或是埋头研究事务性的文件，没有心思来管我们。安娜·安德烈耶夫娜像一个神经错乱的人似的彷徨着，起初是什么事情也不能理解。彼得堡把她吓慌了。她叹息和充满疑惧，她为了她旧日的环境，为了伊赫曼耶夫加田庄而哭泣，担心娜泰莎年纪大了，没有一个人替她打算；她因为没有人可以倾诉自己的心事，便突然对我出奇地亲密起来了。

他们到来以前不久，我完成了我的第一部长篇小说，这是我开始文学事业的第一部作品，因为是生手，我起先不知道该怎样去处理它。我对伊赫曼耶夫一家人不曾提起它一个字。他们几乎跟我吵起架来，说我过懒惰的生活，就是说，既不去做官，又不想去找个职业。老人苛刻地和愤怒地责备我，自然他是出于一种父性般的焦虑。其实我只是不好意思告诉他我在干什么。可是我怎么能够直白地告诉他，说我不愿去做官，只想写小说呢？因此我瞒了他们一个时候，说我还不曾找到一个职业，正在竭力找哩。尼古拉·舍盖伊契也没有工夫来追究我。我记得有一天，娜泰莎偷听了我们的谈话，她把我神秘地拉到一旁去，含着眼泪，恳求我想想我的将来。她不住地问我，想探查出我到底在干什么，而当我甚至对她也不肯说明我的秘密的时候，她便要我赌咒，不要做一个懒汉和二流子来毁了自己。我虽然不曾对她承认我在干什么，却记得当时我如果能从她口里听到一句称赞我的作品，我的第一部长篇小说的话，那我就可以把以后我所听到的批评家与评论家的最恭维的评语一概抛弃不管。最后我的长篇小说写成了①。在它出版以前，文艺界很早就有些闲言闲语。B先生②读了我的原稿，却高兴得和孩子一样。不！如果我确曾高兴过的话，那并不是在我的成就最初的令人陶醉的一刹那，我第一次狂悦是在我还没有把原稿给任何人看或读给任何人听的时候；在那些漫漫长夜里，我消磨在崇高的希望与梦想中间，和对我的作品的热爱中间，我和我的幻想，和我所创造的人物共同生活着，好像他们是我的家人，是实有其人；我爱他们，我与他们同欢乐，共悲哀，有时为我天真的主角流着眼泪。我无法描述出，那两位老人家对我的成功是怎样的高兴，虽然最初他们非常吃惊，这在他们看来是多么奇怪啊！

拿安娜·安德烈耶夫娜来说吧，她怎么也不能相信，这个人人称赞的新作家就是这干干那干干的小万尼亚呀，她不断地摇着头。那老人一时也不肯相信，最初传说传来，他确实骇了一跳；他议论我不到官场上去做事业的损失，又议论一般著作家的不道德的行为。但是新的消息不断传来，接着报上也登起来了，最后有几位他所敬重和相信的人物也说出一些称赞的话来了，这才迫得他改变态度。当他瞧见我忽然有了许多钱，而且听说写一部文艺作品可以拿到那么多钱的时候，他最后的怀疑消失了。他的怀疑迅速地转变为充满热情的信

---

① 此处指陀思妥耶夫斯基的第一部长篇小说《穷人》，此书曾得到别林斯基的好评。——英译者注。

② 指别林斯基。

仰，对于我的幸运高兴得和孩子一样，他突然趋向另一极端，对我的未来他突然沉醉在最狂妄的希望和最眩人的梦想中了。他每天替我想象一样新的事业，一个新的计划，而在这些计划中间，他简直是什么都想到了！他甚至对我表示一种特殊的尊敬，这在以前连痕迹都没有的。但是我记得，有时他又突然受到怀疑的侵袭而且迷惑起来，这往往是在幻想最热烈的时候。

"一个作家，一个诗人。这终归有些奇怪……几时有个诗人在这世界上曾经飞黄腾达过呢？几时听见他们做过高官大府呢？他们只不过是写写字的家伙罢了，那是靠不住的啊。"

我注意到，这种怀疑和微妙的问题他往往是在黄昏的时候想起来的（我对于这些琐碎的事情和黄金时代的那一切事情记得多么清楚啊!）。一到黄昏，我这位老朋友总是变得神经过敏，容易感动和多疑了。娜泰莎跟我知道这一点，常常在这以前就准备逗他发笑。我记得我打算跟他讲一些故事使他快乐，譬如说苏玛罗科夫做了将军，人家送给杰尔查文一只装满金币的鼻烟壶，和女皇怎样去访问罗蒙诺索夫等等故事；我还告诉他关于普希金和果戈理的故事。

"我知道，我的孩子，这一切我全知道，"老头儿回答说，虽然他也许还是第一次听到这些故事呢。"哼！万尼亚，你那些胡诌不是诗，我还是很高兴的。诗是胡说八道，我的孩子；你别跟我拌嘴，要相信像我这样的老头子。我没有别的，只盼望你好啊；诗只是胡说八道，白白地浪费时间！写诗是小学生的事情；诗把好多像你们这样的小伙子拖到疯人院去了……就算普希金是个伟大人物吧，谁敢说不是呢！然而也不过是一些好听的韵文，别的也说不上什么。一种暂时流行的东西罢了……虽然我读的实在并不多……至于散文就不同了。一个散文作家可以教导人家——他能够说些譬如关于爱国，或者一般的关于德性的话……是的！我不知道该怎样表达我的意思，我的孩子，不过你是明白我的：我说话是出于仁爱。不过，唉，唉，读吧！”他用一种爱护的神气结束他的话，最后我拿出书来，我们吃完茶围着桌子坐下来。“读给我们听听，你写的是一些什么，人家在为你大吹大擂呢！让我们听吧！让我们听吧！”

我打开书来，准备读。我的小说那天刚从印刷所里印出来的，终于弄到了一本，我跑来读给他们听。

我是多么烦恼和悲哀，以前不能把我的原稿读给他们听，那些原稿在印刷工人的手里！娜泰莎简直烦恼地叫了起来，她吵着责备我，为什么不让她在别人之前来读它……但是现在我们到底围着桌子来读它了。那老头儿采取了一种特别严肃的批评神气，他打算非常非常严格地批评它，“来由他自己确定。”安娜·安德烈耶夫娜的态度也特别庄严。我几乎相信她为了这次读小说特地戴上一顶新帽子。她早已经注意到，我是用一种无限的爱在看着她的宝贝娜泰莎，我向她说话的时候，气急而眼光失神，娜泰莎呢，也好像比从前更温柔地看着我。是的，那时机终于到来了，在这成功的、黄金般希望的、和全然快乐的一刹那间到来了，一切一切都一下子到来了。那老太太也注意到，她的丈夫开始在过分地称赞我，并且好像用特殊的眼光望着他的女儿跟我……于是她突然害怕起来了；我毕竟不是一个伯爵，不是一位贵族，也不是一位当今掌权的亲王，甚至连一位胸前挂着勋章的年轻貌美的枢密顾问官也不是。安娜·安德烈耶夫娜不肯在半路就抛弃希望的。

“人是值得称赞的，”她想着我，“可是人家不知道他是干什么的啊。一个作家，一个诗人……可是作家究竟是什么呢？”

第 六 章

我把我的小说向他们一口气读完了。我们吃过茶就读起，一直坐到两点钟。那老头儿起初皱着眉头。他期望我写出一些崇高得不可思议的东西，那即使他不理解也不妨，但无论如何必须是崇高的。可是现在他所听到的，却只是一些那么平凡、那么熟悉的东西——简直就跟在他周围所发生的事情一样。要是那主人公是个伟大的和有趣的人物，或者是历史上的什么人物的，像罗斯拉夫列夫或犹利·米洛斯拉夫斯基[①]一样，那也罢了；可是偏偏写成一个卑微的、踏在人家脚下的怪愚蠢的书记，连制服上的纽扣都掉了的人；而这一切又是用那么平板的白话写出来，那就跟我们讲的白话一样……奇怪！安娜·安德烈耶夫娜疑惑地望着尼古拉·舍盖伊契，嘴巴简直就有点噘起来，好像愤慨似的。“这种胡诌的东西，难道真的值得印成书吗？而且他们还要给他钱？”她脸上就刻画着这样的话。娜泰莎是全心全力在注意，贪婪地听着，从不把眼睛离开我，她望着我的嘴唇念出每一个字，她自己的小嘴唇也跟着动起来。可是我还没有读完一半，三个人的眼睛里全

① 都是查果斯金（1789—1852）所著长篇小说中的主人公。

掉下眼泪来啦。安娜·安德烈耶夫娜当真大哭起来了。从她的惊呼中，我看出她是全心全意地替我的主人公着急，带着一种极大的天真心情盼望把他从苦难中拯救出来。老头儿已经抛弃他要求崇高的东西的希望了。“这很明白，你不能够一步跨到树顶上去；就是这么说，这不过是一个小故事罢了，可是却绞痛了你的心，”他说，“写周围发生的这些日常的事情却教人容易明白，容易记得，而且教人家知道，给人家踏在最底下的、最卑微的人，也还是个人，并且还是个兄弟啊。”

娜泰莎听着，哭着，在桌子底下偷偷地紧捏着我的手。小说读完了。她站了起来，脸颊绯红，眼泪盈眶。突然她捉住我的手，吻了一下，奔出室外去了。做爸的跟做娘的彼此面面相觑。

“哼！她是一个多么热情的东西呀！”老头儿说，被女儿的行动惊骇了。“可是这无所谓，无所谓，这是好的，是一种强烈的冲动！她是个好女孩子……”他喃喃地说，斜着眼睛望着他的老婆，似乎在证明娜泰莎没有错，同时也要替我辩护。

安娜·安德烈耶夫娜虽然在读小说时也相当激动和感动，但现在她那神气却仿佛要说：“当然，马其顿王亚力山大是个英雄，可是为什么要把椅子摔坏了呢？”[①]这类的话。

娜泰莎马上又跑回来，活泼而快乐，走到我面前，调皮地捏了我一把。那老头儿原想又成为我的小说的严峻批评家，

① 这是从果戈理的《钦差大臣》中引出来的，是说一个历史教员的故事，他过于热情，在上课的时候把几把椅子都打烂了。此处是“何必如此冲动”的意思。——英译者注。

可是他高兴得忘记了，而且他装不出那副神气了。

“唔，万尼亚，我的孩子，这是好的，这是好的！你安慰了我，比我所希望的更使我快慰。这并不崇高，这并不伟大，那是很显然的……那边放着一本《莫斯科的解放》，那是在莫斯科写的，你知道。唔，你从那本书的头一行就可以看到，我的孩子，那位作家就好像是一只老鹰高高在飞，可以这么说。不过你要知道，万尼亚，你的却比较简单，比较容易懂。我所以喜欢它，就因为它容易懂。它似乎跟我们更相近；这一切好像都是我自己所碰到的事情。那种飞得高高的胡诌有什么用呢？我自己都不懂它哩。我要求你的语言再改进一点。我称赞它，但是不管你怎么说，这语言是不够精炼的。不过现在太迟了，已经印好了。除非等到印第二版。可是，我说，我的孩子。这也许会印第二版的！那时你又可以拿钱了！哼！”

“你这本书真的能拿到那么多钱吗，伊凡·彼特罗维契？”安娜·安德烈耶夫娜说，“我看着你，总有点不大相信。我的天，现在什么东西都有人出钱了！”

“你知道，万尼亚，”老头儿说，越来越激动了。“这虽然不是做官，也是一种事业啊。就是我们皇上也会读它呀。你不是曾经告诉我说，果戈理得过年金并且派到外国去过吗。假如你也是那样，你怎么呢，唔？或许这还太早了吧？你还得再写些东西吧？那么，写吧！我的孩子，尽量快快地写吧。不要得到一点荣誉就停止了。什么东西阻碍着你呀？”

他说这些话的时候，带着那样一种确信的神气，那样一种好心肠，使我没有勇气去打断他，给他的幻想泼上一盆冷水。

“也许他们会立刻送你一只鼻烟壶吧，他们会吗？怎么不会呢？他们要鼓励你呀。而且谁料得到呢，你也许会被召进宫去呢，”他带着一种俨然的神气眯缝起左眼，半低声地补了一句“——或许不会吧？进宫还太早吧？”

“进宫去，还太早！”安娜·安德烈耶夫娜带着一种受了委屈的神气说。

“再过一分钟，你就要封我做将军了，”我回答说，大笑起来。

老头儿也笑了。他是太高兴了。

“将军大人，您可要搞些东西吃吃啵？”娜泰莎顽皮地叫，她这时已经替我们把晚饭拿来了。

她笑着跑到她父亲身边去，用她的温暖的臂膀把他抱住。

“亲爱的好爸爸！”

老人家感动了。

“唔，唔，这全好！我是打心眼儿里说的。将军也罢，不是将军也罢，来吃晚饭吧。吓，你这个热情的丫头！”他补了一句，拍拍娜泰莎绯红的脸颊。他每碰到心里舒爽的时候，老爱这么拍拍的。“我那么说，因为我爱你呀，万尼亚，你要晓得。就使你不是一个将军吧（那还远哩），你总是一个出众的人，一个著作家呀。”

“爸爸，现在，他们是作兴叫‘作家’的。”

“不叫著作家吗？我可不知道，好的，那么就算作家吧。不过让我告诉你，我要说什么；自然，人们又不是生来就做内廷侍卫的，因为你们只写小说呀；那是用不到去梦想的。不过你还是可以出名；去做做随员之类的官，他们可以派你到外国去，为了增进健康可以到意大利去，或者为了完成你的学业可以到别的什么地方去;他们可以送你钱。自然在你这一边说,这一切都必须是光荣地得来的;你必须靠工作,靠真正的工作去得到金钱和荣誉,并不靠各种各样的栽培。”

“而且那个时候,你不要太骄傲,伊凡·彼特罗维契。”安娜·安德烈耶夫娜补了一句,笑了。

“你最好马上给他一枚勋章,爸爸;可是做随员究竟有什么好处呢?”

她又在我手臂上捏了一把。

“这丫头老开我玩笑,”老头儿说,愉快地望着娜泰莎。她的脸颊发红,眼睛像星星一样闪着光。“我想,我的话也许真的是扯远啦,孩子们;不过我老爱这么着……但是,你知道,万尼亚,看着你一直很奇怪:你是那么十足的单纯啊……”

“呵,我的天,他还能怎样呢?爸爸。”

“唉,不,我不是说这个。只是说,万尼亚,你这副脸孔可不是人们所说的诗人的脸孔。诗人的脸孔是苍白的,据说,你知道的,诗人有这样的头发,你知道的,眼睛里还有那么一种眼色……像歌德跟其他那些诗人一样。我在《阿巴东纳》[①]一书里读到过的……唔,我又说错了吗?嘿,这坏蛋,她又在吱吱地笑我哩!我不是一个学者,我亲爱的,可是我也能感觉呀。唔,脸孔不脸孔,那没有多大关系,你这脸孔我觉得完全不错,我很喜欢它……我不是说这个……只是说,要诚实,万尼亚,要诚实。那是重要的事情,诚实地生活着,别骗人!你前途远大。诚实地做你的工作,这就是我所要说的;不错,这

---

① ①H·A·波列沃依(1796—1846)的一部浪漫主义小说。

就是我所要说的!”

这是一些奇妙的日子。每天晚上,每个空闲的钟头,我都跟他们在一起消磨过去。我把文艺界和作家的消息告诉他老人家,我不懂得为什么,他开始对这些发生了极浓厚的兴趣。他甚至读起B先生的批评论文来。关于B先生,我曾经对他谈过许多。他热烈称赞他,虽然他差不多并不了解他,而且还痛骂那些在《北方蜜蜂》报上写文章的他的敌人。

安娜·安德烈耶夫娜睁大眼睛注意我跟娜泰莎,可是她却什么也不曾看到。我们之间那句话儿已经说出口了,我终于听到娜泰莎低着头半张着嘴,低声地说出一声“好的”。可是做爹妈的直到后来才知道。他们有他们的想头,有他们的打算。安娜·安德烈耶夫娜摇头摇了好久,这在她看来有点不可思议和可怕。她对我没有信心。

“是的,在你顺利的时候,这自然是很好的,伊凡·彼特罗维契。”她说,“不过突然碰到失败或者这一类事情,那怎么办呢?但愿你什么地方有个把差使,就好了!”

“我有些话要跟你谈谈,万尼亚,”老头儿打定主意说,“我已经看出了,我已经注意到这件事,而且我承认,我很高兴你跟娜泰莎……你懂得我的意思啊。你瞧,万尼亚,你们都还很年轻,安娜·安德烈耶夫娜的话是对的。让我们等一个时候。就算你有才气,或许是有出众的才气吧……可并不像人家最初称赞你的什么天生奇才,不过是一种普普通通的才气罢了(我今天读给你听《北方蜜蜂》报上那篇文章;他们对你太不客气了,不过那究竟不是什么了不起的报纸)。是的!你瞧,才气并不是银行里的存款啊,而你们两个都是穷的。无论如何,让我们等一下,等一年半或者一年。假如你搞得很好,站稳了脚跟,娜泰莎会是你的人。假如你不成功,——那你就自己决断吧。你是一个诚实的人,把事情仔细想一想……”

这样,我们就把这件事情撇开了。这是那一年中间的事。不错,差不多刚刚一年以前。九月里一个晴朗的日子,我去看我的老朋友们,我觉得不舒服,心里很难过,倒在椅子里,几乎晕过去,他们看到我着实慌了。我的脑袋在旋转,我的心发痛,因为这个缘故,我走到这门口十次,没进门又回去十次,不过这并不是因为我在事业上失败了,没有钱又没有荣誉;也不是因为我还不曾当随员,不曾派到意大利去养身体。这是因为一个人可以度一年如度十年,而我的娜泰莎在这一年中确是度过十年了。我们之间横亘着一种渺茫无边的东西。我记得我坐在老人前面,没有说什么,手指无意识地撕着我那顶已经破了的帽子的边缘;我坐着,不知为什么,在等娜泰莎进来。我的衣服是破烂的,而且不合我的身;我的脸孔变得又黄又瘦,陷了下去。可是我还是一点不像一个诗人,我的眼睛也没有一点庄严神气,像过去那好心的尼古拉·舍盖伊契所说的。安娜·安德烈耶夫娜带着真挚的常有的怜悯望着我,心里想着:

“他差一点和娜泰莎订了婚。上帝见怜,保全我们吧!”

“你不喝些茶吗,伊凡·彼特罗维契?”(茶炊正在桌上沸着)“你怎么的啦?”她问我,“你简直是个病人了呀,”她用一种凄惋的声音说,那声音直到现在我还能听见。

而她那样子,我直到现在也还能看得见,那仿佛就是今天的事情似的。甚至在她对我讲话时,她的眼睛里也露出另一种焦灼，他老年的丈夫脸上也笼罩着同样的焦灼，他坐着沉思，而他的茶已经冷了。我知道他们这时正为了跟华尔戈夫斯基亲王打官司而忧虑极了，那官司看来不大顺手，而且他们还有种新的忧虑，使尼古拉·舍盖伊契伤心，并且使他害病了。

那位引起整个纠纷以致打官司的小亲王，在五个月以前找到一个机会来看望伊赫曼耶夫家。老人家向来是像对儿子一样爱他的亲爱的阿略沙，而且几乎每天都要谈起他的，高兴地迎接他。安娜·安德烈耶夫娜记起华西里耶夫斯哥耶的事情，淌起眼泪来了。阿略沙瞒着他父亲越来越勤地去看望他们。尼古拉·舍盖伊契凭着他的诚实、坦白和正直，愤慨地不屑作任何的戒备。他那高贵的骄傲甚至不容他去考虑：假如亲王知道他儿子心里看不起他的一切妄诞的怀疑，并且又在伊赫曼耶夫家受到接待，他会说什么话呢？可是老人家却不知道他自己是否还有力量受得起新的侮辱。小亲王几乎每天都到他家里来了。两老都高兴他来。他时常跟他们在一块儿混到半夜，直到半夜以后。不消说，他老子最后是听到了这一切。最卑劣的毁谤事件终于发生了。他用一封凶恶的信侮辱了尼古拉·舍盖伊契，依旧跟以前一样的方式，断然地禁止他儿子到他家里去。这是我那天去他们家里以前两个星期所发生的事。老人家沮丧极了。难道他的娜泰莎，他那清白的高贵的女儿，又要牵累到这种污秽的诽谤、这种下流的把戏里去吗？她的名字从前已经被那个害他的人污辱地叫出来了。难道这一切都算了，就不报仇吗？头几天里，他绝望地倒在床上。这一切我都知道。虽然最近三个星期来，我一直害病和沮丧地呆在家里，不曾去看他们，这些事情却详细地传到我的耳朵里。可是此外我还知道……不！那时我只是预感到，我知道，但是我不能相信，除了这些焦虑以外，还有些什么比世界上任何事情更苦恼他们的事情。我看着他们十分痛苦。是的，我是在痛苦中间；我怕去揣想，怕去相信而且尽可能去延迟那致命的一瞬。而这时我却为这事情跑来了。我觉得那天晚上我是给他们吸引来的。

"唉，万尼亚，"老人家忽然惊醒过来说，"你真的没有害病吗？你为什么那么久不到这儿来呢？我对你太不好了。我很久就想去看你了，可是总……"

他又沉入默想中去了。

"我不大舒服。"我回答说。

"哼！不大舒服，"过了五分钟，他重复了一句。"我敢说是不舒服！我从前已经告诉过你，并且警告过你了。可是你不听我的话。哼！不，万尼亚，我的孩子，自古以来，老鼠就在一座屋顶楼上饿着了，它以后还是要这样。这就是那么一回事！"

是的，老人家确实沮丧得很。假如他不是自己心里难过，他不会对我说什么挨饿的老鼠的。我注意地望着他的脸孔：脸孔更黄了；眼睛里有种困惑的眼色，有种成为一个问题而他却无力回答的心思。他粗暴而又苛刻，完全不像他本人。他老婆不安地看着他，摇摇头。当他转过身去的时候，她偷偷地向我点点头。

"娜泰里雅·尼古拉耶夫娜[①]好吗？她在家吗？"我问那焦

---

① 即娜泰莎。

灼的老太太。

“她在家，我亲爱的人，她在家。”她回答说，仿佛被我的问题弄得很慌乱。“她马上就会来看你的。这是一件严重的事情！三个星期不曾看见你的影子了！她变得那么古怪……一点也不懂她是怎么回事。我不知道她是不是病了。上帝保佑她吧！”她怯怯地望了她丈夫一眼。

“怎么，她没有什么呀，”尼古拉·舍盖伊契急促而勉强地应声说，“她很好呀。女孩儿长大了，她再不是小孩子了，就是这么一回事。谁能懂得女孩儿的心境和变化呢？”

“变化，真的！”安娜·安德烈耶夫娜用佛然的声音打断他。

老人家没有说什么，用手指头在桌子上敲着。

“我的老天爷，难道他们之间已经出了什么事情吗？”我痛苦地惊疑着。

“嗯，你搞得怎么样？”他又说下去，“B先生还写批评吗？”

“是的。”我回答说。

“唉，万尼亚，万尼亚，”他摆摆手结束说，“批评又有什么用呢？”

门打开了，娜泰莎走进来。

第七章

她手里握着帽子，把它放在钢琴上；接着她向我走过来，伸出手，没有说话。她的嘴唇微微地抖动着，似乎要向我说些什么问候的话，可是没有说出来。

已经有三个星期没见面了。我带着惊愕和恐惧瞧着她。

这三个星期中间她变得多厉害啊！我瞧着这苍白凹陷的双颊，烧得焦灼的嘴唇，和在又长又黑的睫毛下闪射着热焰和一种热情的决心的眼睛，我的心痛了。

可是，天哪，她是多么可爱啊！无论从前或以后，我从不曾看见过像她在这个决定命运的日子里那个样子。这就是那同一个，同一个娜泰莎吗？这就是那一个，一年前眼睛还盯着我，嘴唇跟着我抖动，听我读小说，后来在吃晚饭时候又那样高兴、那样无忌惮地笑并且向她爸爸跟我开玩笑的那一个姑娘吗？这就是曾经在这一间屋子里垂着头、红着脸对我说“好的”那一个娜泰莎吗？

我们听见做晚祷的深沉钟声响起来了。她震颤了一下。安娜·安德烈耶夫娜在自己身上画起十字来。

“你准备上教堂里去吧，娜泰莎，他们已经在敲礼拜的钟了。去吧，娜泰莎，去祷告吧。好在路这样近。你同时还可以散散步。干吗关起门坐在家里呢？你瞧，你脸色多苍白呀，就像中了邪似的。”

“也许……我不去……今天，”娜泰莎用一种低声，几乎是耳语慢慢地说。“我……不舒服。”她又加上一句，脸色白得跟纸一样。

“你最好还是去吧，娜泰莎。你刚才拿了帽子，不是想去吗？祷告吧，娜泰莎，祷告上帝给你健康吧。”安娜·安德烈耶夫娜劝她的女儿，怯怯地望着她，仿佛怕她似的。

“你去吧，这对你也是一种散步，”老头儿也加上一句，他也不安地望着他的女儿。“你妈说得对。万尼亚可以陪你去。”

我仿佛看见娜泰莎的嘴唇闪现出一丝苦笑。她走到钢琴前面，拿起帽子戴上。她的手在抖着。她的全部动作似乎都是无意识的，似乎不知道她在做什么。她的父母都注意地望着她。

“再见！”她几乎听不清楚地说。

“我的安琪儿，为什么说‘再见’呢，这是出远门吗？到风地里去吹一会儿对你是很好的；瞧你多么苍白呀。唉，我忘了（我什么都忘记），我给你缝好了一件肩布[①]呢；这里面缝着一篇祷词，我的安琪儿；这是去年从基辅来的一个尼姑教我的；一篇极合适的祷词呢。我刚才缝进去的。带上吧，娜泰莎。愿上帝赐给你健康。你是我们所有的一切啊。”

做母亲的从她针线抽屉里拿出一只娜泰莎头颈上挂的金十字架，在同一条丝绦上，挂着那件刚完工的肩布。

“愿它给你带来健康吧。”她补了一句，给她女儿画十字，把十字架替她挂上了。“从前有个时候，你每天夜里睡熟以前，我常常替你祝福，说一篇祷词，而你也跟着我背一遍。但是现在你是不同了，上帝没有赐给你平静的心神。唉，娜泰莎，娜泰莎！你妈妈的祷词不曾帮助你啊……”

做母亲的哭起来了。

娜泰莎吻了她母亲的手，没有说什么，就向门口走去。但是突然又转回来，走向她父亲。她的胸部起伏着。

“爸爸，你替你女儿……也画个十字吧。”她用喘息的声音吃力地说，在他膝前跪下了。

---

① 肩布，一种宗教团体的标志，用两条布沿着肩胛交搭着扣在胸背上。

我们都给这意外和过于庄重的举动弄惶惑了。她父亲茫然地望了她好一会儿。

“娜泰莎，我的小心肝，我的女儿，我的亲亲，你怎么的啦？”他最后叫起来，眼泪从眼睛里涌出来。“你为什么这样伤心啊？为什么日夜地哭啊？你晓得，我都看到的呀。我晚上没有睡觉，站在你房门外听着呢。告诉我一切吧，娜泰莎，把事情全告诉我吧。我老了，而且我们……”

他没有说完；他把她拉起来，抱住她，紧紧地抱着她。她抽抽噎噎地扑在他的怀里，脑袋埋在他的肩膀上。

“没有什么，没有什么……这只是……我不大舒服……”她不断地重复说，被壅塞的泪水窒息住了。

“愿上帝像我一样地祝福你吧，我亲爱的孩子，我宝贝的孩子！”做爸的说，“愿上帝永远赐给你心灵平安，使你无灾无忧。向上帝祷告吧，我心爱的，让上帝听到我这有罪的祷词吧。”

“我也，我也祝福你啊。”做娘的又补了一句，眼泪汪汪的了。

“再见了！”娜泰莎轻轻地说。

她在门口又站住了，又向他们望了一眼，还想说些什么，但是说不出，于是迅速地走出室外去了。我感到一种不祥的预兆，跟着她冲了出去。

第八章

她低着头默默地疾走，没有看我。但是当她走出街道，向堤岸上走去时，她突然站住了，挽着我的臂膀。

“我有点窒息，”她低声说，“我的心很紧……我有点窒息。”

“回去吧，娜泰莎，”我惊惶地说。

“你一定已经看出了，万尼亚，我已经永远走开了，永远离开他们，再不回去了。”她用一种说不出的痛苦表情望着我说。

我的心沉了下去。这一切，我在去他们家里的路上已经预感到了。或者说，在这天以前很久，就已经仿佛从雾里似的看到这一切了。然而现在她的话，却依旧像轰雷一样击落到我的头上。

我们凄惨地沿着河堤走去。我说不出话来。我在回想着，想思索一些什么，完全迷茫了。我的头眩晕。这事情看来是那样可怖，那样不可能啊！

“你怪我吗，万尼亚？”她最后说。

“不……但是……但是我不能相信；这是不可能的！”我回答说，不知我在说些什么。

“是的，万尼亚，确实是那样！我已经离开他们了，我不知道他们会怎么样……也不知道我自己会怎么样！”

“你是到他那儿去吗，娜泰莎？是吗？”

“是的。”她回答说。

“但这是不可能的呀！”我疯狂地叫。“你不知道这是不可能的吗，娜泰莎，我可怜的姑娘！啊，这是发疯呀。啊，你会杀死他们，并且毁了你自己呀！你明白吗，娜泰莎？”

“我知道，但是我怎么办呢？我没有办法呀。”她说，她的声音里充满苦痛，仿佛她面对着绞刑台似的。

“回去吧，回去吧，趁着还不太晚。”我恳求她。然而我越是热心越是加重语气去恳求她，我越发明白我的请求是没有一点用处，而且这个时候说这些话是愚蠢的。“你明白吗，娜泰莎，你这对你爸爸是怎样一回事啊？你不曾想一想吗？你知道他的爸爸就是你爸爸的仇人。啊，那亲王曾经侮辱过你爸爸，控告他偷钱；啊，他还骂过他是贼呀。你知道他们为什么打官司吗……天哪！最糟糕的可还不是这个哩。你知道，娜泰莎(唉，我的天，你自然全知道的呀！)……当阿略沙跟你们一块儿住在乡下的时候，亲王怀疑你爸爸和妈妈有意把你跟阿略沙弄在一起，你知道吗？想一下吧，只要想一想你爸爸为了这些谣言受到怎样的痛苦呀；唉，这两年来他头发都白了！瞧瞧他吧！尤其是，你知道这一切啊，娜泰莎。天哪！他们两个永远失去了你，这在他们会多难受，就更不用说了。啊，你是他们的宝贝，他们老年剩下来唯一的宝贝呀。我不想去说这些，你自己该知道的。你要记得，你爸爸以为你是无缘无故受到诽谤，受了那些势利鬼的侮辱，还不曾报仇呢！而现在，就在这时候，因为你们又接待了阿略沙，这一切仇恨又重新燃烧起来啦，这一切旧日的宿怨，变得比以前更加刻毒啦。亲王又侮辱了你爸爸。老人家遭受了这新的侮辱，火气正旺着呢，而现在突然这一切，这一切，这些攻击的谣言倒会变成真的了！每个知道这事情的人都会说亲王对，责备你和你爸爸的不是了。啊，他现在会发生什么事呢？这会立刻把他杀死！羞愧，耻辱，这是为了谁呢？为了你，他的女儿，他唯一的宝贝孩子呀！还有你妈妈呢？唉，她不会比你爸爸活得更长久的，你要知道。娜泰莎！你在干什么呀？回去！想想看，你在干什么啊！”

她没有说话。最后她似乎怨怪地瞟了我一眼。她的眼睛里有那样一种彻骨的痛苦，那样一种难受的神情，使我看出，即使没有我这番话，她那受伤的心也早已在流血了。我看出她做这个决定所付出的代价，以及我那些说得太晚的、没有作用的话怎样刺痛了她，割裂了她。我看出这一切，然而我却不能约束我自己，又继续说下去。

"唉，你刚才还对安娜·安德烈耶夫娜说过，你也许不出去……不去做礼拜。那你的意思是要留着；那你是不是还在踌躇呢？"

她只苦笑了一下作为回答。我干吗还要问这个呢？我应该明白，这一切已经是无可更改地决定了。可是我自己也有点神经失常了。

"你能那么爱他吗？"我叫起来，心里一沉，朝她看着，几乎不知道我在问些什么。

"我能对你说些什么呢，万尼亚？你知道，他叫我到这儿来的，于是我就在这儿等他。"她依旧带着同样的苦笑说。

"但是听着，你听着，"我抓了一把草又说下去："这可以用另外的方式，完全用另外的方式解决的；你不必离开家。我会告诉你怎么做，娜泰莎。我愿意替你们来布置，譬如你们碰面以及各种问题。只是不要离开家。我愿意替你们送信；为什么不呢？这会比你们现在所做的好哩。我懂得怎样布置；我会替你们双方做任何事情，你看着吧。这样，你不至于毁了你自己，像你现在这么办，娜泰莎，亲爱的……你这样做会毫无希望地毁了你自己，毫无希望地。就同意吧，娜泰莎，一切都会顺利而快乐，你们依旧可以像你们所愿意的那样彼此相爱。

到你们的父亲们停止吵架了（因为他们总有一天要停止的）——那时就……”

“够了，万尼亚，别说了！”她插嘴说，紧紧握着我的手，含着眼泪微笑着。“亲爱的、仁慈的万尼亚啊！你真是一个叫人尊敬的好人！你没有一句话讲到你自己。我已经抛弃了你，而你却宽恕了一切；你什么都不想，只想到我的幸福。你还愿意替我们送信啊。”

她哭起来了。

“我知道你从前多么爱我，万尼亚，而你现在依旧多么爱我，你这些时候从来不曾用一句苛刻的话来骂我，当我，我……我的天呀！我待你是多么不好呀！你记得吗？万尼亚，你记得我们在一起的时候吗？要是我从来不遇到他，不看见他，那就好了！我会跟你在一起生活，跟你、亲爱的、仁慈的万尼亚，我亲爱的人呀！不，我配不上你的！你瞧，我是什么东西啊；在这个时候还对你谈我们过去的幸福，虽然这些话我不说，你也已经够难受了！你已经三个星期不来看我们了，我可以对你发誓，万尼亚，我脑子里从来不曾转过这样念头，以为你恨我了，在咒我了。我知道你为什么不来！你不愿意妨碍我们，不愿意叫我们难堪呀。而且你看见我们，不是很痛苦吗？我多么想念你呀，万尼亚，我多么想念你呀！万尼亚，听我说，假如说我是疯狂地、失神地爱着阿略沙，那么我也许是把你作为一个朋友更深地爱着呢。我觉得，我知道，没有你我是生活不下去的。我需要你。我需要你的灵魂，你那黄金一样的心……啊，万尼亚，我们眼前是个多么痛苦和可怕的时辰啊！”

她的眼泪涌出来；是的，她非常难受。

“啊，我多么想看见你呀，”她忍着眼泪继续说下去。“你变得多瘦啊，你病得这样子，你脸色这样苍白。你当真是害病了，是不是，万尼亚？我连问都不曾问你呀！我老讲我自己的事情。你现在跟那些批评家搞得怎样了！你新写的小说怎样了？进行得还顺手吗？”

“现在哪有工夫谈小说，谈我的事情哩。娜泰莎。我的作品算得了什么哩。都很好，别管它吧！不过告诉我，娜泰莎，是不是他坚持要你到他那边去？”

“不，不仅是他，我比他更坚决。他自然说过这话，可是我也……你瞧，亲爱的，我什么都告诉你吧：他们在打算替他娶一个非常有钱、有地位而且还跟那些大人物有亲戚关系的姑娘哩。他爸爸坚决主张要他娶她，他爸爸，你知道的，是个可怕的阴谋家；他拼着全力在进行；这是十年难逢的机会啊……亲眷，金钱……而且他们还说那姑娘极标致，说她受过教育，心肠好，什么都好啊；阿略沙已经被她引动了，尤其是，他爸爸急于想把这桩姻缘弄好，他自己也好结婚了，因此他决定要拆散我们。他害怕我和我对于阿略沙的影响呢……”

“可是你是不是说，亲王已经知道你们的恋爱了？”我吃惊地插进去说。“他一定只是怀疑罢了；他还不至于完全确定吧？”

“他知道了，他全知道了。”

“怎么，谁告诉他的？”

“不久以前，阿略沙全告诉他了。他亲口对我说的，他什么都告诉他爸爸了。”

“我的天，这是闹什么啊！还在这样的时候，他就把什么都亲自告诉了他吗？”

“别责备他，万尼亚，”娜泰莎打断我说，“别讥笑他。不能像对别人那样来评判他。公平点吧，他不像你和我。他是个小孩子啊。他从小不是好好儿带大的。他做的事情他自己都不明白呢。第一个印象，他所碰到的第一个人给他的影响，会使他改变他一分钟以前答应过的事情。他是没有性格的。他可以对你发誓表示忠实，而在同一天里他却会把自己同样忠实地、同样恳切地献给另一个人；更要命的，他会第一个跑来告诉你这事情。他会做出坏事来，可是别人却不能因此去责备他，只能替他惋惜罢了。他甚至能够作自我牺牲，要是你知道那是怎样的一种牺牲啊！可是，他只要碰到另外一个新的印象，他就会把这完全忘掉了。所以我如果不是不断地跟他在一起，他就会把我忘记的。他就是这样的一个人呀！”

“唉，娜泰莎，不过这不见得全是真实的，这只是说说罢了。一个孩子怎么能结婚呢！”

“我告诉你，他爸爸是有自己的特殊的目的的。”

“可是你怎么会知道那位姑娘很标致，并且他已经被她引动了呢？”

“啊，他亲口告诉我的呀。”

“什么！他亲口告诉你他会爱另一个女人，不是现在还要求你来作这个牺牲吗？”

“不，万尼亚，不。你不了解他。你不大跟他在一起。你得先了解他，再来评判他。世界上再没有比他更忠实、更纯洁的人了。怎么，难道要他撒谎反倒好些吗？讲到他被她所引动，唉，他这个人，假如一星期不曾看见我，他就会跟别人恋爱，并且忘记我的；而当他一看见我，他又屈伏在我脚下了。不！这还不错呢，我知道，他不隐瞒我，否则我会疑心死的。是的，万尼亚，我已经作出结论了：假如我不是每一分钟都跟他在一起，他会不再爱我，忘记我和抛弃我的。他就是这样的；任何其他女人都能引动他的。那时，我怎么办呢？我会死的……当真会死的！我欢喜现在就死。没有他，我还活着做什么呢？那比死还坏，比什么痛苦还坏啊！唉，万尼亚，万尼亚！我为他抛弃我的父母是有道理的！别打算来劝我，什么事情都已经决定了！他必须每个钟头、每分钟都挨着我。我不能回去了。我知道我毁了我自己，并且毁了别人……啊，万尼亚！”她突然大哭起来，浑身都发抖了；“假如他现在就不爱我，那怎么办啊！假如你刚才讲他的那些话是对的，那怎么办啊！”（我并不曾讲过什么话）“假如他只是骗我，他只是貌似忠实诚恳，而实际上却是狡猾卑鄙，那怎么办啊！我现在在你前面为他辩护，也许他这时正和另外一个女人在讥笑我呢……而我，我是这么下贱，抛弃了一切，满街跑着在找他……啊，万尼亚！”

这一声呻吟带着那么一种痛苦从她心里爆发出来，使我整个灵魂都充满了悲哀。我明白娜泰莎已经不能控制她自己了。只有一种盲目的、疯狂的、紧张的妒忌才能使她下了这种狂乱的决心。但是妒忌也在我心里燃烧起来，而且突然爆发了。我也控制不了我自己。一个可怖的感情在压迫我。

“娜泰莎，”我说，“我只有一件事情不明白。你刚才既然自己说了他那些话，为什么你还能爱他呢？你并不尊敬他，你甚至于不相信他的爱，而你却坚定不移地要到他那里去，为了他毁掉了每一个人。这是什么意思呀？他会那样折磨你，以至毁了你整个的生命，是的，并且你也会毁了他的生命。你爱他爱得太过分了，娜泰莎，太过分了！我不懂得这样的爱！”

“是的，我爱他像是疯了一样，”她回答说，脸色白得仿佛肉体上遭受着苦痛似的。“我从来没有像这样爱过你，万尼亚。我知道我是神智失常了，没有像应该爱他的那样去爱他。我没有按照适当的方式去爱他……听着，万尼亚。我早就知道，甚至在我俩最快乐的时候，我也感到，他不会给我带来什么，除了悲惨。可是有什么办法呢，假使甚至他给我的痛苦，对我也是一种快乐的话！你以为我到他那里去是为了找快乐吗？你以为我事前不知道有什么在等待我以及我将从他那里忍受些什么吗？啊，他是发过誓爱我，还答应过各种事情；可是我却不信任他答应的话。我并不重视他的话，从来就没有，虽然我知道他不是对我撒谎，而且也不会撒谎。我亲自，我亲自告诉他，我不想用任何方法束缚他。这对他是比较好的；谁也不愿意受束缚的啊。我第一个不愿意。可是我甘心做他的奴隶，甘心情愿的奴隶；我什么都愿意忍受，什么都愿意，只要他跟我在一起，只要我能看见他！我想，他甚至爱别的女人也不要紧，只要我能和他在一起，只要我可以靠近他。这不是作贱吗，万尼亚？”她问，突然用一种热烈的、激昂的眼光看着我。我一时间以为她发疯了。“这不是作贱吗，这样一种希望？是作贱又怎么样呢？我自己就说这是作贱。可是如果他抛弃我，我会追着他到天涯海角，即使他拒绝我或驱逐我。你想劝我回去——可是这有什么用呢？假如我回去，我明天还是要跑出来的。他通知我出来，我就会出来，他会叫我，会像唤狗一样地打唿哨叫我，我就会奔到他那里去！……折磨啊！凡是他给我的什么折磨我都不退缩；我知道我是在他手里受苦的……啊，这是无法说明的，万尼亚！”

“那她的爸爸跟她的妈妈呢？”我想。她似乎已经忘记他们了。

“那么，他不打算跟你结婚吗，娜泰莎？”

“他答应过的，什么事情他都答应过的。他现在就是为了这事情要找我，打算明天就在城外秘密结婚。可是你瞧，他就不知道他自己在做什么。也许连怎么结婚都不知道。这是什么样的丈夫啊！这真是荒谬呀。他如果真的结了婚，他也不会快乐的；他会责备我……我永远不要他为了什么事情来责备我。我愿意为他抛弃一切，使他不要为我麻烦什么！假如他因为结婚而不快乐，那么为什么要使他不快乐呢？”

“是的，这是一种疯狂，娜泰莎，”我说，“唔，你现在就直接到他那里去吗？”

“不，他答应到这儿来接我的，我们同意……”

她渴望地望着远处，可是那边没有一个人。

“他还没有来，你倒先来了！”我愤怒地叫。

娜泰莎好像给打了一下似的摇晃了一下。她脸孔痉挛地搐动着。

“他也许压根儿就不来了，”她带着一种痛苦的自嘲说，“前天他写封信给我，说如果我不答应来，他只好放弃他的计划——带我离开和跟我结婚的计划；而他爸爸就会带他到那位小姐那边去了。他写得那么简单，那么自然，好像不当一回事似的……如果他真的到她那里去了,那怎么办呢,万尼亚?”

我没有回答。她紧紧地捏着我的手,眼睛闪烁着。

“他是跟她在一起呢,”她几乎听不清楚地突然说出来。“他希望我不会来,那么他就可以到她那边去了,而且事后他还可以说,他没有错,他早就告诉过我,说我不会来,而且也不曾来。他是对我厌倦了,所以他站开了。啊,我的天!我疯了!呵,他上次亲自告诉我,我使他厌倦了……我还在等什么呀?”

“他来了!”我叫起来,突然看到他在远远的河堤上。

娜泰莎惊跳起来,发出尖锐的叫声,紧紧地望着阿略沙走近来的身影,突然放下我的手,奔过去迎接他。他也加紧了脚步。一分钟之内,她已经给抱在他的怀里了。

街上除了我们以外,没有什么人。他们彼此吻着,笑着。娜泰莎边笑边哭,仿佛永别以后又重逢似的。她那苍白的面颊红了起来;她就像个着了魔的人一样……阿略沙看到我,马上向我走过来。

第 九 章

我热心地望着他,虽然我从前已经看见过他许多次。我望着他的眼睛,似乎他的表情会解释那使我迷惑的一切,会解释这个孩子怎么能够蛊惑她,怎么能够那样引起她的疯狂的爱,使她忘记她最主要的责任,和牺牲在这一瞬前对她说是最神圣的一切。小亲王握着我的两只手,热情地紧紧握着它们,他的眼神温柔而坦白,直射入我的心坎。

我觉得,我如果只是从他是我的情敌这一点去看,那会使我对他做出错误的结论的。是的，我不喜欢他；而且抱歉得很，我决不能关心他——这在他所认识的人们中间；也许只有我一个人如此吧。我不能克服憎恶他许多地方的心情，甚至他那俊俏的相貌，老实说，也许是因为他那相貌生得太俊俏了吧。后来，我承认我的判断是有点偏见的。他是纤长而温雅；他的脸孔是略长的，总是苍白的；他有美丽的头发和一双大大的、沉思的、多情的蓝眼睛，那眼睛里常常闪射出最天真的孩童的快乐。他的长得美妙的小嘴上的朱红嘴唇，几乎总带着一种庄重的表情，使唇上突然露出的微笑格外显出一种意想不到的和迷人的魔力，这种微笑是那样的天真和坦白，使一个人无论在怎样的心境中，都会立刻想到要报他以同样的微笑。他穿得并不过分时髦，然而却常常是雅洁的；显然，这种雅洁并不要他花什么工夫，这是他的天性如此。

那是真的，他有一些教人不喜欢的地方，一些贵族社会所特有的坏习惯；轻佻、自满，和客气的骄傲。但是他心地里却那么坦白和单纯，他会首先责备自己这些缺点，惋惜这些缺点和嘲笑这些缺点。我想这个孩子甚至在开玩笑的时候也不会撒谎的，他即使撒了一句谎，那也不能够教人怀疑这撒谎是不对的。甚至他心里那种自私都有点可爱，也许正因为这种自私是公开的而不是隐藏的吧。他没有什么东西是隐讳着的。他是柔弱，容易信任别人和怯懦的；他什么意志都没有。欺骗他或损害他，会像欺骗和损害一个小孩子一样有罪和残忍。像他这样年纪，他实在是太单纯了，简直一点现实生活也不懂；虽然我相信即使他到了四十岁，也还是什么都不会懂的。像他这样的人是注定了不会成长的。我猜想没有谁会不喜欢他的；他和小孩子一样的可爱啊。娜泰莎说得不错，假如有什么强大的力量逼着他，他也会干出罪恶的行为来，不过我相信，事后他假如知道这罪行的结果，他会懊悔得要死去的。娜泰莎直觉地感到，她也许可以主宰他和控制他，他甚至可以作为她的牺牲品。她只是因为爱他，而预尝到一种热爱和磨难她所爱的男子的快乐，这也许就是为什么她心急地要首先牺牲她自己的缘故吧。不过他的眼睛里也同样由于爱而在发亮，他狂喜地望着她。她又得意地望着我。在这刹那间，她忘记了一切——她的父母，她的诀别，她的猜疑。她是快乐的。

“万尼亚！”她叫，“我对他太不公道了，我配不上他。我以为你不来了，阿略沙。饶恕我的恶意的想头吧，万尼亚！我要赔罪！”她补了一句，怀着无限的爱注视着他。

他微笑着，吻她的手，他转过来向我说，一壁却依旧握着她的手。

“也别责备我吧。我早就想像拥抱一个哥哥似的拥抱你了；她曾经谈过你那么多的事情。我们可是直到现在才做朋友，才在一起呢。让我们做个朋友吧，并且……原谅我们吧。”他补了一句，脸孔微微红了起来，低声说，可是却含着那样可爱的微笑，我忍不住要用整个心去回答他的致意了。

“是呀，是呀，阿略沙，”娜泰莎响应说，“他是站在我们一边的，他是我们的哥哥，他已经原谅我们了，没有他，我们不会快乐的。我已经告诉过你了……唉，我们是残忍的孩子们呀，阿略沙！可是我们要三个人住在一起……万尼亚！”她说下去，嘴唇颤抖起来。“你现在回家，到他们那里去吧。你有那样一颗黄金似的心，他们纵使不饶恕我，可是一看到你已经饶恕了我，这会使他们略为缓和一点的。用你自己心里的话，从你的心里，告诉他们一切，一切；找一些适当的话……替我辩护吧，救救我吧。向他们解释你所知道的一切缘故吧。你知道，万尼亚，如果你今天不是跟我在一块，我也许不会干这事的。你是我的救星啊。我立刻就把一切希望寄托在你身上了，因为我觉得你会懂得怎样去告诉他们的，这样至少最初的可怕打击对于他们容易受得住一点。哎哟，我的天，我的天呀！……替我告诉他们吧，万尼亚，说我知道我现在决不会被饶恕的；就是他们饶恕了我，上帝也不会饶恕的；可是即使他们诅咒我，我也要终生终世为他们祝福，为他们祷告。我的整个心是跟他们在一起的！啊，为什么我们不能都快乐呢！为什么，为什么呀……我的天，我干了什么事呢！”她突然哭了出来，似乎感到什么，她用手捂着脸孔，带着恐怖浑身乱抖起来。

阿略沙用臂膀搂住她，把她抱得紧紧的，没有说话。接着是几分钟的沉默。

“你能要求这样一种牺牲吗？”我叫起来，谴责地望着他。

“别责备我啊，”他又重复说。“我向你担保，这一切不幸，现在虽然这样可怕，只是一下子的事情罢了。我完全可以确定说。我们只要有勇气忍过这一下子就行；她亲自跟我这样说过的。你知道这一切事情的底子里，只不过家族的自尊心罢了，这些极愚蠢的吵架呀，无聊的官司呀！……但是（我向你保证，这个我想了很久了）……这一切必须停止。我们大家又将在一块儿了！那时我们会十分快乐，老人家们看到我们，他们会和解的。谁知道呢，也许我们的婚姻正是他们和解的第一步啊。我想，事实上也只能如此吧。你以为怎么样？”

“你说你们的婚姻。在什么时候举行婚礼呢?”我问,向娜泰莎瞟了一眼。

“明天或者后天。至多是后天——这已经决定了。你瞧,我自己还不大知道这个哩:事实上,我也还不曾有什么安排。我原来想,娜泰莎也许今天不会来。再加上,我父亲今天一定要带我去看跟我订婚的那位小姐。(你知道,他们在替我订婚哩;娜泰莎告诉了你吗?可是我不愿意。)所以你瞧,我还不能够有什么明确的安排哩。不过无论如何,我们后天一定会结婚了。至少我以为是这样,因为我看不出还有什么别的办法呀。明天,我们要启程到普斯科夫去。在那边,我有一个同学,是一个很好的人,住在那边不远的乡里;你该会会他。那边村子里有一位牧师,虽然我不知道他是不是在那边。我事先该打听一下,可是我没有时间……不过这一切都无关紧要,真的。要紧的是把主要的事情放在心上。也许从邻近村子里可以弄到一个牧师吧,你以为怎样?我想那边邻近还会有村子的!真要命,我没有时间写封信呀;我应该先通知他们,说我们要来啦。我那朋友现在也许不在家……不过这没有关系。只要有决心,什么事情自然而然都会安排好的,不是吗?同时,明天或后天,她就会在此地和我住在一块了。我已经特地租了一个楼面。我们一回来就住到那里去。我不能够再跟我父亲住在一起了,那行吗?你会来看我们吗?我把那房子装饰得挺好哩。我的同学们都会来看我们。我们要举行晚会……”

我迷惑和忧伤地看着他。娜泰莎的眼睛在恳求我温和一点,别对他太粗暴。她含着一种忧郁的微笑听着他,同时,她却似乎在赞赏他，好像一个人听着一个可爱的、愉快的小孩子乱说一些甜蜜但是无意义的故事而予以赞赏似的。我谴责地朝她望了一眼。我心里受不住地难过。

“但是你的爸爸呢？”我问，“你完全拿得准他会饶恕你吗？”

“他一定会的，”他回答说，“除此以外，他还能怎样呢？自然，他最初会诅咒我的，事实上，我想他会这样。他就是这样的；对我是那么严格。他甚至会用一些手段来对付我；凭他做父亲的权力，事实上……不过，那并不严重，你知道。他爱我甚于一切。他会发一下脾气，以后又饶恕我了。于是每个人都要和解了，我们都将快乐了。她的父亲也一样。”

“假如他不饶恕你，那怎么办呢？你想过没有？”

“他一定会饶恕我们的，虽然一下子还不会。但是那又怎么样呢？我要给他瞧，我有性格。他老是责怪我没有性格，说我无头无脑。他现在会看到，我究竟是不是无头无脑啊。做一个结了婚的男子是件重大的事呀。往后我再不是一个孩子了。我是说，我要跟别的人一样……就是说，跟别的结过婚的人一样。我要靠自己的工作生活。娜泰莎说，那要比像我们这样靠别人生活好得多哩。你要知道她告诉过我多少好事情就好了！这些事情，我自己永远都不会想到的——我不是好好儿养大的，我不曾好好地受过教育。那是真的，我自己也知道，我是无头无脑的，几乎什么事情都不能做；但是，你知道，前天我忽然想到一个奇妙的主意啦。虽然现在说出来还太早，不过我要告诉你，因为娜泰莎也要听听，而且你可以给我出主意。你知道，我要写小说呢，像你一样投到杂志上去。你可以在编辑先生那里帮帮我的忙，你肯吗？我指望你了。我昨晚一夜没睡着，想一篇小说，那只是一种尝试，你要知道，那也许会写成一个很可爱的东西呢。我从斯克里布[1]一个喜剧中取得题材……可是我以后会告诉你。主要是他们能出钱买稿……你瞧，他们不是给你钱吗？”

我忍不住微笑起来。

“你笑哩，”他说，也回我一个微笑。“可是，我说，”他带着一种难以相信的单纯态度说下去，“别以为我就像从外表上看来那么坏。我是很会观察事物的，你会明白这一点。我为什么不试试看呢？我也许会搞出什么名堂来……但是我敢说，你是对的。自然，我对于现实生活一点也不知道，这是娜泰莎对我说的；而且实在每个人也都这么说的；我会成为一种奇怪的作家呢。你也许会笑，你也许会笑，你会纠正我的；为了她，你会这样做的，你爱她哩。我告诉你真话。我配不上她；我感觉到这点；这使我心里很难过，我不知道，她为什么那样喜欢我。但是我觉得，我已经把我的生命贡献给她了。我以前确实是什么也不怕的，可是这会儿我却觉得害怕起来了。我们在干什么呢？天哪，当一个人完全忠实于自己的义务的时候，他却没有头脑和勇气去干，这是可能的吗？无论如何，你得帮助我们；你是我们的朋友！你是我们剩下的唯一的朋友。我一个人怎么能行呢！这样依靠你，请原谅吧。我想你是那么高贵的人，比我高得多哩。但是我会进步的，相信我吧，会配得上你们两位的。”

---

① 斯克里布（1791—1861），法国剧作家。

说到这里，他又紧握着我的手，他那美丽的眼睛里充满热烈和诚恳的感情。他那样信任地向我伸出手来，那样相信我是他的朋友。

“她会帮助我进步的，”他接下去说。“只是别把我想得太坏；别为我们太担忧了。我不管怎么样还是很有希望的，而在经济方面，我们是不需要烦心的。如果我的小说不成功——讲老实话，今天早晨我想，写小说是个糊涂念头，我不过说给你听听，看看你的意见罢了——如果真到了最糟糕的时候，我还可以去教音乐。你不知道我的音乐很好吗？我靠音乐来生活，是一点也不可耻的。关于这个我很有些新的主意。此外，我还有许多值钱的玩具、化妆品；我们要这些干什么呢？我要卖掉它们！你知道，靠这个我们就可以生活一个很长的时候啊！如果到了最糟糕的时候，我甚至还可以到什么部里去弄个差使。我父亲会真的很喜欢的。他老是要我去做官，而我老是推说我不行（但是我相信，我的名字已经登记在那里了）。可是，当他看见这次结婚对我有好处，使我勤奋起来了，而且真去做官了，他会高兴和饶恕我的……”

“但是，阿历克舍·彼特罗维契，你可曾想过，现在你的父亲跟她的父母之间会发生多大的麻烦吗？你可曾想象过今天晚上她家里会是怎样的情形吗？”

我指指娜泰莎，她听了我的话，脸孔变成死灰色了。我是没有怜悯的。

“是的，是的，你的话对，这是可怕的！”他回答说。“我已经想过这个，而且很伤心。可是我们有什么办法呢？你的话是对的；但愿她的老人们会饶恕我们！我是多么爱他们啊——你要知道。他们简直像爸爸妈妈一样对待我，而这就是我对他们的报答！唉，这些吵架，这些官司呵！你简直想象不到这一切在现在是多么不愉快啊。他们在争吵一些什么呢！我们彼此都是那么相爱，可是我们还在争吵。但愿彼此和解，把这一切结束了吧！我如果在他们的地位，我就这么做的……听了你刚才说的我真害怕。娜泰莎，我们现在做的，你跟我，这是可怕的啊！我以前跟你说过……你自己坚持要这样的呀……但是听我说，伊凡·彼特罗维契，这也许恰是件顶好的事情哩，你以为怎样？你知道，他们最后总是要和解的。我们要帮他们和解。就是这样，这是没有疑问的。他们不能够坚持反对我们的恋爱啊……让他们诅咒我们吧，我们还是照样爱他们，他们是不能坚持的。你不知道，我爸爸有时候多么仁慈啊。他不过看起来凶恶罢了，有时候他是极讲理的。你要知道他今天对我说话多么温和就好了，他劝我呢！而我今天却打算去反对他，这教我很难过。这都是那些愚蠢的成见！这简直是发疯！唉，只要他好好地看她一下，只要花半个钟头跟她在一起，他就会立刻一切都默认了。”

阿略沙柔和地和热情地望着娜泰莎。

“我已经快乐地想象过一千遍了，”他接下去急嘈嘈地说，“他一理解她，他会多么喜欢她啊，而她又会怎样地教每一个人吃惊。唉，他们从来也不曾见过像她这样一个姑娘啊！我爸爸只以为她是个阴谋家呢。我的责任是要保障她的名誉，我要这样去做。唉，娜泰莎，每个人都爱你呢，每一个人。没有人能不爱你呀。”他狂喜地接下去说，“我虽然完全配不上你，可是你还得爱我呀，娜泰莎，而我……你知道我的！我们要更努力使我们快乐！不，我相信，我真的相信，今天晚上一定会给我们带来一切的快乐、安宁跟和谐！祝福今天晚上吧！是不是呢，娜泰莎？可是你怎么啦？可是，我的天，怎么啦？”

她像死一般苍白。当阿略沙咕咕呱呱说着的时候，她紧紧地盯着他，可是她的眼睛却渐渐昏暗起来，更加凝定住了，她的脸孔越来越惨白了。我终于猜想到她是陷入昏迷的状态中，没有听他说了。阿略沙的惊呼似乎震醒了她。她又恢复知觉了，四面看了一下，突然向我奔过来。似乎急遽地和焦灼地要躲过阿略沙的眼睛，她迅速地从口袋里摸出一封信来交给我。这是一封给她爸爸妈妈的信，昨天晚上就写好的。她一壁把信给我，一壁紧紧地看着我，仿佛不能让眼光离开我。那眼睛里有一种绝望的神气；我永远不会忘记那恐怖的眼光。我也被恐怖所压倒了。我看到，直到此刻，她才明白她所做的事情的可怕。她挣扎着想说些什么，刚开始说，就突然昏倒了。我赶紧挟住了她。阿略沙吓得变了色；他揉着她的膑骨，吻她的手和嘴唇。过了两分钟，她才苏醒过来。阿略沙坐来的车子停在不远的地方；他叫了过来。当她坐进车去的时候，娜泰莎发狂地拉牢我的手，一颗热泪烫伤了我的手指。车子走了。我站着望了好一会。我的一切幸福从这一瞬起都毁灭了，我的生命裂断了。我痛苦地感觉到这个……我慢慢地回到我那对老年朋友那里去。我不知道该怎样对他们说，不知道该怎样走进他们家里去。我的思想麻木了；我的腿支不住了。

这就是我的幸福的故事；我的恋爱就这样过去了，完结了。现在我又要回头来讲我那半途放下的故事。

第　十　章

斯密司死后的第五天，我搬进他的房子里去。那一整天里我感到受不住的忧郁。天气寒冷而阴沉：湿雪夹着雨丝不断地落着。直到傍晚，太阳才探出头来，一条迷了路的阳光，或许是由于好奇心吧，窥到我这房间里来。我已经开始懊悔不该搬到这儿来了。这房间虽然很大，却是那么低矮，那么染满煤灰，那么朽烂，尽管摆了几件家具，却依然显得空荡荡，使人觉得不是滋味。我那时候想，我剩下的一点健康一定会在这间屋子里毁掉的。结果，果然是这样。

那天一早晨，我都忙着编排和整理我的原稿。因为没有护书夹，我把它们塞在一个枕头袋里。那些稿子都弄皱和混乱了。接着，我坐下来写。我这时仍旧在写长篇小说；但是我不能安下心来写。我的心里充满别的事情。

我丢下笔，坐到窗口去。天黑下来了。我越发觉得颓丧起来。各种痛苦的思想纠缠着我。我老是幻想我最后会在彼得堡死去。春天就在眼前了。"我相信，我也许会复元的，"我想，"但愿我能够走出这鬼窠，到太阳地里去，到田野和树林里去。"我好久没有看到这些了。我还记得，我曾经想过，假如有什么魔术，有什么迷咒，能够使我忘掉这几年来所遭遇的一切事情，忘掉一切，重新恢复我的心情，而以新的精力再来开始，那该多好啊。在这些日子里，我依旧梦想着这个，并且希望着一个生活的革新。"不如进疯人院去吧，"我想，"索性把脑子颠倒一番，重新安装过，再来治好它吧。"我依旧渴望生活，对它有信心呀！……但是我记得，就是那时候我也笑起来了。

“从疯人院出来以后又做什么呢？再来写小说吗？……”

我这样颓丧地沉思着，时间同时却溜过去。夜已经降临了。这天晚上我答应去看娜泰莎。昨天晚上我收到她一封信，她热切地要我去看她。我跳了起来，准备一下。我急于想逃出我这房间，就是到雨雪中间去也是好的。

天越发黑下来，我这房间似乎也越来越大了，那些墙壁好像在往后退去。我想，每天晚上我都会看见斯密司在每个屋角里的。他会坐着死盯住我，好像在酒店里死盯着亚当·伊凡涅契一样，而亚助尔加也会躺在他的脚下。正在这时候，我却又碰到一件意外的事，那给我一个极强烈的印象。

但是我必须坦白地承认，或许是由于我脑子的昏乱，或许是由于新房子给我的新印象，或许是由于我近来的抑郁，我渐渐在昏暗中间陷入一种和我现在在病中的黑夜里所常常碰到的同样的状态，这种状态，我叫它做“神秘的恐怖”。这是我不知道怎样去解说的、超乎一切理解的、和超越事物自然常态的一种极其迫人的苦恼的恐怖状态，这种恐怖也许会马上变成一种什么形状，似乎在嘲笑理性的一切结论，像一种反驳不了的、可憎的、可怕的、残忍的事实来到我的面前，站在我的面前。这种恐怖通常越来越剧烈，不管理智的一切抗议，那么强烈，虽然有时思想异常清明，但是也失去了它的抗拒力量。它成为不被注意的、无用的了，而这种内心的分裂更加强了怀疑的痛苦。这在我看来，好像是那些害怕死人的苦恼。但是在我的烦闷中间，这种疑惧的飘渺无定，却使我的痛苦更剧烈起来了。

我记得，我是背着门站在那里，从桌子上取起我的帽子。

正在这瞬间我忽然想到，我转过身去，会免不了要看到斯密司吧：最初，他会轻轻地打开门，站在门道上，向屋子四周望了望，于是俯视着慢慢地向我走过来，站住，把脸孔对着我，把他无神的眼睛直盯着我，于是突然对着我的脸孔发出一声悠长的、无力的、无声的笑，他的整个身体因为狂笑而摇撼起来，并且摇撼了很久。这个幻象突然在我心头形成一幅非常生动和清楚的图画。同时，我陡地给一种极充分的、极确定的信念所攫住了，仿佛这一切必然会不可避免地发生的，而且已经发生了。我没有看见，那只因为我是背朝门站着罢了，而就在这会儿，门也许已经打开来了。我迅速地向四面看了一下，而——那门果真在打开来，轻轻地，无声地，正如我前一分钟所想象的一样。我叫了起来。很久没有一个人进来，似乎那门是自己开开来的。忽然一下子我看见门道上一个奇怪的人影，凭我从黑暗里所能辨认出来的，那人的眼睛固执而专心地凝视着我。一阵寒颤向着我的四肢奔下去；使我极其恐怖的是，我看见一个小孩子——个小姑娘。这样的时候，这样的一瞬间，这个不认识的小孩子奇怪而意外地出现在我屋子里，恐怕就是斯密司自己跑出来也没有这样教我害怕吧。

我已经说过，门是慢慢地无声地开开来的，似乎她不敢进来。她站在门道上迷惑地看着我，几乎是呆住了。最后，她轻轻地慢慢地向房里迈进两步，站在我的面前，依旧一声不响。我细细地考察她。她是一个十二三岁的女孩子，矮小而瘦弱，脸色苍白，好像刚刚害过一场什么可怕的病似的，这种苍白格外明显地衬出她那双大而发光的黑眼睛。她左手里握着一条破烂的旧围巾，遮在她的胸膛上，胸膛由于夜里的寒气依旧颤抖着。她全身的服装可以说是些破布烂片。她的浓黑的头发缠结着，没有梳。我们这样站了两分钟之久，互相凝视着。

“我的外公呢？”她最后用一种枯涩的、几乎听不到的声音问，好像她喉咙或胸口有什么毛病似的。

我的全部神秘的惊惶都在这一声发问中消散了。这是问斯密司啊。他的踪迹无意中发现了。

“你的外公？但是他死了呀！”我突然说，冷不防被她问了这么一句。我立刻就懊悔自己的卤莽。她在原来的地方呆呆地站了一分钟，突然浑身乱抖起来，抖得那么厉害，似乎要被一种危险的痫症震倒了。我扶着她，她才没有跌下去。几分钟之后，她好了一点，我看到她不自然地努力在我前面控制着她自己的情感。

“原谅我，原谅我，姑娘！原谅我，我的孩子！”我说，“我那么卤莽地告诉你，谁知道，这也许是弄错了……可怜的小人！……你找的是哪一个呢？住在这里的那个老人吗？”

“是的，”她吃力地说，焦灼地望着我。

“他的名字叫斯密司？是不是？”我问。

“是——是的！”

“那么他……是的，那么他是死了……可是别伤心吧，我亲爱的。你怎么没有在这里呢？现在你是从哪里来的呀？他昨天已经埋葬了；他是突然死去的……那么你是他的外孙女儿了？”

那孩子对我这急骤而不连串的问题没有作答。她默默地回转身，轻轻地走出室外去。我是那样惊奇，没有想去阻住她，或者再追问她。她在门道上又站了一下，回过半个身体来问我：

“亚助尔加也死了吗?”

“是的，亚助尔加也死了，”我回答说，我觉得她的问题很奇怪，似乎她确信，亚助尔加一定会跟那老人一同死的。

小姑娘听了我的回答，没有声音地走出室外去，在她身后小心地带上了门。

一分钟以后，我追着她出来，非常气恼，怎么竟让她跑了呢。她出去走得那么快，我竟没有听到她怎样打开通向楼梯的门。

“她还没有下楼梯呢，”我想，站下来听。但是四周是肃静的，听不到一点脚步声。我只听到最底下一层的门响了一下，四周又肃静了。

我急急地赶下楼去。那楼梯在我那一层是螺旋式的从五楼转到四楼，从四楼到底下是笔直的。这是一座黑暗的肮脏的楼梯，老是黑洞洞的，像在那些分租的大厦中所常见的楼梯一样。这时，它格外来得黑暗。我摸索着下到四楼，站住了，忽然觉到过道里有个人在躲着我。我开始用手摸起来。那女孩子果然在那里，就躲在一个角落里，脸孔向着墙，轻轻地、听不见地哭泣着。

“听我说，你怕什么呀?”我说，“我吓着你了，我真抱歉。你外公临死时讲起你，他最后一句话是关于你的……我找到几本书，那无疑是你的吧。你叫什么名字呀？你住在哪儿呀?他说起六道街……”

但是我没有说完。她发出一声恐怖的号叫，似乎是因为我知道她住在那里；她用瘦骨嶙峋的小手推开我，奔下楼去了。我追着她;我还可以听见她在底下的脚步声。忽然这脚步声没有了……我奔到街上的时候,她已经不见了。我一直奔到伏兹尼赛斯基大街,我知道我的寻找是白费力气。她已经不见啦。“大概又是在下楼梯的时候躲在什么地方了。”我想。

第十一章

我刚刚走上这大街的泥泞而潮湿的人行道,便撞到一个过路人的身上,那人低着头,正向什么地方匆匆走去,显然是陷在沉思中间。我大吃一惊,认出来那人是我的老年朋友伊赫曼耶夫。这天晚上真是我专门碰到意外事情的一夜啊。我知道,三天以前这个老人家还病得很厉害;而现在我却在这样潮湿的天气里在街上碰到他。而且照他的习惯,晚上是从来不出门的,自从娜泰莎走后,就是说,最近的六个月中,他更是变成一个深居简出的人了。他看到了我似乎意外地高兴,好像一个人终于找到一个能够向他倾诉自己心思的朋友似的。他捉住我的手,热烈地握着它,没有问我往哪里去,就拉着我跟他一起走。他似乎有什么烦心的事情,动作急促而慌乱。“他到哪里去呀?”我纳闷。要问他,那是太不知趣了。他近来变得非常多疑,有时一个简单的询问或意见,他会看作是一种冒犯或一种侮辱。

我偷偷看着他。他的脸上带着害病的样子,近来越发消瘦了。他下巴上的胡子有个把礼拜不曾剃。他的头发已经完全变白了,乱七八糟地从他的破帽子底下拖出来,像些乱长的辫发似的披在他那褴褛的旧大氅领子上。前些时候,我曾经看到他有时似乎是恍恍惚惚的，一下子似乎忘记他是一个人在屋子里，竟然会做着手势自言自语起来。看到他那样子，真是难过呀。

“唔，万尼亚，唔？”他说，“你往哪儿去？我已经出来走动啦，我的孩子，你瞧；有点事。你很好吗？”

“你很好吗？”我回答说，“你前几天还生病，现在怎么就出来了呀？”

老人家似乎不曾听见我的话，没有回答。

“安娜·安德烈耶夫娜好吗？”

“她很好，很好……不过她也相当可怜。她相当郁闷呀……她常提起你，奇怪你怎么不来。你现在是不是去看我们呀？万尼亚，不是吗？我或许耽误了你或妨碍了你什么事情呢？”他突然问，不信任地和猜疑地望着我。

这个神经过敏的老人变得那么善感和易怒了，假如我现在回答说不是去看他们，他一定会伤心，而且会冷冷地离开我走掉的。我连忙说，我正是要去看看安娜·安德烈耶夫娜，虽然我心里知道，这时候已经很晚，也许根本就没有时间去看娜泰莎了。

“那好极了，”老人家说，我的回答使他完全安心了，“那好极了。”

他突然又沉入静默中间，思索起来了，似乎还有什么话不曾说出来。

“是的，那好极了。”五分钟之后，他忽然又机械地重复了一遍，仿佛经过一个很长的幻想又醒悟过来似的，“嗯！你知道，万尼亚，你总好像是我们的儿子。上帝不保佑我们……没有给我们一个儿子，可是他老人家却把你派给了我们。我老是那么想。我的女人也是一样……是的！你对我们总是温和而尊重，就像一个知恩的儿子一样。为了这个，上帝会祝福你的，万尼亚，会像我们这两老一样祝福你和爱你的……是的！”

他的声音颤抖起来。他停了一下。

“唔……唔？你没有害病吧，没有吧？为什么这么久没有去看我们呢？”

我告诉他斯密司的全部事情，向他抱歉说斯密司的事情把我绊住了；又告诉他，此外我几乎害了一场病，而且除了手头有这些事以外，到华西里耶夫岛又是一条很长的路（那时他们住在那边）。我几乎顺口说出，我还要留出时间去看娜泰莎，幸亏自己立刻把这话缩住了。

我所讲的斯密司的事引起老人极大的兴趣。他更加注意地听着。等他听说我的新房子是潮湿的，甚至比我原来的房间还要坏，而房租却要六个卢布一个月，他简直发起火来了。他全然变得暴躁和不能忍耐了。这种时候，只有安娜·安德烈耶夫娜还能够使他平静，然而有时连她也是没有办法的。

“哼，这就是你弄文学的结果啊。万尼亚！它把你弄到了顶楼里，它还会把你弄进墓地去哩！我从前就说过了。我预言过！……B还在写批评吗？”

“不，他害肺病死了。我想，我以前告诉过你的。”

“死了，哼，死了！是的，这正是料想得到的。他给他老婆儿子留下什么了吗？你告诉过我，他有一个老婆，是不是？……这种人讨什么老婆呢？”

“不，他没有留下什么。”我回答说。

“唔，不出我所料！”他叫起来，带着那么一种热心，仿佛这事情跟他有直接和切身的关系似的。仿佛那死了的B是他兄弟似的。“没有留下什么！没有留下什么，那是可以断定的。你知道吗，万尼亚，你记得你从前老是称赞他的时候，我就有预感，他会是那样收场的。没有留下什么，说说倒容易！哼！……他算是得到名誉了。就算是永垂不朽的名誉吧，但到底不是面包和牛油呀！我对你也总有一种预感，万尼亚，我的孩子。我虽然称赞你，却常常替你担心。B就是这样死了吗？是的，他还是死了好！我们活在这里，就是这么一个好样子，和……这样一个好地方啊！你瞧！”

他的手做了一个迅速而无意识的动作，指着湿雾中被街灯的微光照射着的朦胧的街景，指着那些肮脏的房子，指着人行道上潮湿而闪光的石板，指着那些暴躁的、沉郁的、浑身淋透的来往的人们，指着这笼罩在像被墨汁涂污了似的彼得堡天穹底下的一切景色。我们这时已经走到广场上来了；我们前面的黑暗中矗立着一座纪念碑，被煤气灯从底下照射着，再远一点的地方，竖立着圣·依沙克像的巨大黑影，在昏暗天空的背景上好容易才辨别出来。

“你常常说，他是一个好人，善良而且慷慨，有感情，有良心。唔，你看，他们都是这样，你所谓的那些好人，那些有良心的人！他们只会养下几个孤儿！哼！”……我以为他这样死去还该感到高兴哩！唉——嗐！无论如何得离开此地呀，甚至到西伯利亚去也好……这是什么呀，娃娃？”他突然问，看见一个小女孩子在人行道上讨饭。

这是一个苍白而瘦小的女孩子，不到七八岁，穿着肮脏的破衣服；她那瘦小的光脚板上穿着一双破鞋。她用一件破旧的、早已不合身的、好像小外套一样的东西想遮住她那颤抖的小身体。她的苍白、憔悴和消瘦的脸孔向我们转过来。她怯怯地静默地望着我们，没有说什么，带着一种恐怕被人拒绝的神色向我们伸出颤抖的小手来。我这位老年朋友看到她，吓了一跳，极快地向她转过身去，把她也骇住了。她吓了一跳，倒退几步。

“这是什么呀？这是什么呀？娃娃？”他叫，“你在讨饭吗，唔？这儿，这是给你的一点东西……拿去吧！”

他激动得手忙脚乱和浑身颤抖，在口袋里摸了一阵，掏出两三枚小银币来。但是他似乎觉得太少了。他取出他的钱包，拿出一张卢布票来——那里面仅有的一张——放在那小叫化子手里。

“基督保佑你，我的小娃娃……我的孩子！但愿上帝的天使跟着你吧！”

他用颤抖的手替那孩子画了好几次十字；但是忽然看见我在看他，他眉头一皱，踏着迅速的步伐走开了。

“这样的事情我看不下去，万尼亚，”他在相当长久的愤怒的沉默以后说，“小小的无辜的生命，让他们在街上冻得浑身发抖……都是由于他们该死的爹娘呀。不过，如果不是做娘的自己也在苦难中，怎么肯叫孩子做那种可怕的事情呢！……她家里大概还有几个无依无靠的小娃娃，而这个恐怕还是他们中间顶大的呢；做娘的自己恐怕还在害病呢；而且……哼！他们不是亲王的孩子呀！这样的孩子世界上多得很呢，万尼亚……不是亲王的孩子呀！哼！”

他停了一下，似乎找不出话来。

“你瞧，万尼亚，我答应安娜·安德烈耶夫娜，”他支支吾吾地说，“我答应她……我是说，安娜·安德烈耶夫娜跟我都同意，找一个小孤女来抚养……一个穷苦的女孩子，让她跟我们一起住在家里，你懂吗？因为我们两个老年人太寂寞了，不过，你知道，安娜·安德烈耶夫娜却开始有点不赞成了。所以请你去跟她谈谈，你知道，可别说是我告诉你的，只装作是你自己的主意好了……劝劝她，你懂吗？我早就想找你去劝她同意；你想，我强迫她，怪难为情的。不过干吗谈这些琐事呢！我要孩子做什么？我不要；也许只是一种安慰罢了……想听听小孩的声音罢了……不过老实说，我这样无非是为了我女人——这会使她比老厮守着我来得活泼一点。可是这全是胡说。万尼亚，你知道，我们这样走要很久才到得了家里；让我们坐马车吧。这是一段长路呢，而且安娜·安德烈耶夫娜会在等我们哩。”

七点半钟，我们到了那边。

第十二章

伊赫曼耶夫两老，彼此是非常亲爱的。他们是由于爱情和多年的习惯紧紧地连接着的。不过尼古拉·舍盖伊契不仅现在，甚至以前，在他们最快乐的日子里，他对安娜·安德烈耶夫娜都常常取着相当保留态度的，有时甚至是粗暴的，当着别人面前尤其是这样子。有些天性细腻的和富于感情的人，往往表现出一种特殊的刚愎，一种天真的不喜欢显露自己，甚至对他们最亲爱的人也不喜欢显露自己的深情，不仅在别人面前，就是两个人的时候也是这样——事实上私室相处的时候更是这样；只是偶尔，他们的爱情突然爆发出来，这种爱情越是约束得久，爆发出来的时候便显得越发热烈，越发冲动。伊赫曼耶夫对他的安娜·安德烈耶夫娜从年轻时候起就一向是这样的。他非常爱她和尊敬她，虽然她只不过是一个好性情的女人，除了爱他，什么也不会的，他有时确乎给她弄得很窘，因为她是那么单纯，常常对他蠢笨地把什么都公开出来。但是从娜泰莎走了以后，他们彼此却变得比较温存了；他们痛苦地感到孤零零地被遗留在这世界上了。虽然舍盖伊契有时极端忧郁，但是他们不能一下子分离两个钟头而不感到苦恼和不安。他们之间有一种默契，大家谁也不准提到娜泰莎一个字，似乎她已经死了一样。安娜·安德烈耶夫娜不敢在丈夫面前暗示她一下，虽然这样约束自己是很苦的。她很久以前就已经在心里饶恕娜泰莎了。这差不多成了一种既成的习惯，我每回去，一定要给她带去一些关于她心爱的和永远不会忘记的孩子的消息。

如果很久没有得到什么消息，做母亲的就非常难过，而当我带了消息来的时候，她对于极琐碎的事情都感到兴趣，会带着颤栗的好奇心向我询问。我的叙述安慰了她的心；有一回，听说娜泰莎病了，她几乎吓得要死，甚至想亲自去看她。不过这只是极端的情形。即使对我，她起初也不肯露出要去看她的愿望；而几乎每回在我们谈完话以后，当她已经从我口里榨干净了一切，于是她觉得应该在我面前装得扎硬一点，表示她虽然关心她女儿的命运，但是娜泰莎这样悖逆，她是决不能宽恕她的。不过这都是假装的。有时安娜·安德烈耶夫娜绝望地伤心着，淌着眼泪，在我面前用最亲热的名字叫着娜泰莎，苦苦地抱怨尼古拉·舍盖伊契，而且开始在他面前透出一些暗示，议论人们的高傲，议论铁石心肠，议论我们不肯饶恕种种损害，又说上帝是不会宽恕那些不饶恕别人的人的，不过这些话说得都非常谨慎；她在他面前决不敢说得更进一步。这样时候，她的丈夫立刻就痛苦和忧郁起来，蹙起眉头默默地坐着，不然就大声地、笨拙地扯起一些别的事情来，或者到末了便走到自己房里去，让我们留着，这样给安娜·安德烈耶夫娜一个机会，可以让她在流泪和悲叹中间向我倾吐她的悲哀。我一到他家，他常常就是这样走进自己房间去，有时甚至来不及向我招呼，为了使我有机会可以向安娜·安德烈耶夫娜报道娜泰莎最近的一切消息。眼前他就是这样子。

“我浑身都湿透了，”他说，一壁走进房间去。“我到自己房间去一下。万尼亚，你在这里坐着吧。他为了找房子碰到那样一件事情呢。你告诉她吧。我马上就回来。”

于是他急急地走开，甚至不想看我们一眼，似乎很不好意思把我们引到一块。在那种情形下，特别是在他回来的时候，他对我和安娜·安德烈耶夫娜总是非常简慢和阴郁，甚至要找错头，好像因为他自己的柔弱和多虑在对自己生气和发脾气似的。

“你看他那样子，”安娜·安德烈耶夫娜说，她近来已经放弃了对我那种拘泥和对我的不信任：“他常常就是这样对我；虽然他明知道我们是明白他那些花头的。他为什么还要跟我装假呢？我跟他是陌生的吗？他对他的女儿也是这样子。他也许会饶恕她，你知道，他甚至想要饶恕她呢，天知道！他在夜里哭，我听见了。可是他表面上却还要做作。自尊心使他发了昏。伊凡·彼特罗维契，快告诉我，他刚才是到哪里去的？”

“尼古拉·舍盖伊契吗？我不知道呀，我正要问你呢。”

“他一出去，我就害怕。他在害病，你知道的，又是这样天气，这样晚！我想一定是有要紧事情去的；可是除了你所知道的事情以外，还有什么更重要的事情呢。我只是自己想想，不敢去问他。唉，我近来简直什么也不敢问他了。我的天！我只是为了他，为了她，在提心吊胆。我想，他就是去看她又怎么呢？他决心饶恕她又怎么呢？唉，他打听到了一切事情，他知道她最近的消息；我觉得他一定知道，可是他怎么得到消息的呢，我却想不出。他昨天非常阴郁，今天也是这样。可是你怎么不讲些什么呢？告诉我，亲爱的，发生了什么事情吗？我盼望你像盼望上帝的天使一样啊。我望穿了眼睛在等你呢。说吧，那流氓会抛弃娜泰莎吗？”

我立刻把我所知道的一切都告诉了安娜·安德烈耶夫娜。我对她总是十分坦白的。我告诉她娜泰莎跟阿略沙似乎趋向于破裂，这比以前的误会更来得严重了；娜泰莎昨天送了一个条子给我，要我今天晚上九点钟到她那里去，所以今夜我本来不打算到这里来看他们的。尼古拉·舍盖伊契却把我拖到这里来了。我详细地告诉她，现在的局势已经非常严重了，阿略沙的父亲在一度离开以后，已经回来两个星期了，他什么话也不听，严厉地抓住阿略沙；但是最主要的，是阿略沙自己对他们提议的那个婚约似乎并不怎么反对，而且据说，他简直已经跟那位小姐在恋爱了。我又说，我禁不住猜想，娜泰莎的条子是在极大的激动中写的，她写着今天晚上什么事情都要决定了，可是我却不知道究竟要决定什么。她昨天写的条子却要我今天晚上才去，并且规定了时间——九点钟，这也很奇怪。所以我不得不去，而且要尽快地赶去。

“去吧，亲爱的孩子，一定要去吧！”安娜·安德烈耶夫娜焦灼地催着我，“他一出来，你就喝杯茶吧……唉，他们还没有把茶炊拿来！马特雷约娜！你茶炊怎么这样久还没弄好呀？她真是一个粗心婆娘！……那么喝了茶，就找个什么理由走吧。可是明天一定要来告诉我一切。早一点去吧！天哪！也许已经发生什么可怕的事情啦！可是你想一想，事情怎么还能更坏呢！尼古拉·舍盖伊契是知道一切的，我的心告诉我，他是知道的。我从马特雷约娜那里知道许多事情，马特雷约娜是从亚加莎那里听来的，亚加莎是住在亲王家里的马利亚·华西里耶芙娜的教女……但是你知道这一切的。我那尼古拉今天脾气大得很。我想跟他谈些什么，他几乎向我叫起来。接着他似乎又感到抱歉，说他短钱用。好像他就是为了钱吵闹似的。你是知道我们情形的。吃过中饭，他去睡了一会午觉。我从门缝里张望他（那门上有条裂缝，他不知道）。他呀，可怜的亲爱的，正跪在神龛前面祷告呢。我一看见，我的腿就软了。他不曾睡觉，他也没有喝茶，拿起帽子就出去了。他是五点钟出去的。我不敢问他：他又会向我叫喊。他老是叫喊——常常对马特雷约娜，但是有时也对我。他一叫，我的腿就木了，我的心就沉了。自然这是蠢相，我知道这是他的蠢相，可是这依旧使我害怕。他出去以后，我祷告了整整一个钟头，求上帝给他一些好心思。她的条子呢？给我瞧瞧！”

我给她瞧了。我知道安娜·安德烈耶夫娜存着一种秘密的梦想，就是阿略沙——她有时叫他做流氓，有时又叫他做愚蠢的没良心的孩子——最后会跟娜泰莎结婚，而他的父亲，亲王，会承认这婚姻。她甚至还把这想头向我透露出来，不过别的时候，她又懊悔了，并且要收回她的话。可是她却不敢在尼古拉·舍盖伊契面前透露这些希望，虽然她知道她丈夫是在怀疑她有这类希望，而且，甚至因此不止一次兜着圈子骂过她。我相信他如果知道这个婚姻可能的话，他会诅咒娜泰莎，并且把她永远从他心里逐出去的。

那时，我们都这样想。他身上每根神经纤维都在渴念着他女儿的，不过只渴念她一个人，要她丢掉对阿略沙的一切怀念。这是饶恕她的唯一的条件。他虽然不曾说出口，可是别人能够懂得的，只要看他一眼，就毋庸怀疑的了。

"他是一个没有骨头的糊涂孩子，没有骨头的，而且他是残忍的，我常常这样说，"安娜·安德烈耶夫娜又说起来。"他们不懂得抚养他，结果他成了一只十足的风信鸡[①]；她那么爱他，他却把她抛弃了。她会变成怎样的啊，可怜的孩子？他对那个新姑娘又会感觉怎样呢，我倒要知道知道。"

"我听说，安娜·安德烈耶夫娜，"我说，"给他提的那个未婚妻是个可爱的姑娘呢。是的，并且娜泰莎也这样说她哩。"

"别相信它！"做母亲的插嘴说。"可爱的，真是！你们写文章的人以为只要是穿裙子的就全是可爱的。至于娜泰莎说她好，那是由于她的善良心肠。她不懂得怎样控制他。她饶

---

① 风信鸡：以木作鸡状，随风转动以示风向者，喻易变而无定见的人。

恕他一切，而自己却受苦。他已经老是这么骗她了。这黑心肠的流氓！我简直怕呀，伊凡·彼特罗维契！他们都被自尊心弄得发昏了。但愿我们那位好人能够委屈一点，但愿他能够饶恕我那可怜的女儿，把她接回家来！但愿我能抱牢她，我能够看着她！她瘦了些吗？”

“她瘦了，安娜·安德烈耶夫娜。”

“我的心肝！我真是烦恼极了呀，伊凡·彼特罗维契！昨晚一整夜，今朝一整天，我都在哭……可是唉！……我以后告诉你吧。多少次我想暗示他饶恕了她算了；我不敢直接说出来，所以就用些巧妙方法暗示他。而我的心一直就在发抖呢：我以为他会发起脾气来，一下子就咒了她。我还没有听见他咒过她哩……唉，我怕的就是这个，怕他会咒她，那会发生什么事啊？上帝的惩罚是落在被父亲咒过的孩子身上的呀。所以我每天都恐怖得发抖。伊凡·彼特罗维契，你想想，你是在我们家里长大的，我们像对自己的儿子一样对你，你也该难为情吧，你居然也说出那姑娘是可爱的。可是他们的马利亚·华西里耶芙娜才知道得更清楚呢。我也许做得不对，有一天我那好人一个早晨都不在家，我请了她来喝咖啡。她把这事的一切里里外外都告诉我了。那亲王，阿略沙的父亲是跟那伯爵夫人有着可怕的关系哩。他们说，那伯爵夫人老是责备他不跟她结婚，而他却老是推却。这个好伯爵夫人，当伯爵还活着时候，人家就在议论她那不要脸的行为啦。丈夫一死，她就到外国去了：她周围常常有些各种各样的意大利人和法国人，还有一些男爵——就在那里，她吊上彼得·亚历山特罗维契亲王了。同时，她的继女，她第一个丈夫酒商的女儿也长大了。那做继母的伯爵夫人把自己所有的钱都花得精光，而继女却已经长大，她父亲留给她的两百万块钱也越滚越多了。现在人家说，她有三百万呢。亲王知道这风声，所以热切地要替阿略沙求亲。（他是一个厉害的家伙，决不让一个机会溜过的！）他们那位伯爵亲戚，是宫里一个侍从官，你该记得吧，也赞成了：三百万财产是值得打算的啊。'好极了！'他说，'跟伯爵夫人去谈谈看吧。'于是亲王把他的愿望告诉了伯爵夫人。她斩钉截铁地反对了。她是个无原则的女人，人家说，她简直是个十足的泼妇！他们还说，这儿有些人家不愿意招待她；这是和在外国很不同的。'不，'她说，'是你跟我结婚，不是我继女跟阿略沙结婚呀。'人家又说，那姑娘是什么事情都对她继母让步的，她几乎是崇拜她而且总是服从她的。她是个温顺的人，人家说，一个十足的安琪儿呢！亲王明白这个，他告诉伯爵夫人不要烦恼。'你已经把你的钱花完了，'他说，'你的债款你决付不清的。但是只要你继女跟阿略沙结了婚，他们：你那个天真的姑娘和我那个小傻瓜，就成一对了。我们可以保护他们，一起做他们的监护人。那么你就有许多钱了。你跟我结婚有什么好处呢？'他真是一个厉害的家伙，一个十足的混蛋！六个月以前，伯爵夫人还是决定不下，但是后来人家说，他们一起住在华沙，他们终于同意了。这就是我所听到的。这一切都是马利亚·华西里耶芙娜从头到尾告诉我的。她是从可靠方面听来的。所以你瞧，这全是钱和百万财产的问题呀，并不是什么她可爱啊！"

安娜·安德烈耶夫娜说的故事使我感叹。这和我从阿略沙那里听到的一切正相符合。当他告诉我的时候，他坚决地宣称他决不会为了钱去结婚的。但是他却已经被卡泰琳娜·菲多罗芙娜所打动和吸引了。我还从阿略沙那里听说，他父亲打算结婚，虽然他否认结婚的谣言，以免过早地刺激伯爵夫人。我已经说过，阿略沙是非常爱他父亲的，崇拜他和称颂他，像相信先知那样相信他。

“她并不是那伯爵的亲属呀，你知道，你所谓的那个可爱的姑娘!”安娜·安德烈耶夫娜接下去说，她对于我称赞小亲王的未婚妻，大为反感。“唉，娜泰莎才是他的更好的配偶啊。她不过是一个酒商的女儿罢了，而娜泰莎却是一个出身旧贵族家庭的高尚的少女呀。昨天(我忘记告诉你了)我那位老头子打开他那只盒子，你知道，就是那只铁盒子;他整个黄昏坐在我对面，整理着我们家族的家谱。他是那么庄严地坐着。我正在织一只袜子，没有望他;我怕去望他呀。他看我没说话，不高兴啦，自己叫起我来，他花了整个黄昏时间，告诉我关于我们的家世的事。你知道，伊赫曼耶夫家族看来在伊凡雷帝时代还是贵族哩，而我的家族，苏米罗夫家族甚至在阿列克塞·米海洛维契时代还是有名望的;我们都有文件可以证明的，而且在卡拉姆辛的历史书里也提到哩，所以你瞧，我亲爱的孩子，在这方面，我们跟其他的人是一样的高贵呢。我那老头子一说这些话的时候，我就明白他心里在想些什么。很显然，娜泰莎给人家看轻了，他感到很痛苦。他们只是为了有点钱，才占了我们上风罢了。那强盗——彼得·亚历山特罗维契亲王，为了钱是很会兴风作浪的;谁都知道他是一个心肠冷酷的贪夫啊。他们说他在华沙的时候，秘密地加入了耶稣会。这是真的吗?”

“这是愚蠢的谣言，”我回答说，虽然我禁不住被这谣言的持久性所震骇了。

但是她说她丈夫在翻阅他们的家谱的事，却使我感到兴趣。他以前从来不曾夸耀过他的家世。

“这些都是黑心肠的流氓啊！”安娜·安德烈耶夫娜继续说，“好吧，告诉我关于我心肝的事吧。她是不是在伤心和痛哭呢？唉，你该去看她了！（马特雷约娜！她真是个粗心婆娘。）他们可曾侮辱她？告诉我，万尼亚！”

我能回答她什么呢？那可怜的老太太在淌眼泪了。我问她，刚才打算告诉我的眼前的烦恼究竟是什么事。

“唉，我亲爱的孩子！似乎我们的烦恼还不够受哩！似乎我们的苦酒还不曾喝够啊！你记得的，我亲爱的，也许你不记得了，我有一只镶金的小盒子——那是一个纪念品，里面有幅儿童时代的娜泰莎的画像。那时，我那小安琪儿才八岁呢。我们那时是向一个旅行的艺术家手里定制的。可是我看你已经忘记了！那是一位很好的艺术家哩。他把她画成一个爱神似的。那时候她长着一头金黄色的头发，全是像绒毛一样。他画她穿着一件洋纱小衫，所以透过它她的小身体都看得见，她看起来是那么美丽，你简直舍不得移开眼睛哩。我请求那位艺术家替她画上两只翅膀，但是他不答应。唉，在我们这些可怕的烦恼事情以后，我把它从套盒里拿出来，拴了一条带子，挂在我脖子上，这样我就让它挂在我的十字架旁边，虽然我怕这会给他看见。你知道，他那时告诉过我，叫把她的东西全丢到屋子外面去，或者烧掉，使得没有一样东西会使我们想到她。可是这张画我无论如何是一定要看的呀；有时候我哭了，看看它，就好一点。有时候，我一个人，我就不住地吻它，好像吻她本人一样。我唤着她的小名，每天晚上在它上面画十字。我一个人的时候，我大声地对它说着话，问它一句，想象它好像回答了我，于是再问它一句。啊呀，万尼亚，说起来都伤心啊！唉，我很高兴他不知道这只小盒子，而且也没有注意到它。可是昨天早上，这小盒子丢啦。那带子松了。那带子大概是烂了，我因而把那小盒子丢掉了。我吓死啦。我上上下下地找了又找——可是找不到。什么地方连影子都没有，它是丢啦！我会掉到哪里去呢？我想一定是在床上丢的，我把什么都翻了过来。什么地方都没有！如果是松脱跌掉了，总会有人捡去的，但是谁能捡去呢，除了他和马特雷约娜？谁也不必去疑心马特雷约娜，她对我是一心一意的。（马特雷约娜，你究竟是不是在拿茶炊呢？）我不断想，要是他捡去了，那会发生什么事啊？我那么悲哀地坐着，哭了又哭，收不住我的眼泪。而尼古拉·舍盖伊契却越发对我温存起来，似乎他知道我在伤心什么，在替我难过。当时我疑心，他怎么能说出来呢？他也许真的找到那只盒子，把它丢到窗外去了吧？你知道，他发起脾气来是会这么干的啊。他丢了出去，现在却自己难受起来，懊恼把它丢出去了。我已经和马特雷约娜到窗子底下去找过了，我什么也没有找到。什么痕迹都不见了。我哭了一整夜。这是头一夜，我不曾替她画十字啊。啊呀，这是不好的兆头啊，伊凡·彼特罗维契，这是不好的兆头，这是凶恶的预兆啊；我已经哭了两天，不曾停止过。我盼望你来，我亲爱的，就像盼望上帝的天使一样啊，但愿你来宽宽我的心……”那可怜的老太太痛哭起来了。

“啊，我忘记告诉你了，”她突然说，记起什么，欢喜起来了，“你听见他说起过一个孤女的事情吗？”

“是的，安娜·安德烈耶夫娜。他告诉我，你们都想过，而且同意收一个穷苦的女孩子，一个孤女来抚养。这是真的吗？”

“我没有想过，我亲爱的孩子，我从来没有想过。我不要什么孤女。她会教我们想起我们的苦难、我们的不幸的！除了娜泰莎，我谁都不要。她是我唯一的女儿，而且永远是我唯一的女儿。但是他却想要一个孤女，这是什么意思呀？你以为怎样，伊凡·彼特罗维契？你猜想他是为了看见我哭，想来安慰我呢，还是要把他亲女儿完全从他心里赶出去，却去爱另外的孩子呢？你们同来的时候，他说过我什么吗？你看他怎么样——阴沉沉的，还是发脾气呢？嘘，他来了！以后，我亲爱的，以后再告诉我吧……别忘记明天来。”

第十三章

老人进来了。他带着好奇心望望我们，似乎有点难为情，皱皱眉头，走到桌子旁边去。

“茶炊呢？”他问，“难道说，她直到此刻都拿不出来吗？”

“就来了，亲爱的，就来了；喏，她拿来了，”安娜·安德烈耶夫娜慌张地说。

马特雷约娜一看见尼古拉·舍盖伊契，就捧着茶炊进来了，她好像是专等着他进来才把茶炊拿出来似的。她是一个年老的、跟他们共甘苦的忠心的女仆，却是世界上一个最执拗和最爱抱怨的人，有一副固执而又倔强的性格。她害怕尼古拉·舍盖伊契,在他面前总是闭口结舌的。但是在安娜·安德烈耶夫娜面前,她却要补还这口气,对她每回都是卤莽无礼的,甚至还公然要管束她的女主人,不过同时她对她和娜泰莎却又有一股热烈和真诚的爱。我从前在伊赫曼耶夫加村庄的时候,就认识这个马特雷约娜了。

“哼! ……这是不开心的,人家浑身湿透了,他们却连杯茶都不肯给。”老人喃喃地说。

安娜·安德烈耶夫娜马上向我做个手势。他是受不住这种神秘的手势的;这时他虽然极力不望着我们,但是从他脸色上可以知道,刚才安娜·安德烈耶夫娜对我做手势,他是完全觉察到的。

“我去看了我的官司案子,万尼亚,”他突然说。“这是多么倒霉的事呀。我告诉过你吗? 这完全成为对付我的了。看来我是没有证据;应有的文件我一张也没有。好像我的学校是不可靠的。哼! ……”

他说的是他跟亲王的官司,这官司还拖着,但是对尼古拉·舍盖伊契却很不利了。我沉默着,不知道怎样回答。他狐疑地望望我。

“哼!”他突然叫出来,似乎被我们的沉默激怒了。“越快越好! 就是他们判决我要付款,他们也不会把我当作一个无赖汉呀。我有良心,就让他们去判决吧。无论如何案子是要了结的。这就要决定了。我要破产了……我要抛弃一切到西伯利亚去。”

“我的天! 到什么样的地方去啊! 而且干吗要那么远呢?”安娜·安德烈耶夫娜忍不住说。

“在这里又靠近些什么呀?”他刻薄地说,好像喜欢跟人家抬杠似的。

“唉,靠近一些人呀……无论如何,”安娜·安德烈耶夫娜说,苦恼地扫了我一眼。

“什么样的人呀?”他叫,把他发烧的眼睛从我脸上转到她脸上,又转回到我脸上来。“什么人呀?强盗,造谣家,奸徒?这种人到处多着哩;别担心,在西伯利亚我们也会碰得到呢。如果你不肯跟我去,你就呆在这儿好啦。我不会强迫带你去的。”

“尼古拉·舍盖伊契,我亲爱的!没有你,我跟谁住在一起呀?唉,在世界上我除了你没有别人啊……”

她结结巴巴地说,突然打住了,带着一种惊惶的神色转向我,仿佛要求我帮忙和支持似的。老人已经冒火了,预备对什么都要发一下脾气,要想反对他是不可能的。

“听我说吧,安娜·安德烈耶夫娜,”我说,“到西伯利亚去,倒并不完全像你所想的那么坏。如果到了万不得已的时候,你们不得不卖掉伊赫曼耶夫加田庄,那么尼古拉·舍盖伊契的计划事实上倒是好的。在西伯利亚,你们也许可以找到一件相当不错的私人的工作,那么……”

“对呀,你说得有理,伊凡,这正是我所想的。我要抛弃一切,离开这里。”

“啊,这倒是我绝对想不到的,”安娜·安德烈耶夫娜举起她的手叫起来,“你也是这样呀,万尼亚!我想不到你!唉,你一向只知道我们对你好,而现在……”

“哈,哈,哈!你还向往什么别的吗?唉,我们靠什么生活呀，想一想罢！我们的钱花光了，我们只剩下最后一个小钱啦。你大概是要我到彼得·亚历山特罗维契亲王跟前去求他饶恕吧，唔？”

一听到亲王的名字，安娜·安德烈耶夫娜就惊惶得发抖。她手里的茶匙撞着茶碟叮叮咚咚地响起来。

“是呀，说正经话，”老人接下去说，带着一种恶毒的固执的高兴，使自己激昂起来了，“你以为怎么样，万尼亚？我难道当真不该到那里去吗？干么要到西伯利亚去呢？我不如明天梳梳我的头发，穿上我的最好的衣服，把我刷得干干净净的；安娜·安德烈耶夫娜会给我一件新的衬衫护胸（去看这样一个人物，不能没有这个呀！），会给我买一副手套，弄得一丝不苟；于是我走到他老爷前面去：‘老爷，小老子，恩人！饶恕我吧，可怜我吧！给我一片面包皮吧！我有老婆娃娃哩！……’这样对不对，安娜·安德烈耶夫娜？这可是你所要的吗？”

“我亲爱的，我什么也不要呀！我是没想过，乱说的呀。如果我使你烦恼了，你饶恕我吧，只求你不要叫啊，”她脱口说出来，害怕得越抖越厉害了。

我相信，当他看着他女人的眼泪和惊惶的样子，他心里是什么都七颠八倒，而且发痛的。我可以断定，他自己比他女人痛苦得多呢，可是他却控制不住自己。有种性情最好而神经衰弱的人，有时候就是这样子；他们虽然仁慈，却心神失常得以自己的悲哀和愤怒为乐事，而且不管怎么样，都要发泄自己的感情，甚至伤害一些无辜的人，并且还常常拣着他最亲近和最亲爱的人去伤害。一个女人，有时虽然她并没有什么不幸和悲哀，也渴望着觉得自己不幸与悲哀。在这点上，许多男人也像女人一样，而这些男人倒并不是脆弱的，他们身上也没有多少女人的气质。这老人有一种不得已的想吵架的冲动，虽然他是在自寻烦恼啊。

我记得，当时我心里忽然一闪：他刚才出去莫非当真有什么打算，像安娜·安德烈耶夫娜所猜想的一样吗？莫非上帝使他的心肠软了下来，他真的跑去看娜泰莎，在路上改变了主意，或者有什么事情不对，把他原来的主意抛弃了？无疑会是这样的；于是他愤怒地和委屈地跑回家来，因为自己刚才的那种感情和希望觉得不好意思，想找一个人来发泄一下气愤自己那种软弱的心情，并且拣一个他疑心跟他有同样感情与希望的人来发泄。也许当他想饶恕他女儿的时候，他就想象过他可怜的安娜·安德烈耶夫娜的快乐与狂悦的，而这事情没有结果的时候，不消说她是该首先遭殃了。

但是当她在他面前恐怖得发抖的时候，她那种绝望的神情使他感动了。他似乎觉得这样发脾气不好意思，暂时约束了一下自己。我们大家都沉默着。我尽量想不去望他。但是这平静的时间并不长。他无论如何，一定要怒吼一番来发泄他自己的感情，如果需要诅咒的话，他就诅咒。

"你瞧，万尼亚，"他突然说，"我很难过。我不想说，但是时候已经到来，我必须像一个直爽的人，毫不回避地说出来……你懂吗，万尼亚？你来，我很高兴，这样，我可以在你面前大声地说，让有些人可以听听，我痛恨这一切胡闹，这一切眼泪、叹气和不幸。我的心也许流血或发痛，我从心里撕掉了的东西，却决不会再回到我心里来的。是的，我这样说了，我就这样做。我是说六个月以前发生的那件事情，——你明白吗，万尼亚？我这样公开、这样坦白地说，为的是你不致弄错我的话。”他说了一句，用发红的眼睛看看我，显然想避开他女人的恐怖的眼光。“我再说一句，这是胡闹，我不要！……这只是教我发疯，每一个人都以为我是能够怀着那样卑劣和柔弱的感情的，似乎我是一个蠢才，似乎我是一个最下贱的流氓……他们以为我是悲哀得快发疯了……胡闹！我已经丢开了，我已经忘记旧日的感情了！我一点也不记得它！不！不！不！还是不！……”

他从椅子上跳了起来；把桌子一拍，茶杯都叮当地响起来。

“尼古拉·舍盖伊契，你难道对安娜·安德烈耶夫娜没有感情吗！瞧瞧，你在对她做什么呀！”我忍耐不住说，几乎是暴怒地望着他。但这只是火上加油罢了。

“不，我没有！”他叫着，抖着，脸色发白。“我没有！因为没有一个人对我有感情！因为在我自己家里，他们都在阴谋诡计地对付我，污辱我的名誉，他们都站在我那堕落的女儿那一边，她是该受我诅咒的，该受任何惩罚的！……”

“尼古拉·舍盖伊契，别咒她啊！你要怎么样都随你，只是别咒我们的女儿啊！”安娜·安德烈耶夫娜尖声地叫起来。

“我就要咒她！”老头儿叫，声音比刚才还响两倍，“因为虽然我被侮辱了，我的名誉被污辱了，他们却还希望我到那该诅咒的女儿那里去求她饶恕呀。是的，是的，就是这样！我日以继夜，夜以继日地，在自己家里就这样给眼泪、叹气和那些愚蠢的暗示折磨死了！他们想软化我……瞧，万尼亚，瞧，”他接下去说，用颤抖的手从他边袋里急促地拿出一些文件来，“这儿是我们官司的纪录。它说我是一个贼，说我是一个骗子，说我偷了我恩人的钱！我失了信用，我丢了面子，都是因为她呀！这，这，你瞧，瞧！……”

他从外衣的边袋里把各种文件都拉了出来，一张一张地丢到桌子上，急躁地想在这些文件中间找出他要给我瞧的那一张；但是好像命运注定似的，偏偏那一张找不到。他暴躁地把他从口袋里抓到的一切东西都拉了出来，忽然什么东西咚的一声重重地跌落到桌子上。安娜·安德烈耶夫娜发出一声惊呼。这正是那丢了的小盒子啊。

我简直不能相信我的眼睛了。热血冲上老头儿的头部，脸颊绯红；他骇了一跳。安娜·安德烈耶夫娜站起来，紧握着双手，哀求地望着他。她的脸孔因为欢乐的希望而发亮了。老头儿的红脸，他在我们面前的害羞……是的，她没有猜错，她现在明白她的小盒子是怎样丢掉的了！

她明白，是他拾了去的，他拾到手是快乐的，而且也许快乐得发抖，他妒忌地把它偷偷藏起来；而他在一个人的时候，不让别人看见，怀着无限的爱紧瞅着他爱女的脸庞，他瞅着，瞅不完地瞅；也许正和那可怜的母亲一样，他一个人关起门，对他宝贝的娜泰莎说着话，想象着她的回答，而他自己再来回答她；而在晚上，他带着痛苦的悲哀，带着抑制的啜泣，抚慰着和吻着这亲爱的肖像，他不是在咒她，而是在饶恕和祝福这个他在别人面前所不要看的和诅咒的她啊。

“亲爱的，那么你依旧是爱着她的啊！”安娜·安德烈耶夫娜叫起来，在这个刚才咒过她的娜泰莎的严厉的父亲前面，再也抑制不住她自己了。

可是他一听见她的叫声，一种疯狂的怒火立刻从他眼睛里闪出来。他抓起那只小盒子，猛烈地摔到地上，暴怒地踩着它。

"我咒你，我咒你，永远！永远咒你！"他沙哑地叫，喘着气。"永远！永远！"

"天呀！"母亲大叫着，"她的呀！我的娜泰莎呀！她的小脸孔呀！……踩它呀！踩它呀！暴君呀！残酷的，没有感情的骄傲的人呀！"

听了他女人的哀号，这疯狂的老人突然止住了，由于他所做的事情害怕起来了。蓦地，他从地下抓起那小盒子，向门口冲去，但是不到两步，他就跌倒了，把手臂挂在他前面的沙发上，脑袋无力地低垂着。

他像一个小孩子，像一个女人似的悲泣起来。悲泣压榨着他的胸膛，仿佛要使他的胸膛炸裂开来似的。那声势汹汹的老人一分钟之内变成比小孩子还柔弱的人了。啊，现在他不能咒她了；现在他在我们面前不再难为情了；在一阵爱的突发中间，他把无数的热吻印在他刚才践踏在脚下的画像上。他那约束了那么久的对他女儿的全部深情，全部热爱，现在似乎以一种不能抑制的力量，突然爆裂出来，把他整个生命都震撼了。

"饶恕，饶恕她吧！"安娜·安德烈耶夫娜叫着，哭泣着，向他俯下去，拥抱着他。"把她接回来吧，亲爱的，在可怖的末日裁判的时候，上帝为了你的慈悯和委屈，会报偿你的啊！……"

"不，不！无论如何不！决不！"他用一种粗嗄的、窒息的声音喊，“决不！决不！”

第十四章

我到娜泰莎那里，已经很晚，有十点钟了。

那时，她住在靠近绥苗诺夫桥的芳唐卡，在商人科罗塔胥金所有的那些肮脏的房子里第四层楼上。当初她初离开家的时候，她曾经和阿略沙住在立特尼一家房子的第三层上一间极精致的楼面里，楼面虽小，却漂亮而又方便。可是小亲王的钱很快就花光了。他没有成为音乐教师，只是借钱过活，不久就欠下很多的债了。他把钱花在装饰楼面和送娜泰莎的礼物上。她想阻止他的浪费，责备他，有时甚至为了这哭。阿略沙，由于他的容易冲动和容易感受的天性，常常整个星期沉在梦想中间，想怎样送她一件礼物，她又将怎样接受它，他就把这种梦想当作一种使自己真正快乐的事情，而且在事前把他这些梦想和预想狂喜地来告诉我。而一碰到她流泪和责备，他就沮丧成那样子，教人家都替他难受。日子慢慢过去，这种礼物变成责备、痛苦和吵嘴的原因了。此外，阿略沙还瞒着娜泰莎花了许多钱；他被一些同伴诱到邪路上去，对她不忠实起来。他去玩各种各样的约瑟芬和明娜[①]；虽然他同时仍是亲热地爱着她的。他的爱她，在他实在是一种痛苦。他常常丧气地和抑郁地跑来看我，说他自己配不上娜泰莎一个小指头，说他粗鲁而卑劣，不能够理解她和不配她爱。在某种程上，他的话是确实的。他们之间完全不相等；他比起她来，就像是一个

① 约瑟芬和明娜，指妓女。

小孩子，而她也常常把他看作一个小孩子。他向我流泪，悔恨他跟约瑟芬的关系，他又求我不要告诉娜泰莎。而在他坦白地忏悔以后，他又怯怯地、战栗地和我一同到娜泰莎那里去（他坚持要我去，他说他干了那些勾当以后，很怕去看她，只有我能够帮助他），我们一到，娜泰莎第一眼看到他那样子，就知道是什么事了。她本来是极其妒忌的，我不懂得她怎么竟会常常宽恕他这一切过失。他们之间时常发生这样的事情：阿略沙跟着我进去，他怯怯地向她说话，怀着一种胆怯的温柔神情看着她的眼睛。她立刻猜到，他做了坏事了，但是没有什么表示，而且她决不开头来提这件事，反而加倍地抚慰他，并且变得更温柔、更活泼了——这倒并不是作戏或者预先想好了的策略。不；因为在她纯良的天性中，有一种宽恕人和怜悯人的无限的快乐；似乎在宽恕阿略沙的过程中，她获得一种特殊的微妙的魔力。这倒是真的，只有在约瑟芬的问题上才是如此。阿略沙一看到她那种仁慈和宽大，就约束不住自己了，不等她问，立刻就把全盘故事都供了出来——宽慰了他的心和像他自己所说的："依旧和从前一样了。"等他得到了她的宽恕，他立刻就狂喜起来，有时甚至快乐和感动得哭起来，吻她和拥抱她。于是他的精神立即奋发，开始以一种孩子般的率直，把他和约瑟芬的遭遇对她详尽地诉述起来；他微笑着和大笑着，祝福娜泰莎，把她恭维到天上去，于是这天晚上的聚会就在欢乐与愉快中间结束了。当他所有的钱都花光了，他开始出卖东西。由于娜泰莎的坚持，他们在芳唐卡找到一间便宜的小楼面。他们的东西不断地卖出去；娜泰莎现在甚至卖了她的衣服，并且开始在找工作了。阿略沙听到这话，他的失望到了极点；他诅咒他自己，叫着说他轻视自己，但是同时却依旧不做任何事情来改善他的情况。到了眼前，最后的钱也花光了；留给娜泰莎的一条路，只有去工作，而工作的报酬却是很低微的啊！

当他们最初同居的时候，阿略沙跟他父亲之间曾经发生一次猛烈的口角。华尔戈夫斯基要他儿子娶伯爵夫人的继女卡捷琳娜·菲多罗芙娜·菲力蒙诺娃，在那时还不过是种企图。但是这企图却是一种蓄谋。他带阿略沙去看那位小姐，引诱他去设法取悦她，而且企图用辩才和严厉手段去说服他。但是因为伯爵夫人的关系，这计划是失败了。之后，阿略沙的父亲就闭起眼睛，不管他儿子和娜泰莎的事情，让时间去解决。他深知阿略沙的善变和轻浮，希望他们的恋爱不久会完结。直到最近，关于他儿子娶娜泰莎的可能性的问题，亲王不再去烦心了。而那对爱人呢，他们把这问题拖延下去，只是等待着和他的父亲可能有一个形式上的和解，或者渺茫地等待着某种环境的变动。娜泰莎显然不愿意来讨论这个问题。阿略沙秘密地告诉我，说他父亲有时倒是喜欢这全盘事情的。他喜欢伊赫曼耶夫家的屈服。为了形式上的关系，他却依旧装作不喜欢他儿子，减少给他那并不算宽裕的津贴（他对他是非常吝啬的），而且还威吓说连这一点都要停止。但是不久他到波兰去追求在那边有事的伯爵夫人去了。他依旧不倦地进行他的订婚的企图。虽然阿略沙结婚还太年青，这倒是真的，但是那姑娘却很有钱，这是错过不得的大好机会。亲王终于达到目的了。我们听到传说，这婚约最后是同意了。当我写到这里的时候，亲王刚回到彼得堡来。他亲热地跟他儿子见面，但是阿略沙和娜泰莎的关系的持久性，使他感到不愉快的惊愕。他有点疑惑，感到昏乱起来了。他严厉地着重地主张，要他儿子断绝这种关系，但是不久他想出一个更有效的进攻方式来了，把他儿子带到伯爵夫人那里去。她的继女虽然还不过是个小孩子，却几乎已经是个美人儿，快乐，聪明，甜蜜，有副稀有的善良心肠和一个坦洁的健全的灵魂。亲王计算着六个月以后一定会有点效果，那时娜泰莎再不会有新奇的魔力了，他儿子对于给他提的那个未婚妻也不会拿六个月以前的眼光去看她了。他的计算只有部分是对的……阿略沙确实是被吸引了。我还要补叙一句，他父亲对他突然异常亲热起来了(虽然他仍然拒绝给他钱)。阿略沙觉得，他父亲的更大热爱底下是掩藏着一种不能改变、不能阻挠的决心，他觉得不愉快——然而却没有像一天不见到卡捷琳娜·菲多罗芙娜那样不愉快。我知道，他已经五天没有和娜泰莎见面了。当我从伊赫曼耶夫家里到她那里去的路上，我不安地猜想，她究竟要跟我讨论些什么呢。我老远就看到她窗子里一点火。我们之间早有一种约定，就是假如她非常迫切地需要我的时候，就放一支蜡烛在窗口上，我如果刚刚经过那里(我几乎每夜都要经过那里的)，我就可以从窗口的亮光上猜到她在盼望我和需要我去。近来她是常常在窗口放蜡烛了……

第 十 五 章

我看到娜泰莎一个人在那里。她在房间里慢慢地来回踱着，两只手抱着胸脯，沉入深思中间。桌子上放着一只茶炊，几乎熄灭了。这大概很久以前就为我预备好了。她带着微笑向我伸出手来,没有说话。她的脸色是苍白的,有一种痛苦的表情。在她的微笑里,有一种殉道的、温柔的、忍耐的神色。因为脸孔苍白和消瘦,她那双浅蓝色的眼睛显得格外大了,她的头发也显得格外浓密了。

“我刚才还以为你不来了,”她说,把手给我,“我正想叫玛芙拉来探问你呢。我怕你又害病了。”

“不,我不曾害病。我给事情耽搁住了。我就会告诉你的。但是什么事情呀,娜泰莎,发生了什么事情吗?”

“没有什么,”她回答说,有点吃惊,“怎么啦?”

“怎么?你写……你昨天写条子叫我来,还规定了时间,叫我不要早来也不要迟来;你平常不是这样的呀。”

“哦,是的!我昨天在等他来。”

“怎么,他还不曾来过吗?”

“不曾,我想,他如果不来,我得和你谈一些事情。”她歇了一下,才接着说。

“今天晚上,你也在等他吗?”

“不,今天晚上他在那边。”

“你以为怎么样,娜泰莎,他会就此不回来了吗?”

“他自然会来的,”她回答说,用一种特殊的热诚望着我。她不喜欢我问话的卤莽。我们沉入静默中间,都在屋子里来回踱着。

“我一直都盼望着你来,万尼亚,”她带着微笑又说起来。“你知道我在做什么吗?我在来回地踱着背诗。你还记得吗?那钟声,那冬天的路上,‘我的茶炊在橡木桌上沸腾了’……我们在一块儿读过它:

暴风雪衰竭了；千百万朦胧的星星
闪灿着微光。

接着是：

我听到一个热情的声音
伴着钟声在高唱；
啊，我心爱的人儿几时从远方归来呀，
安息在我哀恳的心头上？
我的生活不是生活啊！玫瑰色的曙光
在玻璃窗的冰帘下玩荡；
我的茶炊在橡木桌上沸腾了，
明亮的爆裂的火花，惊醒了黑暗的屋角
照见了挂着印花布帐子的我的眠床。

这多美啊。这些诗是多么痛苦啊，万尼亚。而且是一幅多么生动的、幻想的图画！这好像一幅画布，上面只用粉笔画上一点轮廓。你可以随你的高兴去着上颜色！有两种感觉：极早的和极夜深的。那茶炊，那印花布帐子——这一切多么有家庭风味啊。这很像我们家乡小镇上的一些小屋；我感觉好像能够看到那小屋：一座新的、用木头盖的、还不曾装上护壁板的……而接着又是一幅图画：

忽然，我听见那同一声音又在响

伴着那钟声；我追寻着它忧郁的腔调：
呵，我的老友在哪里呀？我怕他会进来
给我以热情的抚慰和拥抱。
我所忍受的是怎样一种生活啊！可是我的
  眼泪是无用的。
呵，我的屋子多凄凉呀！从裂缝里风在呼啸
而在屋外呀，只有一株樱桃树在生长，
也许它已经被摧毁了吧——有谁知道？
玻璃窗上的冰雪把它遮住了。
窗帘上的印花已经失去它们华丽的色调，
而我烦闷地徘徊；我避开我的一切亲人，
没有一个人骂我，也没有一个人爱我，
只有那老妇人呶呶独语……

"'我烦闷地徘徊'，这'烦闷'用得多好。'没有一个人骂我'，这一行又是多么深情，多么柔和呵；而且是怎样的一种回忆的痛苦啊，人们自己引起的痛苦，而自己在回忆它。天哪，这多美！多真实呀！……"

她停止说话了，似乎在同升上喉咙口的痉挛作斗争。

"亲爱的万尼亚！"过了一分钟她说，却又停住了，仿佛忘记了她要说什么话，或者由于一种突发的情感，没有想过就说出来似的。

同时，我们依旧在屋子里来回走着。一盏灯在圣像前面燃着。近来娜泰莎越来越敬神了，并且不愿意别人向她说起这个。

“明天又是祭日吗?”我问,“你的灯又点着哩。”

“不,明天不是祭日……但是,万尼亚,坐下吧。你一定疲乏了。你喝茶吗?我猜你还不曾喝过吧?”

“让我们坐下吧,娜泰莎。我已经喝过茶了。”

“你是从哪里来的?”

“从他们那里。”

我们常是这样称呼她的老家的。

“从他们那里?你怎么赶得及呢?是你自己想去的呢?还是他们叫你去的?”

她提出许多问题来困扰我。她的脸色因为激动变得更苍白了。我详细地告诉她我怎样碰到她父亲,我跟她母亲的谈话以及关于小盒子的情景。我详细地告诉她,描写着各种细微的情感。我绝不向她隐瞒什么。她热心地倾听着,捕捉我说的每一句话。眼泪在她眼睛里闪烁着。那小盒子的情景使她深深感动起来。

“停一停,停一停,万尼亚,”她说,不时地打断我的故事。“把每件事情告诉我更真切一点,每件事情尽可能地真切。你说得还不够真切……”

我重复又重复地说着,随时都要回答她那不断的关于细节的问题。

“你真的以为他是来看我的吗?”

“我不知道,娜泰莎,事实上我也不敢断定;他为你伤心并且爱你,那是显然的;不过他来看你,那是……是……”

“他吻了那小盒子吗?”她插进来说,“他吻它的时候说了些什么呢?”

“那是不连气的。只是叫喊罢了。他叫着你最亲热的名字;他呼唤你。”

“呼唤我?”

“是的。”

她轻轻地哭起来了。

“可怜的人们啊!”她说,“要是他知道了一切事情,”经过片刻的沉默,她又接着说,“这是不奇怪的。他也听到关于阿略沙的父亲的许多事情哩。”

“娜泰莎,”我怯怯地说,“让我们到他们那里去吧。”

“什么时候?”她问,脸色发白,几乎从她的椅子上站了起来。

她以为我劝她立刻就回去。

“不,万尼亚,”她接下去说,把两只手放在我肩膀上,忧郁地微笑着:“不,亲爱的,这是你常常说的,但是……我们还是别说这个的好。”

“这可怕的纠纷难道永远不会结束吗?”我忧伤地叫。“你能够那么骄傲,不走第一步吗?这应该是由你来走的;你必须先做。也许你爸爸就是等着这个来饶恕你呢……他是你的爸爸;他被你损害了!尊重他的自尊心;这是应当的,这是自然的!你应该这样做!只要试一试,他就会无条件饶恕你的。”

“无条件!那是不可能的。不要无缘无故责备我。我日日夜夜都在想这个,现在也在想。自从我离开家里以后,我没有一天不想这个。我们不是也常常谈这个吗?你自己知道,这是不可能的啊。”

“试试看!”

“不,我亲爱的,这是不可能的。假使我试试看,这会使他更苛酷地来反对我。无法挽回的事情是不能使它回来的。你知道不能使它回来的是什么事情吗?我跟他们在一起度过的那幸福的童年是不能再回来的。假如我爸爸饶恕了我,他现在会很难理解我了。他从前是把我作为一个小姑娘,一个大孩子爱着的。他赞美我那小孩子般的单纯。他常常拍拍我的头,就像我还是七岁的小孩子,常常坐在他的膝盖上,给他唱我小时候的儿歌的时候一样。从我早期的童年时代起,一直到我在家的最后一天,他经常到我床前来祝我晚安。在我们那些不幸事件的前一个月,他替我买了些耳环,当作是一件秘密的事情(但是我全知道了),并且欢喜得像一个小孩子似的,想象着我得到这礼物会多么高兴,而当他发觉我老早就知道他买耳环这事情的时候,他对每个人,特别对我,可怕地发起脾气来了。在我出走前三天,他看到我很抑郁,他自己也那样抑郁起来,几乎使他害病了。而且——你相信吗——为了要使我开心,他提议去买几张戏票!……是的,他实在以为这会使我好起来。我告诉你,他是把我作为一个小姑娘在理解和爱我的,甚至于不愿想到我有一天会成为一个妇人……这种念头从来不曾钻进他头脑里。如果我现在回家,他决不会理解我。即使他饶恕了我,他现在所碰到的会是完全另外一个人了;我不同了;我现在不是一个小孩子。我已经历过许多事情。即使他满意我,也依然要叹息他过去的幸福,和伤悼我再不是像他作一个小孩子来爱我时那种样子了。过去的事情,想起来总是最好的!这总是带着痛苦去回忆的!啊,过去是多么好呵,万尼亚!”她叫起来,被她自己的话激动了,她以这一声尖锐的叫喊打断了她自己的话，这叫声是从她心里痛苦地爆发出来的。

“你说的都是真实的，娜泰莎，”我说，“所以，他必须努力重新来理解你和爱你，尤其是理解你。自然，他会爱你的。你当然不会认为他凭着他的心，却不能理解你和明白你吧？”

“啊，万尼亚，别这样不公平！我有什么好了解的呢？我不是这意思。你瞧，这里有些另外的东西哩：一种父爱也是妒忌的，跟阿略沙的事情从开始到决定都不让他知道，他既不知道，也没有看出，这是伤了他的心的。他知道，他没有预见到这个，于是把我们恋爱的不愉快结果和我的逃走都归咎于我的‘忘恩负义’的秘密行为了。我起先既没有告诉他，后来又没有把我心里的每一次活动向他自白，相反地，我在心里隐藏起来。我对他隐瞒着，我确定地告诉你，万尼亚，这对于他，暗地里是比事实本身——就是说比我离开他们和我委身于我爱人——更坏的一种损害，更坏的一种侮辱啊。假定他现在像一个做父亲的热情地和慈爱地来看待我，但是这矛盾的种子仍然存在的。明天或后天，就会碰到失望、误解和责难的。此外，即使我说——从我心底里真实地说——我明白我怎样伤了他的心，我对他怎样不好，他也不会无条件饶恕我的。他如果不明白我和阿略沙的一切幸福花了我多大代价，以及我经历过怎样的苦难，不过我愿意窒塞我的情感，我愿意忍受一切，这固然会使我伤心——可是他却仍然不会满足的。他会坚持一种不可能的赎罪；他会坚持要我诅咒我的过去，诅咒阿略沙和追悔我对他的恋爱。他要求那不可能的事情，要使过去的重新回来，把过去的六个月从我们一生中抹去。但是我不愿诅咒任何人，我也不能追悔。这不是一个人所该做的；事情就是如此……不，万尼亚，这在现在还不能够。时候还不曾到来啊。”

“时候几时会到来呢？”

“我不知道……我们必须以痛苦去造成我们未来的幸福；用新的苦难去偿付。什么事情都是以受苦去洗清的……啊，万尼亚，世界上究竟有多少痛苦啊！”

我沉默着，思索地望着她。

“你干吗这样望着我呀，阿略沙——我是说，万尼亚！”她说，因为她自己说错了，微笑起来。

“我在望着你的微笑，娜泰莎，你这是哪儿弄来的？你平时不是这样笑的呀。”

“怎么，我的笑里还有什么吗？”

“原来的孩子般的单纯依旧存在，那是真的……不过你微笑的时候，似乎你的心痛得非常厉害。你越来越瘦了，娜泰莎，你的头发似乎更浓了……你穿的是什么衣服？你在家里常常穿这衣服？是吗？”

“你多么爱我呵，万尼亚，”她亲切地望着我说，“那么你怎么样呢？你在做些什么？你的事情怎样了？”

“还是老样子。我依旧在写我的长篇小说；不过这是很难写的，我写不下去。灵感枯竭了。我敢说，不管怎样，我是会把它赶完的，这也许会变成有趣的作品。不过可惜把一个好的计划破坏了。这是我很中意的一个计划。但是不得不按时赶写出来送到杂志去。我甚至想放弃那部长篇小说，来赶写一个短篇小说，轻松和快乐一点的，没有一丝悲观的痕迹的。一点痕迹也没有的……每个人都应该愉快和幸福啊。"

"你是那样一个艰苦的工作者啊，你这可怜的孩子！那么，斯密司怎样了？"

"可是斯密司死了呀。"

"他没有到你那里作祟吗？我正经地告诉你，万尼亚，你在害病，你的神经不大正常；你常常沉迷在那样的梦想中间。当你告诉我租了那房间的时候，我就注意到这一点了。那么房间是潮湿的，不好的，是吗？"

"是的，今天晚上，我又遇到一件意外的事……但是我以后告诉你吧。"

她没有听，坐在那里沉入深思中去了。

"我不知道，那时候我怎么能够离开他们。那时候我在发烧哩，"她最后补一句说，用一种并不希望有回答的神情望着我。

如果我在这个当儿向她说话，她一定不会听见的。

"万尼亚，"她用一种很难听得出的声音说，"我要你来有个缘故。"

"什么缘故？"

"我跟他分手了。"

"你们已经分手了，还是打算分手呢？"

"我一定要结束这种生活。我叫你来，为的是告诉你每件事情，一切，积累下来的一切，以及我直到现在不曾告诉过你的。"

她常常是这样开头，把她秘密的意图向我吐露，而结果却总是我早已从她那里听到了的全部秘密。

“唉，娜泰莎，我已经听你说过一千遍了。自然，你们一块儿生活下去是不可能的。你们的关系是那么奇怪的。你们之间没有共同的地方。但是你会有勇气吗？”

“这在以前只是一种想头，万尼亚，但是现在我已经完全下定决心了。我爱他胜过一切，可是看来我像是他最坏的敌人。我会毁坏他的未来。我应该让他自由。他是不能跟我结婚的；他没有勇气去反对他父亲。我也不要束缚他。所以他跟他们替他做媒的那位姑娘发生恋爱，我实在倒是高兴的。这可以使他对于我们的分手更安心一些。我应该这么做！这是我的责任……如果我爱他，我应该为他牺牲一切。我应该证明我对他的爱，这是我的责任！不是吗？”

“但是，你知道，你是不会说服他的。”

“我并不去说服他。如果他这会儿来了，我依旧一样对他。但是我一定要想些方法，使他能够比较安心地离开我，没有一点良心上的悔恨。教我忧虑的就是这个，万尼亚。帮助我吧。你能给我一点什么劝告吗？”

“只有一个法子，”我说，“完全不爱他，跟别人去恋爱。不过甚至这个我都怀疑是否有效，你当然知道他的性格的。他已经五天不见你了。假定他已经完全离开你了；你只要写一句你要离开他的话，他立刻就会奔到你这里来的。”

“你为什么不喜欢他，万尼亚？”

“我？”

“是的，你，你！你是他的敌人，秘密的和公开的。你讲到他总不能不带点报复的意味。我已经注意到一千遍了，你最大的快乐就是贬抑他和污辱他！是的，污辱他，这是真的！”

“你这样对我说也有一千遍了。得啦，娜泰莎，让我们别谈这个吧。”

“我想搬到另外一个房子去，”沉默了一会，她又说起来。“别生气，万尼亚。”

“唉，他也会跟到另外的房子里去的呀。我并没有生气，我确实告诉你。”

“爱，一种新的强有力的爱也许把他拖住了。如果他回到我这里来，也不过是一会儿的事情，你以为怎样？”

“我不知道，娜泰莎，他什么事情都是那样矛盾。他要跟那位姑娘结婚，却又要爱你。他是能够一下子都做到的。”

“如果我确实知道，他爱她，那我会下决心的……万尼亚！别瞒着我什么！你是不是知道一些什么，却不肯告诉我呢？”

她用一种不安的、探求的眼光望着我。

“我不知道什么，我亲爱的。我以荣誉向你保证，我对你总是坦白的。不过我要告诉你我所想的：他可能并不像我们所想象的那样跟伯爵夫人的继女相爱。那不过是一种迷醉罢了……”

“你这样想吗，万尼亚？我的天，要是我能断得定就好了！啊，我多想这会儿看一看他，只要看一看他！我会从他脸孔上看出一切的！可是他不来！他不来！”

“你当真不在等他吗，娜泰莎？”

“不，他是跟她在一起；我知道的。我叫人去打听到了。我也多么想看一看她啊……听着，万尼亚，我是在胡说，但是难道我真的不可能去看她吗？不可能在什么地方会到她吗？你以为怎样？”

她焦灼地等着，听我要说些什么。

“你可以看她，不过只是看看她，也没有多大意思呀。”

“我只要看看她就够了；那样我就可以替自己辨别出来。听我说，我变得那么愚蠢了，你知道。我在这儿踱来又踱去，踱去又踱来，总是一个人，总是一个人，总是想着；思想像旋风一样冲来！真是可怕呀！我想到一件事情，万尼亚：你能不能去认识她？你知道，伯爵夫人称赞你的长篇小说（你自己从前说过）。你什么时候可以去参加R亲王的晚会；她有时在那边。想办法去见见她。或者阿略沙会替你介绍。那么你就可以告诉我关于她的一切了。”

“娜泰莎，亲爱的，我们以后再谈这个吧。告诉我，你可曾认真地想过，你有勇气来面对这个分离吗？瞧瞧你现在这个样子，你不大平静啊。”

“我……会……有的！”她回答说，几乎听不清楚，“一切都为他。我的整个生命都是为了他。但是你知道，万尼亚，我不能忍受他现在跟她在一起，而且把我忘记了；他现在正坐在她的旁边，谈着，笑着，跟他平常在此地一样，你记得吗？他在注视着她的眼睛；他常常是这样看人的，——他决不会想到我在这里……同着你。”

她没有说完就打断了，绝望地望着我。

“怎么，娜泰莎，你刚才还说……”

“让我们立刻自愿地分手吧，”她眼睛发亮地插进来说，“我要为这给他祝福……不过，万尼亚，要他首先忘记我，这是很难的！唉！万尼亚，这是怎样的痛苦呵。我自己也不明白。一个人想着一件事情，但做起来却不同了。我会弄成怎样的结局啊!”

“静一下,静一下,平静一下吧!”

“现在已经五天了。每个钟头,每分钟……如果我睡熟了,我就是梦见他,就是梦见他! 你知道,万尼亚,让我们到那边去吧。你带我去!”

“静一下,娜泰莎!”

“是的,我们要去! 我只是等着你! 我最近三天想的就是这个。我写信给你就是这个意思……你一定要带我去;你一定不要拒绝我这个……我已等候你……三天了……今天晚上那边有个晚会……他在那边……让我们去吧!”

她看来差不多是发癫了。过道里起了一阵喧声;玛芙拉好像在跟谁吵嘴。

“停一停,娜泰莎。这是谁?”我问,“听着。”

她含着一种不信的微笑谛听着,突然脸色可怕地发白了。

“我的天,谁在那儿呀?”她说,几乎听不清楚。

她想拦住我,但是我已走到过道玛芙拉那里去了。是的!这当真是阿略沙。他在问玛芙拉一些什么话。她起先不肯让他进来。

“你从哪儿来的?”她带着一种严厉的神色问,“你在干些什么? 好吧,那么,进去,进去! 你讲鬼话哄不了我了! 进去,我看你怎么替你自己说话吧!”

“我不怕谁! 我就进去!”阿略沙说,到底是有点窘住了。

“好,那么你进去吧,你真是一个无耻的人!”

“好,我就进去! 啊! 你也在这儿!”他一看见我,说,“你也在这儿多好呀! 唔,你瞧,我来啦……我该怎样做才更好呢?”

“进去就得啦,”我回答说,“你怕什么呀?”

“我不怕什么。我向你保证,我真的没有该受责备的地方。你以为我该受责备吗?你会明白的。我马上就解释。娜泰莎,我可以进来吗?”他用一种做作的勇气,站在关着的房门口叫。没有人答应。

“怎么一回事呀?”他不安地问。

“没有什么,她正在里边,”我回答说,“难道有什么……”

阿略沙小心地打开门,胆怯地向房间里望了一周。看不到一个人。

忽然,他看见她站在角落里,在餐橱和窗子之间。她似乎躲藏着,半死不活的样子。我现在回想起来,都忍不住要笑哩。阿略沙慢慢地小心地向她走去。

“娜泰莎,什么事呀?你好吗,娜泰莎?”他胆怯地说,带着一种狼狈的样子望着她。

“唉,很好!”她在非常纷乱中回答着,仿佛是她不对似的。“你……你要喝点茶吗?”

“娜泰莎,听我说,”阿略沙说,完全茫然失措,“你也许相信,我该受责备吧。但是我是不该受责备的,一点也不该。你会明白的。我马上会告诉你。”

“为了什么?”娜泰莎轻轻地说,“不,不,你用不着……来,把你的手给我吧,那么……这就过去了……依旧跟从前一样了……”

她从角落里走出来。一阵红晕浮上她的双颊。她望着地上,仿佛怕看阿略沙似的。

“仁慈的上帝呀!”他狂喜地叫,“如果我该受责备,我是不敢这样看她的。瞧,瞧!”他转向我喊,“她以为我是该受责备的呢;一切事情都在跟我作对,所有现象都在跟我作对。我已经五天没有到这儿来了！有些谣言说我是跟我那订婚中的姑娘在一起——还有什么呀？她已经饶恕我了！她已经说过,‘把你的手给我吧,这就过去了!’娜泰莎,我的亲亲,我的安琪儿！这不是我的错,你必须知道这个！一点也不是我的错！刚刚相反！刚刚相反!”

“但是……你不是在那边吗,不是那边请了你吗？你怎么到这儿来了呢？现——现在是什么时候了?”

“十点半！我去过那边的……但是我推说不舒服走开了——而——而这是五天中间我第一次,第一次自由了。这是第一次,我能够抽身出来,到你这里来,娜泰莎。这是说,我本来早就能够来的,但是我故意不这么做。为什么呢？你马上就会知道。我会解释,我赶来就是为这个来解释。只有这一次,我是一点不该受责备的,一点不该,一点不该!”

娜泰莎抬起头来望他……但是她所碰到的那双眼睛是那么真诚;他的脸上充满快乐、诚恳和善意,这教人不能不相信他的。我以为他们又要叫起来,互相拥抱,他们过去在这样的和解之前,常常是那样的。但是娜泰莎似乎被她的快乐压倒了。她把头垂在胸脯前面,而且……开始轻轻地哭起来了。这时阿略沙抑制不住他自己了。他跪倒在她的脚前。他吻她的手,吻她的脚。他好像发狂了。我朝她推过一张安乐椅去。她坐下去。她的腿支不住了。

第　二　部

第　一　章

一分钟之后，我们都像发疯般地大笑起来。

“让我来解释，让我来解释！”阿略沙叫，他那响亮的声音把我们的笑声掩盖了。“他们以为这又是跟平常一样……我又要来说些废话啦……我说，我有些极有趣味的事情来告诉你们呀。可是你们好不好平静一点呢？”

他非常焦灼地想说出他的故事。从他脸上可以看出他带来了重要的消息。但是他因为带来那样的消息而感到天真的骄傲，因而装出来那副俨然的神气，却立刻逗得娜泰莎发笑了。我也忍不住大笑了。他越是生我们的气，我们就越笑得厉害。阿略沙那种烦躁以及后来他那种小孩子般的失望，最后把我们弄得跟果戈理小说里的海军少尉[①]一样，只要人家举一举手指就会放声大笑。玛芙拉从厨房里出来，站在门道上，带着严厉的愤怒看着我们，她气恼阿略沙没有一进来就给娜泰莎好好“训”一顿，像她在过去五天里所热心地预料过的一样，反而我们大家倒是那样地快乐。

最后，娜泰莎看到我们的大笑伤了阿略沙的感情了，于是才停止了笑。

“你要告诉我们什么呀？”她问。

---

① 指果戈理的剧本《结婚》中舍瓦金中尉谈到的蒂尔卡少尉。

“呃，要我把茶炊摆上吗？”玛芙拉问，毫无礼貌地打断阿略沙的话。

“走开，玛芙拉，走开！”他向她挥着手叫，急于要撵走她。“我要告诉你们一切已经发生、正在发生和将要发生的事情呢，因为我全部知道。我看，我的朋友们，你们想知道这五天里我在什么地方——这就是我要告诉你们的，可是你们却不让我说呀。首先，这些时候，我都在骗着你，娜泰莎，我已经骗了你那么久，这是主要的事情。”

“骗我？”

“是的，过去一个月我都骗着你；我爸爸回来以前，我就开始骗你了。现在却到全部公开的时候了。一个月以前，爸爸还不曾回来，我收到他一封重要的信，我不曾告诉你们两个。在他的信里，他直白干脆地告诉我——我确实告诉你们，他那种严重的口气，我当真是给吓慌了——他说，我的订婚已经是决定的事实了，我的未婚妻是十全十美的；而我自然是够不上她的，但是我照样还得跟她结婚，因此他叫我必须准备把一切胡闹的念头从我头脑里丢开，诸如此类的话——自然，我们懂得他所谓的胡闹是指什么。咳，这封信我是瞒着你们的。”

“你不曾！”娜泰莎打断他的话说，“瞧，他是怎样自夸呀！事实上，他马上就全告诉我们了。我记得那时你忽然变得多么驯顺和温柔，不肯离开我的身边，仿佛犯了什么罪似的，于是你把信的全部内容零零碎碎地都告诉了我们啦。”

“不可能，我的确没有把主要点告诉过你们。也许你们自己猜到是什么事情吧，不过那是你们的事情。我不曾告诉过你们。我一直保守着秘密，而且为了这个还非常不快乐呢。”

“我记得的，阿略沙，你不断要求我给你出主意，你全都告诉了我，自然，你是每一次说一点，好像这是一件假设的事情似的。”我补充说，望望娜泰莎。

“你什么事情都告诉我们啦！请别吹牛吧，”她附和着说。“你还能保守什么秘密吗？骗人不是你的本领啊。连玛芙拉都知道哩。是不是，玛芙拉？”

“我怎么能不知道呢？”玛芙拉应着说，从门里伸进头来，“没有过三天，你就把什么事情都告诉我们啦，你连一个小孩子也骗不了呀。”

“咄！跟你们说话多恼人呀！你说这些话只是为了怨恨罢了，娜泰莎！你说的也不对，玛芙拉。我记得，我那时是跟疯子一样。你记得吗，玛芙拉？”

“自然记得，你现在也跟疯子一样。”

“不，不，我不是说这个。你记得吗，我们那时没有钱了，你把我的银烟盒子都去当掉了。还有，玛芙拉，我告诉你，你忘记你自己的身份，对我这样可怕地冲撞。这都是娜泰莎纵容你的。好吧，就算我那时曾经一点一滴地告诉过你们吧（我现在记起来了），但是你们却没有知道那信里的口气，它那种口气呀！信里最主要的就是那种口气，让我来告诉你们吧。这就是我所要说的。”

“哦，什么样的口气呀？”娜泰莎问。

“听着，娜泰莎，你不断地问话，好像你在开玩笑似的。别开玩笑。我老实告诉你，这是极关重要的。这是那样一种口气，使我感到绝望。我爸爸从来不曾用这样口气对我说过话。似乎他宁可让里斯本发生地震，也不愿达不到目的，这就是它的口气啊。”

“好，好，告诉我们吧；你为什么要把这瞒着我们呢？”

“唉，我的天哪！为什么，怕吓着你呀！我希望这全盘事情都由我来处理。唉，这封信来了以后，我父亲一到，我的麻烦就开始了。我自己准备坚决地、明白地和诚恳地去回答他，可是不知怎地却没有做到。他绝口不问到这件事。他是狡猾的！相反的，他装作好像全部事情都已经决定了，好像我们之间任何分歧和误解都不可能有。你们听，不可能，那样地自信！而他对我是那样慈爱，那样亲热。我简直是愣住了。伊凡·彼特罗维契，你要知道，他是多聪明哪。他曾经读过一切书，知道一切事情；你只要看他一眼，他就知道你的一切思想，仿佛这些思想就是他自己的一样。这无怪人家要称他做阴谋家了。娜泰莎不喜欢我称赞他。别生气，娜泰莎。唉，事情本来就是这样的嘛……啊，我顺便说一说罢了！起先，他不肯给我一点钱，现在他却肯了。他昨天给了我一些。娜泰莎，我的安琪儿！我们的穷困现在过去啦！这儿，瞧！这六个月来他为了惩罚我而停止给我的一切津贴，昨天他一起付清了。瞧，这儿有好多；我还不曾数过呢。玛芙拉，瞧，好多的钱，现在我们用不着去当掉我们的汤匙和纽扣啦！”

他从口袋里摸出很厚一叠钞票，一千五百卢布，把它放在桌子上。玛芙拉带着惊奇和赞许的神气望望阿略沙。娜泰莎急切地催着他说下去。

“唔，因此，我不知道该怎么办了，”阿略沙接下去说，“我怎么去反对他呢？他如果对我很恶劣，那我可以向你们保证，我对这件事不会作两次考虑的。我会坦白地告诉他，我不愿意,我现在已经长大,是一个大人了,这就完事啦。而且,相信我,我会一直坚持着的。可是现在这样,我能说什么呢?但是别责备我。我看你好像不高兴,娜泰莎。你们彼此望望干啥呀?无疑你们是在想:瞧,他们一下子就把他逮住啦,而他连一点意志都没有啊。我是有意志的,我比你们所想的强哩。证据就是:即使我在这样处境下,我都立刻对自己说,'这是我的责任,我必须告诉我爸爸一切事情,一切事情。'于是我开始讲,告诉他一切,而他听着。"

"但是什么?你确实告诉他一些什么呀?"娜泰莎焦灼地问。

"啊,我说我不要别的什么未婚妻,我已经有了一个——就是你。这是说,我还没有直接把这话告诉他,但是我使他心里有了准备,我明天就告诉他。我已经决定了。开头我讲,为金钱而结婚是可耻而卑鄙的,而我们把自己当作是贵族,那简直是愚蠢的(我完全坦率地对他讲,好像他是我哥哥似的)。接着,我向他解释,我是属于 tiers-etat[①] 的,而 tiers-etat c'estI' essentiel[②],我正和每个人一样地骄傲,我无需用什么方法来标榜自己;总之,我把这些正当的意见都放在他前面了……我热诚地、令人信服地讲着。连我自己都惊奇起来。我甚至从他的观点上去证明给他听……我老实跟他说——我们怎么能称做亲王呢?这只不过是出身的问题罢了。我们有些什么地方像亲王呢?我们并不特别有钱,而有钱才是主要点啊。罗士

① 法文:第三阶级。

② 法文:第三阶级是主要的。

却尔特才是目下最大的亲王呀。其次，我们这一家，在社会上已经久不闻名了。最后一个出名的是西姆扬·华尔戈夫斯基叔父，而他也只是在莫斯科出名罢了，并且他的出名只是因为他把最后的三百个农奴都败光了，如果不是他父亲给他赚了一点钱，他的孙子也许要亲自犁田呢。就是这样的一种亲王啊。我们是没有什么可神气的呀。总之，我是把满腔心事都对他讲了——热诚地、坦直地告诉他一切，事实上，我说的还不止这一些。他却连回答都不回答我，只是责备我不到耐音斯基伯爵家里去。接着，他又告诉我，必须尽力去博取我的教母K亲王夫人的欢心，假使K亲王夫人欢喜我，我将到处受人家招待，我的事业就稳固了。他说来说去就是这一套！这一切都是暗示我跟你在一起以后，把每个人都抛弃了，娜泰莎，就是说，一切都是受了你的影响。可是他却一直不曾直接提到你。事实上，他是故意避开不说的。我们彼此都互相防范着，等待着，捕捉着，你可以断定，我们这一边是会获得胜利的。”

“唉，这都不错。但是这怎么结束的，他怎么决定的呢？这才是有关的问题呀。你真是一个空心大炮啊，阿略沙！”

“天才知道。很难说他作了什么决定，可是我也一点不是空心大炮呀，我是讲理性的。他不解决什么事情，听了我的议论只是笑，而且是那样地发笑，好像替我很难过似的。我知道，这是瞧不起我，可是我并不害羞。‘我很同意你，’他说，‘但是让我们到耐音斯基伯爵家里去吧，我提醒你，你在那边别说什么话。我理解你，可是人家不理解你呢。’我相信，他自己在各处得不到人家好好的招待；人家为了某些事情对他很愤怒呢。他现在在社交界似乎招人讨厌了。那伯爵起初对我很神气，简直是傲慢之至，好像完全忘记我是在他家里长大似的，他得重新回忆一下，他确是这样。他就是恼我忘恩负义，虽然在我这方面说，实在说不上什么忘恩负义。呆在他屋里实在是可怕地沉闷，因此我就干脆不去了。他对我爸爸也不过给些极不经意的招待，那样地不经意，我真不明白他干吗要到那边去呢？这一切都使我反感。可怜的爸爸在他面前几乎是低声下气。我明白这全是为了我的缘故，但我可并不要什么呀。后来我打算把我所感觉到的告诉我爸爸，可是我却抑制住了。真的，这又有什么用处呢？我改变不了他的信念的，我只会惹他生气，而且他现在又是这样一个倒霉的年月啊。嗯，我想，我要机灵一点，我要赛过他们这一切人，我要使伯爵敬重我——你们以为怎么样？我立刻就达到我的目的了，一天之内什么都改变过来啦。耐音斯基伯爵现在不能够对我太过分了，而这都是我自己干的，我一个人独干的，这全由于我的机灵，因此我爸爸便大为惊奇了！”

“听着，阿略沙，你最好还是谈到正题上去吧！”娜泰莎忍不住叫起来。“我以为，你会告诉我一些关于我们的事情呢，而你却老谈你在耐音斯基伯爵家里怎样了不起。你那位伯爵对我毫无关系啊！”

“毫无关系！你听，伊凡·彼得罗维契，她说这跟她没有关系哩！怎么，这是有极大的关系呀！你自己就会明白的，临了这全会解释清楚的。就让我把这告诉你吧。而事实上（为什么不坦白说呢？）我要告诉你是怎么回事，娜泰莎而且也要告诉你，伊凡·彼特罗维契，也许我有时确是非常非常无见识，甚至有时是很蠢的(因为我知道有时是这样)。但是，在这一件事上，我向你们保证，我是显得十分机灵的……事实上，显得十分聪明，因此，我想你会很高兴，因为我并不老是那么……愚蠢啊。”

“你说些什么呀，阿略沙？废话啊，亲爱的。”

娜泰莎是受不住人家认为阿略沙愚蠢的。每次我不客气地指出阿略沙做了什么愚蠢的事的时候，她老是向我噘起嘴，虽然并不说什么。这是她心上的痛处。她受不住看见阿略沙不如人家，而她越是看到他的能力有限，也许就越是这样感觉。但是因为怕伤害他的虚荣心，她从不把她的意思向他暗示。而他在这一点上偏偏异常敏感，常常确切地知道她心里的秘密念头。娜泰莎看到这个，心里非常难过，她立刻想去奉承他和安慰他。这就是为什么他的话现在会引起她心上痛苦的反响。

“废话，阿略沙，你只是没有思虑。你一点不是这样的，”她又补充说，“你干吗看轻自己呢？”

“唉，那就是了。那么，让我向你证明这个吧。从伯爵家里回来以后，爸爸对我大生其气。我想：‘等一下吧。’于是我们坐车到亲王夫人那里去。我很久以前就听到，她是那么老，简直是懵里懵懂了，此外耳朵又聋，并且很喜欢小狗仔。她养了一大群，很宠爱它们。虽然如此，她在社交界却有极大的势力，因此甚至耐音斯基伯爵这个 le superbe[①]，对她也得 I’an-

① 法文：上流人物。

tichambre[①]。因此我就在路上想出了一个未来行动的全盘计划。你们想，我这一切计划是基于怎样的事实？唉，是基于这样的事实，就是说，那些狗仔老是喜欢我。是的，真是那样。我曾经注意到这一点。我不知道这是因为我身上有什么磁力呢，还是因为我喜欢一切动物。但是无论如何，狗却真是喜欢我的。讲到磁力，我还要顺便说一下，我不曾告诉过你，娜泰莎，我们有一天请起神来哩，我是在一个请神的家里。这真奇怪，伊凡·彼特罗维契；这真使我惊奇。我把凯撒大将请来啦！”

“我的天！你要凯撒大将干吗呀？”娜泰莎叫，发出一阵大笑来。“这是最后的一着啦。”

“为什么不……好像我是那样一个……为什么我不该请凯撒大将呢？这对他有什么关系呀？嘿，她笑啦！”

“自然，这对他没有什么关系……啊，你，亲爱的：嗯，凯撒大将对你说些什么呢？”

“啊，他不曾说什么。我只是扶着乩笔，那笔就在纸上转动，自己写起来啦。他们说，这是凯撒大将在写。我却不相信。”

“可是他写些什么呢？”

“啊，他写了一些像果戈理小说里的‘Dip it in’（浸下去）之类的字眼。别发笑！”

“啊，那么，告诉我们关于亲王夫人的事情吧。”

“嗯，你老打断我的话。我们到了亲王夫人的家里，于是

---

① 法文：奉承。

我开始跟咪咪要好起来。咪咪是只极可憎又极可怖的老狗，而且很倔强，还喜欢咬人。亲王夫人宠爱它，她简直是崇拜它；我相信，她们是同样的岁数了。我开始用糖食来喂咪咪，不到十分钟，我已经教会它握手了，这在以前他们都教不会它的。亲王夫人喜欢得完全发狂了。她几乎高兴得叫出来。

"咪咪，咪咪，咪咪握手啦！'

"有人走进来。

"'咪咪握手啦，我的教子教会它了。'

"耐音斯基伯爵到了。

"咪咪握手啦！'

"她几乎是带着慈爱的眼泪在望着我了。她是一个非常好的老夫人；我甚至可怜起她来。我趁这机会，又来奉承她。她的鼻烟壶上，有一幅六十年前她做新娘子时候画上的肖像。呃，她那只鼻烟壶掉了下来啦。我拾起那鼻烟壶，叫了起来：

"'Quelle charmante peinture！'[①]就装作我不知道似的，'这是一个理想的美人啊！'

"呃，这可使她完全软化啦。她跟我谈这谈那；问我在哪里读过书，我拜访过些什么人，又说我有多么漂亮的头发，诸如此类的话。我还使她发笑。我告诉她一个不堪入耳的故事。她喜欢这类事情。她伸出手指威吓我，可是她笑得好厉害啊。当她放我回去的时候，她吻我和祝福我，并且一定要我每天都去给她取乐。伯爵紧握着我的手；他的眼睛变得谄媚起来了。至于我爸爸，他虽然是世界上最仁慈、最诚恳和最可

---

① 法文：多么可爱的画像呀！

尊敬的人，可是你如果相信我，他在回家的路上几乎快乐得哭了。他紧抱着我，对于事业、亲眷、婚姻和金钱觉得全有把握了，那样神秘地有把握了；我可不能理解那么多。就在那时，他给了我钱。这都是昨天的事情。明天我又要到亲王夫人那里去。不过我爸爸毕竟还是一个非常值得尊崇的人——你不要乱想什么——他虽然把我从你这里拉开，娜泰莎，这只因为他被卡佳的百万财产迷住了，想要把它们弄到手，而你却没有钱啊；而且他需要这百万财产也只是为了我的缘故。他对你不公平，不过是因为他没有见识罢了。做父亲的哪有不想他儿子幸福的呢？他习惯于认为幸福只有在百万财富中才能得到，这不是他的错误。他们都是这样子。人们必须从这个观点上去看他，你知道，不能从别的观点上去看他，这样你才会立刻明白他是对的。我急急地赶到你这儿来，娜泰莎，是特地来向你保证这一点，因为我知道，你是有成见地在反对他，自然，这也不是你的错。我并不为这个来责怪你……”

“那么，发生的一切，只是你在亲王夫人家里占到一席地位罢了。你的全部机灵只值这一点儿吗？”娜泰莎问。

“完全不对。你这是什么意思呀？这只是开头罢了……我只告诉了你关于亲王夫人的事情，你要明白，我是打算通过她来控制住我的爸爸呢；可是我的故事还不曾开头呀。”

“好，那么，说吧！”

“今天早上，我还发生了一件事，而且还是非常奇怪的。我现在还惊异不止啦，”阿略沙接下去说，“你必须明白这个，虽然在我爸爸跟伯爵夫人之间我们的婚约已经决定了，但是直到现在还不曾正式宣布，因此我们在任何时候都可以打消这件事而不至于失面子。耐音斯基伯爵是唯一知道这婚约的人，但是他是被当作一个亲戚和一个恩人看待的。此外，这两礼拜来，我对于卡佳虽然很熟悉了，但是在今晚以前我从来不曾向她谈过关于未来的一句话，这就是说，关于结婚或……爱情的话。还有，他们已经决定，去求K亲王夫人同意，希望从她那里得到各种各样照顾和大堆金银。她怎么说，社会上就怎么说。她是有那样的社会关系的……此外，他们一定要把我弄到社交界去。不过这是伯爵夫人，卡佳的继母的主意，她最坚决地主张这一点。理由是这样：她怕亲王夫人也许因为她在海外的那些行为不肯接待她，万一亲王夫人不接待她，那么别的人家也就不愿意接待她了。所以，我跟卡佳订婚对她恰是一个极好的机会。所以这位伯爵夫人，平时老反对订婚，现在看见我跟亲王夫人搞得好，便大为高兴了；不过这是题外的话。重要的是这一点：我去年就在卡捷琳娜·菲多罗芙娜身上看到一些什么，但是那时我还是一个孩子，我还不懂事，所以那时我在她身上并不曾看到什么……”

“那只因为你那时更爱我，”娜泰莎插嘴说，“所以你没有看到什么，而现在……”

“不许提一个字，娜泰莎！”阿略沙性急地喊，“你完全错误，而且是侮辱我……我甚至都不高兴回答你哩；听着，你就会明白的……唉，你要认识卡佳就好了！你要知道她是一个多么温柔的、洁净的、白鸽一样的灵魂啊！但是你会知道的。且让我说完吧。两个礼拜以前，他们刚到，我爸爸带我去看卡佳的时候，我开始专心地注意她。我觉到她也在注意我。这引起我的好奇心，别说我本来就有一种特殊的心思要认识她的——这种心思我在收到我爸爸的信的时候就有了，那封信给了我那么一种印象。我并不是要来讲她什么。我也并不是来夸奖她。我只说一件事情。她跟她周围的人刚巧是一个惊人的对照。她有那样一种卓越的性格，那样一种坚强和真实的灵魂，那么纯洁与真实，那使我在她身旁简直变成一个小孩子，像是她的一个小弟弟一样，虽然她只不过十七岁。我注意到另一件事情，就是她很忧郁，好像她有什么秘密似的；她不大爱说话；在家里，她差不多老是沉默着，好像怕说话似的……她仿佛在沉思什么。她好像害怕我的爸爸。她并不爱她的继母——我看得出；那是伯爵夫人，为了她自己某种目的，在散布空气，说她的继女多么爱她。这都是鬼话。卡佳只是不闻不问地服从着她罢了，看来她们之间对这似乎有种默契。四天以前，在我全部观察了以后，我决心实行我的主意，而今天晚上我实行了。我的计划是告诉卡佳一切事情，承认一切事情，把她拉到我们这方面来，这样把一切事情都了结了……”

“什么！告诉她什么？向她承认什么？”娜泰莎不安地问。

“一切事情，绝对的一切事情，”阿略沙回答说，“谢谢上帝，给我这样的念头，可是听着，听着！四天以前，我决心离开你们两位，完全让我自己来了结这件事。如果我跟你们在一起，我就时时刻刻要犹豫不决了。我要听取你们的意见，那么什么事情都决定不下来。让我一个人，把我放在这样一种处境下，使我不得不在每分钟内对我自己重复地说，我应该了结这件事情，我必须了结这件事情，这才鼓起我的勇气，而且——已经把它了结了！我是打算把事情解决以后回到你这里来的，而现在我已经解决了回来啦！”

“那么后来怎么样呢？怎么样呢？发生了什么呢？快告诉我。”

“那很简单！我直接到她那里去，大胆而诚实地。但是我必须先告诉你一件刚才发生的事，那使我很吃惊。正在我们动身以前，我爸爸收到一封信。我正走进他的书室，站在门道上。他不曾看见我。那封信使他惊异得那样子，他自言自语地说着话，发出几声呼喊，神经失常地在房间里走着，突然又把信握在手里，发出一阵大笑来。我简直不敢走进去，就等了一分钟。爸爸为了什么事情那样高兴，那样高兴呀。他跟我说话十分古怪；接着又突然打断，叫我立刻准备起来，虽然这还不是我们去的时候哩。今天他们那边没有旁的客人，只是我们两人。娜泰莎，你以为是一个宴会，那错了。人家告诉你错啦。”

“啊，阿略沙，请你别把话题岔开吧；告诉我，你是怎么告诉卡佳的！”

“运气得很，我单独跟她在一起有两个钟头。我干脆就告诉她，他们要替我们订婚，而我们的婚姻是不可能的；我告诉她我心中对她有极大的爱，而也只有她才能够搭救我。接着我告诉了她一切事情。你想想看，她对我们的事情，我和你的事情，竟然一点儿也不知情哩，娜泰莎。你要知道她是多么感动就好了；起先，她是大大地吓着了。她的脸色都变白哩。我告诉她我们的全部故事；你怎样为了我抛弃了你的家，我们是怎样住在一块，我们目前的境况是怎样狼狈，怎样害怕一切，而现在我们是怎样来向她请求（我也用你的名义说了，娜泰莎),我告诉她,她应该站到我们这一边来,直接去告诉她继母,说她不愿跟我结婚;而这将是我们的唯一的解救,我们从别的人那里是希望不到什么的。她怀着那样一种关切,那样一种同情倾听着。那一刹那间,她的眼睛是什么样子啊!她整个灵魂都显示在她眼睛里了。她的眼睛是完全碧青的。她感谢我没有疑心她,并且答应尽可能来帮助我们。接着她问了我关于你的事情,说她非常想认识你,请我告诉你,她已经把你当作姐姐一样爱着了,她希望你也能把她当作一个妹妹一样爱她。而当她一听说我已经五天没有见你了,她立刻就催促我到你这儿来。”

娜泰莎被感动了。

“那你怎么竟会先来吹你在聋子亲王夫人那边的那一套胜利哪!唉,阿略沙!阿略沙!”她谴责地望着他喊起来。“好,告诉我关于卡佳的事情吧,她跟你道别的时候,她快乐吗?愉快吗?”

“是的,她很高兴她能够做出一些仁慈的事情,但是她哭了。因为她也爱我呀,娜泰莎!她承认她已经开始爱我了;她很少见过什么人,很早以前,她就已经被我所吸引住了。她特别注意我,因为她看到她的四周都是狡猾和欺骗,而我在她看来却是一个诚挚而忠实的人。她站起来说:‘好吧,上帝祝福你,阿历克舍·彼特罗维契。而我在盼望……’她突然哭起来了,没有说什么就跑开了。我们决定,她明天去告诉她的继母,说她不要我了,而我明天去把一切事情告诉我爸爸,勇敢而坚决地说出来。她还责备我以前不告诉她,说一个值得崇敬的人是不应该害怕什么的。她是那样一个高尚心肠的姑娘啊。她也不喜欢我的爸爸。她说他刁滑和卑鄙。我替他辩护；她却不相信我。如果明天我对付我爸爸不成功(她确信我不会成功)，她劝我找K亲王夫人来支持我。那就没有人敢反对了。我们答应彼此像兄妹一样。啊，你只要知道她的故事就够了，她是多么不愉快呀，她是多么嫌恶跟她继母一起生活，以及她周围的一切人呀！她没有直接告诉我，好像她对我都有点害怕似的，我只是从她的某些话里猜想出来的，娜泰莎，亲爱的！假如她能够看到你，她会多么高兴跟你在一起啊！她有一副多仁爱的心肠呀！人们跟她在一起是多么惬意啊！你们是天生的一对姊妹，而且应该彼此相爱。我一直都是这样想法。我真想把你们两个引到一块，站在一旁来赞美你们。别胡思乱想，娜泰莎，我亲爱的，让我来谈谈她的事情吧。我要把她的事情告诉你，又把你的告诉她。你知道，我爱你胜过爱任何人，胜过爱她……你是我的一切啊！”

娜泰莎亲热地、又似乎忧郁地望着他，没有说话。他的话对她似乎是一种安慰，然而又是一种痛苦。

“我很早就看出卡佳不错了，至少在两星期以前，”他又说下去。“你瞧，我每晚都到他们那里去哩。我一回家，就不断地想念着你们两个，不断地把你们来比较。”

“我们两个究竟谁好呢？”娜泰莎微笑着问。

“有时候是你，有时候是她。但是你总是更好些。当我跟她说话的时候，我不知怎地总觉得我变得好一些，聪明一些和文雅一些了。但是明天，明天要决定一切事情了。”

“那么你不替她难过吗？她是爱你的，你知道。你说你自己已经注意到了。”

“是的，我替她难过，娜泰莎！但是我们要三个彼此相爱，那么……”

“那么‘再见’！”娜泰莎静静地说，似乎是对她自己说的。

阿略沙惊愕地望着她。

但是我们的谈话极其意外地被突然打断了。在厨房里——那厨房同时也是过道——我们听见一个轻轻的声音，似乎什么人进来了。一分钟之后，玛芙拉打开门，偷偷地向阿略沙点点头，向他招呼。我们都向她回过头去。

“有人在找你。来吧，”她用一种神秘的声音说。

“这个时候有谁来找我呀？”阿略沙说，惊惶地望着我们，“我就来啦。”

在厨房里，站着他父亲的穿号衣的仆人。看来亲王在回家路上把马车停在娜泰莎寓所的门口，派人来打听一下阿略沙是不是在这儿。说明了这个，那仆人立刻就走了。

“奇怪！这以前从不曾有过，”阿略沙说，迷惑地望着我们。“这是什么意思呀？”

娜泰莎不安地望着他。忽然，玛芙拉又把门打开了。

“亲王自己进来啦！”她用急促的低声说，立刻又缩出去了。

娜泰莎脸色发白，从椅子上站起来。突然，她的眼睛亮了起来。她微微地靠着桌子站住，激动地望着房门，这不速之客将从这门口进来。

“娜泰莎，别怕，我陪着你。我不会让你受侮辱的，”阿略沙轻轻地说，心神有点紊乱，但还支得住。门开了，华尔戈夫斯基亲王本人出现在门槛上。

第　二　章

他向我们迅速而注意地扫了一眼。从这一眼中还不可能猜透，他是作为一个朋友还是一个仇敌来到这里的。但是我要精细地来描写他的外貌。他这天晚上特别使我吃惊。

我以前曾经看见过他。他是一个没有过四十五岁的人，有端正而漂亮得惊人的脸相，那脸上的表情是随着环境而变化的；但它是以异常的速度，变化得极突然、彻底，从极欣喜变成极乖戾或不快的表情，好像忽然触着一个弹簧似的。他那浅黑色脸孔的正规椭圆形样子，他那精巧的牙齿，他那美丽得像雕刻过似的小而又薄的嘴唇，他那微长的笔挺的鼻子，他那看不出一丝皱纹的高大前额，他那相当大的灰色眼睛，使他显得很漂亮，可是他的脸孔却并不给人家一个愉快的印象。那脸孔叫人讨厌，是因为它的表情是不自然的，而常常是假装的、故意的、模仿的，使人家捉摸不定，人家决不能看出他真正的表情。人家更仔细地看他一会，会开始猜疑，在这永远不变的假面具背后，是有些凶狠的、刁滑的和极端自私的东西。他那双俊俏的眼睛尤其引人注意，那是灰色的、看起来很直率的一双眼睛。和其他部分的容貌一样，这双眼睛也不完全受他的心意所主宰。他也许要想表示得温柔和友爱一点，可是他眼睛里的光彩却仿佛是两重的，伴着那温柔和友爱的光辉，同时却又有一种残忍的、猜忌的、探究的和狠毒的光芒……他个子相当高，生得文雅，略略有点纤弱，看来比他的岁数要年轻得多。他那柔和的、暗棕色的头发还不曾变成白色。他的耳朵，他的手和他的脚都出众地秀美。这是杰出的种族的美。

他穿得极其文雅而鲜洁，但带着几分青年人装模作样的神情，不过这恰恰适合他。他看来好像是阿略沙的哥哥。无论如何，人家决不会把他当作这样大的儿子的父亲。

他一直向娜泰莎走去，紧紧地看着她，说：

“我这个时候来拜访你，而且没有通知，这是奇怪的，而且是违反一切公认的规矩的。但是我深信你会相信，我自己至少会认识到我这种行为的反常吧。我也知道我是跟谁在打交道；我知道你是聪明而大度的。只要给我十分钟工夫，我相信你就会明白我和承认这是有理由的。”

他这些话说得很有礼貌，但是有点用力，而且似乎是着重地说出来的。

“坐下吧，”娜泰莎说，依旧不能消除她自己的迷惑和某种惊惶。

他轻轻地鞠了一躬，坐下了。

“首先，请让我对他说两句话，”他指指他儿子说，“阿略沙，你刚跑开，没有等我，也没有向我们告别，立刻就有人来告诉伯爵夫人，说卡捷琳娜·菲多罗芙娜病倒了。她正要赶到她那儿去，但是卡捷琳娜·菲多罗芙娜却忽然忧伤地和极其激动地自己跑了来。她立刻告诉我们，她不能跟你结婚了。她还说，她要进修道院去，说你要她帮忙，说你已经告诉她你爱上娜泰莎·尼古拉耶夫娜了。卡捷琳娜那方面的这种意外的宣告，特别是在这样的时候，不消说是受了你对她解释的那种意外的惊奇的刺激的。她几乎是精神错乱了，你会知道我是多么震动和惊愕啊。我乘车经过这里，看见你窗子里有灯光，”他接下去对娜泰莎说，“于是在我心里闹了很久的一个主意立刻支配了我，使我抑不住我最初的冲动，就进来看你。是为什么目的呢？我马上就会告诉你，但是我先要请求你，对我解释中的某种唐突之处不要吃惊。这全是那样突然的……”

“我希望，我将照我所应当做的来理解和体会你所要说的话，”娜泰莎迟迟疑疑地回答说。

亲王注意地窥视着她，似乎他急于要在一分钟之内彻底又彻底地了解她。“我也信赖你的聪明，”他接下去说，“我现在冒昧地到你这里来，就是因为我知道，我是跟谁来打交道。我很早就理解你了，虽然我曾一度对你很不好，而且对你不公道。听啊，你知道，我跟你父亲之间长久失和。我并不说我自己对；也许我待他，比我现在所设想的还有更可责备之处。但是假使那样，那是我自己想错了。我是多疑的，我承认这个。我常常多往坏方面想，少往好方面想：一种不愉快的习性，一种冷酷心肠的特征。但是掩饰自己的过失却不是我的习惯呵。从前我相信那一切攻击你的闲话，而当你离开你父母的时候，我是深深替阿略沙担心的。不过那时我不理解你。以后我一点一点地得到的关于你的消息，使我完全放心了。我曾经观察你，研究你，而我终于相信我的猜疑是没有根据的。我听说你跟你的家庭断绝了关系，我也知道你父亲严厉地反对你跟我儿子结婚。你对于阿略沙，可以说是有那样一种影响，那样一种力量，可是你到目前为止，却并不曾利用这种力量强迫他跟你结婚——仅仅这一事实，也就足够说明你的为人了。然而我要公开承认，我那时是抱定决心要阻止你跟我儿子结婚的任何可能的。我知道，我现在是表白得过于率直了，但是在眼前，率直对于我却是最需要的。听完我的话，你自己会承认这一点的。你离家以后不久，我就离开彼得堡了，不过那时我已经不替阿略沙担心了。我信赖你的高贵的骄傲。我知道你自己是不愿在两家的失和冰释以前结婚的，即是说，你不愿意来破坏阿略沙与我之间的感情——因为我对于他跟你结婚是决不会饶恕的——你也不愿意人家说你企图抓到一个亲王做丈夫，跟我们家来联姻。相反地，你对我们表示出一种藐视的态度，而且也许等待着一个时机，我会跑来请求你俯允跟我儿子结婚。可是我对你仍旧是深怀恶意的人。我并不打算说我自己对，可是我却不掩饰我的理由。理由是这样：你既没有地位，又没有财产。我虽然有点产业，可是我们需要更多一些；我们家族是在衰落了。我们需要金钱和亲眷。任娜达·菲多罗芙娜伯爵夫人的继女虽然也没有什么亲眷，可是她很有钱。假使我们耽误下来，别的求婚的人们就会出现，把她夺了去。这样的机会是不能丧失的。所以阿略沙虽然还年轻，我决定要替他订婚了。你瞧，我什么也不隐瞒。你也许要鄙视一个做父亲的允许自己为了成见和贪财的动机，诱惑他儿子干恶劣的行为吧：因为抛弃一个心肠高尚的姑娘——她为了他牺牲了一切，而他对待她又是那么坏——是一种恶劣的行为啊。但是我并不替自己辩护。我给我儿子提亲的第二个理由，是那位姑娘是十分值得爱慕和敬重的。她各方面说来虽然还是一个孩子，可是却是美丽的，受过良好教育的，有很可爱的气质的，而且是异常聪慧的。阿略沙却没有性格，他是无头无脑的，极端不审慎的，二十二岁还完全是个小孩子。他至多不过有一种德性，就是心肠好，而这配着他的其他缺点，恰恰是一种危险的品质。我很久以来就注意到，我对他的影响开始减弱了；青年人的冲动和热情已经占了上风，而且甚至压倒了某些真正的义务。我也许是太爱他了；不过我确信，我对他并不是一个有能力的指导者。可是他必须常常在某些好的影响之下才行。他有一个服从的天性。柔弱而富于爱情，喜欢爱人家和服从人家更甚于命令人家。他一辈子都会是这样子。你可以想象到，我是多么愉快，当我从卡捷琳娜·菲多罗芙娜身上看出，她正是我所期望的作为我儿媳妇的一位理想姑娘。但是我高兴得太迟啦。他已经给另外一种不可动摇的力量支配着——那就是你的力量。自从一个月前我回到彼得堡，我就敏锐地观察着他。我惊奇地注意到，他变得相当好了。他那种不负责任和孩子气虽然没有什么改变，可是他心里某种高贵的感情却是增强了。他不仅对玩的事情有兴趣，而且对那些崇高的、高贵的和更真实的东西都感到兴趣了。他的观念是古怪的、不定的，有时是荒唐的；但是那种愿望，那种冲动，那种感情却比从前高尚了，而这正是一切的根基啊；这一切进步无疑都是你的功绩。你已经把他改造过来了。我要承认那时我所想到过的念头，即是说，你也许比任何人更能保证他的幸福。但是我驱逐了这种念头，我不想去接受它。我无论如何也要把他从你那里拉开去。我开始行动，以为我已经达到目的了。就在一个钟头以前，我还以为胜利是属于我的。但是刚才在伯爵夫人家里所发生的事情，却把我的估计一下子全推翻了，最使我吃惊的是些意想不到的东西：阿略沙忠实于你的那种热情和一贯不变，这种忠实的坚执和持久性——这在他身上是很少见的。我重说一遍，你已经把他完全改造过来啦。我立刻看出他的改变已经远远超出我的猜想之上了。他今天在我眼前显示了一种意外的智慧的明证，对于这我一点也不怀疑，而同时也显示出一种异常的见识和微妙的感情。他挑选了最正确的路，来摆脱他认为是很困难的环境。他触及和拨动了人类心灵上最高贵的心弦——宽恕和以德报恶的力量。他使自己屈服于他所损害了的人，而向她恳求同情与帮助。他激起了已经爱上他的女人的全部骄矜，公开地告诉她有一个情敌，而同时又激起她对于她的情敌的同情和宽恕，以及允许给他自己以一种无私的姊妹般的爱情。进行这种解释而并不引起怨恨和羞辱——这样的事情有时连最精细和最聪明的人也做不到的；只有在善良的指导下的纯洁的年轻的心才能做到。我敢断定说，娜泰里雅·尼古拉耶夫娜，他今天所做的事情，你并没有参加一句话或一点意见吧。你也许刚才才从他口里听到的。我没有猜错吧，是吗？”

“你不曾猜错，”娜泰莎承认说。她的脸孔是通红的，她的眼睛里闪射着一种奇异的光彩，似乎是种灵感的光彩。华尔戈夫斯基亲王的雄辩已经发生效力了。“我已经五天没有看见阿略沙了，”她补充说。“一切都是他自己想出来，自己做出来的。”

“确是那样，”华尔戈夫斯基亲王说，“但是纵然如此，这一切惊人的见识，这一切决定和负责，这种值得重视的大丈夫行为，事实上却全是你影响他的结果呀。这一切我已经想透了，而在我回家的路上，忽然感到这件事可以得到一个决定了。向伯爵夫人的继女提亲的事已经打断，不能挽救了；即使是可能，也决不能再实现了。要是我相信你是唯一能够使他幸福的女人，你是他真正的指导者，你已经为他未来的幸福奠定了基础，那会怎么样啊！我不曾向你隐瞒过什么，而现在我也不向你隐瞒什么：我想过许多关于事业、关于金钱、关于地位，甚至关于官阶的问题。凭我的理解，我承认这大部分都是传统的观念，但是我喜欢这些传统，绝对不愿意和它背道而驰。可是在某种情形下，却要加入别的考虑，一切事情不能用同样标准去评判的……此外，我是深爱我的儿子。总之一句话，我已经达到这样结论，就是说阿略沙不能离开你，因为没有你，他就完了。我必须承认这点吧？也许上个月里我已经达到这个结论了，但是直到现在我才认识这结论是正确的。自然，我本来可以明天来拜访你，告诉你一切，不必半夜三更跑来打扰你。但是我的性急也许会使你看到，我对这件事情是多么热心，而尤其是多么真挚啊。我不是一个小孩子，在我这样年纪，我不会没有反复想过就决定任何步骤的。我来这儿之前，一切事情就已经反复想过而且决定了。但是我感到，我应该在你确信我的诚恳以前，等待一些时候……可是，谈我们的本题吧！我现在要不要向你解释我为什么到这里来呢？我是到这里来履行我的责任的，我以最深的敬意，庄重地请求你使我儿子幸福，允许他的求婚。啊，别想象我到这里来是像一个愤怒的父亲终于决定宽恕他的孩子们，而且宽宏地允许给他们以幸福。不！不！如果你以为我有这种意思，那你就对我不公道了。你也不要想象，根据你曾经为我儿子而牺牲，所以希望你答应我；也不是！我首先要大声宣布他是配不上你的，而他自己（他是坦白而善良的）也会这么说的。但是这还不够。

还不只是这个缘故，使我这个时候到这里来……我到这里来，”他带着一些庄穆的神情，从座位上恭敬地站起来，“我到这里来是做你的朋友的！我知道，我完全没有这种权利，而且刚相反！但是——允许我取得这权利吧！让我希望……”

他向娜泰莎恭敬地鞠了一个躬，等着她的回答。在他说话的时候，我一直专心地望着他。他注意到这个。

他说话很冷淡，带着一些卖弄口才的神气，有些地方带着点冷酷。整个说话的调子跟那种使他在这个不适于作初次拜访的时候，尤其是在这种环境下，来到我们这里的冲动，实在是不相称的。他有些表情显然是预先想好的，而在他长篇大论的某些表现中间——话的冗长就有点儿古怪——他似乎故意装出一种神气，好像一个乖僻的人竭力要装作幽默、粗心和开玩笑，来掩饰他的激动的感情。不过这些是我以后才回想起来的；当时的反应却不同。他最后一句话说得那么诚恳，带着那么丰富的感情，对娜泰莎怀着那么真诚的尊敬的神气，把我们全征服了。他睫毛上确实有泪光在闪烁。娜泰莎的高尚心肠完全被征服了。她也站了起来，深深地感动着，不说一句话，把手伸给他。他接过手，带着慈爱和感动吻着它。阿略沙喜悦得发狂了。

“我告诉过你什么呀，娜泰莎？”他喊，“你不肯相信我，你不肯相信他是世界上最高尚的人呀！你瞧，你自己瞧吧！……”

他冲到他父亲身边去，热烈地拥抱他。后者也同样热烈地回答他，但是很快就结束了这动人的场面，似乎不好意思显露他的感动。

“够了，”他说，拿起他的帽子，“我该走了，我原来只要求十分钟工夫，现在却留上一个钟头了，"他笑着补了一句说。"但我是用一种希望尽快跟你再见的难抑的热情来向你道别。你能允许我随时来看你吗？"

"可以，可以，"娜泰莎回答说，"随时能来就来吧……我要急于……喜欢你……"她迷乱地接着说。

"你多诚恳，多真诚啊，"华尔戈夫斯基亲王说，听见她说了这些话而微笑着。"你连讲客套也是诚恳的。不过你的诚恳是比一切做作的客套更珍贵啊！是的，我承认，我还要极长极长的时间才配承受你的盛意啊。"

"别，别夸奖我……够啦，"娜泰莎在昏乱中轻轻说。这当儿她是多么快乐啊！

"就这样吧，"华尔戈夫斯基亲王结束他的话说，"我只再说两句实际的话。你想象不出我是多么不快乐啊！你知道，我明天不能和你在一起——明天不成，后天也不成。我今晚收到一封那样重要的信（要我立刻去处理些事务），我不可能把它忽略的。我明天一早就要离开彼得堡。请不要以为我今晚到你这里来，是因为我明天后天都没有工夫。自然你不会这样想的，但这正是我多疑的天性的一个例证。为什么我觉得你一定会那样想呢？是的，我多疑的天性常常是我一生中的缺点，我和你府上的全盘误会也许正因为我这不幸的性格吧。……今天是星期二，星期三、星期四、星期五我都不在彼得堡。我希望星期六一定可以回来。那天我可以跟你在一起。告诉我，我可以整个黄昏在你这里吗？"

"当然，当然！"娜泰莎喊。"星期六我等着你！我会急不可耐地等着你！"

“啊,我多快乐呀!我将更好更好地理解你了!可是……我必须走了!不过我不能没有跟你握过手就走呀,”他转向我,接着说。“我请你原谅!我们大家都谈得那样杂乱。我有好几次曾经有荣幸会见过你,有一次我们确乎曾经被介绍过。我在离开以前,不能不告诉你,我们重新认识是使我多高兴啊……”

“那是真的,我们曾经会见过,”我握住他的手,回答说。“可是我不记得了,我们曾经熟识过。”

“去年,在M亲王家里。”

“我请你原谅,我忘记了。但是我相信这一次不会忘记,今天晚上将常常留在我的记忆里。”

“是的,你说得对。我也这样感觉。我很早就知道,你是娜泰里雅·尼古拉耶夫娜跟我儿子的一个很好的、真诚的朋友。我希望你们三位会允许我做第四位罢,可以吗?”他向娜泰莎又补了一句。

“是呀,他是我们一个真诚的朋友,我们大家必须紧紧地连在一起,”娜泰莎含着深情说。

可怜的女孩子!她看见亲王没有忽视我,她真是快乐得脸都发亮了。她多么爱我啊!

“我曾经碰到过许多崇拜你的天才的人,”华尔戈夫斯基亲王接下去说,“我认识两个最真心称赞你的人——我最亲爱的朋友伯爵夫人跟她的继女卡捷琳娜·菲多罗芙娜·菲力蒙诺娃。她们是那么想认识你。允许我希望你让我有荣幸把你介绍给这两位太太小姐吧。”

“你太夸奖了,虽然到现在我只见过那么少的人……”

“但是请把你的地址留给我吧！你住在哪儿？我有荣幸来……”

“我不接待客人的，亲王。至少目前还不。”

“我虽然不能被认为例外……但是我……”

“当然，你一定要光顾，我是很高兴的，我住在××巷克鲁金大楼。”

“克鲁金大楼！”他叫起来，似乎有点惊奇。“怎么！你在那儿……住了很久吗？”

“不，不很久，”我回答说，不由自主地注视着他。“我住在四十四号房间。”

“四十四号？你是一个人……住着吗？”

“只一个人。”

“啊——啊！我问你，是因为我知道那房子。那更好……我一定来看你，一定！我有许多话要跟你说，而且我还有很多事情要托你帮忙。你可以从许多方面帮我的忙。你瞧，我一开始就这样直白地来求你惠助。但是，再见吧！再来握一次手！”

他握握我和阿略沙的手，又吻吻娜泰莎的手，也没有叫阿略沙跟着他，就出去了。

我们三个震愕地留着。这一切来得如此突兀，如此意外。我们全觉得，一刹那间什么都改变了，而一些新的、不知道的事情在开始了。阿略沙一句话不说，坐在娜泰莎的身旁，轻轻地吻着她的手。他不时地偷看她的脸孔，似乎想知道她要说些什么。

“阿略沙，亲爱的，明天去看看卡捷琳娜·菲多罗芙娜吧。”她最后忽然说。

“我自己也这么想呢，”他说，“我一定要去。”

“但是，她看到你也许很痛苦。怎么办呢?”

“我不知道呀，亲爱的。我也想到这个哩。我看一看。我会明白……于是我会决定。咳，娜泰莎，我们的一切事情现在都改变啦，”阿略沙说，不能控制他自己了。

她笑了笑，投给他一个悠长而柔爱的眼色。

“而且他是多周到啊。他看见你的寓所多么坏，却没有提到一句……”

“提到什么?”

“咳，……提到你搬家……或什么的，”他红着脸孔说。

“胡说，阿略沙，他干吗要说呢?”

“这正是我说的。他是那么周到。而且他是怎样地称赞你啊！我从前这样告诉过你……我告诉过你。是的，他是能够理解和感觉任何事物的！但是他讲到我，好像把我当做一个小毛头似的；他们对待我全是那样子。可是我想我也许真是那样吧。”

“你是一个小孩子，但是你却比我们任何人都看得远哩。你是好的，阿略沙！”

“他说我的好心肠会害了我。这怎么说的？我可不明白呀。可是，我说，娜泰莎，我要不要赶紧到他那里去呢？我明天天一亮就来陪你。”

“你去吧，亲爱的，去吧。你想得对。一定去看他吧，听见没有？明天尽可能早早地来，你现在不会再躲开我五天了吧?”她含着抚爱的睇视，狡猾地补了一句。

我们都沉入一种静默的、幽穆的愉快状态。

“你同我一块儿走吗，万尼亚?”阿略沙离开的时候向我叫。

“不，他还要留一会儿。我还有话跟你谈，万尼亚。记住，明儿一早。”

“一早，再见，玛芙拉。”

玛芙拉感到极大的兴奋。她已经听见亲王的全部谈话了，全部谈话她都偷听到了，可是有许多话她却听不懂。她急于想问和揣测。可是同时她又好像很严肃甚至是骄傲的样子。她也猜到事情是大大地改变了。

我们两个留着。娜泰莎握着我的手，静默了半晌，似乎想找些什么话说。

“我疲乏了，”最后她用衰弱的声音说。“听着，你明天到他们那边去吗?”

“当然。”

“告诉妈妈就是了，可别对他讲。”

“无论如何，我从不对他讲到你的。”

“自然；你不讲，他也会晓得的。可是注意他说些什么。他对这事情怎么看法？天哪，万尼亚，他真的会诅咒这桩婚姻吗？不，不可能的。”

“亲王会把这件事情弄好的，”我急促地插进去说。“他们一定会和解，那么什么事情都顺利了。”

“我的天，但愿如此啊！但愿如此啊！”她恳求地叫起来。

“别焦心，娜泰莎，什么事情都会弄好的，什么事情都在朝向好的方面走哩。”

她凝神望着我。

“万尼亚，你以为亲王怎么样？”

“如果他说话是诚恳的，那么，我想他真是一个高贵的人。”

“如果他说话诚恳，这是什么意思？他难道可以说话不诚恳吗？”

“我同意你的话，”我回答说。“那么，她又想到什么念头了，”我想，“这真奇怪哩！”

“你老望着他……那么专心地……”

“是的，我想他有点古怪。”

“我也这么想呢。他一直讲得那么……亲爱的，我疲乏了。你知道，你还是回家去吧。明天看过他们，马上就到我这儿来。还有一件事：我刚才对他说，我要打算喜欢他，这话不太卤莽吗？”

“不，怎么会是卤莽呢？”

“也不……愚蠢吗？你瞧，这不等于说，我一向不喜欢他吗？”

“刚相反，这说得很好，很简单，很自然。你那一刹那多美呀！假如以他这种贵族出身的人还不明白你这话，那他就够蠢了！”

“看来你好像对他很愤怒，万尼亚。可是我多么可憎、多疑和空虚啊！别嘲笑我；你知道，我不向你隐瞒什么的。唉，万尼亚，我亲爱的！我知道如果我再不快乐，再有什么困难的事情，你会来陪我的；也许只有你一个人！这一切我将怎样来补报你呢！永远不要咒骂我呵，万尼亚！”

一回到家，我立刻脱了衣服到床上去。我的房间就像地窖一样阴暗和潮湿。许多奇怪的思想和感情在我心里旋转，好久都睡不着。

但是这时候，一个在他舒服的床上睡觉的人会怎样嘲笑我们啊——这是说，如果他以为我们是配他嘲笑的！或许他还以为我们不配他嘲笑哩！

第 三 章

第二天早上十点钟，我刚走出我的寓所，要赶到华西里耶夫岛伊赫曼耶夫家去，并且打算从他们那里再到娜泰莎那里去，忽然在门口又碰到我昨天的访问者，斯密司的外孙女儿了。她正来看我。我不知道为什么，但是我记得，我看到她非常喜欢。我昨天没有工夫好好儿看她，在白天里她却教我格外惊奇了。真的，从容貌上说，无论如何是很难再找出一个比她更奇怪的或者更新奇的人物了。由于她那看来有点像外国人的闪烁的黑眼睛，她那浓厚的纷乱的黑发，以及她那沉默的、不霎动的、谜一般的凝视，这小家伙会教街上任何一个经过她身旁的人都对她注意的。她那双眼睛的表情尤其教人吃惊。那眼睛里有智慧的光，同时又有种探求的、不信任的、甚至是猜疑的神气。她那件肮脏的旧外衫，在白天看来，格外破烂得无法可想。我看她那样子，好像害着什么消耗的慢性疾病，那种病慢慢地和残酷地在摧残着她。她那苍白的瘦削的脸上有一种不自然的、菜色的、胆汁过多的色泽。但是虽然穷困和病得不像样子，她却是十分美丽的。她的眉毛很鲜明，美妙而好看。她那广阔而略短的前额尤其漂亮，她的嘴唇生得很精巧，形成一条特别骄矜和勇敢的线条，不过却是苍白而无血色的。

“啊，又是你！”我叫起来，“呃，我想你会来的。进来吧！”

她走进来，慢慢地跨过门槛，依旧跟前回一样，狐疑地向四周望了望。她仔细地看了一遍她外公曾经住过的这个房间，似乎在打量它给别一位房客改变过多少样子了。

“嘿，这外孙女正跟那外祖父一个样呢，”我想，“她不是疯了吧？”

她依旧沉默；我等着。

“找书！”她最后垂着眼睛，轻轻地说。

“哦，是的，你的书；它在这儿，拿去吧！我特地替你保存着哩。”

她探询地朝我望着，嘴巴奇异地扭歪着，似乎要透出一丝不信任的微笑。但是笑意过去了，却给同样一种严肃的和谜一般的表情所代替了。

“外公不曾对你讲起我吧，他说过吗？”她问，讽刺地从头到脚地打量我。

“不，他不曾讲到你，但是……”

“那你怎么会知道我要来呢？谁告诉你的？”她问，很快地打断我的话。

“我想，你外公不能够没有一个人单独地过活的。他是那么年老衰弱；我想一定有什么人照顾他的……这儿是你的书，拿去吧。这些是你的课本吗？”

“不。”

“那么你要这些书做什么呢？”

"我从前来看外公的时候,他教我的。"

"那么以后怎么又不来了呢?"

"以后……我没有来。我病了,"她接着说,似乎替她自己辩护似的。

"告诉我,你有家,有爸爸跟妈妈吗?"

她眉头突然蹙起来,看着我,好像几乎给吓着了。接着和昨天一样,她低着头,默默地转过身去,没有回答就轻轻地走出室外去了。我愕然地目送着她。但是她又在门槛上站住了。

"他是怎么死的?"她轻轻地转过身来,向我突然问,那动作跟姿态和昨天她走出去又站住,把脸对着门向我追问亚助尔加的时候完全一样。

我向她走过去,迅速地告诉她。她垂着头,背朝着我,带着好奇心,静静地听着。我又告诉她,老人快死的时候,怎样提到六道街。

"我猜想,"我接着说,"一定有个跟他很亲的人住在那边,所以我盼望有谁会来查问他。他一定很爱你,因为在最后一刻他还想念你的。"

"不,"她轻轻说,好像几乎不觉得似的,"他并不爱我。"

她非常激动。当我讲这些事情的时候,我俯下去看她的脸孔。我注意到,她是用极大的力气在压制她的情感,似乎太矜重,不愿给我看到似的。她脸色越来越苍白,并且咬着她的下唇。但是特别使我震惊的,是她心脏的奇怪的搏动。它搏动得越来越响,隔开两三步都可以听见,就好像是害着动脉瘤似的。我想她会像昨天一样,突然哭出来;但是她却控制着自己。

“那篱笆在什么地方?”

“什么篱笆?”

“他死在那底下的。”

“我们出去的时候……我会指给你看。但是,告诉我,他们叫你什么?”

“那不需要……”

“不需要——什么?”

“不要管……这没有关系……他们并不叫我什么。”她断断续续地说,好像讨厌的样子,接着她打算走开了。我拦住她。

“停一下,你这古怪的小姑娘!嗯,我只不过想帮你的忙罢了。昨天我看见你在屋角里哭,我替你好难过哪。我真不忍去想到它。此外,你外公是死在我怀里的,他提到六道街的时候,无疑是想到你,所以差不多等于把你托付给我了。我梦见他呢。……这儿,我替你把书保管着,可是你是这样一个小野东西,好像怕我似的。你一定很穷并且是个孤儿吧,也许是跟一群陌生人住在一道吧。是不是这样呢?”

我尽最大力量去抚慰她,我不知道为什么她竟是那样吸引我。我对她,除了怜悯以外,还存着某种情感。这是整个环境的神秘性,就是说,斯密司给我的印象呢,还是我自己奇幻的心境呢——我说不出来。但是有什么东西不可抵御地把我吸引到她那里。我的话似乎感动了她。她向我投了奇异的一瞥,这一回没有那么严厉,却是柔和而从容的,接着又望着地下,像在沉思。

"叶列娜，"她突然说出来，用一种极其低沉的声音。

"那是你的名字吗，叶列娜？"

"是的……"

"好的，你会来看我吗？"

"我不能够……我不知道……我会来的，"她轻轻地说，似乎在沉思，又似乎内心在斗争。

这时，什么地方一只自鸣钟敲起来。

她骇了一跳，带着一种形容不出的伤心的痛苦，轻轻地说：

"现在什么时候了？"

"该是十点半了。"

她发出一声惊惶的呼喊。

"哎呀！"她叫着，要走开。但是我又在过道里把她拦住了。

"我不让你这样离开，"我说，"你怕什么啊？你怕太迟了吗？"

"是的，是的。我是偷偷出来的。让我走吧！她会打我呢，"她叫出来，显然觉得她说得太多了。于是从我手里挣脱开去。

"听着，别跑；你是到华西里耶夫岛去的，我也去那边，到十三道街，我也迟了。我去叫马车。你肯跟我一块儿去吗？我带你去。比你走路快一些……"

"你不能跟我一块儿回去，你不能，"她说，惊惶得更厉害了。她的脸孔简直恐怖得抽搐起来，以为我是要到她住的地方去。

“可是我告诉你，我是到十三道街去干我自己的事情呀。我不是到你家里去呀！我并不要跟着你。我们坐车去要快一点。来吧！”

我们急忙赶到楼下。我喊住头一个碰到的、赶着一辆可怜的四轮矮轿车的车夫。叶列娜显然十分着急，因为她居然答应同我坐进去了。最使我为难的，是我简直不敢问她。我刚问了一声她家里有什么人使她那么害怕，她就把臂膀一摔，几乎要从四轮矮轿车上跳下去了。“什么秘密啊？”我想。

她坐在四轮矮轿车里，是非常拙笨的。车子每震动一下，她为了保持身体的平衡，就把她的左手——一只肮脏的握紧的小手——抓住我的上衣。另一只手紧紧地握着她的书。人们可以看出，这些书对她是极其宝贵的。当她坐稳了，她偶然露出她的小腿，我十分吃惊，看见她连袜子都没有，只穿着一双破鞋。我虽然决心不去问她，但是我却又约束不住自己了。

“你真的没有袜子穿吗？”我问，“这样潮湿的天气，又这样冷，你怎么能够赤着脚到处跑呢？”

“没有，”她率然地回答说。

“天哪！可是你一定跟谁住在一起啊！你出门的时候也该问谁借一双呀。”

“我喜欢这样子……”

“但是你会害病呀，你会死的！”

“让我死好了。”

她显然不愿回答，而且听了我的问题生气了。

“瞧！这就是他死的地方，”我说，指着那老人死去的地方的房子。

她注意地望着，忽然带着一种恳求的眼色，转过来对我说：

“看上帝面上，别跟着我。我会来，我会再来的！我一有机会就会来的。”

“很好，我已经告诉过你，我不会跟着你的。但是你怕什么啊？你总有点什么不愉快。这叫我望着你都难过。”

“我不怕什么人，”她回答说，声音里带着一种激怒的调子。

“但是刚才你还说过：‘她要打我’呀！”

“让她打好了！”她回答说，眼睛闪着光。“让她打！让她打！”她痛苦地重复说，上嘴唇颤抖着，憎恶地翘了起来。

最后，我们到华西里耶夫岛了。她叫车子在六道街口子上停住，跳下车去，焦急地向四周环顾了一下。

“开走吧！我会来的，我会来的。”她重复说，极度不安，恳求我不要跟着她。“去吧，赶快，赶快！”

我叫车子开过去。但是沿着河堤没有走几步，我就把车子打发走了，很快地奔过马路，又回到六道街来。我看到了她；她还没走远，虽然走得很快，不断地看望她的四周。她甚至一次两次地停下来，仔细看我是不是跟着她。但是我躲在附近的一座门道里，她看不到我。她继续走过去。我跟着她，一直沿着街的对面走去。

我的好奇心到了极点。虽然我并不想跟她进去，但是我觉得我必须找到她住的房子，防备万一有什么不测的事情。我被一种奇异的迫人的感觉控制住了，这和亚助尔加死在餐馆里的时候，她外公所给我的印象，没有两样。

第　四　章

我们走了很久,一直走到小街。她几乎是在奔跑了。最后她走进一家小铺子。我站住,等候着。"她一定不是住在这铺子里的,"我想。

果然,一分钟以后她又出来,但是那些书已经没有了。代替那些书的是她手里的一只瓦杯。再往前走没多远,她走进一家不很漂亮的房子的大门里。这是一座两层楼的古旧石头房子,粉着浊黄色,房子并不大。在底下一层的三道窗子中间,有一道窗子里放着一具小型的朱红色棺材——作为那里住着一个棺材匠的标志。楼上的窗子极小,而且完全是正方形的,镶着暗绿色的破玻璃,从玻璃窗里我瞥见红色的棉布窗幔。我跨过马路,走到那房子前面去,在大门的一块铁牌子上读到一行字:"布勃诺夫夫人。"

但是我刚弄清楚刻在这牌子上的字,就突然听到布勃诺夫夫人的院子里一个尖锐的女人的叫声,跟着是一阵叫骂。我从大门里窥进去。那屋子的木头台阶上,站着一个结实的女人,头上包着一块头巾,披着一件绿披肩,穿戴得好像一个女工似的。她脸上带着一种叫人憎恶的紫青色。她那肿胀的、充血的小眼睛闪着狠毒的光芒。虽然这还是早上,她显然还不是很清醒的。她向可怜的叶列娜尖锐地叫着,叶列娜化石般地木立在她的面前,手里握着那只瓦杯。一个蓬头散发的涂脂抹粉的女人,从那紫青色脸孔的女人背后一座楼梯上窥望着。

过了一会,宅基的台阶上一道通地下层的门打开了,一个穿得很破烂的中年女人，脸色温和而庄重的，也许是被这叫声所吸引，走到台阶上。地下层里别的房客——一个老态龙钟的老人和一个小姑娘从半开的门里张望着。一个魁梧的粗笨农民，大概是看门人吧，握着一柄扫帚，木立在院子中间，懒洋洋地看着这光景。

“哼，你这该死的懒货，你这吸血鬼，你这虱子！”那女人尖着喉咙叫，把她所有骂人的话都一口气骂了出来，大半的话连顿点和逗点都没有的，只是夹着一种喘气罢了。“我照顾你，你就是这样报答我呀，你这褴褛的婊子！我刚叫她去买几条胡瓜，她就溜跑了！我叫她出去的时候，我心里就觉得她一定会溜跑的！这真叫我心痛呀！就在昨天晚上，为了这我几乎把她头发都拔掉，今天又跑开了。你到哪里去的呀，你这贱货？你到哪里去的呀！你去找谁的呀，你这该死的干尸，你这瞪眼睛的毒蛇，你这恶毒的贱坯，谁？你找的是谁？说出来，你这烂腐渣子，你不说，我就当场窒死你！”

这狂怒的女人向那可怜的女孩子扑过去，但是看见一个女人从地下层的台阶上望着她，她忽然又缩住了，于是朝着她诉说起来，声音比刚才还尖锐，摆着两只胳膊，似乎要叫她来证明她这个倒霉的牺牲者的可怕的罪恶。

“她娘翘了辫子！你们大家知道的，好街坊，她孤单单地留下来了啰。我看到她落在你们手里，而你们都是穷人，你们自己还没有吃的呢。于是我想，看在圣·尼古拉面上，我来麻烦自己，收留这孤女吧。这样我就把她养起来啦；你们相信吗，我才养了她两个月，我罚咒给你们听，她已经吸光了我的血，把我折磨得只剩一把骨头了。这个吸血鬼，这个响尾蛇，这个魔王的强骨头。你打她也好，不管她也好，她就是不开口。她就像含着一嘴巴的水似的，一味闭着臭嘴。她闭着臭嘴来伤我的心呀！你以为自己是什么呀，你这倔强的懒货，你这个绿猴子？要不是我，你早就在马路上饿死了。你应该替我洗脚，喝我的洗脚水哩，你这妖精，你这黑色的法国妖怪！没有我，你早就完蛋啦！”

“可是你何必这样烦恼自己呢，安娜·特立芳诺芙娜？她又怎样恼了你呢？”那个跟这狂怒的泼妇答话的女人有礼貌地问。

“你用不着来问，我的好奶奶，你用不着。我不喜欢人家来反对我！我是个百事都要随我的人，对也好，不对也好——我就是这样的人！今天早晨，她几乎把我送进坟墓里去啦。我叫她到铺子里去买几条胡瓜，她一去就三个钟头。我叫她去的时候，心里就有种感觉——我的心发痛，可不是发痛嘛！她到什么地方去了？她上哪儿去了呀？她找上什么保护人了呀？倒像我不是她的好朋友似的。唉，我饶了她这懒货的娘十四个卢布的债，我自己还花钱埋葬了她，还把这小鬼带来抚养，这你知道的，我的好奶奶，你知道的！唉，有了这些事情，难道我没有权利管她吗？她本来自己就该明白的，可是她不但不明白，倒反来跟我作对啦！我是想望她好的。我要给她穿棉纱衫，这肮脏的懒虫！我还替她在外商市场买了双鞋子来，把她打扮得像孔雀一样，好像过节的光景似的！可是你相信吗，好朋友。过了两天，她就把衣服撕烂了，撕成了破布烂片，她就是这么干！她就是这么干！你想怎么样，她是故意要撕破的呀。——我不要撒谎，我亲眼看见的；这就是说，她要穿破衣服，她不愿意穿棉纱衫！哼，我给了她颜色瞧！我给了她一顿打！之后我又请了医生来，还得付他钱呢。如果我窒死你，你这贱货，我只消一礼拜不喝牛奶，也就消了罪孽啦；窒死你这样忏悔就够了。我叫她擦地板，作为一种惩罚，你想她怎么样？她就擦呀擦呀老擦不完，这骚货！我看见她擦就心烦起来。哼，我想，她现在是打算从我手里逃走哩。昨天我一时没想到，等找她的时候，她已经溜出去啦。你昨天听到我怎样打她的，好朋友。我打得臂膀都痛了，我把她鞋子袜子一齐拿掉，——我想她总不会赤着脚跑出去了。可是她今天还是照样给我一溜！你到哪里去的？说！你向谁去诉说我的，你这荨麻子？你向谁去讲坏话的？说！你这吉普赛，你这假外国人！说！”

她在狂怒中间，冲向那个恐怖得像化石般站着的小姑娘身旁去，抓住她的头发，把她摔倒在地上。那只盛着胡瓜的杯子摔到一旁打碎了。这更增加那吃醉酒的泼妇的愤怒。她夹头夹脑地打着她的牺牲者；可是叶列娜依旧倔强地沉默着；甚至在拳脚底下她也不出一点声，也不哭，也不诉一声苦。

我冲到院子里，愤怒得几乎发狂了，我向那酒醉的女人直奔过去。

“你在干什么？你怎敢这样对待一个可怜的孤女？”我叫着，捉住那泼妇的胳膊。

“这是什么呀？怎么，你是谁呀？”她放开叶列娜，叉起两只胳膊，尖锐地叫起来。“你到我屋子里来干什么呀！”

“来告诉你，你是一个没心肝的女人，”我叫。“你怎敢这样虐待一个可怜的孩子？她不是你养的。我刚才听见，她不过是你收养的,一个可怜的孤女。”

“耶稣,主呀!”那泼妇叫起来,“可是你是谁呀,来管我的事。你是跟她同来的吗,唔?我要立刻去见警长!安德烈·铁莫费叶契他老人家待我是跟待贵夫人一样的哪。怎么,她是去看你的吗?这是谁呀!他跑到人家屋子里来捣乱。警察呀!”

她握紧拳头,向我奔过来。正在这当儿,我们听到一声尖锐的非人的呼声。我一看。那像失去知觉般木立着的叶列娜发出一声奇怪的、不自然的叫声,砰地倒在地上了,在可怕的痉挛中扭曲着。她的脸孔在抽搐。她是发羊癫疯了。那蓬头散发的女人跟那地下层里的女人奔过来,抬起她,匆匆地把她抬到台阶上去。

“她会气死我,这该死的贱货!”那女人在她背后狂叫着。“这个月里已经发第三次了……滚开,你这扒手;”于是她又向我冲过来。“你站在这儿干么呀,看门的?你拿了人家工钱干什么的呀?”

“走吧,走吧!你要等脑壳儿吃生活吗?”那看门人懒洋洋地说,显然只是做个样子。“两人好结交,三人不成局。鞠一个躬,请滚吧!”

一点办法都没有了。我走出大门,觉得我的干涉一无用处。但我是愤怒得沸腾了。我站在大门对面的人行道上,向门里望着。我一出大门,那个女人便奔到台阶上去,看门人尽了他的职责,就不见了。过了一会,那个帮着把叶列娜抬进去的女人,从台阶上急匆匆地下来,走回地下层去。她看见我,站住了,好奇地向我打量着。她那安详慈和的脸相给我一种勇气。我又回到院子里，向她走去。

“容许我问一声，”我说，“这女孩子是谁？这可怕的女人要把她怎么样呀？请别以为我只是为了好奇心才问的。我曾经碰见过这女孩子，由于特殊的情形，我非常关心她。”

“你如果关心她，那么你不如把她带到家里去，或者替她找个地方，总比让她在这儿毁了好些。”那女人带着一种显然很为难的神情说，做出要离开我的样子。

“但是如果你不告诉我，我能做什么呢？我告诉你，我一点也不知道她的事情呀。我猜想，刚才那个就是这屋子的主妇布勃诺夫夫人吧？”

“是的。”

“那么，这女孩子怎么会落到她手里呢？她的娘是死在这儿的吗？”

“啊，我不能说。这不是我们的事情。”

她又想走开。

“但是请为我做件好事吧。我告诉你，我非常关心这件事的。也许我能够出点力的。这女孩子是谁？她的娘是什么人？你知道吗？”

“她好像是什么外国人；她跟我们一起住在底下；但是她害病，她害痨病死的。”

“她在地下层里分租一个房间，那她一定是很穷了？”

“唉，她很穷。我老替她痛心。我们已经是过一天算一天了，可是她跟我们同住的五个月中间，她还欠着我们六个卢布呢。我们还把她埋葬了。我男人替她做的棺材。”

“那么，那个女人怎么说是她葬的呢？”

"她似乎以为是她葬的!"

"那么她姓什么呢?"

"我念不上来,先生。这很难念。这大概是德文。"

"斯密司?"

"不,不大像那样。唔,安娜·特立芳诺芙娜收留下这孤女,说要养大她。不过这总不大对劲……"

"我想,她收她是有什么目的的吧?"

"她是一个没有好事干的女人,"那女人回答说,似乎在考虑和犹豫要不要说出来。"这关我们什么事呢,我们都是旁人。"

"你还是管住你的嘴巴吧,"我听见背后一个男人的声音。

那是一个中年男子,穿着一件长袍,长袍上又加了一件上衣,他看来像是一个工匠,是那女人的丈夫。

"她没有必要跟你谈天哩,先生;这不关我们的事。"他说,向我斜睨着。"你出去吧!先生,再会吧;我们是做棺材的。你先生如果有什么惠顾,我们是很欢迎的……但是除此以外,我们是没有什么可说的……"

我默默地走了出去,非常激动。我不能做什么,但是我觉得这样离开是很难的。棺材匠老婆有几句话特别激动了我。这里一定有些什么岔子;我这样感觉到。

我走开去,望着地下,沉思着,这时忽然有一个尖锐的声音在叫我的姓。我抬起头看。我面前站着一个喝醉酒的人,几乎是摇摇摆摆的,他穿得很整洁,虽然他只穿着一件破烂的大衣,戴着一顶油腻的便帽。他的脸孔很熟。我更仔细地看了一下。他向我映映眼,讽刺地微微一笑:

“你不认得我吗?”

第五章

“啊,是你呀,马斯罗波耶夫!”我叫起来,忽然认出他是我在省立高等学校的一个老同学。“嗳,这是巧遇啊!”

“是呀,真是巧遇呵!我们有六年不见了。或者不如说,我们曾经碰到过,可是你阁下不打算来看我啊。自然啰,你现在是位将军,文学将军哩,唔……”

他说话的时候,一壁讥刺地微笑着。

“嘿,马斯罗波耶夫老兄,你简直胡说八道!”我插进去说。“将军,就算是文学将军吧,样子跟我差得远呢。此外,让我告诉你,我确实记得曾经有两回在街上碰见过你。可是你显然躲开了我。如果我看见人家想躲开我,我又何必闯上去呢?你知道我怎样想吗?如果你不是喝醉了酒,就在眼前你也不会招呼我的吧。这是老实话,是不是呢?嗯,你好吗?我碰到你非常非常地高兴,老兄。”

“真的?我这副……‘吊儿郎当’的样子不妨碍你吗?可是这用不着问。这是无关紧要的;我老记得你是一个多么可爱的家伙啊,老万尼亚。你记得吗,你曾经为了我挨过一顿打?你咬紧牙关,不出卖我,事后我非但不感激你,反而嘲笑了你一个星期。你是一个可敬的天真的人啊!看到你真高兴,我亲爱的人!”我们互相吻着。“我在寂寞中苦恼了好多年啊——‘从早到夜,从黑到明’;可是我不曾忘记旧时的日子。那是不容易忘记的。但是你在干些什么啊,你在干些什么啊?”

“我吗？唉，我也是在寂寞中苦恼着呀。”

他向我望了好一会，充满着一个微醉的人那种深沉的感情；虽然他无论什么时候都是一个脾气极好的人。

“不，万尼亚，你的情形跟我的不同。”他最后突然用一种悲剧的调子说。“我读过了，万尼亚，你知道，我读过了，我读过了！……可是我说，让我们好好儿谈谈吧！你忙不忙？”

“我忙哩，而且我应该承认，我正有些事情非常烦心。我要告诉你怎样办才好。你住在什么地方？”

“我会告诉你的。不过这不好；要我告诉你怎样好吧？”

“唔，什么？”

“唔，这个，你看见吗？”他指给我看离开我们站着的地方几码远的一块招牌。“你瞧，糖果店兼餐馆；这只是一个吃食店，但却是个好地方。我告诉你，这是一个合适的地方，而且那里的伏特加——那是没话说的！那都是从基辅徒步运来的。我尝过，我尝过许多次，我知道；他们是不敢拿坏酒给我喝的。他们是知道菲力浦·菲力必契的。你知道，我就是菲力浦·菲力必契。唔？你做鬼脸儿？别，让我说。现在是十一点一刻；我刚才看过。好吧，十一点三十五分我准让你走，这时候我们要干个满杯。为了一个老朋友花二十分钟，这总行吧？”

“如果真是二十分钟，那行；因为，我亲爱的老伙伴，我真是忙……”

“好，一言为定。但是我告诉你，两句话开头：你好像不快活……似乎你有什么事情烦恼着，是不是这样？”

“是的。”

“我猜到了。我正打算学看相呢。你知道;这也是一种职业呀。那么,来吧,咱们谈一谈。二十分钟之内,我将有时间先喝一杯庆贺酒,再喝光一杯赤杨酒,再是一杯苦橘酒,又是一杯 Parfait amour[①],以及别的我所想得出的一切。我纵酒啦,老兄!我这个人除了节日去做礼拜以外,是一无善处的。可是你不要喝酒。我只要你像现在这样子。虽然你如果喝了酒,你会显露出灵魂里特殊的高尚性。来吧!咱们小叙一番,再来一次十年的阔别吧。我是不配做你的伙伴的,朋友,万尼亚!”

“别多瞎扯了,就来吧。你将有二十分钟工夫,之后就要让我走的。”

到那吃食店去,我们要走上一座从街上通到二层楼的两段木扶梯。但是在扶梯上,我们忽然碰到两个喝得烂醉的绅士。他们看见我们,就摇摇晃晃地让到一旁去。

其中一个,是个年纪很轻,样子很幼稚的少年,脸上带着一种过分愚蠢的表情,只有一点点轻淡的髭痕,却没有胡须。他穿得像一个花花公子,可是看来却很可笑,好像是穿着别人的衣服似的。他手指上戴着一些看来很值钱的戒指,领带上有一枚值钱的别针,他的头发梳成一个冠子,看起来尤其好笑。他不住地微笑和吃吃地笑。他的同伴是一个五十来岁的粗矮、肥满、秃顶的人,有一张发肿的、喝醉酒的麻子脸,和一颗像纽扣般的鼻头,穿得比较马虎一点,不过领带上也扣着一只大别针,并且戴着眼镜。他脸上的表情是刁钻和淫猥的。

① 法文:谨祝完满的友情。

他那双猥亵、恶毒而神色多疑的小眼睛，隐藏在肥肉中间，好像是从裂缝里窥视一样。他们显然都认识马斯罗波耶夫，不过那胖子一看见我们就做出瞬时间的不高兴的怪相，而那年轻的却摆出一副谄媚的亲密的痴笑。他甚至还脱帽。他戴着一顶便帽。

“原谅我们，菲力浦·菲力必契，”他喃喃地说，柔弱地注视着他。

“有什么事情？”

“我请你原谅——我是……”他掸掸他的衣领。“密特罗胥加在里边。我看他是个流氓哩，菲力浦·菲力必契。”

“嗯，怎么一回事？”

“唉，我看是这样……唉，上星期他——”说到这里，他向他的伙伴点点头，“在一个讨厌的地方，给人家涂了一脸的酸牛油，都是为了密特罗胥加这家伙呀……唏——唏。”

他的伙伴似乎有点恼了，用他的肘子触触他。

“你应该跟我们一起来，菲力浦·菲力必契。我们已经干了半打啦。我们可以跟你在一块儿吗？”

“不，亲爱的朋友，现在我不能够，”马斯罗波耶夫回答说，“我有事哩。”

“唏——唏！我也有点小事哩……说到你……”

他的伙伴又用肘子触触他。

“以后再说吧！以后再说吧！”

马斯罗波耶夫显然是不想去瞧他们。但是我们一走进外面的房间——沿着那整个房间放着一条极干净的柜台，柜台上放满着食品、面饼、包心馒头和盛着各种颜色的酒的酒瓶——马斯罗波耶夫就拉我到角落里，说：

“这年轻家伙叫西左勃留霍夫，是个有名的小麦商的儿子；他老子一死，他得到了五十万，现在他正过着好日子哩。他去过巴黎，他在那里没有底地乱花钱。也许把钱都在那里花光了，但是他叔父一死，他又得到一笔财产，于是他从巴黎回来；就把其余的钱在这里乱花。再过一年他就要讨饭哩。他笨得像只鹅一样。他在最好的餐馆、酒窟和酒店里乱跑，同女戏子在一起，他还想进骠骑兵队去——他刚获得委任呢。另外那一个老家伙，亚立波夫，大概是个做生意的或经纪人之流的人物；他还承办了一些政府的什么事务。他是一个野兽，一个流氓，现在他是西左勃留霍夫的一个伙伴。他是一身而兼犹大和福斯塔夫的人①；他曾经破产过两次，而他又是一个可厌的色情的野兽，专会弄各色各样的鬼花样。我知道有一件这种色情的罪案，是有他在内的；但是他设法脱开了。为了有一件事情，我倒很高兴在这里碰见他；我正在注意他哩……自然，他现在正在讹诈西左勃留霍夫。他熟悉各种奇怪的地方，这使他对那样的年轻家伙正好有用。我向来就对他有点怀恨。密特罗胥加也正要对付他哩——就是站在窗口、穿着时髦的紧身外衫、有副吉普赛脸孔的神气活现的家伙。他是做贩马生意的；这里附近的骠骑兵都认识他。我告诉你，他是一个那样聪明的流氓，他会当着你的面造出一张假钞票，而且即使你看着，他也有本领用到你手里来。他穿着一件紧身外

① 犹大是出卖基督的人，见《圣经》。福斯塔夫是莎士比亚剧本《亨利第四》中的一个肥硕懦弱而又耽于情欲的兵士，富于机智而又轻率无礼。

衫，却是天鹅绒的，而且看来像是一个斯拉夫主义者（不过我以为这很配他）；可是假如让他穿上一件漂亮的礼服，或那一类衣服，把他带到英国俱乐部里，称他做大地主巴拉朋诺夫伯爵，他就会冒充两个钟头的伯爵，玩着惠斯特纸牌，像伯爵一样谈天，而人家决不会疑心他；他会把人家全骗了。他是不会有好结果的。唔，密特罗胥加对那胖子有很大的仇恨，因为密特罗胥加目下正困难得很。西左勃留霍夫本来对他很亲密的，但是密特罗胥加还没来得及诈骗他，那胖子就已经把他拖跑了。如果他们刚才在这吃食店里碰到，一定发生过一些什么事情。这件事我也知道一点，而且可以猜到是什么事情，因为不是别人，正是密特罗胥加自己告诉过我，他们要到这儿来，而且干了坏事情之后在这些地方徘徊着。我正要利用密特罗胥加对亚立波夫的仇恨，因为我有我的道理，我到这里来，老实说，就是为了这个缘故。我现在不愿意让密特罗胥加看见，你也不要老望着他，但是我们出去的时候，他一定会亲自跑过来，告诉我所要知道的事情的……现在来吧，万尼亚，到另外一间房里去，你明白吗？喂，斯捷潘，”他朝那跑堂的说，“你懂得我要什么吗？”

“是，先生。”

“那么你拿来吧。”

“是，先生。”

“当心一点。坐下吧，万尼亚。你干么老是这样瞧着我？我看你是在瞧我哩。你惊奇吗？不要惊奇。一个人会遭遇到任何事情的，甚至他梦想不到的事情……尤其是当……唔，当我们在一起死读康尼鲁斯·尼颇斯[1]的著作的日子里。万尼亚,有一件事情你可以确信:我马斯罗波耶夫也许已经离开了正道,可是他的心依旧没有变,只是环境改变罢了。我虽然也许会落到污泥里,可是我决不会比别人更肮脏些。我曾经打算去当医生,我也曾准备去当俄国文学教师,我还写过一篇论果戈理的文章,我希望成为金矿主,还打算结婚。一个活着的人在生活中总盼望一些甜蜜的东西啊。而且我虽然穷得连哄只猫的东西都没有,可是她却答应嫁我了。我已经就要去借一双行结婚礼时候穿的好靴子了,因为我自己的一双已经破了十八个月……可是我并没有结婚。她嫁给一个教师了,于是我又去当账房的书记,并不是做生意的账房,不过总是账房就是了。但是后来调子又改变了。一年一年地过去,虽然我不曾干什么职务,我却够自己吃:我接受人家的贿赂,毫无悔恨,不过我还是坚持真理的。我和猎狗一同打猎,我和兔子一同奔跑。我是有原则的。我知道,譬如说,一个人不能孤军作战,于是我留心到我自己的事务。我的事务主要是在机密的方面,你要明白。"

"你不是什么侦探之类吧,你是吗?"

"不,不完全是侦探。但是我却动手去做,一半是职业性的,一半是为我自己。就是这样的,万尼亚:我现在喝伏特加,但是在我没有把我的神志喝昏以前,我是知道我的前途是怎样的。我的好日子过去了;黑马仔是洗不白的。我只要说一

---

① 康尼鲁斯·尼颇斯,罗马历史家。此句是指"当我们在学校读书的日子里……"

件事情:如果不是‘人’这个东西在我心里起着反响,我今天依旧不会来招呼你的,万尼亚。你说得对,我以前曾经碰到过你,看见过你,而且有许多次我是想说话的,但是,我还是不敢,把它打消了。我是不配你的。万尼亚,你说我这次跟你说话,只是因为我喝醉了酒的缘故,你说得对。虽然这全是极无聊的事情,可是我们且别谈我吧。我们最好还是来谈谈你。是的,我的好人,我读过了!我全部读过了。我是说你的处女作。我读它的时候,我的朋友,我几乎变成一个可敬的人了。我几乎是在变成一个可敬的人了,但是我再想想,我还是愿意做一个不名誉的人。所以就是这样……”

他又说了许多话。他越来越醉,变得非常感伤,几乎要哭了。马斯罗波耶夫向来是一个顶呱呱的人物,但是狡猾,而且似乎早熟;从他在学校的时候起,他就是一个乖巧、聪明、狡猾的逃学精,但是他倒真有一副好心肠的;他是一个迷了路的人。在俄国人中间,这样的人很多。他们往往有很强的能力,但是他们头脑里的一切却全是乱七八糟的,而尤其是在某种情形下,因为柔弱的缘故,他们能够完全违背自己的良心去做事,他们不仅是在走向毁灭,并且他们也预知他们是在走向毁灭。譬如马斯罗波耶夫吧,就是沉沦在伏特加中间。

“现在再让我说一句,朋友,”他接下去说。“我最初听到你的名气怎样轰动;后来我又读了几篇关于你的批评文章(我真的读了;你大概以为我从不读什么东西的吧)。再后来,我看到你穿着破皮靴,在泥浆里走路也没穿上套鞋,戴着一顶破烂的帽子,于是我得出我自己的结论。你目前在当新闻记者吧?”

“是的，马斯罗波耶夫。”

“我想，是干摇笔杆儿的活儿吧？”

“差不多。”

“好，那么我告诉你，老兄：那还不如喝喝酒呢。我现在喝酒；我躺在沙发上（我有一只装弹簧的上等沙发），幻想我自己是荷马或但丁，或者什么菲特力·巴巴罗沙[1]——一个人可以随意幻想，你知道，但是你却不能幻想你自己是但丁或菲特力·巴巴罗沙，第一，因为你愿意是你自己，第二，因为不许你有一切愿望的；因为你是一个摇笔杆儿换饭吃的呀。我有幻想，而你只有现实。听吧，坦白地、率直地告诉我，像一个兄弟那样说话（如果你不愿意，你就是得罪我和屈辱我十年），你要不要钱？我有很多钱哩。唉，别做怪脸儿。拿点儿去吧，还清你老板[2]的账，摆脱你的羁绊，那么，你一年的生活有保障，去专心于你所怀抱的理想，写出一部伟大的作品来！唔？你说怎么样？”

“听着，马斯罗波耶夫！我感激你兄弟般的提议，但是我目前不能作任何答复，为什么，说来话长，这中间有些琐细的原委。但是我答应你，以后要像兄弟般地告诉你一切。我感谢你的提议。我答应到你那儿去，而且会时常去。但是我要告诉你的是这样一件事。你既然对我坦白，所以我也决定请你给我一点忠告，特别是我觉得，在这种事情上你是行家。”

我告诉他斯密司跟他外孙女的全部故事，从餐馆里那一

---

① 菲特力·巴巴罗沙，神圣罗马帝国皇帝，即菲特力一世。

② 这里指出版商。

幕开头讲起。说来奇怪，我讲这故事的时候，我从他的眼睛里看出，他似乎有点知道这个故事。我询问他。

“不，不完全知道，”他回答说，“不过我听到过关于斯密司的一些事情，一个什么老头儿死在餐馆里的故事。不过关于布勃诺夫夫人的事，我却真的知道一点。就在两个月以前，我从这位太太手里弄到一些钱。Je prends mon bien où je letrouve[①]，这是我像莫里哀的唯一之处。我虽然已经从她那里榨出了一百卢布，可是我当时发过誓，在我放手以前，非得再榨她五百卢布不可。她是一个淫猥的女人！她干着一种不可告人的勾当。那倒没有关系，不过有时她做得太不成话了。请你不要以为我是个唐·吉诃德。主要是，我也许会从这中间做出一件极好的事情哩，在半个钟头以前当我碰见了西左勃留霍夫我非常高兴。西左勃留霍夫显然是被人家带来的，那胖子就是带他来的人，而当我知道那胖子干着一种什么特殊买卖，我就断定……嗯，我要揭穿他的鬼把戏！我很高兴从你这里听到关于这小女孩子的事情；这是给我的另一条线索。你知道，我是承办各种各样的秘密工作的，我认识一些奇怪的人物哩！我不久以前替一位亲王侦查过一件小事情。告诉你，人家真想不到这会是那位亲王干的。你或者要听另外一件关于一个结过婚的女人的故事吧？你可以来看我，老兄，我会供给你许多题材，你如果写进作品里去，人家是不会相信的……”

“那亲王叫什么名字？”我带着某种预感问。

---

① 法文：我见钱就拿。这是莫里哀的名句。

“你要知道它做什么？好吧，他叫华尔戈夫斯基。”

“彼得吗？”

“是的。你认识他吗？”

“是的，不过不很熟。好，马斯罗波耶夫，我要不止一次地到你那里去打听这位先生呢，”我说着站起来。“你使我感到很大兴趣。”

“好的，老朋友，你高兴什么时候来就来吧。我可以告诉你许多好的故事，虽然只能在某种范围以内，你明白吗？否则一个人就要在买卖上丧失信用和名誉了，而其他一切也就要丧失了。”

“好的，只要在名誉所允许的范围之内。”

我真的激动了。他注意到了这个。

“嗯，你对于我告诉你的故事有什么话说吗？你想过什么？”

“你的故事？嗯，等两分钟吧。我要去付账。”

他走到碗柜那里去，好像是偶然地站到那个穿紧身外衫的青年人的身旁，没有客套地就称呼那人做密特罗胥加。在我看来，马斯罗波耶夫跟他熟识的程度，是比他对我承认的还要深一点。无论如何，他们显然并不是第一次见面。

密特罗胥加是一个很奇怪的家伙。他穿着他那没有袖子的紧身外衫和红色绸短衫，配上他那副狡猾而漂亮的相貌，那很年轻的黑色的脸孔，他那勇敢而闪光的眼睛，给人家一种古怪而并不乏味的印象。他的姿态上有一种装腔作势的傲慢，但是同时他显然在约束自己，假装出一副做买卖的庄重和沉着的神气。

“喂，万尼亚，”马斯罗波耶夫回到我这边来说，“今天晚上七点钟来看我，我也许有些事情告诉你。但是，我自己，你瞧，我是没有用的；从前我是有用的，但是现在我只是一个酒鬼，什么事情都不上轨道了。不过我依旧保持着我的旧关系，我也许可以侦察出一些什么。我在各种各样狡猾的人中间嗅着；我就是这样过日子的。当我自由的时候，就是说，当我清醒的时候，我自己也做一些事情，真的，也是通过一些朋友……多半是在侦查方面的事情……但是这和我们所谈的不相干。够了。这儿是我的地址，在胥斯梯拉伏契纳街。可是，老兄，我真是无可挽救呢。我还要再喝一盅，然后回家。我要睡一会。如果你来，我会把亚历山特拉·西姆约诺芙娜介绍给你，如果有工夫的话，我们还要讨论一下诗哩。”

“唔，还要讨论诗吗？”

“是的，也许要。”

“也许我会来。我一定会来的……”

第六章

安娜·安德烈耶夫娜已经等了我好久了。我昨天告诉她关于娜泰莎的条子的事，大大地激起了她的好奇心；今天早晨，她老早——十点钟——就在等我了。我去的时候已经是下午两点钟，这个可怜的女人的那种等待的痛苦到达了极点。她并且盼望跟我谈谈昨天她心里所产生的新希望，以及谈谈尼古拉·舍盖伊契，他从那时起就害病了，他沉郁，同时对她倒似乎特别温存起来。当我出现的时候，她脸上带着一种冷淡的和不高兴的神情来接待我，她很少开口，没有一点关心的样子，几乎好像要责问我为什么来，和问我每天都来访问做什么了。她生气我来得太迟。我却不耽延，急忙把昨天晚上娜泰莎家里的全部情景向她描述了。她一听到老亲王的访问和他那郑重的提议，她那假装的冷淡神气立即消失了。我找不出适当的字眼来形容她那高兴的样子；她看来简直不能控制她自己了，她在身上画十字，淌着眼泪，在圣像前面打躬，拥抱我，并且要跑到尼古拉·舍盖伊契那里去，把她的快乐告诉他。

“天啊，我亲爱的啊，都是他所受过的一切侮辱和委屈使他病了啊，他只要一知道娜泰莎能够得到这全部补偿，他霎眼之间就会把一切都忘了。”

我花费很大的力气劝住了她。这位好太太虽然跟她丈夫已经同居了二十五年，可是还不理解他。她并且焦急得要命，要同我立刻到娜泰莎那里去。我向她指出，不仅尼古拉·舍盖伊契不会赞成她的举动，而且我们这一去甚至会把整个事情都弄糟的。我好容易才使她改变了主意，但是她又不必要地稽留了我半个钟头，全部时间都谈着她自己。

“我将跟谁呆在这儿呢？”她说，“我心里怀着这种快乐，一个人坐在这四堵墙壁的中间吗？”

最后，我说服她让我走，提醒她，娜泰莎一定等得我很焦急了。她好几次画十字祝我路上顺利，还带给娜泰莎一个特别的祝福，而当我表示除非娜泰莎那里发生什么特别事故，否则今天晚上我绝不再回来的时候，她几乎流泪了。这一回，我不曾看到尼古拉·舍盖伊契；他昨夜通宵没有睡，抱怨头痛、发冷，现在正在书房里酣睡。

娜泰莎也等了我一个早晨了。我走进去的时候,她照老样子紧握着两只手,在屋子里来回走着,沉思着。甚至在现在,我回想起她的时候,还常常看到她独自在一间蹩脚的房间里梦幻地、凄凉地等待着,合着手,低着眼睛,毫无目的地来回走着呢。

她依旧来回地走着,低声问我为什么来得这样迟。我告诉她我一切遭遇的简明经过,但是她几乎没有听。人们可以看出,她正在为什么事情大大地焦虑着呢。

"有什么消息吗?"我问她。

"没有什么消息,"她回答说。但是我从她的脸色上立刻猜到,是有些什么消息了,而且她等待我的目的,就是要把这个消息告诉我,但是她却照例不愿意立刻告诉我,而要等到我刚要走的时候才讲出来。

我们常常是这样的。我对她已经迁就惯了,于是我等待着。

我们开头自然是谈些昨夜的事情。使我特别惊异的,是我们对于华尔戈夫斯基亲王的印象竟完全一样;她完全不喜欢他,比当时更不喜欢他。当我们一点一点来分析这次访问的时候,娜泰莎忽然说:

"听着,万尼亚,你知道,事情往往是这样:如果你起初不喜欢一个人,到后来你却会喜欢他的,这差不多是一种一定的征兆。总之,我就常常是这样的。"

"让我们希望是这样吧,娜泰莎。这是我的意见,而且是最后的意见。我全部研究过,我推断是这样,亲王虽然也许是狡诈的,但是他答应你婚事却是真心地,而且诚恳地。"

娜泰莎停在屋子中央，严肃地望着我。她的整个脸色都改变了；她的嘴唇轻轻地颤动着。

“不过他怎么能在这样的事情上来欺骗而且……撒谎呢？”

“当然不会，当然不会！”我连忙同意说。

“当然他不是撒谎。我看这是不必去想的。这样的欺骗是无可饶恕的。而且难道在他眼里我真是那样下贱，使他能这样开我的玩笑吗？什么人能够干出这种侮辱的事情呢？”

“当然不会，当然不会，”我同意说，我心里却想，“你走来走去，并不在想别的问题啊，我可怜的姑娘，你多半是比我更怀疑这件事呢。”

“唉，我是怎样盼望他早一点回来呵！”她说。“他要整个黄昏跟我在一起，而以后……这大概是有重要的事务吧，因为他丢开一切事情赶了去。你不知道是什么事务吗，万尼亚？你没有听到什么吗？”

“只有上帝知道。你知道，他是常常在弄钱的。我听说他的彼得堡的什么包工合约上有点股份。对于商业，我们都不懂的，娜泰莎。”

“我们当然不懂。阿略沙昨天讲起什么信件。”

“是某种新闻之类。阿略沙来过这里吗？”

“是的。”

“很早吗？”

“在十二点钟；他睡得很晚，你知道。他只留了一会儿工夫。我叫他到卡捷琳娜·菲多罗芙娜那里去；我不该叫他去吗，万尼亚？”

“怎么,他自己不打算去吗?”

“是的,他打算去的。”

她还想说一些什么,但是自己打住了。我望着她,等待着。她的脸色是忧郁的。我想要询问她,但是她有时是特别不喜欢询问的。

“他是一个奇怪的孩子,”她最后说了,嘴巴轻轻地牵动了一下,仿佛极力不想看我。

“怎么啦?我想是发生什么事情了吧?”

“不,没有什么;我只是那么想罢了……他虽然可爱……但是已经……”

“他的一切忧虑和焦灼现在已经过去了。”我说。

娜泰莎注意地和探究地望着我。她也许想要这样回答:“他以前也没有多少忧虑和焦灼啊,”但是她想象我的话里是包含着同样意思的,她的嘴噘起来了。

但是她立刻又变得和蔼而亲切了。这次她特别地温顺。我跟她在一起呆了一个多钟头。她很不安。亲王把她吓着了。我从她的一些问话中间,注意到她非常焦灼地要知道,她给了他一种什么印象。她的举止是否适当?她有没有过分坦直地显露出她的高兴?她是不是太容易动气了?或者相反地,是不是太妥协了?他不至于想到什么吧?他不至于笑她吧?他不至于看轻她吧?……她这样想的时候,她的两颊红得像火一样。

“你怎么能够因为一个坏人想些什么,就这样烦恼呢?让他去想好啦!”我说。

“为什么他是坏人呀?”她问。

娜泰莎是多疑的，但却是心地纯洁和率直的。她的怀疑并不是出于不纯洁的泉源。她是高傲的，而且是带着一种高贵的自尊心，她认为比一切都高贵的事情，结果在她前面变成笑柄，这是她所不能忍受的。她自然也会以轻蔑去回答一个下流人的轻蔑，然而同时，对于人家嘲笑她所认为神圣的事物，不管嘲笑的是谁，她还是会痛心的。这并不是因为缺乏坚强性。这一部分是由于对世事知道得太少，由于不惯与人相处，由于一直关闭在她的小圈子里的缘故。她一生都消磨在她自己的小角落里，难得离开它。最后这种好性情人的特征，也许是从她父亲那里遗传下来的特征——惯于把人家看得好一点，坚信他们总要比实际上好一点，热心地夸大人家的一切好处——便在她身上大大地发展起来。这样的人当他以后感到幻灭的时候是很苦的；而最苦的是，当他感到自己该受责备的时候。为什么一个人所希望的要比实际能得到的更多呢？这种失望常常存在这种人的心里，他们最好是安静地住在他们的角落里，不要跑到社会上来；事实上我注意到，他们是真正爱好他们的角落，他们住在里面渐渐变得怕羞和不善交际了。然而无论如何，娜泰莎已经遭受过许多不幸、许多耻辱了。她已经是一个受伤的人了，如果我所说的话中间真有什么责备的意思存在，那她是不能受责备的。

但是我很忙，于是站起来要走了。她吃了一惊，看见我要走几乎哭出来了，虽然当我跟她在一起的时候，她并没有对我表示出特殊的温情；相反地倒比平时冷淡些。她热烈地吻着我，注视了我的脸孔好久。

"听着，"她说。"阿略沙今天早上很荒唐，真叫我惊奇哩。

他显然很亲热，很快[illegible]但是忽然飞了进来，像那样一只蝴蝶，那样一个花花公子，而且老在镜子前面打扮。他现在有点太随便了……是的，他没有呆多久。你想，他给我带来一些糖果哩。”

“糖果？嘿，这倒是非常可爱而天真的呀。唉，你们真是一对啊。现在你们开始在互相窥探、互相侦察哩，在互相研究彼此的脸色哩，而且研究彼此心里的想头哩（却一点也不理解）。他也没有两样。他还是和平常一样，快乐而带小学生气。但是你，你呀！”

无论什么时候，当娜泰莎变了声调，到我面前来抱怨阿略沙，或者来要我解决同样的疑难问题，或者告诉我某些秘密，希望我只要听她半句话就明白她，这时，我记得，她总是含着一丝微笑望着我，似乎恳求我一定要给她一个回答，她心里会立刻快活起来。我也记得，每逢这样情形，我总是拿出一种严厉和粗暴的口气，好像在骂人似的，这在我完全是无意识的，可是常常很成功。我的严厉和庄重是需要的；这些似乎很有力量，人们有时会感觉一种阻遏不住的欲望，渴望着人家来骂一顿。有时娜泰莎竟是这样给完全安慰下来了。

“不，万尼亚，你瞧，”她继续说下去，把她一只小手放在我肩膀上，另外一只手紧握着我的手，她的眼睛看住我的眼睛，“我想，他有点太不会感动了……他似乎已经是那样的丈夫——你知道，好像已经结了十年婚，但依旧对他太太很客气似的。这不是太早了吗？……他笑着，打扮着，但是好像这一切都不相干，好像这件事只和我有一部分关系，和平常不一样了……他急于要去看卡捷琳娜·菲多罗芙娜……我跟他说话，他不听我，或者又说起别的事情来啦。你知道，这都是我们两个要他去掉的那种可怕的贵族习惯呀。事实上，他是太……甚至于好像毫不关心……但是我在说些什么呀！我是这样说了，我已经这样开始了！唉，我们都是怎样一种苛刻和反复无常的武断的人啊，万尼亚！直到现在我才明白！我们是连一个人脸上的一个小小变化都不肯原谅的啊，上帝知道是什么使他变脸色的呢！万尼亚，你刚才骂我是对的！这都是我的过失！我们给自己制造麻烦，又来抱怨……谢谢你，万尼亚，你让我完全安心了。唉，只盼望他今天能来吧！可是，唉！他也许为了今天早晨的事情生了气呢。”

“你们当真不曾吵过嘴吗?”我惊异地叫起来。

“我没有过什么表示！但是我当时有点小小的不开心，他进来的时候虽然那样高兴，但是忽然又沉思起来，我猜想他是冷冷地跟我说再会的。是的，我要派人去找他……你也来吧，今天，万尼亚。”

“是的，我一定来，除非给一件事情绊住了。”

“怎么，什么事情呀?”

“我自己找来的！不过，我想我仍然一定能够来。”

第七章

七点正，我到了马斯罗波耶夫家。他住在胥斯梯拉伏契纳街一座小房子的厢房里。他有三间略为肮脏但是布置得并不坏的房间。甚至这里还有点很富裕的样子，同时却又是极端不整洁。门是由一个极标致的十九岁的姑娘来开的，她穿得很朴素，但却可爱、干净，有一双善良而愉快的眼睛。我立刻猜到，这就是他今天早上顺便暗示过拿介绍她来作为对我的一种诱惑的那位亚历山特拉·西姆约诺芙娜了。她问我是谁，而一听到我的名字，就说马斯罗波耶夫正在等我，可是他现在正在房间里睡觉，她带我到那房里去。马斯罗波耶夫睡在一张很好的软沙发上，盖着他的那件肮脏的大衣，枕着一只破烂的皮枕头。他睡得不很熟，我们一进去，他就叫着我的名字。

"啊，是你吗？我等着你呢。我正梦见你，你就进来把我惊醒了。这是时候了。走吧。"

"我们到哪里去呀？"

"去会一位太太。"

"什么太太？为什么呀？"

"布勒诺夫夫人呀，去惩她一下。她不是个美人吗？"他转向亚历山特拉·西姆约诺芙娜，拉长声音说，他一想到布勒诺夫夫人，甚至吻起手指头来了。

"滚吧，你又要乱来啦！"亚历山特拉·西姆约诺芙娜说，觉得她应该装出一种生气的样子。

"你不认识他吗？让我替你介绍一下，老兄。喂，亚历山特拉·西姆约诺芙娜，我给你介绍一位文学将军；他一年只有一次，可以无条件地见人，别的时候你要见他就得付钱哩。"

"他又来说鬼话哩！别听他。他老是嘲笑我的。这位先生怎么会是一位将军呢？"

"这正是我告诉你的，他是一种特别的将军。可是你阁下别以为我们就是傻相的；我们比你最初所得到的印象要聪明得多哩。"

“别听他！他老是在诚实的人们面前来窘我，这不要脸的家伙。他倒不如偶然带我去看看戏呢。”

“亚历山特拉·西姆约诺芙娜，爱你的家务事吧……你忘记了你该爱什么吗？你忘记那句话了吗？我教你的那句！”

“我自然没有忘记！这只是胡说。”

“唔，那么是什么话呀？”

“好像你一定要我在客人面前丢脸！这多半是不要脸的事情。我要说出来，真把我窘死哩。”

“唔，那么你忘记了。”

“唔，我还没有忘记呢，宅神呀！……爱你的宅神呀，这就是他发明的！也许压根儿就没有什么宅神。那么人干吗要爱他呢？他老是胡说！”

“可是在布勃诺夫夫人家里……”

“咄！你跟你的布勃诺夫夫人！”

于是亚历山特拉·西姆约诺芙娜很生气，奔出室外去了。

“是去的时候了。再会吧，亚历山特拉·西姆约诺芙娜。”

我们走出去。

“喂，万尼亚，首先让我们坐上这辆马车吧。这样才对。那么其次，昨天我跟你道别以后，我又发现一些事情，不是凭猜想，而是确实的。我在华西里耶夫岛花了整整一个钟头。那个胖子是个可怕的流氓，一个淫猥龌龊的野兽，专门会干各种各样鬼把戏，而且还有各种的下流嗜好。这位布勃诺夫夫人老早就以专门干这一类把戏出名了。她有一天几乎把一个好人家的小姑娘拖下水了。她给那孤女穿的那件棉纱衫（正如你今天早晨所描述的）使我不安心，因为我已经听到过这一类事情。我今天早晨很偶然地知道另外一些事情，但是我想很可靠。她多大年纪了？”

“从她脸上看，我说有十三岁了。”

“不过看起来她还没有这么大。唔，这就是她怎样干的。她需要说小，就说她十一岁，别的时候又说她十五岁。那小姑娘因为没有人保护她，她就……”

“这可能吗？”

“你还以为怎么样？布勃诺夫夫人决不会只因为怜悯而去收留一个孤女啊。如果那胖子在那里彷徨，那你可以断定是这么一回事情了。他昨天去看了她。而那位傻瓜，西左勃留霍夫，他们答应今天给他弄一个美人儿——一个结过婚的女人，一位官太太，一个有品级的女人。这些放荡的商人的少爷总是最喜欢这一套；他们常常很看重品级。这好比拉丁文法的规矩，你记得吗：重要的意思往往放在句末之前。但是我相信我从今天早晨还醉着呢。可是布勃诺夫夫人最好还是不要大胆去管这种勾当吧。她还要欺骗警察哩；但是这是无聊的！所以我要吓她一下，让她知道这是为了宿怨的缘故……以及其他一切的缘故，你明白吗？”

我非常惊愕了。这一切发现使我吃惊。我一直害怕我们去得太迟了，紧催着车夫。

“请放心。策略已经布置好啦，”马斯罗波耶夫说。“密特罗胥加在那边。对西左勃留霍夫，要他拿出钱来；可是对那胖子流氓，却要他的皮。这都是今天早上决定的。唔，布勃诺夫夫人这一份归我的……因为别让她敢……”

我们赶到饮食店里；但是那个叫密特罗胥加的人却不在。

我们告诉车夫在饮食店阶梯前面等我们，于是走到布勃诺夫夫人那里去。密特罗胥加在大门口等着我们。窗子里有明亮的灯光，我们还听到西左勃留霍夫喝醉酒的格格的笑声。

“他们都在里边，已经来了一刻钟了，”密特罗胥加通知说，“现在正是时候。”

“但是我们怎样进去呢？”我问。

“作为客人们，”马斯罗波耶夫回答说。“她认识我，她也认识密特罗胥加。果然门全锁上了，但这并不是因为我们。”

他轻轻地拍着大门，门立即开了。那看门人打开门，和密特罗胥加交换了一个暗号。我们轻轻地走了进去；屋子里的人不曾听见我们。那看门人引我们到台阶前，敲敲门。里面有人在叫他的名字。他回答说有位先生要找她说话。

门开了，我们一齐进去。那看门人不见了。

“嗳，这是谁呀？”布勃诺夫夫人惊呼起来，她喝醉了酒，头发蓬松地站在小过道里，手里拿着一支蜡烛。

“谁？”马斯罗波耶夫很快回答。“你怎么能这样问呀，安娜·特立芳诺芙娜。你不认识你尊贵的客人们吗？谁，难道不是我吗？菲力浦·菲力必契呀。”

“嗳，菲力浦·菲力必契！是你呀……很欢迎……但是怎么会是你呀……我不知道……请进来吧。”

她完全吓慌了。

“哪里呀？这儿吗？但是这儿是一间隔房呀，你应该给我们一个较好的招待啊。我们是来开香槟的呀。可是这儿有什么小姑娘吗？”

那女人立刻又恢复她的信心了。

“嗳呀，为了这样的贵客，我掘地也得掘出来呀。我会向大清帝国去找呀！”

“两句话，安娜·特立芳诺芙娜，乖心肝；西左勃留霍夫在这儿吗？”

“是的。”

“他正是我要找的人。他怎么敢不同着我来喝酒呀，这混蛋？”

“我希望他不曾忘记你。他好像在等什么人呢；大概就是你。”

马斯罗波耶夫推开门，我们走进一个有两扇窗子的小房间，窗上挂着天竺葵属的花，有几把柳条椅子和一只样子很难看的钢琴；一切都像人们所能猜想到的那样。但是在我们还不曾进去，还在过道上说话的当儿，密特罗胥加就已经不见了。以后我才知道，他不曾进来，而是在门背后等待着。后来有什么人来替他开门的。这天早上我从布勃诺夫夫人背后看到的那个蓬头散发、涂脂抹粉的女人，原来就是他的伴当啊。

西左勃留霍夫坐在一张简陋的、充桃心木的小沙发上，前面有一张圆桌，上面铺着台布。桌子上放着两瓶微温的香槟酒和一瓶可憎的糖酒；盆子里装着从糖果店买来的糖果、饼干和三种干果。桌子对面，正对着西左勃留霍夫，坐着一个四十来岁样子很可厌的麻脸女人，穿着一件黑色软绸的衣服，戴着一支青铜色胸针和手镯。这就是那“官太太”，无疑是一个冒充货。西左勃留霍夫吃醉了，而且十分得意。他那位胖子朋友没有跟他在一起。

“就是这样做人的呀！”马斯罗波耶夫用最高的嗓子咆哮

着。“还请人家到特索脱店里去呢!”

“菲力浦·菲力必契,来跟我们乐一下吗?”西左勃留霍夫喃喃地说,站起来,带着一种快乐的神气来迎接我们。

“你在喝酒吗?”

“原谅我。”

“别道歉,请你的客人们来加入吧。我们是来找你一块儿玩的。这儿我带了一位朋友来参加。”

马斯罗波耶夫指指我。

“那才有趣呀,你们使我快乐……嘻—唏—唏—唏!”

“呸,你叫的这香槟吗?这简直是麦酒。”

“你侮辱我。”

“所以你不敢到特索脱店里去露面了!还请了人家哩!”

“他刚才告诉我,说他到过巴黎,”那位官太太插嘴说。“他一定是撒谎。”

“菲多西雅·提提胥娜,别侮辱我,我去过的。我曾经旅行过。”

“像他那样一个乡巴佬到巴黎!”

“我们是去过的呀!我们能够去,我跟卡浦·华西里契在那边排场了一番呢。你认识卡浦·华西里契吗?”

“我要你的卡浦·华西里契做啥?”

“嗳,这只是……这对你会是合算的呀。咳,在那边,巴黎呀,在乔勃尔脱夫人家里,我们打碎了一面英国的穿衣镜哩。”

“你们打碎什么?”

“一面穿衣镜。那里墙上有面镜子;卡浦·华西里契喝醉了,他向乔勃尔脱夫人乱说着俄国话。他站在那座穿衣镜旁边，把肘子靠着它。乔勃尔脱夫人用她的本国话向他叫起来，说这面穿衣镜值七百法郎哩（那就是等于我们的四百卢布），他会把它打碎的！他狞笑一下，看看我。我坐在对面的沙发上，一个美人儿陪着我，那可不是像眼前这位夯货，而是一个漂亮极了的人物呢——只能用这句话来形容她的。他叫了起来，'斯捷潘·特仑脱伊契，嘻，斯捷潘·特仑脱伊契！我们各人出一半吧，行吗？'我说，'行！'于是他把拳头在镜子上砰的一下，啪啦！全部玻璃都打成碎片啦。乔勃尔脱夫人怪叫起来，直奔到他面前：'你在干什么呀，恶棍？'（这是用她自己的方言说的）'乔勃尔脱夫人，'他说，'这儿是镜子的价钱，可别伤我的体面。'于是他当场就掏出六百五十个法郎来，他们还争那其余五十个法郎呢。"

正在这时，突然听到一声可怖的尖锐的叫声，从离开我们这间房约莫两三个房间那边传过来。我发起抖来，也叫了起来。我辨别出这叫声：这是叶列娜的声音。紧接着这悲惨的叫声，我们又听到一阵别的叫喊、咒骂和搏斗的声音，最后是一声响亮的、有回声的清脆的耳刮子。这大概是密特罗胥加照他自己的方法在报仇了。突然房门猛烈地撞开，叶列娜冲了进来，脸色惨白，眼睛迷眩，穿着一件白棉纱衫，皱乱和撕破了，曾经小心地梳过的头发，纷乱得和打过架一样。我面对着门站在那里，她直奔向我，搂住我。每个人都跳了起来。每个人都吓坏了。她一进来，叫喊声音都起来了。接着，密特罗胥加出现在门口，后面拉着他那位胖子仇人的头发，那胖子已经陷在绝望的纷乱状态中了。他把他拉到门口，摔进房间里面来。

“他在这儿！带去！”密特罗胥加带着一种完全满足的神气叫出来。

“我说，”马斯罗波耶夫轻轻地走到我面前，拍拍我的肩膀说，“坐我们的车子，把这孩子带走，拉到家里去吧；这儿没有你的事了。其余的事我们明天再来安排。”

我不等他说第二遍。拉了叶列娜的臂膀，就把她带出这鬼窠了。我不知道那边事情是怎样结束的。没有一个人阻挡我。布勃诺夫夫人吓昏了。一切都发生得那样迅速，她不知道该怎样来干涉了。那车子在等着我们，二十分钟之内，我们就赶到我的住处了。

叶列娜好像是半死了。我解开她衣服的扣子，用水来洒她，让她躺到沙发上去。她开始发烧和讲起呓语来。我看着她那惨白的小脸孔，看着她那失色的嘴唇，看着她那曾经小心地梳过并且涂过油、而现在却披在一旁的黑发，看着她全身的打扮，看着那些依旧这边那边地留在她衣服上的粉红色丝结——于是我对于这一切惊心动魄的事实完全没有疑惑了。可怜的小东西啊！她越来越不好了。我不离开她，我决定今晚不到娜泰莎那里去了。叶列娜不时抬起她弯弓般的长睫毛望着我，长久地、专心地凝视着我，似乎认出我来。当她睡熟的时候，已经很晚，过了半夜了。我睡在离开她不远的地板上。

第八章

我起得很早。夜里我差不多每半个钟头醒一次，起来留心地看看我那可怜的小客人。她在发烧和轻轻地讲着谵语。

但是快早晨的时候，她却睡得很熟了。一个好征兆，我想，但是我早晨一醒来，就决定趁那可怜的小东西还睡熟的时候赶去请医生。我认识一个医生，一个性情极好的老鳏夫，他和他的德国管家，从无法记忆的时候起，就住在符拉狄密尔斯基街了。我赶到他那里。他答应十点钟到我这里来。我到他那里是八点钟。我很想顺路去看看马斯罗波耶夫，但是我又改变主意了。他从昨天睡到现在，一定还不曾醒来，而且叶列娜也许会醒了，她发现只有她自己一个人在屋里时，也许会害怕的。在她发烧的状态中，她很可能忘记她是什么时候和怎样来到这房间里的。

我走进房间里的时候，她就醒来了。我走过去小心地问她觉得怎么样。她没有回答，只是用她那含情的黑眼睛，向我注视了很久、很久。我从她的眼色里猜想出，她是完全意识到和明白所发生的事情的。她不回答我的话，也许正是她一向的习惯。昨天和前天她来看我的时候，她对于我的某些问话都是不回答一声的，只是用她的迟钝而固执的凝视望着我的脸孔，在那凝视中间有一种奇怪的骄傲，同样还有一种惊异和强烈的好奇心。现在我注意到，在她眼睛里还有一种严酷的神色，甚至是一种不信任。我把手放到她额角上，试试她是否还发烧，但是她不说一句话，用她自己的手把我的手轻轻推开，避开我转向墙壁了。我走开去，为的是不使她烦心。

我有一只大铜壶。我一向拿它来代替茶炊烧开水。我有看门人给我拿来的柴，至少够烧五天。我生着炉子，弄来一些水，于是把茶壶放上去。我把茶具放在桌子上。叶列娜转过身朝着我，带着好奇心望着这一切。我问她是不是要些什么，但是她又转过背去不作回答。

“她为什么生我的气呢?”我奇怪着。“古怪的小姑娘啊!”

我那位老医生,照他所答应的,在十点钟的时候来了。

他以一种德国人的周密诊察着病人,使我大为安慰,说她虽然发烧,却没有什么特别的危险。他又说,她或许有另外的慢性疾病,心脏的动作有点不正常,“不过这一点是需要特别看护的,现在她已经脱离危险了。”与其说是必需,倒不如说是一种习惯,他开给她一点药水和药粉,接着立刻又问我,她是怎样到我这儿来的。同时他又奇怪地看看我屋子的四周。这老头儿是个非常喜爱饶舌的人。

他被叶列娜惊骇着了。当他要去把她的脉搏时,她把手拉开去,又不肯让他看舌苔,而且他所问的话她一句也不回答。她一直专心地凝望着他头颈上挂着的一只巨大的斯坦尼斯拉夫勋章。

“她一定是头痛得很,”那老头儿说,“不过她是怎样地痴望着呀!”

我想没有必要把叶列娜的一切事情告诉他,因此我推托开,说这是一段很长的故事。

“有什么需要的时候就来告诉我,”他一壁走出去,一壁说。“目前她是没有什么危险的。”

我决定整天陪着叶列娜,尽可能少离开她,直到她完全好了为止。但是想到娜泰莎和安娜·安得烈耶夫娜如果空等了我会烦恼的,我决定写信让娜泰莎知道,今天我不能到她那里去。我却不能写信给安娜·安德烈耶夫娜。有一回,娜泰莎害了病,我送了一封信给她,之后她要我再不要写信给她了。

“我那老头子看见你写来一封信，皱眉头啦，”她说，“他要知道，可怜的亲爱的，信上说些什么。他又不能问，他不能让自己这么做啊。因此，他就烦闷了一整天。而且，我亲爱的，你写了信来只是叫我烦心。这十几行字有什么用处呢？人家要问些详细情形，你又不在这儿。”所以我只能写信给娜泰莎，当我到药房去配药的时候，我就把信发了。

这时叶列娜又睡熟了。她在睡梦里微弱地呻吟着，颤抖着。那医生没有猜错，她头痛得很。她不时地哭出来，于是醒了。她带着一种非常的烦恼望着我，好像我的看护是特别可厌的。我应该承认，这使我很伤心。

十一点钟的时候，马斯罗波耶夫来了。他有什么心事，好像心不在焉的样子；他只进来一分钟，便又急急地走了。

“唉，老兄，我料想到你住得很糟，”他四周望了望说，“但是却没有想到竟会在这样一只箱子里找到你啊。这不是住屋，这是箱子啊。不过这无所谓，问题是这些外来的烦恼打搅了你的工作。我们昨天坐车到布勃诺夫夫人家里去的时候，我就想到这个。凭我天生的脾气，老兄，以及凭我在社会上的地位，我就是这样的一个人，自己一点有意义的事情也不会做，但是对别人却很会背教条。听着：我也许明天或后天会顺便来看你，你在礼拜天早晨一定要去看我。我希望那时这孩子的问题能够完全解决；那时我们再正经地谈谈各种事情吧，因为你需要真诚地照顾一番。你不能这样生活下去。我昨天只不过暗示了一下，但是现在我要合乎理论地提出来了。简单地告诉我，你暂时在我这儿拿点钱去用，是不是当作一件不名誉的事情呢？”

“嗳，别闹了，”我打断他的话。“你还是告诉我昨天事情怎样结束的吧。”

“嗯，结束得极其圆满。我的目的是达到了，你懂得。现在我没有工夫。我只顺便进来一分钟，告诉你我忙着，没有工夫跟你谈，同时顺便来看看，你是把她送到什么地方去，还是你打算自己收养她。因为这需要考虑一番来决定的。”

“这个我自己还的确不知道呢。我应该承认，我正要听你的意见呢。我怎么能收养她呢？”

“唉，当一个佣人嘛……”

“请别这样大声说。她虽然病着，却很清醒呢，而且我注意到她看见你吓了一跳。她无疑是记得昨天的事情的。”

于是我告诉他，关于她的举动以及我从她身上所注意到的一切特征。马斯罗波耶夫对于我告诉他的很感兴趣。我又告诉他，我也许把她安顿在一个人家里去，并且简单地告诉他我那两位老年朋友。我很惊奇，他似乎知道一点娜泰莎的故事，我问他，怎么会听到这故事的。

“啊，”他说，“由于事务关系我很久以前就听到一些了。我曾经告诉过你，我认识华尔戈夫斯基亲王的。你把她送到老人家那里去，这是一个好主意。不然她只会妨碍你。还有一件事情，她要有张护照之类。你别担心，我会去搞的。再会了，常来看看我吧。她现在睡熟了吗？”

“我想是这样，”我回答说。

但是他一走，叶列娜就立刻喊我。

“这是谁啦？”她问。她的声音发抖，但是她还是用同样专心和高傲的神情望着我。我找不出别的字眼来描写它。

我告诉她马斯罗波耶夫的名字，并且说我全靠他的帮助，才把她从布勃诺夫夫人家里救出来的，布勃诺夫夫人是很怕他的。她的脸颊突然绯红起来了，大概是回想到过去的事情吧。

"她不会到这里来吧？"叶列娜问，带着一种盘问的眼色望着我。

我连忙安她的心。她依旧沉默着，用她灼热的手拉住我的手，但是立刻又放下，似乎醒悟过来。

"她总不会真的这样讨厌我吧，"我想。"这是她的习惯态度或什么吧……否则就是这可怜的小东西受过太多的苦难，因此对每个人都不信任了。"

我照规定时间出去取药，同时走到一家认识我并且可以赊账的餐馆里。我带了一只钵头去，替叶列娜带了一些鸡汤回来。但是她不要吃，那汤就在炉子上暂时搁着。

我给她吃了药，于是坐下来做我的工作。我以为她睡着了，但是偶然回过头去，却看见她昂起头，专心望着我写字。我装作不曾看到她。

后来，她真的睡着了，而且教我高兴的是睡得很安静，没有呻吟和梦呓了。我沉入一种幻想中间。娜泰莎不知道是怎么一回事，她看见我今天没有去，会对我很生气的，而且我想到她因为我的冷淡一定会很伤心，也许这个时候她正是最需要我哩。这时她也许有特别的烦恼，或者有什么事情要委托我，而我却好像故意躲开她似的。

至于安娜·安德烈耶夫娜那里，我简直不知道明天该怎样向她辩解了。我考虑着这个，忽然决定到这两个地方去跑一趟。我只要离开两个钟头就行了。叶列娜正睡着,不会听见我出去的。我跳起来,拿起我的外衣和便帽,但是我刚要出去,叶列娜就叫我了。我吃了一惊。难道她是假装睡着吗?

我这里要插一句话,叶列娜虽然表示出不要跟我说话的态度,可是她这些颇为频繁的恳求,这种每一困难都要求助于我的愿望,恰恰显示出一种相反的感情,我得承认,这是真正使我喜欢的。

"你打算把我送到什么地方去呢?"我朝她走过去的时候,她问。

她常常是当我不曾料到的时候突如其来地发问的。这一次,我一下子却摸不到她的意思。

"你刚才告诉你的朋友,说你打算把我送到一个人家去。我可不愿意去。"

我向她俯下身去:她浑身火烫,又是一阵高热发起来啦。我开始安慰她,使她平静,肯定地告诉她,如果她要跟我在一起,我不会把她送到任何地方去的。我一边说,一边脱去我的外衣和便帽。我不能把她一个人丢在这种情况中。

"不,去吧,"她说,立刻明白我打算留下来。"我渴睡得很;马上就要睡着了。"

"但是你一个人怎么办呢?"我犹豫地说,"不过我两个钟头后一定会回来的……"

"好的,那么去吧。假定我害一年病,你可不能一直都在家里陪着我啊。"

她想微笑一下,奇怪地看着我,仿佛跟一种在她心里激动着的仁爱的感情搏斗着。可怜的小东西啊!虽然她孤僻而且显得无情，然而她温顺的、柔和的心却显露出来了。

我首先跑到安娜·安得烈耶夫娜那里去。她带着急不可耐的样子在等着我，她用责骂来迎接我；她是在可怕的焦灼状态中。尼古拉·舍盖伊契吃过饭就出去了，她不知道他是到哪里去的。我有种预感，她是没有法子不把所有事情都告诉他的，自然是照她向来一样用暗示的方法。她实际上已经承认这个了，她告诉我，她是没有法子不让他来共同享受这样快乐的，但是尼古拉·舍盖伊契呢——借用她的话来说——是变得“比黑夜还要阴沉了，他没有说什么。他不愿意说，甚至不愿意回答我的问话，一吃过饭，就忽然准备好出去了”。她告诉我这话的时候，几乎沮丧得发抖，而且恳求我陪着她，等到尼古拉·舍盖伊契回来。我向她抱歉，几乎是直白地告诉她，我连明天也许都不会来，而且现在我实在就是赶来告诉她这个的；这一次我们几乎吵起来了。她淌着眼泪，粗暴地和痛苦地责备我，仅仅在我刚要走出门外的时候，她突然又扑到我的脖子上，用两只臂膀紧紧地捉住我，告诉我，别对像她那样一个孤寂的人发脾气，也不要因为她说的话生气。

和我的预期相反，我看见娜泰莎又是一个人。而且说来奇怪，她看到我似乎并不像昨天和别的时候那样高兴；似乎我什么事情恼了她，妨碍了她一样。我问她阿略沙今天来过没有，她回答说：

“他自然来过，不过没有呆多久。他答应今天晚上再来一趟，”她踌躇地说。

“昨天晚上他在这儿吗？”

“没，没有。他给留住了，”她很快地接着说，“嗯，万尼亚，你的事情怎么样了?”

我看到她要抛开我们的谈话,另外来谈一件新的事情。我更注意地看着她:她显然很烦恼。但是看到我在望她而且紧盯着她,她迅速地瞧了我一眼,好像是愤怒地,并且带着那样一种紧张神情,似乎她的眼睛在对我冒火一样。“她又遭到不幸了。”我想,“但是她不肯对我讲。”

她问起我的工作,我就把叶列娜的全盘故事详细地讲给她听。她非常感到兴趣,甚至被我的故事感动了。

“天哪! 你不能让她一个人呆着,而且她还害着病啊!”她叫起来。

我告诉她,我今天原来不打算来的,但是怕她生气,又怕她有什么事情需要我。

“需要,”她好像思索似的对着自己说。“也许我是需要你的,万尼亚,不过最好是别的时候。你到我家里去过吗?”

我告诉了她。

“是的。天才知道我爸爸对这消息是怎样想法的。不过这究竟有什么可想的呢? ……”

“有什么可想的?”我重复一遍。“像这样一个大变化!”

“我不知道这个……他还能到哪儿去呢? 上一回,你以为他是到我这里来了。万尼亚,你知道,如果可能,你明天到我这儿来。我也许会告诉你一件事情……只是我不好意思麻烦你。但是现在你还是回家到你客人那里去吧。我想你出来已经有两个钟头了。”

“是的,有两个钟头了。再见,娜泰莎。嗯,阿略沙今天对你怎么样?”

"啊,阿略沙。很好……我对你的好奇心有点惊奇呢。"

"那么再见吧,我的朋友。"

"再见。"

她不经意地把她的手给我,避开我最后的道别的眼光。我有点惊异地走了出去。"不过她有许多事情要考虑呢,"我想,"这不是开玩笑的事情。明天她会首先把这一切都告诉我的。"

我忧虑地回到家里,刚一打开门,就大吃一惊。这时天已经黑了。我辨别出叶列娜坐在沙发上,脑袋垂在胸前,似乎在沉思。她甚至没有望我一眼。她似乎是昏迷了。我走到她面前去。她对自己喃喃地说些什么。"她在说谵语吗?"我想。

"叶列娜,我亲爱的,怎么一回事啊?"我问,坐在她的身旁,搂住她。

"我要离开,我最好还是到她那里去吧。"她说,没有抬起头来望我。

"哪里?到谁那里去?"我吃惊地问。

"到她那里去,到布勒诺夫夫人那里。她老说我该了她一大笔钱;说是她拿钱葬我妈妈的。我不愿她讲我妈妈的鬼话。我要到那里去做工,付还她……之后我自己离开。但是现在我要回到她那里去。"

"安静一点,叶列娜,你不能回到她那里去的,"我说,"她会折磨你。她会毁了你的……"

"让她毁了我,让她折磨我好了!"叶列娜激昂地应声说,"我不是第一个人;比我好的人都在受折磨呢。这是街上一个女叫化子告诉我的。我穷,我就要穷。我一生一世都要穷。

我妈妈临死的时候这样告诉我的。我要做工……我不要穿这衣服……”

“我明天替你另外买一件好了。我还要替你去弄几本书。你跟我住在一起。我不会把你送到什么人那里去，除非你自己要去。别烦恼……”

“我要去当女工!”

“很好，很好，只是安静一点吧。躺下来，去睡觉吧。”

但是那可怜的孩子哭起来了。慢慢地变成了啜泣。我不知道该怎样对付她。我给她水，润湿她的太阳穴和脑袋。最后她极度疲乏，倒在沙发里了，她是给热病的颤抖所压倒了。我随手找到什么，就把她裹起来，她沉入到一种不安的睡眠里，不断地惊颤和醒来。这一天我虽然不曾走很多路，却极其疲乏了，我决定尽可能早一点睡。我的脑袋里充满了苦痛的怀疑。我预知这孩子将要给我添很多麻烦。但是我主要的焦虑还是娜泰莎跟她的事情。就我现在所能记得的，我很少有过像在那个倒霉的晚上我睡觉时候的那种深沉的沮丧心情。

第 九 章

我醒来很迟，已经是早上十点钟，感觉不舒服。我觉得眩晕，而且头痛;我朝叶列娜的床一看。床是空的。正在这当儿，我右边的小房里，有种声音传到我耳朵里，仿佛什么人拿着扫帚在打扫。我跑去瞧。叶列娜手里握着一把扫帚，拉起那晚以来一直穿着的那件时髦衣服，正在扫地，烧炉子的柴都在屋角上堆了起来。桌子也擦过了，茶壶也擦干净了。一句话，叶列娜是在做家务事了。

“听着，叶列娜，”我叫，“谁要你扫地呀？我不希望你这样，你在害病呀。你难道是来替我做苦工的吗？”

“那么谁扫这儿的地呀？”她回答说，挺起身来，直愣愣地望着我。“我现在没有病了。”

“但是我并不是带你来做工的呀，叶列娜。你好像怕我会跟布勃诺夫夫人一样骂你吃饭不做事呢。而且你这把可怕的扫帚又是哪里找来的呢？我没有扫帚呀，”我接着说，惊奇地望着她。

“这是我的扫帚。我亲自带到这儿来的，我也常常替外公扫这里的地板呢。这扫帚一向是放在这炉子底下的。”

我回到那间屋子里去，默想着。也许是我的不对，但是她好像是因为我的殷勤而感到压抑，因此尽可能地做给我看，她不是在我这里吃闲饭的。

“这么看，她是一个多么悲苦的性格啊，”我想。两分钟以后，她走了进来，没有一句话，和昨天一样坐在那老地方沙发上，探询地望着我。我这时把壶水烧滚了，做好茶，倒了一杯给她，又给她一片白面包。她没有反对，默默地接了过去。她已经二十四小时没有吃东西了。

“瞧，你的漂亮衣服给扫帚弄脏啦，”我说，注意到她外衫上有一道污迹。

她朝下看了一下，突然教我大吃一惊，她放下杯子，显然是平静而泰然的，两只手拉起那件棉纱衫一条缝子，嗤的一撕，从头到底都撕开了。她撕了，默默地抬起她那双倔强的发光的眼睛朝着我。她的脸孔是苍白的。

“你在干什么呀，叶列娜？”我叫起来，以为那孩子一定是发疯了。

“这是件可怕的衣服啊，”她叫，激动得几乎喘不过气来，“你怎么说这是一件好衣服呢？我不愿意穿它！”她突然跳起来，叫道。“我要撕烂它。我没有向她要衣服穿。她强迫我穿上的。我已经撕烂一件了！我还要撕烂这一件，我要撕烂它，我要撕烂它！我要撕烂它……”

她把愤怒都发泄在这倒霉的衣服上。一下子，她已经把它撕成破布了。当她撕完了，她的脸色那么苍白，她简直站不稳了。我带着惊奇看着她那种狂怒神情。她用一种挑战的神气看着我，好像我也冒犯了她似的。不过我却不知该怎样对付她。

我决定当天早上替她去买件新衣服来。这个野性的痛苦的小人儿必须用仁爱来驯服。她好像从来不曾碰见过一个仁慈的人似的。假如她曾经不顾惩罚撕烂过另一件同样的衣服，那末当她又记起那可怖的一刹那的时候，她会带着怎样的愤怒来对付这一件啊。

在旧货市场上，可以很便宜地买到一件美好而朴素的衣服的。不幸这时候我刚好短钱。但是昨夜我睡觉的时候，已经决意今天早晨到一处有希望弄到钱的地方去。这地方恰好离市场不远。我拿起我的帽子。叶列娜注意地望着我，似乎在期待什么。

“你又把我锁在里面吗？”当我拿起钥匙，要像昨天跟前天一样，把门反锁上的时候，她问。

“我亲爱的，”我说，向她走过去，“别为这个生气。我锁上门是因为恐怕有什么人来。你在害病，也许你会受惊。我又不知道谁会来。也许布勃诺夫夫人会想到来……”

我是故意这么说的。我把她锁起来因为我不信任她。我怕她会忽然想起离开我。我决定暂时小心一点。叶列娜没有说什么，于是我又把她反锁在里面。

我认识一个出版家，过去十二年中间他曾经出版过许多卷书。我需要找钱的时候，常常从他那里得到一点工作。他付钱很守规约。我去请求他，他预支给我二十五个卢布，要我在这个周末替他编辑一篇文章。但是我希望找一点时间来写我的长篇小说。这类事情我常常是万不得已的时候才做的。我拿了钱便到市场上去。在那里，我很快就找到一个熟识的老太婆，她专卖各种旧衣服的。我告诉她叶列娜的大概的身材，她立刻捡出一件浅色的棉布衣服，价钱极其便宜，可是东西却极结实，只洗过一次。顺便我又买了一条围巾。我付给她钱的时候，又想起叶列娜是需要一件外衣、斗篷或这一类东西的。这是冷天，她什么也没有。但是我把这些东西留到下次来买。叶列娜是那么骄傲，她会生气的。天知道，我想，她会对这件衣服抱什么态度呢，虽然我甚至是故意挑最普通的衣服，尽可能朴素和不显眼的。不过我还是替她另外买了两双线袜和一双羊毛袜。这些我可以借她害病而且房间又冷的理由送给她。她也需要衬衣。但是这且待我更了解她的时候再置吧。接着我又买了一张旧窗帷来铺床。这些都是必要的，也许会教叶列娜满意吧。

我带着这些东西，在下午一点钟回到家里。我的钥匙几乎是没有声音地旋开锁，这样叶列娜不会立刻就听到我进去。我看到她站在书桌旁边，翻着我的书和纸头。一听见我来，她立刻把她读着的书掩上了，满脸绯红地从桌旁走开去。我瞟了那书一眼。这是我的第一部长篇小说，已经印成书的，在书名页有着我的名字。

“你走后，有人来敲过门！”她带着一种似乎在嘲弄我把她锁在里面的腔调说。

“不是医生吗？”我说，“你有没有招呼他，叶列娜？”

“没有。”

我没有回答，拿出我的小包，解开来，把买来的衣服拿出来。

“瞧，叶列娜，亲爱的！”我向她走去，说，“你不能像现在这样穿得破破烂烂地走来走去。所以我替你买了一件衣服来，日常穿的，很便宜。这样你可以无需烦恼了。这只值一卢布二十戈比呢。希望穿上它吧。”

我把衣服放在她的旁边。她双颊通红，睁大眼睛望了我半天。

她非常惊奇，同时在我看来，不知为什么她似乎十分害羞。但是她眼睛里却有一种柔和而温存的光辉。看见她没有说什么，我转到桌子旁边去。我所做的显然感动了她，但是她竭力控制自己，垂着眼皮坐着。

我脑袋在发昏，头越来越痛了。新鲜空气对我没有用。同时我还得到娜泰莎那里去。我对她的焦灼没有比昨天减低。相反地倒越来越增强了。我忽然好像觉得叶列娜在叫我。我转向她。

“你出去的时候不要把我锁在里面吧，”她望着别处说，扯着沙发的边缘，好像专心在做着这件事似的。“我不会从你这里走开的。”

“很好，叶列娜，我同意。但是假如有陌生人来怎么办呢？我又不知道什么人会来！”

“那么把钥匙给我，我把自己锁在里面吧，如果他们来敲门，我就说‘不在家。’”

她羞怯地看着我，好像说，“瞧，这多简单哪！”

“谁替你洗衣服的？”我还没有来得及回答，她突然问道。

“这里有个女人，就在这座房子里的。”

“我会洗衣服。那么你昨天吃的东西是哪里拿来的？”

“一家餐馆里。”

“我也会做饭。我来替你做饭。”

“得啦，叶列娜。你怎么会做饭呢？你说废话……”

叶列娜望着地下，默不作声。我的话显然伤她的心了。至少十分钟过去了。我们都沉默着。

“汤！”她忽然说，没有抬起头。

“汤怎么样？什么汤？”我惊异地问。

“我会做汤。我妈妈害病的时候，我常常替她做的。我还常常到市场上去。”

“瞧，叶列娜，瞧你多骄傲，”我说，走到她面前，坐在她旁边的沙发上。“我是照我的心的指示来对待你的。你只一个人，没有亲戚，而且不幸。我要帮助你。将来我如果有什么困难，你也可以同样地帮助我。但是你不要那样来看这事情，而且你从我这里收受这极薄的礼物，对你本来也不合适的。你要立刻偿还，要做工来偿还，好像我是布勃诺夫夫人一样，会因此来侮辱你。如果是这样想，那是耻辱啊，叶列娜。”

她没有回答。她嘴唇颤抖着。我相信她要说些什么;但是她遏制着自己,沉默着。我站起来准备到娜泰莎那里去。这一回我把钥匙留给叶列娜,要求她如果有什么人来敲门就答应,并且问他是谁。我完全确信娜泰莎那里一定发生什么可怕的事情了,而她却暂时瞒着我,和她以前几次一样。我决定无论情形怎样,只进去一会儿就走,因为怕我的坚持会激怒她。

果然不出我所料。她又带着一种粗暴的不愉快的神色来迎接我。我应该马上就离开她的,但我的两条腿却不听话了。

"我只进来一分钟,娜泰莎,"我开头说,"来请教你,我对我那位客人应该怎么办。"

于是我开始简单地告诉她关于叶列娜的事情。娜泰莎默默地听着我。

"我不知道该给你出些什么主意,万尼亚,"她说,"一切事情都说明她是一个极古怪的小人儿。也许她是被可怕地虐待过和惊吓过。无论如何给她一些时间,让她身体好起来吧。你想让我家里的人去照顾她吗?"

"她老是说不肯离开我到任何地方去。而且天知道他们会对她怎么样呢,所以我才不知道该怎么办了。嗯,告诉我,亲爱的,你怎么样?你昨天好像不大舒服呢。"我怯怯地说。

"是的……今天我的头还有点痛,"她心神恍惚地回答说。"你看到我家里什么人吗?"

"没有。我明天去。明天是星期六,你知道……"

"嗯,知道什么?"

"亲王晚上要来呀。"

“唔？我并没有忘记。”

“不，我只是……”

她正面对着我站着，注意地朝我脸上看了很久。她眼睛里有一种坚决的顽强的神气，近乎激昂和愤怒。

“喂，万尼亚，”她说，“仁慈一点，走吧，你烦恼了我呢。”

我从椅子上站起来，望着她，惊愕得无法形容。

“娜泰莎，亲爱的，怎么回事啊？发生了什么呀？”我惊惶地叫起来。

“没有什么。你明天都会知道的。但是，现在我要一个人在这里。听见吗，万尼亚？马上去吧。我受不住，我看着你受不住呢！”

“但是至少告诉我……”

“你明天都会知道的！啊，我的天！你走吗？”

我走出去。我惊愕得那么厉害，简直不知道我在做什么了。玛芙拉跟着我跑到过道里来，迎接我。

“什么，她发了脾气吗？”她问我，“我怕走近她呢。”

“但是她是有什么事情啊？”

“唉，我们那位少爷最近三天都没有露面哩！”

“三天！”我惊愕地重复一遍，“怎么，她昨天还告诉我，说他早晨来过，晚上还要来哩，……”

“她说吗？他早上从来不曾到我们这边来过！你知道，我们的眼睛三天都不曾看见他呢。你是说，她昨天告诉你，他早上来过吗？”

“是的，她那样说。”

“唔，”玛芙拉沉思地说，“她连你都不肯告诉，这一定伤心极了。哼,他是个混蛋!”

“但是这是什么意思呀?”我叫。

“这是说我不知道该对她怎么办,”玛芙拉举起两只手说,“昨天她叫我到他那里去,但是两次我要动身了,她又把我叫回来。今天她连话都不肯跟我说了。只盼望你能看到他。我现在是不敢离开她了。”

我控制不住自己,向楼梯下面猛冲下去。

“你今天晚上来吗?”玛芙拉追在我后面喊。

“我们看吧,”我朝上面答应她,“我会跑到你这里来问她怎么样的。只要我自己还活着的话。”

真的,我是感觉有什么东西刺到我的心窝上了。

第 十 章

我一直到阿略沙那里去。他跟他爸爸住在小摩斯加雅。华尔戈夫斯基亲王有一层相当宽大的楼面,是独家住着的。阿略沙在楼面里有两个华丽的房间。我很少去看他,我想,以前只去过一次。他却常常来看我,特别是在最初,当他和娜泰莎发生关系的初期。

他不在家。我一直到他房间里,写一张这样的条子给他:

> 阿略沙,你好像有点发疯了。星期二晚上,你父亲亲自请求娜泰莎俯允做你的妻子,你对于这事非常高兴,这是我亲眼看到的,你必须承认你的行为有点奇怪。你知道你对娜泰莎做了什么吗?无论如何,这张条子会提醒你,你对你未来的妻子的行为是

极端可鄙和轻佻的。我很知道，我没有权利来教训你，但是我毫不顾虑这一点。

她完全不知道这封信的事情，事实上也不是她要我这样做的。

又及

我封好信，留在他的桌子上。佣人回答我说，阿历克舍·彼特罗维契很少在家，非得早晨一两点钟是不会回来的。

我几乎回不到家了。我的头眩晕了，我的腿无力而且发抖。我的门开着。尼古拉·舍盖伊契坐着在等我。他坐在桌子旁边，带着沉默的惊奇望着叶列娜，而她也带着同样程度的惊奇望着他，不过在她却是一种顽强的沉默。"一定的，"我想，"他一定觉得她很奇怪。"

"喂，我的孩子，我等了你整整一个钟头呢，我必须说，我绝想不到看到……像这样的事情，"他接下去说，朝屋子四周望了一转，朝着叶列娜做一个几乎觉察不到的手势。

他脸上表示出惊异。但当我更靠拢去看他的时候，我注意到他有些激动和忧伤的样子。他的脸比平时更苍白了。

"坐下，坐下，"他带着一种恍惚的和焦灼的神气说，"我是赶到你这儿来的。我有点事情要对你谈。可是怎么一回事？你脸色不大对呀。"

"我不舒服。我已经头晕一天了。"

"啊，当心点，不要疏忽。你受了凉还是怎么的？"

"没有，这是一种神经的袭击。我常常犯的，但是你也不舒服吗?”

“没有,没有!没有什么;这只是激动。我有点事情跟你谈。坐下吧。”

我拉过一把椅子,面向着他靠桌子坐下来。老人向我俯身过来,半低声地说:

“注意,别望着她,装作我们在谈别的事情似的。你弄来的这个客人是什么样的人呀?”

“我以后向你解释吧,尼古拉·舍盖伊契。这可怜的小姑娘在这世界上是绝对孤独的。她就是在这里住过、后来死在糖果店里的那个老斯密司的外孙女。”

“哦,那么他有一个外孙女哪!嗯,我的孩子,她是个古怪的小东西哩!她怎样痴望着,怎样痴望着呀!我老实告诉你,你如果再不来,我不能再忍受五分钟了。她简直不肯开门,一直没有说过一句话!真是不可思议;她简直不像一个人。但是她是怎样到这里来的呢?我猜也许是她不知道她外公死了,来找他的?”

“是的,她非常不幸。那老人临死的时候是想着她的。”

“哦,她很像她外公呢。你以后要告诉我这一切的。如果她是这样不幸,也许人家可以想法帮她点忙。可是眼前,我的孩子,你是不是可以叫她走开,因为我有点重要事情要跟你谈呢。”

“可是她没有地方去呀。她就住在这里。”

我尽可能地用简短的话向他解释,并且告诉他,有什么话在她前面说也不妨,因为她还只是一个小孩子。

“当然……她还是一个小孩子。但是你却教我吃惊,我的孩子。她跟你住在一起！我的老天爷！”

于是老人又惊愕地望着她。

叶列娜觉察到我们在讲她，默默地坐着，低垂了头，用手指扯着沙发的边缘。她已经穿上她的新衣服了，那完全合她的身。也许是为了这新衣服的缘故吧，她的头发比平时更仔细地梳刷过。总之，如果没有她表情上那种奇怪的野性，她一定会是一个非常漂亮的小姑娘了。

“我要告诉你的事情是简单明白的，”老人又说起来，“这是一件说来话长的事情，一件重要的事情。”

他坐着，带了一种严重和沉思的神气望着地下，虽然他性急而且要“简单明白”，可是却找不出话来开头。“出什么事了？”我惊异着。

“你知道，万尼亚，我是来请求你帮一个很大的忙的。但是首先……我现在明白，我应该先向你解释一些情况……很微妙的情况。”

他清一清喉咙，偷偷地望了我一眼；一望，脸孔就红起来，脸一红，又愤恨自己失态了。他忿恨着，吃力地说下去。

“唉，这有什么好解释的呢！你自己明白的！总括一句话，我要向华尔戈夫斯基亲王提出决斗了，我请你为我布置并且做我的副手。”

我仰跌在椅背上，向他凝视着，惊愕得不知所措了。

“唉，你呆望些什么呀，我没有发疯啊。”

“但是，原谅我，尼古拉·舍盖伊契！你拿什么名义呢，为什么目的呢？而且事实上怎么可能呢？”

“名义！目的！”老人叫起来，“那很好！”

“好啦,好啦,我懂得你要说什么;但是你这样做有什么好处呢? 你决斗会得到什么呢? 我得说,我不明白这个。”

“我想你不会明白的。听着,我们的官司结案啦(这几天就要结案的。只要办一点手续就行了)。我是输了。我得付一万块钱;这是法院的判决。伊赫曼耶夫加田庄作为抵押。所以现在那卑鄙的家伙是得到他的钱了,而我得卖掉伊赫曼耶夫加田庄来付清他的赔偿费,才算是一个自由的人哩。现在我可以抬起头来说:‘这两年来,尊贵的亲王,你用尽种种方法侮辱了我;你污损了我和我家族的名誉。而我不得不忍受这一切! 那个时候我不能挑你决斗。那时你会公开说:“你这刁滑家伙,你预知官司迟早要判决你付钱的,你就想杀死我,可以不必付钱哩。不,先让咱们看官司怎样结案,那时你再向我挑战吧。”现在,尊贵的亲王,官司是结案啦,你是赢啦,那么现在是没有困难了,你可高兴在决斗场来碰碰我吗?’这就是我所要告诉你的。你以为怎么样,为了一切,为了一切,难道我没有权利为我自己报仇吗?”

我的眼睛里闪出光来。我望了他很久没有说什么。我要刺入到他秘密的心思里去。

“听,尼古拉·舍盖伊契,”最后我说,决心要说出那真正的要点来,没有这,我们彼此不会理解的。“你能对我完全公开吗?”

“行,”他坚决地回答说。

“坦白告诉我:只是报仇的心情鼓动你向他挑起决斗,还是有其他的目的呢?”

“万尼亚,”他回答说,“你知道,我不能让什么人来触到我的某些点的，但是现在我把这一次作为例外。因为你，用你清楚的眼光，立刻就明白了我们是无法避开这一点的。是的，我还有另外的目的。我的目的是要保全我的女儿，把她从毁灭的路上救出来，近来的事情正在把她赶向那条路上哩。”

“但是你凭这次决斗怎样去拯救她呢？这是问题呀。”

“去阻止他们正在计划的那一切呀。听着：别以为我是为做父亲的慈爱或这一类的任何弱点所驱使的。这一切都是废话！我对谁也不显示我自己心底里的意思的。甚至你也不知道。我的女儿已经抛弃我了，已经跟一个爱人离开我的家了，而我也就把她扔出心外了——我从当天晚上起就断然地扔掉她——你记得吗？你假如曾经看到我伏在她的画像上哭过，那并不是说我要饶恕她。我那时并没有饶恕她。我哭，是为了我失去的幸福，为了我空幻的梦想，并不是为了她现在这种样子。我或许是常常哭泣的。我并不羞于承认这个，正如我并不羞于承认，我曾经爱过我的孩子，胜过爱世界上的一切东西。这一切似乎同我目前的行为是矛盾的。你也许会对我说，‘如果是那样，如果你对于她的命运毫不关心，你已经不把她看做你的女儿了，那么你为什么要干涉他们所计划的阴谋呢？’我回答你：第一，是因为我不要让那些卑鄙而奸诈的人得到胜利；第二，这是出于人之常情。如果她不再是我的女儿，那么她总还是一个没人保护而且被欺骗的柔弱的人了，她还在继续被他们欺骗，那会使她完全毁灭的。我不能直接去干涉，但是用一次决斗去间接干涉，我是能够的。假如我给杀死了，或者我受了重伤，难道她还会踏过我们的决斗场，或许踏过我的尸身，去跟我凶手的儿子结婚，好像那个国王的女儿

(你记得吗,像你从前用来朗诵的那本书上所说的?)驱着战车跨过她父亲的尸身吗?此外,如果闹到决斗的话,我们那些亲王老爷就不会顾到他们自己的婚姻了。一句话,我不要那门婚姻,我要尽我所能做到的一切去阻止它。现在你明白我了吧?”

“不。如果你希望娜泰莎好,你怎么能决心去阻碍她的婚姻?那是唯一可以恢复她的好名声的事情啊。她的前面还有她的一生;她需要有好名声呀。”

“她应该唾弃世俗的意见。她是应该这样去看事情的。她应该认识她最大的耻辱就是这门婚姻,就是跟这些下流的人,跟这个卑劣的社会去发生关系。一种高贵的骄傲——这应该是她对这世界的回答。那时我也许答应伸手给她,之后咱们来瞧,谁敢说我的孩子不要脸呀!”

这样一种决绝的理想把我吓住了。但是我立刻看到他不是处在正常的状态中,他是在气愤中说的。

“那太理想了,”我回答说,“因此是残酷的,你要求她有一种力量,这也许她出世的时候你就不曾给过她。你以为她同意这个婚姻是因为她想做一位亲王夫人吗?啊,她是在恋爱,这是爱情;这是命运啊!你盼望她轻视世俗的意见,而你自己却在这种意见面前低头了!亲王侮辱过你,公开攻击过你,说你有种卑劣的阴谋要跟他们亲王家庭去联姻,而你现在以为在他们那方面正式提出结婚之后,她如果拒绝他们,这自然是对那旧日的毁谤的最圆满、最明白的驳斥了。这就是你想借此达到的目的。你是在服从亲王的意见啊,你努力要使亲王承认他的错误。你是希望使他成为笑柄,为你自己报仇,因此你就要牺牲你女儿的幸福。这不是自私吗?”

老人忧郁地蹙起眉头坐着,很久没有回答一句话。

“你对我不公平,万尼亚,”他最后说,睫毛上闪烁着一颗眼泪,“我敢说,你是不公平的。可是让我们别谈这个吧！我不能在你面前把心底里的东西都翻出来。”他站起来,拿起他的帽子,接着说。“有件事我得说——就是你讲到的我女儿的幸福。我对这种幸福简直完全没有信心。而且,即使没有我的干涉,这婚姻也是不能成功的。”

“怎么呢?什么使你这样想呢?也许你知道一些什么吧?”我好奇地叫起来。

“没有,我不知道什么特别的事情。但是那可咒的狐狸是决不能做出这样的事情来的。这全是胡说,全是一种圈套。我深信这个,记住我的话,事情的结果会是这样的。其次,如果这婚姻能够成功,那只有在那个流氓想从这婚姻上取得什么特殊的、神秘的利益的时候才行,那种谁也不知道的利益,我更是完全茫然的——那么,告诉我,问问你自己的心,她在这婚姻中会幸福吗?侮辱,屈服,同着她那个配偶,一个卑劣的孩子,他已经对她的爱厌倦了,他一结了婚,立刻就会看不起她,侮辱她和屈辱她的。同时,他的感情变得越冷淡,她的就会越变得强烈:嫉妒,痛苦,地狱,离婚,或者甚至犯罪……不,万尼亚！如果你们都是为了这样的结局努力,你也参加在内,那你要为这件事对上帝负责的。我警告你,虽然到了那时太迟了！再会。”

我阻住他。

“听,尼古拉·舍盖伊契,让我们决定再等一下。让我确实告诉你，并不只一双眼睛在注意着这件事情啊。也许这事情本身自然而然地就会用最好的方法来解决，无需粗暴的手段或人工的干涉，例如决斗之类。时间是最好的裁判人。最后让我告诉你，你的全部计划是完全不可能的。你能不能想一想，亲王会接受你的挑战吗？”

“不接受？你这是什么意思呀？”

“我敢说他不会接受；相信我，他会找出一种完全满意的方法来脱身的；他做这一切还带着一副装腔作势的矜贵样子，同时你却要变成被嘲笑的目标了……”

“哎呀，我的孩子，哎呀！你只是吓唬我！他怎么能够拒绝呢？不，万尼亚，你只是一个瞎吹的，一个十足瞎吹的！怎么，你以为他跟我打架有什么不相称吗？我跟他是一样高贵呀。我是一个老头子，一个被侮辱的父亲。你是一个俄国著作家，那么也是一个高贵的人物。你可以做个副手，而……而……我想不出你还要些什么……”

“嗯，你要明白，他会首先向你提出那样的借口，说得你先明白你跟他打架是完全不可能。”

“哼！……很好，我的朋友。随你自己吧！我等一些时候，那就是了。我们看看等些时候有什么用。但是有一件事，我亲爱的，请答应我，你不要把这些话到‘那边’去说，也不要对安娜·安德烈耶夫娜说。”

“我答应。”

“还有一件事情要你答应，万尼亚，别再提这件事情了。”

“很好，我答应。”

“还有一个请求：我知道，我亲爱的，这对你也许是乏味的，不过还要请你尽可能常来看看我们。我那可怜的安娜·安德烈耶夫娜是那么喜欢你，而且……而且她没有你，就会感到很寂寞……你明白吗，万尼亚？”

他热烈地握着我的手。我全心全意地答应他。

“现在，万尼亚，这是最后的不好开口的问题了。你有钱用吗？”

“钱？”我惊奇地重复一遍。

“是的。”（老人脸孔通红，望着地下）“我看你，我的孩子，看你的住屋……看你的景况……我又想你还有其他特别的花费（你现在也许就有），那么……这儿，我的孩子，一百五十卢布作为第一次付款……”

“一百五十！而且是第一次付款。你可是刚输了官司呀！”

“万尼亚，我看你一点也不明白我！你会有例外需要的，明白这一点。在某种情形下，钱会帮助人获得独立的地位，独立的决定的。也许你现在并不需要，难道你将来也不需要吗？无论如何，我是要留给你的。这是我所能积蓄起来的全部。如果你不花掉，你将来可以还我的。那么再会了。我的天，你多苍白呀！怎么，你很不舒服……”

我没有拒绝，把钱收下了。我很明白他为什么留钱给我。

“我简直站不起来了，”我回答说。

“你要当心你自己，万尼亚，亲爱的！今天不要出去了。我会告诉安娜·安德烈耶夫娜你现在的情形。你该请一个医生吧？明天我再来看你；只要自己两条腿挪得动，我无论如何会设法来的。现在你最好躺下吧……好，再会。再会，小姑娘；她把身体背过去哩！听着，我亲爱的，这儿另外有五个卢布，这是给那孩子的，不过别告诉她是我给的。替她花上就是了。买点鞋子或衬衣给她。她需要这一类东西的。再会了，我亲爱的……”

我陪他走到大门口。我要去请看门人替我买点吃的东西来。叶列娜还不曾吃中饭呢。

第十一章

但是我刚回到里面，就觉得头晕起来，倒在房间的中央了。我什么也不记得，只听见叶列娜一声锐叫。她拍着手，奔过来扶住我。这是留在我记忆里的最后一刹那……

当我恢复知觉，我发觉已经躺在床上了。后来叶列娜告诉我，她是靠着买了食物回来的看门人的帮助，才把我抬到沙发上的。

我醒来好几次，老看见叶列娜怜悯和焦灼的小脸孔俯在我身上。但是我记得这一切都好像在梦里，好像通过一层雾似的，那可怜的孩子的可爱脸孔一闪一闪地映到我眼里，由于我的昏迷，好像是一种幻象，又像是一幅图画。她拿些什么给我喝，整理我的床毯，或者带着一副忧愁和受惊的脸色坐着望住我，用手指抚摸我的头发。有一次我还记得她在我脸上柔和地亲吻。另外一次，我忽然在夜里醒来，借着放在我床边小桌上的快要烧完的蜡烛光，我看见叶列娜躺着，脸孔放在我的枕头上，她的温暖的脸颊贴着她的手，她的苍白的嘴唇在不安的睡眠中半张着。但是我完全恢复知觉是在第二天清早。蜡烛已经点完了。朝阳的鲜艳的玫瑰色光辉已经在墙上游戏。

叶列娜坐在桌子旁边，睡着了，疲乏的小脑袋枕在她的左臂上。我还记得，我好半天注视着她孩子般的脸孔，即使是在睡梦中间，那脸上也罩满着一种不像孩子气的忧郁和一种奇怪的、病态的美丽。脸色是苍白的，长睫毛覆在她瘦削的脸颊上，深黑色的头发浓厚地打着一个草率的结，披在一旁。她另外一只臂膀放在我的枕头上。我极轻地吻了吻这条瘦小的臂膀。但这可怜的孩子却没有醒，虽然她那苍白的嘴上有一丝微笑轻轻地闪过。我继续注视着她，随后又平静地沉入一种酣熟的、使人复原的睡眠中间了。这一次我差不多一直睡到中午。我一醒来，觉得差不多完全复原了。四肢有种疲乏而沉重的感觉，是我的疾病留下的唯一的痕迹。我从前也常有这种突然的神经性的发作；我很清楚这个病。平常这种发作大概二十四小时就过去，虽然当时那病像是剧烈而且凶猛的。

这时快近中午了。我看到的第一件东西是我昨天买来的窗帷，现在是挂在屋角的一条绳子上。叶列娜已经安排好，她把屋角遮起来，隔成她自己的一个单独的房间。她正坐在炉子前面烧水。看见我醒来了，她愉快地一笑，立刻向我走过来。

“我亲爱的，”我说，拉住她的手，“你照顾了我一整夜。我不知道你竟是那样仁慈。”

“你怎么知道我照顾着你呢？也许我整夜都睡着呀，”她说，带着一种害羞和好意的狡狯望着我，同时因为她自己的话又不好意思地脸红了。

“我醒了，看到你。你直到天快亮的时候才睡熟的。”

“你要喝点茶吗？”她打断我的话，似乎觉得继续谈下去是很困难了，凡是一切心地纯洁而且极其诚实的人，被人家称赞的时候往往都是这样的。

“我要，”我回答说，“但是昨天你吃过中饭吗？”

“我没有吃中饭，不过吃了晚饭了。那看门人拿来的。可是别讲话吧。静静地躺着，你还不曾完全好呢，”她接着说，拿了一点茶来，坐在我的床边。

“静静躺着，真的！我要静静躺着，不过躺到天黑，我得要出去。我当真一定得去，列诺契加[①]。”

“啊，你一定，一定吗！你去看谁？不是昨天来过的那位先生吧？”

“不，我不是到他那里去。”

“好的，我高兴你不是到他那里去。昨天就是他烦扰了你的。那么是到他女儿那里去吗？”

“你怎么知道他女儿呢？”

“昨天你们说的话我全听见了，”她望着地下说。她的脸上浮上一层阴影。她蹙起眉头来。

“他是一个可怕的老人呢，”她接着说。

“你一点不理解他。相反地，他是一个极仁慈的人哩。”

“不，不，他是恶毒的。我听见哩，”她带着确信说。

“怎么，你听见什么？”

“他不肯饶恕他的女儿……”

“但是他是爱她的。她曾经对他很不好；而且他是替她焦灼着和忧虑着的。”

① 列诺契加是叶列娜的爱称。

“他为什么不饶恕她呢？如果他不饶恕她，她就不应该回到他那里去。”

“怎么呢？为什么不应该呢？”

“因为他不配受他女儿的爱，”她激烈地回答说，“让她永远离开他，让她去讨饭，而且让他看着他女儿去讨饭，去遭受不幸吧。”

她眼睛里冒着火，她的脸颊涨红了。“她的话里一定有些什么意思，”我想。

“你要送我去的就是他家里吗？”她沉默了一下，接着问。

“是的，叶列娜。”

“不，我不如到别处当仆人去。”

“唉，你这些话多么不对呀，列诺契加！真是废话呀！谁来雇你当仆人呢？”

“随便哪个农民，”她不耐烦地回答说，样子越发沮丧了。

她显然是被激怒了。

“一个农民是不要雇用像你这样的女孩子去替他做工的。”我说，笑了起来。

“那么，上绅士家里去。”

“以你这样的脾气，能在绅士家里待下去吗？”

“是的。”

她越变得激怒，她的回答也越发粗莽了。

“但是你决受不住。”

“不，我受得住。他们骂我，我就存心不说话。他们打我，可是我不开口，我不开口。让他们打我吧——我无论怎样都不哭。那比哭还要使他们着恼哩。”

"真的,叶列娜!你多么凶狠,而又多么骄傲啊!你大概是遭受过很多的困苦……"

我站起来,走到我的大桌子旁边去。叶列娜依旧坐在沙发里,梦幻地望着地板,扯着沙发的边缘。她没有说话。我惊奇她是不是听了我的话在发脾气。

我站在桌子旁边,机械地打开我昨天带回来作为编辑上用的书籍,渐渐地我给那些书吸引住了。我常常是这样:打开一本书要去找些什么,但是一读下去,就把什么事情都忘记了。

"你总在写些什么?"叶列娜带着一种羞怯的微笑问,轻轻地走到桌子旁边来了。

"各种各样的东西,列诺契加。他们为这个给我钱哩。"

"呈文吗?"

"不,不是呈文。"

于是我尽可能地向她解释,说我写着关于各种人的各色各样的故事;由这些故事做成的书叫做小说。她带着极大的好奇心倾听着。

"你写的都是真的吗?"

"不,我造出来的。"

"既然不是真的,那你为什么写呢?"

"唉,这儿,读一读吧。你瞧这本书,你已经看过的。你会读,你会读吗?"

"是的。"

"好,那么你会懂得。这本书是我写的。"

"你?我要读它的……"

她显然想说些什么，但是觉得不容易说，而且又是在极度兴奋中间。她的问话里面藏着些什么意思。

“这个他们给你很多钱吗？”她最后问。

“这得碰着看。有时很多，有时什么也没有，因为作品写不出来。这是很艰难的工作啊，列诺契加。”

“那你不是很有钱吗？”

“不，没有钱。”

“那么我要做工来帮助你。”

她迅速地望了我一眼，脸红了，垂下眼睛，向我走上两步，突然用臂膀搂住我，她的脸紧紧地贴着我的胸脯了；我惊愕地看着她。

“我爱你……我并不骄傲，”她说，“你昨天说我骄傲。不，不，我不是那样的。我爱你。你是唯一关心我的人啊！……”

但是眼泪把她窒息住了。一会儿以后，眼泪狂涌出来，正和昨天一样。她在我前面跪下来，吻着我的手，我的脚……

“你关心我！”她重复着说，“你是唯一的，唯一的。”

她痉挛地抱着我的膝盖，她抑制了那么久的感情，在不能控制的突发中一下子都爆发出来了。我懂得这种心肠的奇怪的倔强性，它可以暂时踌躇不决地掩藏住它的感情，而当它表达和发泄的需要逐渐强烈的时候，它就越发粗暴，越发倔强，直到那无可避免的爆发到来，那时整个的存在都忘记了，而让它屈服在爱的渴求、感激、爱情和眼泪之下了。她啜泣着，直到她变成歇斯底里的样子。我用力气把她的臂膀松开来，抱起她，把她弄到沙发上去。她继续啜泣了很久，把脸孔藏在枕头里，好像不好意思看我似的。但是她紧紧地握着我的手，把它压在她的心口上。

渐渐地，她平静一点了，但是仍然没有向我抬起脸来。有两次，她的眼光掠过我的脸孔，眼光里有一种极其温柔的神情，和一种羞怯的、重新掩藏起来的感情。

最后，她脸一红，微笑起来。

“你好一点了吗？”我问，“我的多情的小列诺契加，我的痛苦的小孩呀！”

“不是列诺契加，不是……”她低声地说，依旧把脸孔躲开我。

“不是列诺契加？那么是什么？”

“尼丽。”

“尼丽？为什么是尼丽？这也许倒是一个极漂亮的名字呢。我就这样叫你吧，如果你希望的话。”

“这是我妈妈叫我的，没有别人叫我这名字，没有别人，只有她……而我也不要什么人叫我这名字，除开我的妈妈。但是你就这样叫我吧。我要你叫，我会永远爱你，永远。”

“一颗可爱而骄傲的心啊！”我想，“我费了好久时光才获得叫你尼丽的权利啊！”

但是现在我知道，她的心是永远给我获得了。

“尼丽，听着，”她更加平静一点的时候，我就说。“你说，除了你妈妈没有人爱过你。难道真的你外公也不爱你吗？”

“不，他不爱我。”

“可是你为他哭过；你记得吗，这儿，在扶梯上？”

她约莫有一分钟没有说话。

“不，他不爱我……他是恶毒的。”

一种痛苦的神情浮上她的脸孔。

“但是我们不应该太苛刻地判断他，尼丽，我想他年纪越大就越孩子气了。他死的时候好像疯了一样。我告诉过你他是怎样死的。”

“是的；但是他在最后一个月才变得完全精神恍惚的。他会整天坐在这里，如果不是我来看他，他会两三天不吃也不喝，就这么坐过去。他以前比较好一点。”

“你说‘以前’是什么意思？”

“在妈妈死以前。”

“那么是你给他送吃喝的东西的了，尼丽？”

“是的，我常常这样。”

“你在哪里弄来的呢？从布勃诺夫夫人那里吗？”

“不，我从不在布勃诺夫夫人那里拿什么东西的，”她用战栗的声音着重地说。

“你上哪里弄来的呢？你没有什么东西的，不是吗？”

尼丽变得苍白极了，没有说什么，她注视了我很久很久。

“我常常到街上去讨……我一有了五个戈比，就替他去买面包和鼻烟……”

“他就让你去！尼丽！尼丽！”

“起先我没有告诉他。但当他发觉以后，他却常常叫我去，我常常站在桥上，向过路的人求讨，他就在桥的附近走来走去。他一瞧见人家给我钱，就向我奔过来把钱拿去，好像我要藏起来不给他似的。”

她说的时候，露出一丝讽刺的苦笑。

“这都在我妈妈死了的时候，”她接着说。“之后，他就好像发疯了。”

“那么说，他一定很爱你的妈妈了。他怎么不跟她住在一块呢？”

“不，他不爱她……他是恶毒的。他不肯饶恕她……好像昨天那老头子一样。”她静静地说，几乎是种低语，而且越来越苍白了。

我骇然了。整部小说的情节在我脑海里闪现。那个在棺材匠的地窖里濒于死亡的可怜的女人；她的女儿，那个不时去看望咒骂过她母亲的外祖父的孤女；那个在自己的狗死去以后也在糖果店里奄奄一息的古怪的疯老头。

“亚助尔加本来是我妈妈的狗，”尼丽忽然说，回想起什么微笑起来。“外公从前是非常爱我妈妈的，当妈妈离开他的时候，就把亚助尔加留下来了。所以他才那么喜欢亚助尔加。他没饶恕我妈妈，但是那狗一死，他也就死了。”尼丽接着粗暴地说，那微笑从她脸上消失了。

“他从前是做什么的，尼丽？”我歇了一下又问她。

“他本来很有钱……我不知道他是做什么的，”她回答说，“他有一个工厂。妈妈这样告诉我的。起先她以为我太小，所以什么事情都不告诉我。她常常吻着我，跟我说，‘你会知道一切事情的，总有一天，你会知道一切事情的，可怜的、不幸的孩子呀！’她常常叫我可怜的和不幸的。有时夜里她以为我睡着了（虽然我是故意装睡着的），她常常看着我哭，她会吻我并且说‘可怜的、不幸的孩子呀！’”

“你妈妈是怎样死的？”

“害痨病死的，这是六个礼拜以前的事。”

“你记得你外公有钱时候的情形吗？”

“那时我还不曾生出来，妈妈在我出生以前就离开外公了。”

“她同谁去的？”

“我不知道，”尼丽轻柔地说，似乎有点踌躇，“她到外国，我是在那里生的。”

“外国？什么地方？”

“在瑞士。我到过一切地方。我还到过意大利和巴黎。”

我吃惊了。

“这一切你全记得吗，尼丽？”

“我记得很多。”

“你的俄文程度为什么又这么好呢，尼丽？”

“妈妈从那时起就教我俄文了。她是俄国人，因为她的妈妈是俄国人。但是外公是英国人，不过他也就像一个俄国人。当我们一年半前到俄国的时候，我已经完全学会了。妈妈那时就病了。之后我们越来越穷。妈妈常常哭，起初她在彼得堡找我外公，找了很久，常常哭着说她对他不好。她就是这样哭呀，哭呀！当她知道外公也穷了，她比以前哭得更多了。她常写信给他，他却从不回答。”

“你妈妈为什么回到这儿来呢？就只是为找她的父亲吗？”

“我不知道。但是在那边我们是那么快乐，”尼丽的眼睛闪耀起来，“妈妈独自跟我住在一起。她有一个朋友，一个跟你一样的仁慈的人。他在她离开以前原来就认识她的。但是他在那里死了，于是妈妈回来了……”

“那么，你妈妈就是同着他离开你外公的吗？”

“不，不是同他。妈妈是同另外一个人走的，他把她丢了……”

“他是谁，尼丽？”

尼丽瞅了我一眼，没有说什么。她显然知道同着她妈妈出走而或许就是她父亲的那个人的名字的。要她说出那个名字，即使是对我说，这在她也是痛苦的。

我不愿拿些问题去烦恼她。她的性格是一种奇怪的性格，神经过敏和烈性的，然而她却抑制着她的冲动；她是可爱的，不过她却把自己关闭在骄矜和缄默的藩篱后面。虽然她用全副心肠在爱我，用最坦白和真实的爱在爱我，差不多是和爱她一提起就不能不痛苦的死去的妈妈一样，可是在我和她认识的所有时日中，她还是难得对我毫无隐讳的，除开那天以外，她很少想跟我谈谈过去的事情；而且相反，她似乎严谨地隐瞒着我，可是在那天，由于打断她的故事的痉挛的悲泣，她却在几个钟头中间，把她记忆中这一切最悲苦、最惨痛的事情都告诉我了，而我也永不会忘记这个可怕的故事，但是大部分我将在以后再来叙述……

这是一个可怕的故事。这是关于一个被遗弃的，在幸福被毁灭，害病，困乏，被人人所摒弃，又被她所能希冀的最后一个人——曾经一度被她错待过、后来为了难忍的痛苦与屈辱而发疯的她的父亲——所拒绝之后还活着的女人的故事。这是关于一个被逼得绝望，在彼得堡寒冷而污秽的街上，同着她当作婴孩般的小女孩去求乞的女人的故事；是关于一个女人在潮湿的地窖里濒死地躺了几个月，而她的父亲直到她生命的最后一刹那还不肯饶恕她，只有到最后一刹那，他追悔起来要赶去饶恕她的时候，他在世界上比什么都钟爱的那个女人却已经是一具冰冷的尸首了的故事。

这是关于那个疯老头子跟他那小外孙女——她虽然还是个小孩子，却已经理解了有些人在他们平稳而舒适的生活中过了许多年月也不会理解的许多事情——的神秘难解的关系的故事。这是一个凄惨的故事，是在彼得堡的阴暗天空下，在广大城市的黑暗秘密的角落里，在生活的炫目的沸腾中间，在阴沉的自私、利益的矛盾、黑暗的罪恶和秘密的犯罪中间，在没有理性和反常的生活的最下层地狱中间常常看不见地、几乎是神秘地扮演着的许多凄惨而悲苦的戏剧中间的一个故事……

但是这故事将在以后再来叙述……

第　三　部

第　一　章

当我从阴郁的梦魇中醒来，恢复现状之前，暮色已经笼罩下来，天已经黑了。

“尼丽，”我说，“你在害病又在烦恼，而我却只得把你一个人丢在流泪和苦恼中。我亲爱的！原谅我吧，让我告诉你，那边另外还有一个曾经被爱过而没有被饶恕的人哩，她是不幸的、被侮辱和被遗弃的。她正在等着我哩。听了你的故事以后，我觉得我的心被她所吸引了，因此我忍不住要立刻就去看她，这分钟里就去。”

我不知道她是否明白我说的这一切。我已被她的故事和我的病搞得心烦意乱；但是我奔到娜泰莎那里去。我到的时候已经迟了，有九点钟了。

在街上，我看到一辆马车停在娜泰莎住的房子门前，我猜想这是亲王的马车。进门的路要穿过院子。我刚开始走上楼梯，就听见在我上面的一段楼梯上，有人小心地在摸索着路，显然他不熟悉这地方。我想这一定是亲王了，但是我立刻又怀疑起来。那位来客一壁往上爬，一壁不停地抱怨和诅咒这楼梯，他越往上走，他的语调就越发强烈，越发粗暴起来。自然，那楼梯是狭窄的、肮脏的、陡峻的，而且从来不点灯的，但是我在第三层楼上听到的竟是那一种语调，那使我不能相信这会是亲王：那位往上走着的绅士竟是和车夫一样咒骂着呢。但是第三层楼上有点微弱的亮光；娜泰莎的房门口燃着一盏小灯。我在门口赶上了那来客，而我是多么吃惊啊，那时我认出他正是华尔戈夫斯基亲王！我猜想，他这样出乎意外地碰见我，是极端不愉快的。最初一刹那，他还不曾认出我来，但是突然他全部脸色都改变了。最初那种愤怒和憎恨的眼色变成一种和蔼的、愉悦的表情了，他带着格外的高兴向我伸出两只手来。

“啊，是你呀！我快要跪下来感谢上帝保全我的性命哩！你听见我咒骂吗？”

于是他带着极温和的样子大笑起来。可是忽然他脸上装出一副恳切和焦虑的表情。

“阿略沙怎么能让娜泰莎·尼古拉耶夫娜住在这样一个

地方呢!”他摇着头说,“这就是那些所谓细节,可以看出一个人的性格。我替他焦心哩,他原是好性情的,他有一颗善良的心,但是这儿你已经看到一个例子:他是疯狂地在恋爱,可是他却把他所爱的姑娘放在这样一个洞窠里。我甚至还听说她有时连吃的东西都不够哩,”他低声补了一句,在找门铃的拉手。“我一想到他的将来就头痛,尤其是想到安娜·尼古拉耶夫娜的将来,当她做了他的妻子,我更头痛……”

他叫错了名字,却不曾注意到,他因为找不着门铃的拉手,正在烦躁呢。可是这儿却是没有门铃的。

我拉拉房门的拉手,玛芙拉立刻打开门来,慌乱地迎接我们。在厨房里——这厨房是用座木屏风把小过道隔成的——从一道开着的门里可以看到有些什么准备:一切东西都和平日有些不同,干净而且擦洗过了;炉子里生着火,桌子上放着一些新的陶器。这显然是等待着我们。玛芙拉奔过来帮我们脱去外衣。

“阿略沙在这儿吗?”我问她。

“他没来过。”她神秘地低声说。我们走到娜泰莎那里去。她房间里却没有什么特别准备的样子。什么东西都和平日一样。不过她房里的一切东西经常都是那么整洁和可爱的,也就无需再整理了。娜泰莎站在门前迎接我们。我被她脸上那种消瘦的神色和极端的苍白所震惊了,虽然这会儿她那没有血色的脸颊上却泛出一层红晕。她的眼神很狂热。她没有说话,匆促地向亲王伸过手去,显然是昏乱而激动的。她对我甚至连一眼都没有望。我默默地站住等待着。

“我来啦!”亲王亲切而愉快地说。“我才回来几个钟头呢。这些日子里我一直不曾忘记你哩，”他柔和地吻着她的手，“我是多么多么地想念你啊。我是多么想跟你说……好啦，我们可以倾心吐肺地谈一谈了！首先，我那个无头无脑的孩子，他还不曾来……”

“原谅我，亲王，”娜泰莎红着脸，窘惑地打断他说，“我要跟伊凡·彼特罗维契说一句话。万尼亚，来吧……只两句话……”

她握住我的手，拉我到帷幕后面去。

“万尼亚，”她用一种低声说，把我领到最远的角落里，“你会饶恕我吗？”

“嘘，娜泰莎，你这是什么意思？”

“不，不，万尼亚，你已经饶恕过我太多了，而且好多次了。但是一切忍耐都有个限度的。我知道，你是决不会不照顾我的。但是你会说我忘恩负义。而我在昨天和前天就是对你忘恩负义的，自私，残酷……”

她突然哭了出来，把脸孔压在我的肩膀上。

“嘘，娜泰莎，”我赶快安她的心，“我害了一夜病，现在我还站立不稳哩，所以我昨天跟今天没有来，而你却以为我生气了。最亲爱的，你以为我不明白你现在心里在想什么吗？”

“嗯，那么好了……那么你已经和向来一样饶恕我了。”她说，从泪眼里微笑着，把我的手捏得发痛。“别的以后再谈吧。我有许多话要跟你说呢，万尼亚。但是现在回到他那里去吧……”

“赶快吧，娜泰莎，我们离开他那么突然……”

“你会看到，你会看到马上将发生什么事情，”她对我低声说，“现在我全明白，我全看穿了，这全是他的过错。许多事情今天晚上都要决定了。来吧！”

我不明白，但是已经没有时间问了。娜泰莎带着一种从容的神情走到亲王跟前。他依旧握着帽子站在那里。她愉快地向他告罪，从他手里接过帽子来，推过一把椅子给他，于是我们三个围着她那张小桌子坐了下来。

“我刚才开头讲到我那个无头无脑的孩子，”亲王继续说下去，“我只看见过他一下子，那是在街上，当他刚坐上马车赶到任娜达·菲多罗芙娜伯爵夫人那里去。他忙得可怕，你相信吗，我离开四天，要他停留一下到我房里来他都不肯，我相信这是我的过失，娜泰莎·尼古拉耶夫娜。他没有到这里来，而我们却在他之前先到了。我捉住这机会，因为我今天不能到伯爵夫人家里去，我叫他带一个信给她。不过他一两分钟里就会到这里来的。”

“我猜想，他答应过你他今天要来吧？”娜泰莎问，带着一种十分单纯的神色看着亲王。

“好天爷，倒好像他不会来似的！你怎么能这样问呢？”他叫起来，惊异地望着她，“不过我懂得，你是在生他的气。真的，他最后才来，这似乎不大对。但是我重说一遍，这是我的过失。别生他的气吧。他浅薄、轻浮，这我不替他辩护，但是某种特殊的情形，使他必须不抛弃伯爵夫人跟其他几位亲戚的关系，并且相反地，应该尽可能随时去看望她们。而现在，他现在想必不离开你的身边，已经把地球上的其他一切都忘记了，我请你不要生气，如果我有时带他离开一两个钟头——不会超过的——去替我做些事情。我敢说，自从那天晚上以后，他还不曾去看过一次 K 亲王夫人呢，我很抱憾，我还没有来得及查问他哩！……”

我朝娜泰莎望了一眼。她正带着一丝轻轻的、半嘲弄的微笑听着华尔戈夫斯基亲王。可是他说得那么坦直，那么自然。这似乎不可能去猜疑他的。

“那么你当真不知道，这些日子他一直都不在我身边吗？”娜泰莎用一种平静的温和的声音问，仿佛她是在谈最寻常的事情一样。

“什么？一次都没有来过？好天爷，你在说什么啊！”亲王说，显然极端的惊异。

“星期二晚上你跟我在一起。第二天早上他来看过我半个钟头，从此以后我就不曾见过他一次呢。”

“不过这是难以相信的呀！”他越来越惊异了，“我以为他从来不会离开你身边哩。原谅我，这是那么奇怪……这简直是不能相信的呀。”

“不过这却是真的呀，而我是那么难过。我盼望看到你，我希望从你这里知道他究竟是在什么地方。”

“天啊！但是他马上就要来了。可是你告诉我的使我那样吃惊……我承认他无论做什么事情我都能料得到，可是这件事，这件事呀！”

“这怎样会使你吃惊呢！我以为，你不但不会吃惊，而且你事先就知道会是这样的。”

“知道！我？可是我向你保证，娜泰莎·尼古拉耶夫娜，我今天才看见他一下子哩，而且我也不曾向人家问起过他。而你好像也不相信我，这教我觉得好奇怪。”他接下去说，打量着我们两个人。

“上帝不容的!”娜泰莎叫,“我完全相信你所说是真实的。”

只是她又大笑起来,正对着华尔戈夫斯基亲王的脸孔,使他几乎退缩了一下。

“你自己解释吧!”他迷惑地说。

“唉,这没有什么好解释的。我说得极简单。你知道他是多么轻浮和健忘。现在你给了他完全的自由,他就失魂落魄了。”

“但是像这样失魂落魄是不可能的呀。这里面一定有些什么。他一进来,我就让他来解释。但是最使我吃惊的是,你好像以为我多少该受责备,甚至当我不在这里的时候。不过我明白,娜泰莎·尼古拉耶夫娜,你是非常生他的气——我是完全了解的。你有权利这么做,而我,假如是第一个来到你这里的人,自然我是第一个该受责备的人了。就是这么一回事吧,是不是呢?”他转向我,带着一种愠怒的嘲笑接着说。

娜泰莎脸孔发红了。

“当然,娜泰莎·尼古拉耶夫娜,”他严肃地说下去,“我承认,我该受责备,不过这只是因为我认识你以后第二天就走开了;因此,由于你天性的多疑,这是我从你身上观察到的,你已经改变对我的看法了——自然,环境对于这件事也有影响。如果我不离开,你对我会更了解一些,而且阿略沙有我管着他,也不至于这样不留心了。今天晚上你可以亲自听到我要对他说些什么话。”

“那是说,你要设法使他开始感觉我是一种累赘吧。自然，凭你的聪明，你不可能认为这对于我会有什么帮助吧。”

“你的意思是暗示说，我存心想使他感觉你是一种累赘吗？你侮辱我了，娜泰莎·尼古拉耶夫娜。”

“我能够不用暗示，总不想用暗示来说话的，不管是对什么人说话，”娜泰莎回答说，“相反地，我常常想尽可能地坦直，今天晚上你也许会相信我这个话。我并不希望侮辱你，而且也没有理由侮辱你；只要你不因为我的话生气，我什么话都可以说的。这一点我是十分确信的，因为我完全明白我们彼此之间的关系。你不能把这关系看得太郑重了，不是吗？但是如果我真的冲撞你了，我准备请你原谅，使我在……款待客人的义务上不致有什么欠缺之处。”

虽然她说话是带着轻松甚至玩笑的口吻，而且嘴唇上还挂着微笑，可是我却从不曾看见娜泰莎激动得这么厉害过。直到现在我才明白这三天中间她是怎样心痛。她说她现在已经明白了一切，猜到了一切，这种莫名其妙的话使我震骇；这是直接指华尔戈夫斯基亲王说的。她已经改变了对他的看法，而把他看成她的敌人了；这是显然的。她显然把她和阿略沙之间的挫折归罪于他的影响，这种意见或许是有某种根据吧。我担心他们之间随时会吵一场架。她嘲笑的语调是太明显，太不隐晦了。她对亲王所说的最后一句话，说他不能把他们之间的关系看得太郑重，和那关于款待客人的话，她那类乎威吓的诺言，以及向他表示她知道该怎样坦直——这一切话都是那么刺人，那么明白，亲王决不会听不懂的。我看见他脸色变了，但是他还能很好地控制自己。他立刻装作没有注意到这些话，装作不理解这些话的意思，自然用一些嘲讽的话来掩蔽自己。

“上帝不容许我要求你道歉的!”他叫,笑了起来。“这决不是我所要的,而且当真,要求一个女人道歉,这是违反我的规矩的。我们第一次见面的时候,我曾经预先告诉你我是怎样的一个人,所以你大概不至于只凭一种观察就对我生气吧,尤其是应用到所有女人身上。你也许同意我这话。”他接下去说,恭敬地向我转过来。“我注意到女性的一种特点,就是一个女人如果有什么错误的时候,她宁愿事后用千百种抚慰来减轻她的过失,也不大肯当时在对质的时候承认她的错误和请求宽恕。所以就是我是被你侮辱了,我也并不急于要求道歉。如果事后你承认了你的错误,而想用……千百种抚慰来报答我,那对于我倒是更好啊。而且你是那么和婉,那么纯洁,那么爽气,那么坦白,当你追悔的时候,我可以预见到一定是很媚人的。你且不要道歉,不如告诉我,今天晚上我是否可以做点事情,来表示我对待你比你所想象的更真诚、更坦直?”

娜泰莎脸红了。我也感觉到华尔戈夫斯基亲王的答话有点太轻薄,甚至语气有点太不经意了——一种颇不合礼的戏谑。

“你要证明你对我是单纯和坦白的吗?”娜泰莎带着一种挑战的神气望着他。

“是呀。”

“假如这样,我要求你一件事,请你做到。”

“我预先答应你。”

“就是说,别用一句话或一个关于我的暗示去烦搅阿略沙,不管是今天或明天。也不要因为他忘记我而去责备他;也别告诫他。我要装作没事似的接待他,使他看不出什么。这就是我所要求的。你能够答应我吗?”

“十分高兴,”华尔戈夫斯基亲王回答说,“并且请允许我凭我的诚心再补说一句:我在这种环境中,很少遇见比这更有见识、更有眼光的态度呢……可是我相信,这是阿略沙来了。”

果然,过道上传来一阵声音。娜泰莎惊跳起来,似乎要准备什么的样子。华尔戈夫斯基亲王带着一副严重的脸色坐着,等着看会发生什么事情;他留心地望着娜泰莎。但是门开了,阿略沙奔了进来。

第　二　章

他简直是奔进来,带着一张发亮的脸孔,快乐又高兴。显然这四天里他过得快乐而幸福。从他脸上可以看出,他有些什么话要告诉我们。

“我来啦!”他叫,向我们所有的人招呼,“我是应该比谁都先来到的人啊。可是我马上就告诉你们一切事情,一切事情,一切事情!今天早上我没有工夫跟你多说两句话,爸爸,而我是有很多话要跟你说的。只有趁他高兴的当儿,他才让我对他这样说的,”他打断他自己的话,朝着我说。“我确实告诉你,在别的时候,他是不容许我说话的!我告诉你他做了什么事。他开始用我的全名啦。[①] 但是从今天起,我要使他常常过好时光,而我要为他去安排!这四天来,我完全变成一个不同的人了,完全、完全不同了,我要告诉你们这一切。不过这个

---

① 俄国成年人的名字包括他自己名字、父名和姓,所以叫做全名。这里的意思是说,承认他是成年人了。

停会儿再讲吧。现在最主要的是她在这儿，她在这儿！再说一遍！娜泰莎，亲爱的，你好吗，我的安琪儿！”他说，挨着她坐下来，贪婪地吻她的手。“这些日子我是多么怀念你啊！但是事情是这样！我没有办法！我不能够处理得很好，我亲爱的！你看来瘦一点了，你变得多么苍白……”

他狂喜地吻着她的双手，用他那美丽的眼睛热情地瞧着她，好像永远瞧不够似的。我扫了娜泰莎一眼，从她脸色上，我猜到我们的心思是一样的：他完全是无辜的。真的，这个无辜的人，几时该受责备呢？又怎么该受责备呢？一阵发亮的红晕突然在娜泰莎苍白的脸颊上泛开来，仿佛她全身的血突然从她心上冲到她的头部来了。她眼睛发亮，骄傲地望着华尔戈夫斯基亲王。

“但是这许多日子你在……哪里呢？”她以一种压抑的和断断续续的声音说。她沉重而不均匀地喘息着。天啊，她是多么爱他啊！

“当然，我似乎是该受责备的，而且真的，不仅仅是‘似乎’啊！自然，我是该受责备的，我自己知道，我知道这个，所以我来了。卡佳昨天和今天都告诉我说，没有一个女人会宽恕这样的疏忽的（她知道星期二这里所发生的全部事情，我第二天就告诉她的）；我跟她辩论，我认为这样的女人是有的，她的名字叫娜泰莎，在这世界上，也许只有一个女人可以跟她匹敌，这就是卡佳；而我来到这里，自然我知道我的话是胜利了。像你这样的安琪儿难道能够不宽恕吗？‘他没有来，一定是什么事情把他绊住了。这不会是他不爱我了！’——我的娜泰莎会是这样想法的！怎么会不再爱你呢？难道这是可能的吗？我整个的心都为你发痛呢。不过我还是该受责备的。可是当你知道了一切事情以后，你一定是第一个来支持我的。我马上就要把这一切率直地告诉你；我要把我的心向你们所有人公开，这就是我来的目的。我今天白天里就想飞到你这里来（我白天里自由了半分钟）给你一个飞吻，可是我连这个都不曾成功。卡佳有重要的事情要差遣我。那就是你在马车里看到我以前，爸爸。那是接到第二个条子以后第二次赶到卡佳那里去呢。送信的人整天都在两家之间奔跑着。伊凡·彼特罗维契，我直到昨天晚上才有时间读到你的条子，你所说的全对。可是我怎么办呢？这是肉体所做不到的呀！于是我想：'明天晚上我就会把一切事情都弄妥当'，因为今天晚上我再不来是不可能的了，娜泰莎。"

"什么条子？"娜泰莎问。

"他到我的房里去，没有找到我。自然他就在信里直言不讳地痛责我不来看你。他的话是完全对的。这是昨天的事情。"

娜泰莎望了我一眼。

"但是假如你有工夫跟卡捷琳娜·菲多罗芙娜从早到晚都在一起……"华尔戈夫斯基亲王开始说。

"我知道，我知道你要说什么，"阿略沙打断他说，"如果我能在卡佳的家里，我就该有双倍理由留在这里。我完全同意你的话，并且我自己还要补充一句：不止双倍的理由，而应该有一百万倍的理由。但是说起来，在生活中间常常有一些奇怪的意外的事情，把一切事情都弄得颠倒，弄得乱七八糟，我所碰到的正是这一类事情。我告诉你们，这几天来我完全变成另外一个人了。从头到脚完全变成新的人了。所以一定是些重要的事情啊！”

“啊，我的天，但是你究竟碰到什么事情呀？请别老让我们吊着心啊！”娜泰莎叫，看着阿略沙那种热烈的样子，微笑起来。

他确实是相当可笑，他讲得很快，他的话以一种疾速的、不停的嘈杂声调纷乱地吐出来。他要告诉我们一切事情，要讲，要说。但是他一壁讲，一壁却依旧握牢娜泰莎的手，而且不断地把它提到他的嘴唇边去，好像永远吻不够似的。

“全部的要点就在这里——就是我所遭遇的事情，”阿略沙继续说下去，“唉，我的朋友们，那些我所看到的和所做的事情呀，那些我所认识的人呀！首先是卡佳！那样一个完美的人哟！我从前一点儿也不知道她，一点儿也不。就是那一天，星期二，你记得吗，娜泰莎，我带着那样一种热诚谈到她，甚至那时候我也不大知道她哩。直到现在为止，她不曾把她自己的真相向我显示过。但是现在我们已经彼此透彻了解了。我们彼此互相称呼卡佳和阿略沙了。可是我要从头讲起。首先是，娜泰莎，但愿你能听到她对我怎样说，当我那天告诉她关于你的事情的时候，那是星期三，我告诉她这里发生的一切事情……顺便说一句，我记得星期三那天我来看你的时候，我是多么蠢相啊！你带着热诚来迎接我，你满心关怀着我们的新的处境，你要跟我谈谈这一切；你是忧郁的，同时却又来捉弄我和开我的玩笑；而我呢，却想装出一副尊严的样子。啊，傻瓜，我真是傻瓜！你相信吗，我那时是想表现一番，夸耀一番我马上就是一个做丈夫的人了，一个尊严的人了，而且是想对你来表现呢。唉,你是怎么地笑我,而我又是怎样该受你的嘲笑啊!”

华尔戈夫斯基亲王默默地坐着,带着一种胜利的讽刺的微笑望着阿略沙。他似乎很高兴他儿子把自己显示得那样轻浮而且甚至是可笑。这天一晚上我都仔细地观察他,我得到的结论是他根本并不爱他的儿子,虽然他常常对他说到一些做父亲的热诚。

“那天我从你这里到卡佳那里去,”阿略沙喋喋地说下去,“我已经告诉你了,就在那天早上我们才彼此彻底了解了,怎么会是这样,这是奇怪的……我记不得是怎样的了……一些热情的话,一些坦直地表白出来的情感、思想,于是我们就成为永久的朋友了。你一定要认识她,你一定,娜泰莎。她是怎样对我讲,怎样对我来解释你啊。她怎样对我解释,你是一个如何宝贵的人啊。渐渐地,她使我了解了她的全部观念,她的整个的人生观;她是那样一个真挚的,那样一个热诚的姑娘啊!她谈到责任,谈到我们生活的使命,谈到我们所有的人应该怎样为人类服务,当我们谈了五六个钟头以后,我们的意见完全一致了,我们最后互相誓约保持永久的友谊,我们一生将在一块儿工作!”

“做什么工作呢?”他父亲惊异地问。

“我是那样改变了啦,爸爸,这一切会使你吃惊的。我事前就知道你的一切反对意见了,”阿略沙胜利地回答说,“你们都是一些讲究实际的人,你们有那么许多过了时的严厉的、苛刻的原则。你们带着不信任,带着敌意,带着狐疑来看一切新的事物,一切年轻的和新鲜的事物。可是我跟你在几天以前所了解的我已经完全不同了。我是换了一个人了！我勇敢地正视着世界上一切事物和一切人。如果我知道我的信念是正确的，我将追随它到底；如果我不迷了路，我就是一个诚实的人了。这对我已经足够了。不管你怎么样讲，我却相信我自己。”

“哦！呵！”亲王揶揄地说。

娜泰莎不安地朝我们望了一眼。她替阿略沙担心。每逢他说话说得极不得当而她知道了的时候，她常是这样子。她不愿意阿略沙在我们前面弄得很可笑，尤其是不愿在他父亲的面前。

“你说的是什么啊，阿略沙？我想这是一种什么哲学吧，”她说，“什么人教过你了……你还是来告诉我们你做了一些什么吧。”

“我这不是正在告诉你们吗！”阿略沙叫，“你们知道，卡佳有两位远亲，大概是表兄弟之类，叫莱文加和鲍令加。一个是学生，另外那个只是一个青年。她跟他们很要好，而他们简直是非常的人物哩。他们为了主义的缘故，不大到伯爵夫人家里去。那回卡佳跟我谈到人的命运，谈到我们生活的使命以及这一切问题的时候，她对我讲起他们，并且立刻为我写给他们一张条子；我立刻飞奔了去，跟他们认识了。当天晚上，我们就成了亲密的朋友。那里约莫有十二个各种各样的人——学生、军官、艺术家们；还有一位作家……他们都知道你，伊凡·彼特罗维契，就是说，他们都读过你的书，希望你将来写出伟大的作品来。他们亲口这样告诉我的。我告诉他们，我认识你，答应把他们介绍给你。他们都张开臂膀像对待兄弟一样来迎接我。我直白地告诉他们，说我不久要成为结婚的人了，于是他们就把我当作一个结了婚的人来接待。他们住在五层楼上，正在屋顶底下，他们尽可能地经常聚会，多半是在星期三，在莱文加和鲍令加家里。他们都是新生的青年，对全人类充满热爱。我们大家谈着我们的现在、我们的未来，谈着科学和文学，谈得那么好，那么爽快和单纯……有一个高等学校的学生也来了。你可以看到他们彼此是怎样相处，他们是怎样地慷慨啊！我以前从不曾看到过像他们那样的人！这些时候我是在什么样的地方呀？我看了一些什么呀？我成长了一些什么观念呀？只有你一个人，娜泰莎，曾经告诉过我一些这类的事情。唉，娜泰莎，你一定要去认识他们哪；卡佳已经认识他们了。他们谈到她，几乎是带着虔敬的神气。卡佳已经告诉过莱文加和鲍令加，说她将来得到财产的时候，她将立即捐助一百万块钱作公共事业。"

"我猜想莱文加和鲍令加和他们这一班人，将是这一百万块钱的保管人吧？"华尔戈夫斯基亲王问。

"这是鬼话，这是鬼话！这样说话是一种耻辱，爸爸！"阿略沙激昂地喊，"我疑心你是在想些什么！我们自然也谈到那一百万块钱，而且花了很长时间来讨论怎样去用它。我们最后决定首先要用在社会教育事业上……"

"是的，我知道，我确乎还不曾完全了解卡捷琳娜·菲多罗芙娜哩，"华尔戈夫斯基亲王好像在对自己说，依旧带着同样的嘲弄的微笑。"她的许多事情我都料想得到，可是这个……"

"为什么这个？"阿略沙打断他说，"你为什么以为这是那么奇怪呢？因为这不大合乎你们的惯例吗？因为在这以前没有人捐助过，而她捐助了吗？那又怎么样呢！她如果不愿意靠别人的钱财来生活，那又有什么妨碍呢，因为靠这几百万块钱来生活，就是靠别人的钱财来生活啊（这个我最近才搞清楚）。她要为她的国家和一切服务，而把她的一点微薄的财产捐给公共事业。我们在我们的抄写簿上常常读到这种小捐款的，而当这种小捐款数目是一百万块钱的时候，你们就觉得这有点不对了！这种被人们那么称赞的，又是我所相信的常识，全是根据于什么的呢？你为什么这样瞧我呀，爸爸？好像你是在瞧一个小丑、一个傻瓜呀！就算我是一个傻瓜，这又有什么关系呢？娜泰莎，你应该听听卡佳是怎样谈到这个问题。'头脑并不是主要的东西，主要的是指导头脑的东西——性格、心肠、慷慨的品质、进步的思想。'但是皮士梅金对这一点说得更好，那是充满天才的话。皮士梅金是莱文加和鲍令加的朋友，他在我们中间是一个有头脑的人，而且是一个天才领袖。就是昨天，他在谈天中间说到，'一个傻瓜，承认他自己是一个傻瓜，那么他就不再是傻瓜了。'这句话多真实啊！人们每一分钟都能够听到他说出这样的话。他真是在传播真理啊。"

"真是天才呀，"华尔戈夫斯基亲王说。

"你就是会嘲笑。但是我从来不曾从你那里听到过像这样的话，我也不曾从你的朋友们那里听到过这样的话啊。相反的，在你们的圈子里，你们似乎都避讳着这一切，就匍匐在地上，使所有的身体、所有的鼻子都可以丝毫不错地遵守着一定的尺度，一定的规则——似乎这是可能的，似乎这并不比我们所谈所想的更千百倍的不可能。可是他们反而叫我们做乌托邦派哩！你应该听听他们昨天对我说些什么啊……”

“嗯，可是你们谈的和想的究竟是些什么呢？告诉我们，阿略沙。我还不大明白哩，”娜泰莎说。

“一般都是关于引导向进步、向人道、向爱的一切事情，这全是和现代问题有关的。我们谈到需要一张自由的报纸，谈到那正在开始的改革，谈到人类的爱，谈到当今的领袖们；我们批评他们和研究他们。但是最重要的，我们答应彼此完全公开，说出关于我们自己的一切事情，坦白地、公开地，没有迟疑。除了公开和坦直以外，没有什么东西能达到我们的目的的。这是皮士梅金所最努力追求的。我把这些告诉了卡佳，她完全同情皮士梅金。我们所有的人也都一样，在皮士梅金的领导下，大家答应终生终世要诚实和坦直地做人，无论如何不欺诈，不以我们的赤诚、我们的热心、我们的错误为可耻，勇往直前，不管人家怎样讲我们，不管人家怎样评判我们。如果你要人家尊重你，首先你要尊重你自己。只有如此，只有自重才能使人家来敬重你。这是皮士梅金说的，卡佳完全同意他。我们现在在总的信念上已经同意了，而且已经决定严格地来注意我们自己的学习，和在聚会的时候彼此来说明自己。”

“一派胡说！”华尔戈夫斯基亲王不安地喊起来，“这皮士梅金是谁呀？不，不能让事情这样的……”

“什么不能让事情这样？”阿略沙喊，“听吧，爸爸，我为什么要在你面前说这些话呢？因为我想把你、希望把你也拉进我们的集团里去。我已经把你的名字由我保证提出去了。你笑啦；哼，我知道你要笑的！但是听完我的话吧。你是仁慈而慷慨的，你终于会理解。你还不知道，你从来不曾看见过那些人，还不曾听过他们说话哩。就算你已经听过这一切话，已经研究过这一切吧，你是很有学问的，可是你还不曾看见过他们本人，还不曾到他们家里去过，因此你怎么能正确地判断他们呢？你只是想象你知道他们罢了。你跟他们住到一起去，去听他们说话，那时——那时我可以担保，你一定会成为我们的一分子了。主要的是：我要用一切方法把你从你那样依恋着的毁灭的圈子中间拯救出来，并且把你从你的信念中间挽救过来。”

华尔戈夫斯基亲王含着一丝恶毒的冷笑，静静地听着这种俏皮话；他脸上显着一种恶意。娜泰莎带着毫不掩饰的反感望着他。他看见了，可是却装作没有注意。阿略沙刚一说完，他父亲就突然爆发出一阵狂笑来。他往椅背上一仰，仿佛控制不住自己似的。但是那狂笑分明并不是真的。很明白地，他的笑只是想尽可能深深地去伤害和屈辱他的儿子罢了。阿略沙当然是被羞辱了。他整个脸孔显出一种极其悲哀的神情。但是他还是忍耐地等待着，直到他父亲笑完了。

“爸爸，”他忧郁地开始说，“你为什么笑我呢？我是坦白和公开对你说话呀。如果你以为我所说的是愚蠢的，你最好教训我，可不要笑我呀。而且你究竟觉得什么好笑呢？是笑我现在认为高尚的和神圣的事情吗？咳，就算我是错误的，就算这一切全不对，讲错了，就算我是一个小傻瓜吧，像你好几次这样叫我的；即使我做错了事，可是我在这事情上却是真挚而诚实的呀，我可并没有做什么卑鄙的事呀。我是热衷于崇高的理想呀。这些理想也许是错误的，但是它们的基础却是神圣的啊。我告诉过你，你和你的朋友们从来不曾对我说过一些足以指导我和影响我的话。你要驳斥他们，告诉我一些比他们所说的更好的东西，那我就会服从你，可是你别笑我呀，这很伤我的心啊。”

阿略沙这些话说得极其诚恳，而且带着一种严肃的正经样子。娜泰莎同情地望着他。亲王带着真正的惊愕听了他儿子的话，立刻转变口吻了。

“我并不是要伤你的心，我亲爱的！”他回答说，“相反，我是为你忧虑呢。你准备跨上人生的这一步，只有不再是这样一个无头无脑的孩子，那才配得上。这是我的意思。我忍不住要笑，并不是要伤你的感情呀。”

“我为什么这样想呢？”阿略沙带着痛苦的感情说，“为什么过去那许多日子里，你对待我好像是跟我对立似的，带着冷冷的讽刺，不像是个做父亲的样子；为什么我感觉，假如我处在你的地位，我就不会像你对我那样侮辱地发笑呢。听吧，让我们彼此坦白地说说吧，立刻如此而且永远如此，这样可以不再有误会了。而且……我要告诉你全部的真相。我到这儿来的时候想过，这里是有一些误会。我可不曾料到会碰见你们全在一块儿。我说的对不对？如果我是对的，那么不如各人都把他所感觉的公开地说出来。多少罪恶是因为公开坦白而避免了的啊！”

“说吧，说吧，阿略沙，”华尔戈夫斯基亲王说，“你所提议的是很合理的。或许应该是你来开头吧，”他补了一句，望了娜泰莎一眼。

“别因为我说的太爽直而生气，”阿略沙开头说，“是你要这样而且你自己叫我这样的。听吧，你同意我跟娜泰莎结婚了；你给了我们这份幸福，而且为了这缘故，你已经克服了你自己的情感。你慷慨大度，我们大家都尊敬你的大度。可是为什么现在你又带着一种意气扬扬的样子，不断地暗示我是一个可笑的孩子，不配做一个丈夫呢？尤其是你似乎要屈辱我，使我在娜泰莎眼里变成可笑的，甚至是可鄙的。你把我弄得荒唐可笑的样子，你总是很高兴的。我在这以前很久就注意到这个了。不知为了什么，你似乎要向我们说明我们的婚姻是荒唐而愚蠢的，我们是彼此不相配的。真的，好像你替我们所计划的事情，连你自己都不相信哩；好像你把这一切全看成玩笑，一种荒唐的幻想，一出可笑的滑稽戏哩。我不仅是听了你今天所说的才这么想。那天晚上，星期二，我从这里回到你那里去的时候，我从你那里听到一些奇怪的话，那使我吃惊又伤心。在星期三，也是一样的，当你离开的时候，你对我们目前的处境做了一些暗示，你讲到她，虽然并没有侮辱的话，而是刚刚相反，可是也不是我所愿意听到你说的，你多少有点太轻薄，缺乏爱，缺乏对她的尊敬……这是很难描述的，但是那口吻很清楚；人家在心里可以感觉到。告诉我吧，说我是弄错了。安我的心吧，安慰我跟……她吧，因为你也伤害她了。我刚进来的时候就猜测到了……”

阿略沙是带着激昂和决心说出这些话的。娜泰莎带着一定的胜利的神气听着他，她的脸孔因为兴奋而发红了。在他说话中间，她一次两次地好像在对她自己说“是的，是的。这是真的。”华尔戈夫斯基亲王给骇住了。

“我亲爱的孩子，”他回答说，“自然，我记不得我对你说过的每一件事情了;但是你竟那样来了解我的话,这是非常奇怪的。我准备用一切可能的方法来安你的心。如果说我刚才笑了,那是十分自然的。我告诉你,我是想用笑来掩饰我的痛苦的心情啊。当我想象到你快做丈夫了,这在我现在看来是那么难以相信,那么荒唐——我这样说,请原谅——甚至是那么可笑。你怪我笑你,但是我告诉你,这全是你自己做出来的呀。我也是该责怪的。也许我近来没有好好地留心你,所以直到今晚我才看出你有什么能力。现在我一想到你和娜泰里雅·尼古拉耶夫娜的将来,我就发抖。我是太性急了;我看到你们之间有很大的差异。爱情随时会逝去,但是矛盾却永远留着的。我现在并不是来谈你们的命运,但是如果你的意志是诚实的,那么来考虑一下:你会毁了娜泰里雅·尼古拉耶夫娜,也会毁了你自己的,你一定会!你在这儿已经谈了一个钟头对人类的爱呀,你的信念的崇高呀,你所结交的那些高贵的人呀。可是请问问伊凡·彼特罗维契看,刚才我们从那讨厌的楼梯爬到四层楼上来的时候,和站在房门口感谢上帝保全我们的生命和四肢的时候,我对他说了一些什么啊。你可知道我心中产生的这种抑捺不住的感情吗?我真吃惊,你爱娜泰里雅·尼古拉耶夫娜,你却会忍心让她住在这样一层楼面上。你怎么会不懂得,假使你没有资产,假使你没有能尽你责任的地位,那你就没有权利来做一个丈夫,你就没有权利来担当任何责任。单单恋爱是小事,恋爱是以行动表示出来的呀,然而你的座右铭却是'如果你能同我受苦,你就跟我住在一起。'——这是不人道的,你知道,这是不体面,一壁在高谈爱一切人类,狂喜地研究宇宙的问题,一壁却不知不觉地做出违反爱情的罪行——这是不可理解的！别打断我，娜泰里雅·尼古拉耶夫娜，让我说完。我觉得这太痛苦了，我必须说出来。你告诉我们，阿略沙，说最近这些天来，你是被一切光荣的、优美的、高贵的东西吸引住了，你并且还责难我，说我的朋友们中间没有这种吸引人的东西，除了冷酷的常识以外什么也没有。你只想想看吧，醉心于一切崇高而尊贵的东西，而且是在星期二这儿发生的事情以后，却整整四天把人家以为你看得比世界上一切都珍贵的女人忽略掉了。你已经正面承认，说你跟卡捷琳娜·菲多罗芙娜辩论过，认为娜泰里雅·尼古拉耶夫娜是那样大度，那样爱你，因此她会宽恕你的行为的。可是你有什么权利来期望这种宽恕，而且拿它来打赌呢？你这些时候居然一次也不曾想到你给了娜泰里雅·尼古拉耶夫娜什么样的苦恼，什么样的痛苦的感情，什么样的疑虑，什么样的猜疑，这是可能的吗？你以为你被这些新思想所迷惑了，因此你就有权利来忽略你主要的责任？原谅我，娜泰里雅·尼古拉耶夫娜，因为我破坏我的诺言了。但是眼前的情形是比任何诺言更重要，这你自己会明白的……你知道吗，阿略沙，我发现娜泰里雅·尼古拉耶夫娜处在那样一种烦恼的苦痛心情中，这显然是你这四天中间替她造下的地狱，而这四天，在人家想来，本来应该是她一生中最幸福的日子啊。一方面是这种行为，另一方面是——议论，议论，议论……我说得不对吗？这完全是你的错，你能责备我吗？”

华尔戈夫斯基亲王说完了。他当真是被自己的雄辩所感动了，掩饰不住他的胜利了。阿略沙听说娜泰莎的苦恼，就带着痛苦的焦虑望着她，但是娜泰莎已经下定决心了。

"别管它,阿略沙,别不快活,"她说,"别人比你更该受责备呢。坐下吧,听我跟你父亲说些什么。这是该结束的时候了。"

"你自己解释吧,娜泰里雅·尼古拉耶夫娜!"亲王叫起来,"我恳切地请求你!过去两个钟头里我已经听了这些神秘的暗示了。这越来越教人忍受不住,我应该承认,我没有料到会在这里受到这样的款待呢。"

"也许吧;因为你原来期望用一些话来迷惑我们,使我们不注意到你秘密的心思。有什么要向你解释的呢?你自己全知道,全明白啊。阿略沙是对的。你的第一个欲望是要拆散我们。你早就知道,而且几乎是记在心里,星期二以后这里将发生的一切事情,而你就计算着这一切。我已经告诉过你,你并不曾郑重地来对待我,也不曾郑重地来对待你所计划的婚姻。你是在开我们的玩笑,在玩弄我们,而你是有你自己的目的的。你的把戏是稳妥的。阿略沙责怪你把这一切事情看作一出滑稽戏,这是对的。你不应该责骂阿略沙,相反地却应该高兴,因为他莫名其妙地,却已经做了你所期望的一切事情了,甚至还超过你所期望的哩。"

我惊骇得呆住了。我本来就预期这天晚上会发生什么灾祸的。但是我却给娜泰莎无情的、坦直的说话和她那显然的侮慢口吻完全吓住了。这样看来,她当真是知道一些什么了,我想,而且她已经毫无改变地决定要破裂了。也许她不耐烦地等待着亲王来,为了要当面告诉他一切事情。华尔戈夫斯基亲王的脸色变得有点苍白了。阿略沙的脸上显着单纯的惊惶和痛苦的期待神色。

“想想看，你刚才怎样咒骂了我啊，”亲王叫，“稍微考虑一下你的话吧……我一点也不理解哩。”

“啊！那么你一句话也不高兴来理解呢，”娜泰莎说，“甚至他，甚至阿略沙，都像我一样地理解你，而我们可不曾商量过啊。我们彼此连面都不曾见过哩！他爱你，相信你犹如天神，可是他也以为你是在跟我们玩弄一个卑劣和侮辱的把戏呀。你没有想到你对他必须十足小心和虚伪，你以为他是不会看穿你的。可是他却具有一副柔和的、敏感的和容易感动的心肠，而你的话，你的口吻，像他所说的，已经在他心上留下一种痕迹了……”

“我一句话也不懂，一句也不懂，”华尔戈夫斯基亲王重复地说，带着极度迷乱的神气转向我，好像要叫我来证明似的。他是激昂和发怒了。

“你是多疑的，你激动了，”他对她说下去，“事实上你在妒嫉卡捷琳娜·菲多罗芙娜，所以你来找每一个人的错处，特别是我……容许我说，你使人家对于你的性格发生一种奇怪的想法哩……我是不习惯于这种场面的。如果我不是为了我的儿子的缘故，我是不愿意在这儿再呆一分钟的。我却仍然等待着。你愿意屈尊来解释一下吗？”

“那么，你依旧坚持着和不愿来理解了，虽然你心里是全明白这一切的。你当真是要我说出来吗？”

“这是我所渴望的。”

“很好，那么，听吧，”娜泰莎叫，她的眼睛愤怒地发着光。“我要告诉你一切，一切。”

第 三 章

她站了起来，开始立着说话，她在激动中没有注意到这个。华尔戈夫斯基亲王听了一会以后，也站起来了。整个场面变得非常严肃了。

“回想一下你自己在星期二说的话吧，”娜泰莎开口说。“你说，你要钱，要遵从习俗，要社会上的身份地位——你记得吗？

“我记得。”

“嗯，为了获得那些钱，获得那从你手上滑掉了的胜利，你星期二来到这里，并且决定了这个婚姻，你估计这个恶作剧会帮助你去捕获那躲闪着你的东西哩。”

“娜泰莎！”我喊，“想想你在说什么啊！”

“恶作剧！计算！”亲王带着一种尊严受到侮辱的神气重复说。

阿略沙坐着，忧伤极了，不大理解地凝望着。

“是的，是的，别阻止我。我已经发誓要说出来了，”娜泰莎激动地继续说下去，“你自己记得：阿略沙不曾听你的话。整整六个月中间，你曾经尽你最大的力量要把他从我这里拉开去。他却坚持着来反对你。到了最后你再不能丧失一分钟了。如果你让这一分钟过去，那么那承继产业的姑娘，那钱财——主要是钱财，那三百万陪嫁，就将从你手指缝里滑掉了。你只剩下一个办法，就是使阿略沙去爱那个你替他决定的姑娘；你想，假如他跟她恋爱了，那么他就会抛弃我。”

“娜泰莎！娜泰莎！”阿略沙悲苦地喊，“你在说什么啊？”

"而你就这样做了，"她接下去说，没有理会阿略沙的叫喊，"但是——这又是同样的老故事！什么事情都可以顺利进行了，可是我又挡了路。只有一件事情给了你希望。像你这样狡猾和有经验的人，决不会看不出，那时阿略沙就似乎对他旧的恋爱有点厌倦了。你不会不注意到他已经开始看不起我了，有点烦厌了，一离开我就是五天。你以为他会全然厌倦，而且会抛弃我的时候，不料星期二那天阿略沙的决断的行动，却像是对你的一个闪击似的突然做出来了。你怎么办呢！"

"原谅我，"华尔戈夫斯基亲王叫，"相反地，那事实……"

"我说，"娜泰莎着重地说下去，"你那天晚上自己问自己该怎么办，于是决定不是实际上，只在口头上允许他跟我结婚，那不过是来缓和他一下罢了。你想行婚礼的日子是可以无限期地拖延的。而这时候那新的情感却在生长；你看到这一点。于是你就把你一切的希望都寄托在这个新的恋爱的生长上了。"

"奇谈，奇谈，"亲王用低声说，仿佛在对他自己说似的，"孤独，沉思，和读小说呀。"

"是的，你把一切都寄托在这个新的恋爱上，"娜泰莎重复说，没有去倾听和注意他的话，完全陷入一种狂热中，愈来愈入迷了。"和对这新的恋爱有利的机会上了！在他认识那姑娘的全部德性以前就开始了。当他那天晚上向她公开说他不能爱她，因为责任和另一件恋爱不容许，就在那一刹那间，那姑娘忽然显露出那样一种高贵的性格，那样一种对他和对她的情敌的同情，那样一种自动的宽恕，那使他虽然本来已经相信她的美丽了，可是直到此刻才认识她有多么华贵。他到我这里来，什么也不谈，只谈她，她已经给了他那样一种印象了。是的，如果只是出于感谢，他第二天是应该感到一种不可抑制的冲动，要再去看看这位高贵的人物的。而且，真的，他为什么不该到她那儿去呢？他那旧的恋爱已经没有什么不幸了，她的未来是安定了，他的整个生命已经委之于她了，而另外那一位却只需要一分钟啊。假如娜泰莎连这一分钟都要妒忌，那她是多么忘恩负义呀。而这样他就毫不注意地夺去了他的娜泰莎不单是一分钟，而是一天，两天，三天啊……就在这三天中间，那姑娘以一种新的、完全意外的姿态，向他显示了。她是那么高贵，那么热情，而同时又是那样一个天真的孩子，而且事实上又是那么跟他的性格相近啊。他们誓约永久的友谊和兄妹般的关系，而且希望永不分离。经过五六个钟头的谈话以后，他的灵魂容纳了一种新的感觉，而他的整个心是被征服了。你估计那样的时候终于会到来的，那时他会拿他旧的感情和新的感觉来比较。这边什么东西都是熟习的，照老样子的；这边什么都是严肃的、苛刻的；这边他看到嫉妒和责备，这边他看到眼泪……如果这边也有轻快和玩笑的话，那只是把他看做一个小孩子而不是站在同等的地位……然而最糟糕的是：这里一切全是熟习的、和向来一样的……”

眼泪和一阵痛苦的痉挛噎住了她，但是娜泰莎还是控制了自己约莫一分钟之久。

“此外还有什么呢？唉，时间呀。跟娜泰莎行婚礼的日子反正还不曾决定呢，你想；还有许多时间，而一切全会改变的啊……于是你的话呀，暗示呀，议论呀，雄辩呀……甚至你还能捏造一些口实来攻击那讨厌的娜泰莎哩。你把她放在一个不利的地位，你也许会成功的，而……很难说这是怎么做的；然而胜利却属于你了！阿略沙！别责备我，我亲爱的！别以为我不理解你的爱和不重视它。我知道，即使现在你还是爱我的，也许这会儿你还不理解我所诉说的话呢。我知道我说这一切话，是很不对的。但是我有什么办法呢，既然我理解这一切，而且越来越爱你……简直是发疯似的！”

她把脸孔藏在手里，倒在椅子上，像一个小孩子般啜泣起来。阿略沙发出一声高叫向她冲过去。他向来一看到她哭，没有不陪着哭的。

她的哭，我以为对亲王很有益处；娜泰莎在这冗长的解释中间的激昂，她对他攻击的猛烈，如果仅从礼节上说，是不能不教他愤慨的，这一切也许都可以解释成疯狂的嫉妒的爆发，解释成受伤害的爱情，甚至是一种病。那显然是应当对她表示同情的。

“你自己平静一下吧，别苦恼你自己啊，娜泰里雅·尼古拉耶夫娜，”华尔戈夫斯基亲王鼓励她说，“这是热狂、想象和孤寂的结果啊。你被他的茫无头脑的行为那么激怒了。你知道，这只是他茫无头脑呀。星期二的事情，你所认为最重要的事实，应该向你证明出他对你爱情的深度，可是相反地，你却认为……”

“啊，别跟我说话，这个时候别再来折磨我吧！”娜泰莎叫，痛苦地啜泣起来。“我的心已经告诉我一切事情了，已经告诉我很久了！你以为我不明白我们旧的爱是完结了吗……这儿，就在这间屋子里，一个人……当他抛开我，忘记我的时候……我已经忍受过一切，想过一切……我还要怎么办呢？

我不责备你，阿略沙……你为什么欺骗我呢？你以为我不曾尝试来欺骗我自己吗？啊，好多回呀，好多回呀！我不曾听出他声音里的每一种调子吗？我没有学会怎样去研究他的脸色、他的眼色吗？这全，全过去啦。全埋葬啦……啊，我是多么不幸呀！”

阿略沙跪在她前面哭着。

“是的，是的，这是我的过失呀！这全是我做出来的呀！”他在哭泣中重复地说。

“不，别责备你自己，阿略沙。这是别人……我们的敌人们……这是他们做出来的呀……他们呀！”

“但是请原谅我，”亲王最后带着一些不耐的神气说，“你有什么根据把这一切罪名都推在我身上呢？这些都是你的猜测。没有凭据呀……”

“没有凭据！”娜泰莎叫，从她的安乐椅上迅速地站起来。“你要凭据，奸诈的人呀。你有计划地来到这儿，你是不能有别的动机，不能有别的动机的啊！你必须抚慰你的儿子，缓和他良心上的不安，使他可以带着一种比较轻松和安适的心情委身给卡佳。不是这样，他会老惦记着我，他会来反对你的，而你已经等得厌烦了。这不确实吗？”

“我承认，”亲王带着一种讽刺的微笑说，“假如我要欺骗你的话，我一定会那么计算了。你是很……机智的，可是在你用这些责难的话来侮辱别人之前，你应该先有凭据啊。”

“凭据吗！就是你以前想把他从我这里拉开的时候你的全部行为呀。一个人训练他的儿子去忽视那种义务，为了世俗的利益，为了钱去开他们玩笑，这是在腐蚀他！你刚才谈到楼梯和我住处的恶劣，那是什么意思呀？你不是停止给他经常的津贴，想靠贫穷和饥饿来强迫我们分开吗？这住所和楼梯原是你自己的过失呀，而你现在却拿这来责备他——两面三刀的人呵！是什么东西引得你那天晚上那样的热情，那样新的、非你特有的信念啊？而我对于你为什么又是那样必需呢？这四天来我在这地方走来走去；我想过一切事情，我估量过你说的每一句话，你脸上的每一个表情，我断定，这全是假装，欺诈，一出卑劣的、侮辱人的和毫无价值的滑稽戏……我知道你，我早就知道你了。每一回阿略沙看了你回到这儿来，我都能从他脸上看出你对他说的一切话和你给他的一切印象。不，你欺骗不了我的！也许你现在还有什么别的计算，也许我还没有说出那最卑劣的事情来；但是这不关重要！你已经欺骗我了——这是主要的事情。我就得当面告诉你这个！”

“这就是全部的话吗？这就是你所有的全部凭据吗？但是想一想吧，你这狂妄的女人；为了那出滑稽戏——你这样称呼我在星期二提出的建议——我是太束缚我自己了，在我这方面说太不负责了……”

“怎么，你怎么束缚了你自己呀？欺骗我在你可算得了什么？侮辱像我这样地位的一个女子又有什么关系呢？一个不幸的逃出来的人，被她父亲所抛弃的，毫无保护的，她还屈辱了她自己，不道德的！如果这个玩笑只能有一些极小的用处，跟她来麻烦又有什么必要啊！”

“只想一想，你把你自己放到怎样一个地位上啊，娜泰里雅·尼古拉耶夫娜。你咬定你是给我侮辱了。但是这样一种侮辱是那么严重、那么丢人的，我简直不能明白，你怎么竟会想象出来，更不明白你怎么会一口咬定是这样。你这样轻易就可以假定这种事情，大概由于你平时习惯这样吧，我这样说，你能原谅就原谅吧。我是有权利来责备你的，因为你在指使我儿子来反对我。假使他现在并没有为了你的缘故攻击我的话，他的心却是在反对我的。”

“不，爸爸，不!”阿略沙喊，“如果我没有攻击你，那是因为我不相信你犯了侮辱人的罪，而且我也不相信这样一种侮辱是可能的!”

“你听见了吗?”华尔戈夫斯基亲王叫。

“娜泰莎，这全是我的过失啊！别责备他吧。这是不道德的和可怕的啊。”

“你听见吗，万尼亚？他已经在反对我啦!”娜泰莎喊。

“够了!”亲王说。“我们应该把这痛苦的场面结束了。这种盲目和蛮性的嫉妒的爆发，在完全新的见地上显示出你的性格了。我得到事先的警戒了。我们太性急。我们确实太性急了。你甚至没有留心到你是怎样侮辱了我。这在你是无所谓的。我们是太性急了……太性急了……自然，我的话应该是神圣的，但是……我是一个父亲，而且我希望我儿子幸福啊……”

“你取消你的话啦!”娜泰莎喊起来，控制不住她自己了。“你是高兴有这个机会的。但是让我告诉你，就在这里，我一个人，在两天以前已经决心璧还他的诺言了，现在我再在每个人前面重说一遍。我放弃他了!”

“这也许是你要重新唤醒他旧日的烦恼，他的责任感，和一切由于责任而起的苦闷吧(像你刚才所表示的)，这样你又可以把他拉到你那边去啦。这都是根据你自己的理论的解释啊。那就是为什么我要这样说;但是够了,时间会来决定的。我要等待着一个比较平静的时间再对你作一次解释。我希望我们不至于断绝一切关系。我还希望你会把我估计得好一点。我本来打算今天告诉你我对于你家族的计划的,那会使你明白……但是够了!伊凡·彼特罗维契,"他接着说,向我走过来,"我常常想更了解你一点,而现在比往常更重视这个了。我希望你理解我。我一两天之内会来看你,如果你允许我。"

我鞠了一躬。这在我看来,似乎现在我也不能避免跟他来往了。他握了握我的手,向娜泰莎鞠了一躬,没有说话,带着一种尊严被冒犯了的神气走出去了。

第　四　章

好几分钟,我们全没有说话。娜泰莎沉思地坐着,忧郁而疲乏。她的全部精力突然离开她了。她笔直地望着前面,看不见什么,把阿略沙的手紧握在自己的手里,似乎沉入到迷茫中了。他默默地淌着眼泪,吐泄他胸中的悲伤,不时带着怯弱的好奇心望望她。

最后,他开始怯怯地想来安慰她,求她不要发怒,责备他自己;他显然很想替他父亲辩护,这是重重地压着他的心头的。他几次开口说这件事,但是不敢说出来,怕再惹起娜泰莎的愤怒。他发誓说他永恒不变的爱,并且热烈地证明他对卡佳的忠诚,不断地重复说,他只是把卡佳作为一个姊妹,一个亲爱的仁慈的姊妹来爱她,他是不能完全丢开她的;否则他未免真的是粗暴和残忍了，并且还说，娜泰莎如果认识了卡佳，她们立刻就会做朋友的，甚至她们永远不会分离，永远不会吵嘴的。这个想头特别叫他欢喜。这可怜的家伙是完全真实的。他没有了解她的疑惧，而且当真不曾清楚了解她刚才对他父亲说的话。他所了解的，只是他们吵了一场嘴，而这特别是像块石头似的压着他的心头。

“你是为了你父亲在责备我吗？”娜泰莎问。

“我怎么能责备你呢？”他带着痛苦的心情说，“我是祸首，而且这全是我的过失呀！这都是我惹你这样生气，而在你愤怒中间，你也责备他了，因为你要替我辩护呀。你常常卫护我，这在我是不配的。你一定要把这罪过安在什么人身上，于是你就安在他身上了，而他却实在是不应该责怪的啊！”阿略沙叫，亢奋起来了。“难道他是存了那样心思到这儿来的吗？难道他是盼望这样吗？”

但是当他一看见娜泰莎是带着痛苦和谴责的神情望着他，他立刻就畏怯了。

“原谅我，我不啦，我不啦，”他说，“这全是我的过失啊！”

“是的，阿略沙，”她带着痛苦的情感说下去，“现在他已经插进我们中间来了，而且毁坏了我们终身的平静了。你向来对我比对谁都相信的。而现在他已经把不信任和猜疑我的心思注入你心里了；你怪我啦；他已经把你的半个心从我这里拿去了。黑猫已经跑到我们中间来啦。”

“别这么说啊，娜泰莎。你为什么要说‘黑猫’呢？”

他被这句话刺伤心了。

“他已经用他那虚伪的慈爱，用他那虚伪的慷慨把你争取过去了,”娜泰莎继续说。“而现在他将使你愈来愈反对我啦。”

“我发誓说,不是那样的,”阿略沙带着更大的热情说。“他说他‘太性急了’,你就会看到这话是在他激怒的时候说的。明天,一两天之内,他会重新考虑的;如果他真是那样愤怒,当真不要我们结婚,那我发誓我不会服从他的。我对这件事情也许有力量。你知道谁会帮助我们吗?”他高兴他这个主意,叫了起来。“卡佳会帮助我们的!而且你会看到,你会看到她是个多么奇特的人呵!你会看到,她究竟是否要做你的情敌和要拆散我们。你刚才说我是结婚之后会变心的那种人,这多么不公平啊!这教我听到是痛心的呀!不,我不是那样的人哪,而且假使我经常去看卡佳……”

“嘘!阿略沙!你什么时候高兴去看她就去看她吧。我刚才说的不是这意思。你完全不曾理解呢。你喜欢谁,就跟谁去欢乐吧。我不能要求超过你能给予我的更多的爱情……”

玛芙拉进来了。

“我把茶拿进来吧?这可不是开玩笑呀,让茶炊滚上两个钟头。现在十一点钟哩。”

她说话卤莽而执拗。显然她很不高兴,而且在生娜泰莎的气。事实是这样,从星期二那天以来,她就快乐极了,因为她的年轻女主人(她是非常喜欢她女主人的)快要结婚了,她已经把这消息传播给满屋子里,给街坊邻舍,给铺子里和给看门的人。她曾经吹了一番牛,得意地说那是一位亲王,一位要人,并且还是一位将军,非常有钱的,亲自跑来请求她的年轻女主人允婚，而她，玛芙拉，亲耳听见的，可是现在这件事却突然全部烟消云散了。亲王发了脾气跑掉了，连茶也不曾给他喝，而这一切自然都是她年轻女主人的错呀。玛芙拉听到她在对他不客气地说话的。

“哦……是的。”娜泰莎回答说。

“那些吃的东西呢？”

“是的，也拿来吧。”

娜泰莎是给弄窘了。

“我们备下那样一些东西，那样一些东西。”玛芙拉说下去，“昨天起我腿都跑断了。我还跑到尼佛斯基去买酒哩，而现在……”

她走了出去，愤愤地把门砰地阖上了。

娜泰莎脸孔发红，有点奇怪地望着我。

这时，茶已经摆上了，还有吃的东西。其中有野味，有某种鱼，有两瓶从爱立赛耶夫来的好酒。我奇怪，这一切准备是为着什么呢。

“你瞧，我是怎样一个人呵，万尼亚，”娜泰莎说，走向餐桌去，她不好意思得甚至不敢正面看我。“你知道，我事先料到，事情会像刚才那样结局的；可是我还是想，也许不会是那样结局吧。我想，阿略沙也许会来，而且会来调解，那末我们又将和好了。也许会弄清楚我的一切猜疑是不合理的，而我会给说服的……于是我就办了一顿晚餐准备着。我想，我们也许会坐在一起，谈到很迟的。”

可怜的娜泰莎呀！她说这话的时候，脸孔红得那样厉害。阿略沙却高兴了。

“你瞧，娜泰莎！”他叫，“你自己也不相信这个哩。两个钟头之前，你自己还不相信你自己的猜疑哩。是的，这一切必须弄好的。我是该责备的。这全是我的过失，我将把它弄好来。娜泰莎，让我一直回到我爸爸那里去吧。我必须去看他；他是被伤害了，被冒犯了；我必须去安慰他。我要告诉他一切，只讲我自己，只讲我自己！不会把你扯到里面去的。我会解决一切事情。别因为我那么焦急要到他那里去和要离开你就生我的气吧。完全不是那么一回事。我是替他难过呢；他会向你表白他自己的，你会明白的。明天天一亮我就来陪你，我将整天陪着你。我不想到卡佳那里去了。”

娜泰莎没有留他；她甚至催促他去。她非常怕阿略沙会勉强从早到晚地来陪她，而且会对她厌倦起来。她只是求他别用她的名义去说话，而在离开的时候，还想更愉快地向他笑一笑。他正要走出去，但是突然他又向她走回来，两只手拥抱着她，在她旁边坐下了。他带着描写不出的柔情，朝她望着。

“娜泰莎，我的亲亲，我的安琪儿，别恼我，让我们永远也别吵嘴了。答应我，你永远相信我，而我也会相信你。唉，我的安琪儿，我现在要告诉你。我们曾经吵过一次嘴；我记不得是为什么了；那是我的错。我们彼此都不说话。我不愿首先来求饶，而我是非常凄惨的。我在整个城市里徘徊着，到处去闲荡。去找我的朋友们，而我的心是那样沉重，那样沉重……接着，一种念头涌上我的心头：譬如说，如果你病了，而且死了，那怎么办呢？我一想象到这个，我突然感到那样绝望，仿佛我真的已经永远失去你了。我的念头越来越迫人和可怖。渐渐地我想象着我是在朝你的坟墓走去，绝望地扑在那坟墓上，拥抱着它，悲痛得昏厥过去了。我想象我怎样吻着那坟墓和叫喊你从里面出来，就是一刹那也好，我祈求上帝显示一个奇迹，在一刹那间，你会在我面前站起来；我想象，我将怎样冲向你，把你拥抱起来，使你紧紧地贴着我，吻着你，于是怀着好像能再像以前一样抱着你的幸福而死去了。我想象到这里，一种念头突然涌上我的心头：为什么，我要来祈求上帝给这一分钟。你跟我在一起已经六个月了，在这六个月中间，我们吵过多少次，有好多日子我们彼此都不愿说话。我们整天地闹别扭和轻视我们的幸福，而现在我却来祈求你从坟墓里出来一分钟，而我还准备为这一分钟献出我整个的生命呢……当我幻想着这一切，就抑制不住自己了，只有尽量快快地奔到你那里来；我奔到这里，你却正在等我，我记得，我们吵嘴以后互相拥抱，我把你紧紧地抱在怀里，仿佛我当真会失去你似的，娜泰莎。让我们别再吵嘴了！这老是那么伤我的心。天哪，你怎么能想象，我能离开你呀！”

娜泰莎大哭起来。他们彼此热烈地拥抱着，阿略沙又一次发誓，说他永远不会离开她。之后他奔到他父亲那里去了。他坚信，他会解决一切事情，他会把一切事情都弄妥的。

“一切都完啦！这全完啦！”娜泰莎说，痉挛地捏着我的手，“他爱我，他决不会不爱我的。但是他也爱卡佳，再过一些时候，他就会爱她胜过于爱我了。而那个阴毒鬼，那亲王，会睁大眼睛看着呢，那时……”

“娜泰莎，我也相信那亲王不是坦直行事的，但是……”

“你不相信我跟他说的一切话哩！我从你的脸色上看得出来。可是过一些时候，你自己就会明白究竟我对不对。我还只是一般地说呢，天知道他肚子里还有些别的什么花样哪！他是一个可怕的人。过去四天中间，我在这屋子里来回地走，我完全看穿了这一切。他要阿略沙解脱，把他的心从压在他生活上的忧愁重担下，从爱我的责任下，解脱出来。他想出了这个结婚的计划，同时也含着这样一种意思，就是要钻到我们中间，来影响我们和用他的宽宏大度来擒住阿略沙。这是真话，这是真话，万尼亚！阿略沙就是这样一种人。他对我会感到安心了，他对我的不安会过去了。他会想，'唉，她现在是我的妻子了，她一生都是我的了。'这样他就不知不觉更注意卡佳去了。亲王显然是研究过卡佳的，他认为她对他是合适的。而且她会比我更能吸引他。唉，万尼亚，你现在是我唯一的希望了！他不知为了什么要接近你，要了解你。别反对这个吧，而且，看在上帝面上，亲爱的，想点方法到伯爵夫人那里去；跟这位卡佳去做朋友，彻底地研究她，告诉我她是怎样一个人。我要知道，你对她是怎样看法。没有一个人能像你这样了解我，你会明白我所要的是什么。并且去察看他们的友谊究竟达到怎样程度，他们之间究竟怎么样，他们在谈论一些什么。是卡佳，卡佳，你必须主要去观察。再向我表示一次吧，亲爱的，万尼亚好人呀，再向我表示一次你是我的一个多么真实的朋友吧！你是我的希望，我现在唯一的希望了。"

我回到家里，快一点钟了。尼丽带着一张瞌睆的脸孔替我开了门。她微笑着愉快地望着我。这可怜的孩子为着她自己睡去了很着恼呢。她原本是很想坐着等候我的。她告诉我，有人来过并且问起我，在这里坐着等了一会儿，还在桌子上留给我一张条子。那条子是马斯罗波耶夫写的。他叫我明天十二点到一点钟之间到他那里去一次。我还想问问尼丽，但是我把这搁到明天再说吧，坚持要她马上去睡觉。这可怜的孩子是疲乏了，因为她一直坐着在等我，在我进来以前半个钟头才睡着了。

第 五 章

早晨，尼丽告诉我关于昨夜来访问的一些颇为奇怪的详细情形。真的，马斯罗波耶夫昨夜忽然想起来找我，这事情就有点儿古怪。他明明知道我不在家的，我们上次见面的时候，我曾经通知过他，这个我记得清清楚楚。尼丽告诉我，她起先不肯开门，因为她害怕——那时是晚上八点钟了。但是他在门外劝她开门，肯定地跟她说，如果他今晚不留张条子给我，明天会于我很不利的。她放了他进来的时候，他立刻写了一张条子，向她走过来，在她旁边的沙发上坐下。

“我站了起来，不想跟他说话，”尼丽说，“我非常怕他；他开头谈到布勒诺夫夫人，告诉我她是多么愤怒，说她现在是不敢来拿我了。他又称赞你；说他是你的一个老朋友，从小孩子时候就认识了你。之后，我开始跟他说话。他拿出一些糖果来，请我吃。我不要，接着他又向我保证说他是个好性情的人，他还能唱歌和跳舞。他蹦了起来，就跳舞啦。这叫我发笑。接着他说他要多等一会儿——‘我要等等万尼亚，他也许就会来的’；于是他竭力劝我不要怕他，叫我靠着他坐下。我坐下了，但是我不愿跟他说些什么。之后他又告诉我，他熟悉我妈妈跟外公，并且……于是我也说话了。他就呆了很长一个时候……”

“你们讲了一些什么呢?”

“讲了妈妈……布勃诺夫夫人……外公。他呆了两个钟头。”

尼丽似乎不愿意说出他们所谈的话。我也不问她,希望从马斯罗波耶夫那里去听到这一切。但是马斯罗波耶夫乘我出去的时候,故意到我家来,为的是找尼丽一个人说话,这却教我惊奇。“他这是什么意思啊?”我奇怪。

她拿出他给她的三块糖果给我瞧。那是用红绿纸包着的水果糖,很肮脏的,也许是从水果店里买来的。尼丽给我看的时候,笑了起来。

“你为什么不吃呢?”我问。

“我不要吃,”她蹙起眉毛正经地说,“我没有拿他的;他自己把它搁在沙发上……”

这一天我有许多地方要跑。我对尼丽来告别。

“你老一个人闷不闷?”我走的时候问她。

“闷,也不闷。我闷是因为你要好久不在这里。”

她说这话的时候带着怎样的爱望着我。这天早晨她一直柔情地望着我,她似乎那么快乐,那么含情,而同时又有点羞赧,甚至她举止上都有点畏怯,好像她怕我不高兴和怕失去我的爱似的。并且……并且怕她的感情显示得太强烈了,她似乎因此在害羞呢。

“那么你怎么又不闷呢?你说你‘闷,也不闷’呀!”我忍不住问,朝她微笑着——她对我已经变成亲密而可爱了。

“我知道为什么,”她笑着回答,不知为什么又脸红了。

我们在敞着的门道上说话。尼丽站在我的面前，眼皮垂着，一只手放在我的肩膀上，另一只手拉着我的袖子。

“是什么，秘密吗?”我问。

“不……没有什么……我已经……我已经开始读你的书了，当你出去的时候，”她用低低的声音说，朝我投了一个温柔敏锐的眼色，又满脸绯红了。

“呵，这样吗！嗯，你喜欢它吗?”

我感觉到一个作家当面受人家恭维的那种狼狈，但是我不知道假如我当时吻了她那会怎样。不过吻她总觉得不大可能的。尼丽沉默了一下子。

“为什么，为什么他死掉呢?”她带着深深忧伤的神情说，向我偷偷地瞅了一眼，又把眼皮垂下去了。

“谁?”

“怎么，那个害痨病的青年呀……那书上说的。”

“这没有法子。那只能如此呀，尼丽。”

“那完全不该如此，”她几乎是耳语般地回答说，但是突然粗卤地、几乎是愤怒地噘起嘴，更加顽强地凝视着地板。

又一分钟过去了。

“还有她……他们……那女孩跟那老头儿呢，”她轻轻地说，依旧抓牢我的袖子，比刚才更着急了。“他们会住在一块儿吗？他们会不再穷了吧?”

“不，尼丽，她要到很远的地方去的，她要跟一个乡下绅士结婚，而他却把她孤零零地扔弃掉了。”我带着极大的遗憾回答说，真的觉得抱歉，因为我不能告诉她一些比较令人安慰的东西。

“哎，天哪……多可怕呀！唉，怎样的人啊……我现在不要读它了！”

于是她愤怒地推开我的手臂，疾忙转过背，向桌子旁边走去，脸孔朝着屋角，眼睛望着地下站着。她满头满脸都涨红了，不规则地呼吸着，仿佛遭遇到什么可怕的绝望似的。

“喂，尼丽，你生气哩，”我说，向她走去。“你知道，这书里写的不是真的，这全是假造出来的呀；这有什么好生气的呢！你真是一个伤感的小姑娘呀！”

“我没有生气，”她怯怯地说，抬起清朗而富于爱情的眼睛望着我；接着，她突然捉住我的手，把她的脸孔紧贴着我的胸脯，不知为什么哭出来了。

但是同时她却又笑了——哭笑一齐来了。我也觉得好笑而又有点……可爱。但是没有法子教她抬起头来，我刚把她的小脸孔从我肩膀上拉开去，她却越来越紧地贴着我，而且笑得越来越厉害了。

最后，这种多情的场面结束了。我们离开了。我忙着要走。尼丽红着脸，依旧有些羞答答的，眼睛亮得像星星似的，追到楼梯上来，恳求我早一点回家。我答应一定回来吃午饭，而且尽可能早点回来。

我开头先到伊赫曼耶夫家里去。他们两老都在生病。安娜·安德烈耶夫娜病得很厉害；尼古拉·舍盖伊契在他书房里坐着。他听见我来了，但是我知道他照老规矩在一刻钟之内是不会跑出来的，这样可以让我们有时间先谈一下。我不愿意使安娜·安德烈耶夫娜太烦恼，因此我尽可能地把昨天晚上的事情说得和缓一点，但是我把真情告诉她了。教我吃惊的是，我那老年朋友虽然感到失望，可是当她听到这破裂的可能，却并不怎样惊骇。

“唉，我亲爱的孩子，这正是我所想的，”她说，“你走了以后，我仔细想过了这件事，我断定这事情不会实现的。我们是不配有这样福气的；何况他又是那样一个卑劣的人；从他那里是指望不到什么好事的。他白白地从我们手里拿去一万卢布，这就显得他是怎样的一个人了。他知道这是无缘无故的，但是他还是拿去了。他是在抢夺我们最后一片面包啊；伊赫曼耶夫加田庄是要卖掉了。娜泰莎不相信他，是对的，是有直觉的。可是你知道，我亲爱的孩子，”她放低声音接下去说，“我那可怜的人呀！我那可怜的人呀！他是绝对反对这桩亲事的。他说出来哩。‘我不愿意。’他说。起初，我以为这是发傻；不，他是这样意思的。那么，她会遭遇什么呢，可怜的心肝。他会完全咒她了。阿略沙怎样呢？他说了些什么？”

她接着向我问了很久，照向来一样，我回答一句她就叹息着和呻吟着。后来，我看她似乎是完全失去常态了。每一点消息都使她烦恼。她为娜泰莎的焦虑是在毁坏着她的健康和神经哩。

老人穿着睡衣和拖鞋进来了。他诉说他在发烧，但是却柔情地瞧着他的女人；我在那里的全部时间里，他始终像一个看护似的照料着她，注视着她的脸孔，而且对她好像有点畏怯似的。他瞧着她的那种神情里是含着无限的温情。他是担心着她的病；他觉得他如果失掉了她，他会失掉世界上一切东西的。

我陪他们坐了一个钟头。当我告辞的时候，他陪我走到甬道里，谈起尼丽来。他真的想把她带到他家里来补他女儿娜泰莎的位子。他跟我商量怎样促使安娜·安德烈耶夫娜赞成这一个计划。他带着特别的好奇心，询问我关于尼丽的事情，问我有没有找出关于她的什么新的材料。我简单地告诉了他。我的故事使他受到感动。

“我们再谈吧，”他决然地说，“现在……不过还是等我病略微好了一点，我马上就到你那里去吧。那时我们再来决定种种事情。”

准十二点钟，我赶到马斯罗波耶夫的家里。我大为惊愕，我进去碰到的头一个人，就是华尔戈夫斯基亲王。他正在门口穿他的外套，马斯罗波耶夫殷勤地帮着他穿，把手杖递给他。虽然他曾经告诉过我，说他跟亲王相熟，但是这次碰头还是教我极其吃惊的。

华尔戈夫斯基亲王一看见我似乎很窘的样子。

“啊，是你呀！”他多少带着点过分的热情叫起来，“碰得多巧呀，才想不到呢！但是我刚才听马斯罗波耶夫先生说起他认识你。我高兴，真高兴碰到了你。我正想看你，盼望尽可能早一点来拜访你哩。你能允许我吗？我要请求你一件事。帮助我解释一下我们目前的处境。你自然明白，我是指昨天发生的事情……你是一个熟朋友；你是明白这全部事情的；你是有力量的……我很抱歉我现在不能留下来……事务呀！但是这几天里，也许是早一点，我将有拜访你的荣幸，不过现在……”

他带着过分的热心握握我的手，同马斯罗波耶夫交换一个眼色，就走开了。

“看老天面上告诉我吧……”我走进到屋子里去的时候说。

“我不会告诉你什么，”马斯罗波耶夫打断我的话，急急地抓起他的便帽，向门口走去。“我有事情。我还得跑去，我的朋友。我已经迟啦。”

“怎么，你自己写了条子叫我十二点钟来的呀。”

“我写了十二点钟又怎么样呢？那是我昨天写给你的，可是今天人家又给我写了在十二点呢，那样一件事情，我的脑袋都旋昏啦！他们等着我哩。原谅我，万尼亚，我只能向你提议一件事，教你平平气，就是说，为了我无缘无故麻烦了你，打我的脑袋吧。你要平气就打吧，不过，看基督面上快一点吧！别留我啦，我有事，我迟哩……”

“我打你的脑袋干吗？你有事情就快去吧；预料不到的事情谁都有的。只是……”

“是的，说到这个‘只是’，那让我来告诉你罢。”他打断我说，奔出门口，穿上外衣（我也跟着他穿上了）。“我跟你也有点事情；很重要的事情；那就是我约你来的理由；这是直接关系到你和你的利益的。不过现在一分钟里是没法来说这个了，看上帝面上，答应我今天七点钟到我这里来吧，别早也别迟。我会在家里的。”

“今天，”我决不定地说，“唔，老兄，我今晚打算上……”

“现在立刻上你今晚要去的地方吧，亲爱的朋友，今晚还是到我这里来。万尼亚，我要告诉你的事情，你才想象不到呢。”

“可是我说，那是什么事呀？我承认你使我好奇起来哩。”

这时我们已经走出大门，站在人行道上了。

“那你会来吗？”他固执地问。

“我跟你说过我会来的呀。”

“不行，给我拿名誉来担保。”

“咄！你这家伙！很好，就给拿名誉来担保。”

“豪爽，漂亮！你往哪边走？”

“这边，”我指指右边回答说。

“好的，我往这边，”他说，指指左边。“再会吧，万尼亚。记住，七点钟。”

“奇怪，”我望着他背后想。

我本来打算晚上到娜泰莎家里去的。但是现在既然已经答应马斯罗波耶夫了，就决定马上到娜泰莎那里去。我觉得在她那里一定会碰上阿略沙。果然他在那儿，一看见我进去，大大地高兴起来。

他很愉快，对娜泰莎十分温柔，我一到他简直脸孔都亮了起来。娜泰莎虽然也想装作快乐，显然却是很吃力的样子。她脸色苍白而带病容，而且她睡得很不好。她对阿略沙显示着过分的温柔。

阿略沙虽然说了许多话，告诉她各种事情，却显然是在想逗她快乐，逗她嘴唇上露出一丝微笑来，那嘴唇仿佛老是在不笑的严肃中似的；他显然避免去谈到卡佳或他的父亲。他想调和的努力，明显不曾成功。

“你知道什么吗？他拼命想走开呢，”娜泰莎匆忙地向我低声说，当他出去一下吩咐玛芙拉什么事的时候。“可是他怕。而我也怕自己叫他走，这么一来，他也许倒故意留下来了。但是我最害怕的，是他会厌倦我，而且会因此完全冷冷地对待我！我怎么办呢？”

“好天爷，你们把你们自己弄得怎样一个地步啦！你们彼此都是怎样的猜疑，怎样的戒备啊。干脆向他说明白，了结掉就是了嘛。唉，他对这样的处境会厌倦的啊。”

“怎么办呢？”她惊惶地叫。

“等一下。我来替你安排。”

于是我走到厨房里去，借口请玛芙拉把我的布满泥泞的套鞋擦干净。

“留心一点呀，万尼亚，”她在我背后叫。

我刚走到玛芙拉那里，阿略沙就朝我奔过来，仿佛在等待我似的。

“伊凡·彼特罗维契，我亲爱的人，我怎么办呢？给我出个主意吧。昨天我答应了卡佳今天这个时候到她那里去。我又不能不去。我说不出地爱娜泰莎，我可以为她赴汤蹈火，可你也得承认，我不能把那边的一切全抛弃掉啊……”

“嗯，那么去就是了。”

“可是娜泰莎怎么办呢？你知道我会使她难过的。伊凡·彼特罗维契，替我找一个出路吧……”

“我想你还是去的好。你知道她多么爱你啊；她会想你是不耐烦跟她在一块而是违反你自己意思留着的。还是不受羁束好一点。可是跟我来吧。我会帮助你的。”

“亲爱的伊凡·彼特罗维契，你多么仁慈啊！”

我们走回去；隔了一分钟我对他说：

“我刚才看到你的父亲。”

“在哪里？”他吓了一跳叫。

“在街上，偶然碰到的。他站住跟我谈了一分钟，又要求跟我多来往来往。他问起你，问我知道不知道你现在在哪里。他急着想找你，要告诉你一些什么呢。”

“唉，阿略沙，你还是去看他吧，”娜泰莎插嘴说，知道我要把话题引到什么上面。

“可是我现在到哪里去看他呢？他在家里吗？”

“不，我记得他说要到伯爵夫人那里去的。”

“那么我怎么样呢？……”阿略沙天真地问，可怜地望望娜泰莎。

“嗯，阿略沙，怎么呢？”她说，“你当真打算要抛弃那个相识来安我的心吗？嗯，那简直是孩子气啊。首先，这是不可能的，而其次，这对卡佳是忘恩负义的。你们是朋友——不可能这样卤莽就断绝关系的。如果你以为我是那么妒忌，这到后来会惹我生气的。马上去吧，去，我求你，去满足你的爸爸吧。”

“娜泰莎，你是一个安琪儿，我是够不上你一个小手指头的，”阿略沙狂喜地和悔恨地叫。“你是那么仁慈，而我……我，嗯，让我告诉你，我刚才还在厨房里请求伊凡·彼特罗维契帮助我离开呢。而这是他的计划呢。可是别责备，娜泰莎，我的天使！我完全不该受责备的，因为我对你的爱，要比对世界上任何东西都超过一千倍，因此我想了一个新计划——去告诉卡佳一切，向她描述我们现在的处境，和告诉她昨天这里所发生的一切事情。她会想出一些什么办法来救我们的；她是全心全意对我们忠诚的……”

“好，去吧，”娜泰莎微笑着说，“我要告诉你，我自己是很急于要跟卡佳认识的。我们怎么来安排一下呢？”

阿略沙的热情是超越一切了。他立刻开始来计划一次会面。在他想来，这是极简单的；卡佳会想出办法来的。他热情地、兴奋地扩大他的意思。他答应今天就带回一个回音来，就在两个钟头之内，并且今天晚上还要跟娜泰莎在一起呢。

“你当真来吗？”娜泰莎让他出去的时候问。

“你能怀疑这个吗？再见了，娜泰莎，再见了，我的亲亲，我永久的爱人。再见了，万尼亚。唉，我无意中叫你万尼亚了。听吧，伊凡·彼特罗维契，我爱你。让我叫你万尼亚吧。让我们抛开那套礼节吧。”

“好的，让我们这样吧。”

“感谢上帝！我心里想过一百次了，可是我总不大敢说出来。伊凡·彼特罗维契！唉，我又叫这个了。你知道，一下子叫万尼亚是那么困难的。我想起，托尔斯泰曾经在什么书上描写过这个：有两个人约好大家叫昵名，可是都做不到，只好什么名字都不叫了。唉，娜泰莎，让我们一块来读《童年和少年》[①]吧。这是那样好啊。”

“喂，去吧，去吧，”娜泰莎笑着撵他走，“他是高兴得乱吹啦……”

“再见。两个钟头之内我就来陪你。”

他吻了她的手，匆匆走了。

“你瞧，你瞧，万尼亚，”她说着，眼泪迷糊了。

---

① 《童年和少年》是托尔斯泰的长篇小说。

我陪着她留了两个钟头，竭力安慰她，而且使她安下心来。自然她对一切事情的所有疑惧都是对的。我一想到她目前的处境，我的心就痛苦地收拢来。我有点担心；但是我有什么办法呢？

阿略沙在我看来也有点奇怪。他爱她并不比以前差；真的，他的情感由于悔恨和感激也许比以前更强烈更锐利了。但同时他新的爱情却又强固地占住了他的心。那是不可能看到这将怎样结局的。我很想去看看卡佳。我再一次地答应娜泰莎，说我会去认识她。

娜泰莎到后来似乎差不多愉快起来了。在说话中间我告诉她关于尼丽，关于马斯罗波耶夫和布勃诺夫夫人，关于今天早晨我在马斯罗波耶夫家里碰到华尔戈夫斯基亲王，以及马斯罗波耶夫约我今晚七点钟去的一切事情。这一切都使她十分感到兴趣。我讲了一点点关于她的父母的事情，但是我没提起最近她父亲去看我，他想要跟亲王决斗的计划会教她吓死的。她也觉得非常奇怪，亲王会跟马斯罗波耶夫有什么来往，而且他又表示那样一种要跟我做朋友的意愿，虽然这多少可以用目前的形势来解释的……

三点钟时候，我回到家里。尼丽带着她明朗的小脸孔来迎接我。

第 六 章

准七点钟，我到了马斯罗波耶夫的家里。他用大声的欢呼张开臂膀来欢迎我。不消说，他是喝得半醉了。但是最使我吃惊的是，为了我去拜访而特地备下了一些异常丰盛的东西。这显然是在等候着我。小圆桌上铺着一块好看而奢侈的台布,上面放着的一只精致的黄铜茶炊在沸腾着。茶桌上一些水晶的、银子的和白瓷的器皿在闪着亮光。在另外一张桌子上,铺着一种不同的、可是却一样华丽的台布,放着几盘上等的糖果,基辅的干湿蜜饯、果酱、果子冻,法国的蜜饯、橘子、苹果和三四种干果,实在是等于一家糖果店了。在第三张桌子上,铺着一块雪白的台布,那上面是各色各样的美味——鱼子酱、干酪、馅饼、香肠、熏火腿、鱼和一排精致的玻璃盛酒器,装着许多种类的和极其迷人的颜色的酒——绿色的,红玉色的,紫红色的和金黄色的。最后,在那一边,一张小桌子上——也铺着一块白台布——放着两瓶香槟酒。在沙发前面的桌子上,有三只瓶,盛着白葡萄酒、拉飞脱酒和康耐克酒,都是从爱立赛耶夫铺子里买来极名贵的牌子的酒。亚历山特拉·西苗诺芙娜坐在茶桌旁边,虽然她的服装和一般打扮都很朴素,却显然都是经考虑和研究的,而结果确是很成功。她知道她穿什么合适,而且显然对这感到骄傲。她站起来带着几分礼节来迎接我。她那鲜艳的小脸孔上因为快乐和满意在发光。马斯罗波耶夫趿着华贵的中国拖鞋,穿着奢侈的睡衣,和精致而洁净的衬衫。衬衫上面凡是可以装上扣子的地方,都装上了时髦的活扣和纽扣。他的头发搽过油膏,照时髦的旁分样子梳了开来。

我是那样吃惊,在房间中间呆住了,张着嘴巴,先望望马斯罗波耶夫,又望望亚历山特拉·西苗诺芙娜,她是处在一种快乐的满足状态中间。

“这是什么意思呀,马斯罗波耶夫?你们今晚有宴会吗?”

我带着几分不安喊。

“不，只你一个人！”他庄重地回答说。

“可是这干什么呀？”我问（指着那些美味）。“怎么，你们备了够一团兵马吃的东西哩！”

“并且还够喝哩！你忘记主要的东西——酒了！”马斯罗波耶夫补充说。

“而这只是为了我弄的吗？”

“也是为了亚历山特拉·西苗诺芙娜呀。她高兴搞这一切东西。”

“哼，果然不错。我早知道这会是怎么样的。”亚历山特拉·西苗诺芙娜红着脸喊，虽然她看来正满意呢。“不是说我不会好好儿招待客人，就是一下子又怪我不对啦。”

“你相信吗，一清早她听说你今晚要来，她就忙起来哩，她是苦闷着啊……”

“这是鬼话！并不是今天清早，那是从昨天晚上起。你昨夜回来，告诉我这位先生要来消夜。”

“你误会我哩。”

“一点也不。这是你自己说的。我从不撒谎，而且我为什么不该欢迎一位客人呢？我们一天一天过着，虽然有着那么许多东西，却没有一个人来看望我们。也让我们的朋友瞧瞧，我们跟人家同样知道怎样过活呀。”

“尤其是，瞧瞧你是怎样一个好主妇和管家太太呀，”马斯罗波耶夫补充说。“你猜猜看，我的朋友，我也得到一些什么呢。她给我硬套上一件麻纱衬衫，安上扣子——又是拖鞋，中国式睡衣——她亲自替我梳头发，替我搽上香橙油；她还替我洒上香水——Orême brulée，可是这个我受不住啦。我反抗起来，坚持着我做丈夫的权威。”

“那不是香橙油。那是最好的法国美发膏，从只描花的瓷瓶里取出来的哪，”亚历山特拉·西苗诺芙娜驳斥说，动起气来了。“你评评看，伊凡·彼特罗维契，他从不让我去看回戏或去跳回舞，他只是给我衣服，我要衣服干吗呀？我穿上这些衣服，独个儿在房间里走来走去。有一天，我把他说服了，我们都准备上戏院子去。可是我刚一转身去扣上我的胸针，他就跑到大菜橱前面，一杯又一杯的喝起来，直到喝醉了。我们就是这样呆在家里。没有一个人，没有一个人，没有一个人来看望我们。只有早晨，有一种什么人为些事务到这里来，而我又是给支使开了。可是我们却有茶炊，有餐具跟上好的杯子——我们有各种各样东西，全是人家送的礼物。他们还送我们吃的东西呢，我们除了酒以外，很少买什么东西的；就是那美发膏和那里的一些美味，那馅心饼、火腿和糖果是我们为你买的。只盼望有谁来瞧瞧我们怎样过活就是了！我想过整整一年：如果有一位客人，一位真正的客人愿意来，我们可以让他瞧瞧这一切和款待他一番。于是人家会赞美这些东西，我们也就高兴了。要说到我替他搽美发膏，这蠢家伙，他是不配的。他老是穿着肮脏衣服跑出去。瞧，他穿着的睡衣多好。这是一件礼物。可是他配穿这样一件睡衣吗？他首先是要喝酒的。你瞧着吧。他会在喝茶以前先请你喝伏特加呢。”

“哈！这话倒有理！让我们先来喝一些银封的和一些金封的，万尼亚，等精神爽快了，我们再来喝其他的饮料吧。”

“瞧，我早就知道这会是怎么样的！”

“别着急，沙省加。我们也会喝一杯茶的，加点白兰地在里面，来祝你的健康吧。”

“哼，得啦！”她绞着手叫起来，“这是沙漠商人带来的茶叶呢，要六个卢布一磅哪，还是前天一个商人作为礼物送我们的，而他却要冲着白兰地来喝呢。别听他的，伊凡·彼特罗维契，我来替你倒一杯。你会知道……你自己会知道这是什么样的茶哩！”

于是她在茶炊前面忙碌起来。

我看出，他们是在打算把我留一晚上了。亚历山特拉·西苗诺芙娜盼望客人已经盼望了一年，而现在就在我身上来发泄了。可是这对我却是一点也不合适呀。

“听着，马斯罗波耶夫，”我坐了下来说，“我并不是来做客的。我是有事情来的；你自己请我来，说要告诉我什么事情呀……”

“嗯，事情管事情，但是照样有时间谈谈知心话呀。”

“不，我的朋友，别期望我吧。到了八点半我就要告辞了。我有一个约会呢。那是约定了的。”

“没有那回事吧。天哪，就这样对待我吗！就这样对待亚历山特拉·西苗诺芙娜吗！瞧瞧她吧，她发呆啦。她替我搽上美发膏是为的什么呀，我干吗要搽这香橙油呀。想想看啊！”

“你就光会开玩笑，马斯罗波耶夫。我可以对亚历山特拉·西苗诺芙娜发下誓，下个星期我一定来陪你们吃饭。要是你们高兴，就在下个星期五。可是现在，我的朋友，我已经说过了，或者说得更确定一点，我是有绝对必要到一个地方去的。你还是说明你要告诉我什么吧。”

“那么你当真只能坐到八点半就要走吗?”亚历山特拉·西苗诺芙娜用一种怯怯的和悲哀的声音喊起来,当她递给我一杯好茶的时候,她几乎要哭出来了。

“别难受,沙省加;那全是瞎说!”马斯罗波耶夫插嘴说,“他会留下的。那是瞎说。可是我要告诉你,万尼亚,你最好让我知道,你常常到什么地方去。你在干些什么事?我可以知道吗?你每天都要跑到什么地方去。你不曾工作……”

“但是你为什么要知道呢?我以后也许会告诉你的。最好还是你来说明,为什么昨天你去看我,我告诉过你那时候我是不会在家的呀。”

“我后来才记起来。但是当时我可忘记了。我当真是要跟你谈些事情。不过我先得安慰亚历山特拉·西苗诺芙娜一下。‘这儿,’她说,‘一个人,一位朋友已经到来了。为什么不请请他呢?’而且她已经为了你闹了我四天啦。不消说,为了那香橙油,他们会在来世赦免我四十种罪过的,可是我想,他为什么不应该照友谊态度跟我消磨一个黄昏呢?因此我就略施小计:我写条子告诉你,说我有那样的事情,如果你不来就要把我们的计划全部打破啦。”

我恳求他以后别再做这样的事情,直接告诉我就得了。但是这样解释完全没有使我满足。

“好吧,可是今天早晨你逃开我又是为什么呢?”我问。

“今天早上我真是有事情。我一点也不撒谎。”

“不是跟那亲王有事情吧?”

“你喜欢我们的茶吗?”亚历山特拉·西苗诺芙娜带着温柔的声调问。她已经等了五分钟,要我称赞她的茶,可是我却不曾想到呢。

“好极了，亚历山特拉·西苗诺芙娜，顶呱呱的。我从来不曾喝过像这样的东西呢。”

亚历山特拉·西苗诺芙娜满意得脸都发红了，飞奔过来又替我倒上一点儿。

“那亲王！”马斯罗波耶夫叫，“那亲王！我的朋友，那亲王是个流氓，是个混蛋，像……哼！我可以告诉你，我自己虽然也是个流氓，可是单就守本分这一点来说，叫我做他，我才不愿意哩。但是够了，别再扯啦！关于他的事情，我所能告诉你的，就是这一些了。”

“可是我百忙中跑来找你，就是要问问关于他的事情呀。不过这往后再谈吧。可是昨天我不在家，你为什么给我那叶列娜糖果吃，又跳舞给她看呢？而且你跟她谈了些什么，能谈上两个钟头！”

“叶列娜是个十二岁，或许还只十一岁的小姑娘，眼前住在伊凡·彼特罗维契家里，”马斯罗波耶夫突然向亚历山特拉·西苗诺芙娜叫起来。“瞧，万尼亚，瞧，”他指指她接着说，“她一听说我送糖果给一个不认识的姑娘，脸孔就红得多么厉害呀。她可不是吓了一跳，脸孔都红了，好像我们向她放了一枪似的吗？……我说，她的眼睛好像煤火在烧着似的发光呢！这没有用，亚历山特拉·西苗诺芙娜，要想掩饰是没有用的。她是在吃醋哩。如果我没有解释清楚那是个十一岁的小孩子，她就会揪我的头发啦，那香橙油也救不了我啊！”

“就这样也救不了你啊！”

亚历山特拉·西苗诺芙娜说着这话，就从茶桌后面一蹦，冲将过去，马斯罗波耶夫还来不及保护他的脑袋，她早把他的头发一把抓住了，好好地扯了他一下。

“瞧吧！瞧吧！你敢在一个客人前面说我吃醋！你敢！你敢！你敢！”

她满脸通红了，虽然她在笑着，马斯罗波耶夫也有点急了。

“他专会说各种不要脸的事情呢，”她转向我，严重地补了一句。

“嗜，万尼亚，你瞧，我过的就是这种生活！这是为什么我必须喝伏特加呀。”马斯罗波耶夫结束说，理直了他的头发，几乎是一个箭步就蹿到玻璃酒瓶前面去。可是亚历山特拉·西苗诺芙娜比他还占先。她蹦到桌子旁边，亲手倒出一杯，递给他，甚至还亲爱地拍了拍他的脸颊。马斯罗波耶夫向我眏眏眼，得意地啧啧舌头，于是庄严地把杯子喝光了。

“讲到那糖果，这说起来怪费事，”他说，在我旁边的沙发上坐下来，“有一天，我喝醉了，我在一家水果店里买了这些糖果，我也不知道为什么。也许是为了支持家庭工业和制造商吧，我不大能确定。我只记得，我喝醉了酒，沿着街走，跌到泥浆里了。我抓着头发，做不得手脚，哭了起来。自然我就把那些糖果忘掉了，它们就一直留在我的口袋里，直到昨天我坐到你的沙发上，屁股坐着它们才记起来。那跳舞也是属于喝醉酒的问题。昨天我喝得相当醉了，我一喝醉酒，满足于我命运的时候，我有时就跳起舞来。就是这么一回事罢了。此外也许是那小孤女惹起我的怜悯；再则她不肯跟我说话，她似乎很生气。因此我跳舞来逗她高兴，给她水果糖吃。”

“你可是想诱惑她，想从她身上得出一些什么吧？老老实实承认吧。你可是知道我不会在家，故意跑去跟她作密谈，想从她身上得出一些什么吗？你瞧，我知道，你跟她在一起有两个钟头，说你认识她死去的母亲，而且盘问了她一些什么。”

马斯罗波耶夫眯起一双眼睛，狡猾地大笑起来。

“嗯，这不会是个坏主意呢，”他说，“不，万尼亚，这不是那样的。可是真的，假如我有机会，我为什么不该盘问她呢；不过这不是那么回事。听着，老朋友，虽然现在我跟平常一样有点醉了，可是你可以确信，菲力浦决不会怀着恶意来欺骗你的，那是说怀着恶意。”

“那么，不怀恶意呢？”

“嗯……不怀恶意也不会骗你的。可是算了吧，让我们喝点酒，再来谈事情吧。这并不是什么重要的事情，”他喝了一口酒继续说下去，“就是那个叫布勃诺夫夫人的女人并没有权利来收养那个女孩子的。我已经调查过这一切了。其中并没有什么收做养女这一类事情。那做母亲的欠了她钱，于是她就把那孩子占住了。那布勃诺夫夫人虽然是个刁诈的虔婆和淫恶的贱妇，却跟一般女人一样是个愚蠢的女人。那死掉的女人有一张很好的护照，因此一切事情都不成问题。叶列娜可以跟你住在一起，然而最好是有位带家眷的仁人君子能够好好地收下她和抚养她。不过目前就让她跟你住在一起吧。那很妥当。我会替你安排一切。布勃诺夫夫人决不敢动一根指头的。关于叶列娜的母亲，我很少查究出什么确定的事情。她是一个叫做沙尔兹曼的女人。”

“是的，尼丽这样告诉过我。”

“那么，事情就是这样讲完了。喂，万尼亚，”他带着一定的郑重的神气说，“我要求你帮我一个大忙，请你答应我。尽可能地详详细细地告诉我，你究竟在忙些什么，你是在往什么地方跑，你有时整天地消磨在什么地方。我虽然听说了一些，我要知道更充分一些。”

那种郑重的神气教我吃惊，甚至教我不安起来。

“可是，这是什么一回事？你干吗要知道呢？你问得那样郑重其事。”

“唉，万尼亚，别废话了，我要替你效一次劳呢。你瞧，我亲爱的朋友，如果我不是坦白地对待你，我不会这样郑重其事的来向你盘问这一切的。可是你是在怀疑我对你不坦白——就是刚才，那些水果糖；我懂得的。但是我既然是这样严肃地说话，你可以相信我所考虑的并不是我的利害关系而是你的利害关系啊。所以别再有什么怀疑了，就把全部真实情形说出来吧。”

“但是效什么劳呢？听着，马斯罗波耶夫，你干吗不肯告诉我关于亲王的任何事情呢。这是我想知道的。这就是帮了我的忙啊。”

“关于亲王吗？哼，很好，我会坦白地告诉你的。我现在要问你关于亲王的事情。”

“怎么呢？”

“我会告诉你怎么的。我已经注意到，我的朋友，他似乎有点牵涉到你的事情上；譬如说，他向我打听过你。他怎样知道我们彼此认识，这不是你的事情。唯一有关的，就是你要防范着这个人。他是一个奸诈的犹大，而且比犹大更卑劣哩。所以，我一看到他牵涉到你的事情上，我就替你发抖呢。但是，自然，我对这件事一点也不知道；这就是为什么我要求你告诉我，那使我可以判断……而这也就是为什么我今天请你到这儿来。这就是我所说重要的事情。我坦白地告诉你了。”

“你无论如何总得告诉我一些什么呀，就单单告诉我为什么我要怕亲王也好。”

“很好，就这样吧。我的朋友，我有时是受人家雇用去承办某些事务的。但是有些人能够信任我，就是因为我不是一个话盒子。你自己评评看，我该不该讲给你听呢。所以，假如我只是概括地说，事实上是很概括的，只说明他是怎样一个流氓，那你可别介意。好吧，首先你说你的故事吧。”

我决定，对马斯罗波耶夫确实是无需掩饰我的事情的。娜泰莎的事情也不是一件秘密；而且我也许可以指望从马斯罗波耶夫那里为她找到一些帮助。自然，在我叙述中间，我尽量略掉某些地方。马斯罗波耶夫对于和华尔戈夫斯基亲王有关的一切地方，特别留心听；他在好些地方止住了我，关于某几点他再三地问我，因此到最后，我相当充分地把故事告诉他了。这次叙述足足占去半个钟头。

“嘿！这姑娘是有头脑的，”马斯罗波耶夫批评说，“如果她对那亲王不曾猜得十分准确，一开始就认定她所对付的是一种什么人，而跟他断了一切关系，这无论如何是件好的事情。勇敢呀，娜泰里雅·尼古拉叶芙娜！我举杯祝她健康。”(他喝了一口酒)“这不单是靠头脑，这还得是靠她的心，那使她没有受骗。她的心不曾引错了她。她的斗争自然是失败了。亲王会有办法，而阿略沙会抛弃她的。我只是替伊赫曼耶夫家难受——付了一万给那个流氓。唉，谁替他打的官司，谁替他代理的呀？我敢打赌是他亲自料理的！嗐！正和那些尊贵的高尚的人一样！他们实在是什么事情也办不来！那不是对付那亲王的办法呀。我已经替伊赫曼耶夫找到一个很好的小律师了——嗐！”

他烦闷地在桌子上敲着手指头。

“好吧，现在谈谈华尔戈夫斯基亲王吧？”

“唉，你还是缠着要说亲王。但是关于他，我说些什么呢？我抱歉我作了这样的提议，万尼亚，我只是要警告你留心那个骗子，就是说，避免受他的影响。谁跟他一接触都不会平安无事的。所以，睁着你的眼睛吧，那就是了。而你却在猜想，以为我有什么巴黎之谜要向你泄露哩。人家一看就知道你是一个小说家。嗯，关于那恶棍，我告诉你一些什么呢？恶棍就是恶棍罢了……嗯，举例说吧，我要告诉你一个小故事，自然，地名、城市或人物是不必举出的，那就是说，无需纪年的。你知道，当他年纪很轻的时候，靠着他的官俸过活，他娶了一个极有钱的商人的女儿。嗯，他并不很有礼貌地去对待那小姐，虽然我们现在并不是来讨论她的问题，我可以顺便说一下，万尼亚老朋友，就是他一生之中特别喜欢从这类事情中去获取利益。这儿又是一个例子。他跑到外国去了。在那里……”

“停一下，马斯罗波耶夫，你说的是到哪一国去旅行？在哪一年？”

“正在九十九年零三个月以前[①]。嗯，他勾引了某个父亲

① 马斯罗波耶夫下面一段话，是借着隐喻说的。所以年代、人名、地方都故意乱扯，说成一个荒诞不经的故事。

的女儿，把她带到巴黎去了。而这就是他干的！那父亲好像是个什么厂主，不然就是某一个企业公司的股东吧。我知道得不大确切。我所告诉你的都是从我自己的猜测中以及我从其他事实中推断出来的。嗯，那亲王欺骗了他，自己也钻到他的事业中间去。他完全把他骗上了，把他的钱全弄到自己手里。那老人自然有些合法的文件可以证明那钱是亲王从他手里弄去的。那亲王不肯把钱还他；用俄国话说得坦白点，就是要偷他的钱。那老人有一个女儿，是个美人儿，她有一个心目中的爱人，是个席勒同志会的会员。一个诗人，而同时是个商人，一个青年的梦想家；总之，是一个地道的德国人，一个叫菲菲尔枯金的。”

“你是说，菲菲尔枯金是他的姓吗？”

“嗯，也许不是叫菲菲尔枯金吧，该死的家伙，他是不相干的。但是亲王勾上了那女儿，他那么成功，使她疯狂地跟他恋爱起来。那时节亲王要两件东西：第一件要占住那女儿，第二件要弄到那些牵涉到他弄了老人的钱的文件。那老人的一切钥匙都是交给他女儿保管的。老人异常喜欢他的女儿，喜欢得不肯让她嫁人。是的，当真是那样。他妒忌她的每一个情人，他不想和她分开，于是他把菲菲尔枯金赶出去了。他，那父亲，是一个怪物，是个英国人……”

“一个英国人？但是这一切发生在什么地方呢？”

“我只是叫他一个英国人，这是打譬喻的话呀，而你却又来插嘴啦。这是发生在珊塔—费—达—波高塔市，或者也许是在克拉哥，但是更像是在纳萨王国，好像这汽水瓶上的招牌纸写着的一样；确实的，这是在纳萨。这样你满足了吧？嗯，那亲王就这样把那姑娘勾上了，把她从她父亲那里带走了，而且引诱那姑娘把那些文件偷出来带走了。你知道，万尼亚，像这样的恋爱事件是常有的。嗐！上帝饶恕我们吧！她是一个诚实的姑娘，你知道，尊贵而高尚的。这倒是真的，她似乎并不怎么知道那些文件的内容。那唯一教她烦心的事，就是怕她父亲会诅咒她。这时亲王一样也有办法应付；他给了她一张正式的合法的书面婚约。这样一来，就说服了她，他们只是暂时的到外国去走一趟，作一次假期旅行，等老人家的怒气平息下去了，他们就回来结婚，以后他们三个人将快乐地生活下去，等等的话。她跑掉了，那老人诅咒了她而且破产了。那个弗劳恩米尔契追了她到巴黎，他抛弃掉一切东西，甚至抛弃掉他的事业；他是非常爱她的。”

“停一下，弗劳恩米尔契是谁呀？”

“怎么，那个家伙呀！费尔巴赫，不是吗？天杀的，就是菲菲尔枯金呀！嗯，自然，那亲王是不会跟她结婚的；那些赫莱斯托夫伯爵夫人[①]会怎么说呢？那些斯罗普男爵[②]又将如何想法呢？他就是这样欺骗了她。他是太残酷地欺骗她了。首先，他几乎殴打她；其次，他故意请菲菲尔枯金来拜访他们。唔，他就常常去看他们，而且成为她的朋友了。他们两个会单独地一晚上一晚上呆在一起，在一块儿呜咽，悲泣他们的不幸，而他就来安慰她。他们实在是可爱的、纯洁的人儿啊！亲

① 赫莱斯托夫伯爵夫人（Countess Hlestov）是指那些斤斤于礼法的道学先生们。

② 斯罗普男爵（Baron Slops）意思等于警察老爷。

王故意这样摆布的。有一次，他在深夜里发现他们，他捉住一些借口，推说他们通奸，并且说是他亲眼看见的。哼，他把他们两个都赶出了屋子。自己暂时跑到伦敦去了。那时她快要生孩子了；他把她赶出去以后，她生了一个女孩，不是女孩是男孩，当真，一个小男孩子。命名叫做伏罗特加。菲菲尔枯金就做他的教父。嗯，她就这样跟菲菲尔枯金一同走了。他略微有一点钱。她游历了瑞士和意大利，自然是极惬意地游历了一切有诗意的地方。她老是哭泣，菲菲尔枯金也啜泣着，许多年就这样过去了，那婴孩也长成一个大男孩。那亲王一切事情都做得很妥当，只有一件他做错了，他不曾把那张婚约拿回来。'你是一个卑劣的人，'她跟他分开的时候对他说过。'你劫掠了我，你污辱了我，现在你又把我抛弃了。再见吧。可是我不会把婚约还给你的。并不是因为我还想跟你结婚，而是因为你害怕这个文件呵。所以我要永远把它抓在手里。'她实在是忍不住了，可是亲王却满不在乎。这种流氓对付那些所谓高尚君子总是得手的。他们是那样清高，常常很容易受骗，而且他们可以打官司总不去打，却爱把自己永远不变地拘囿在尊贵和清高的蔑视中间。譬如那年轻的母亲吧，她虽然保留着那张婚约，却老躲避在高傲的蔑视之中就算了。那亲王自然知道，她宁愿上吊死了，也不愿利用这婚约的；因此，他暂时觉得很泰然。她虽然当面唾骂了他，却把伏罗特加带在自己身边；她如果死了，那孩子将会怎样呢？可是她不曾想到这点。勃鲁特尔希夫脱只是鼓励她，也不曾想到这点。他们读着席勒的作品。最后勃鲁特尔希夫脱害了什么病，死掉了……"

"你是说菲菲尔枯金吗?"

"自然啰——该死的！而她……"

"慢一慢。他们一共旅行了多少年?"

"整整两百年。嗯,她又回到克拉哥来。她父亲不肯收留她,咒了她。她死掉了,亲王高兴得在自己身上画起十字来。我那时也在那边,喝了不少的酒,我们的耳朵里充满了甜蜜,我们的嘴巴却急于要吃;他们给我轻轻一拍,我就给他们暗中逃脱……让我们喝酒吧,万尼亚兄弟。"

"我疑心你是在这件事情上帮他的忙吧,马斯罗波耶夫。"

"你会这样疑心吗,你会吗?"

"我只是不明白,在这件事情上,你有什么可做的。"

"怎么,你瞧,当她离开十年以后,换了另外一个名字回到玛德里来了。那时这一切就都得探查明白了,而且还有关于勃鲁特尔希夫脱,和关于那老人,关于那孩子,以及她究竟是否死了,她究竟是否还有什么文件等等事情都得根究一下呀。此外也还有一些别的事情。他是一个可怕的人呢,你要当心点,万尼亚;至于对我马斯罗波耶夫,你要记住一件事情:别让什么事情使你叫他是混蛋。他虽然是一个混蛋(在我想来,没有一个人不是混蛋),但是对待你他却不是一个混蛋。我喝得很醉了,可是听我说。要是以后,或早或晚,现在或明年,你以为马斯罗波耶夫在欺瞒你了(请别忘记"欺瞒"这个字),那请你放心,这是不怀恶意的。马斯罗波耶夫是在保护着你呢。所以,别相信你自己的疑心了,到马斯罗波耶夫家里来走走,像朋友一样对他直说好了。好吧,你还要喝一杯吗?"

"不。"

"要吃点什么东西吗?"

"不,朋友,原谅我……"

"那么好,你就走吧。现在已经九点缺一刻,你很急。你该走了。"

"哼,还要说什么呢?他自己喝醉了,却撵起客人来啦。他老是这样的。嘿,你这不要脸的家伙!"亚历山特拉·西苗诺芙娜叫,几乎哭出来了。

"跑腿的人是陪不上骑马的人啊。亚历山特拉·西苗诺芙娜,咱们两口子留着彼此崇拜崇拜算了。这是一位将军哪!不,万尼亚,我撒谎哩,你不是一位将军,而我却是一个混蛋呢!你就瞧瞧我现在是什么样子啊!我在你旁边算是什么东西呢?原谅我吧,万尼亚,别指责我,让我倾吐……"

他抱住我,突然流起眼泪来了。我准备要走开。

"天爷哪!我们替你备下晚饭呢!"亚历山特拉·西苗诺芙娜带着可怕的烦恼叫了起来,"你星期五会来吗?"

"我会来的,亚历山特拉·西苗诺芙娜。我发誓会来的。"

"你也许瞧不起他吧,因为他是那样一个……醉酒鬼。别瞧不起他吧,伊凡·彼特罗维契!他是一个好心人哪,那样一个好心人哪,他是多么爱你啊。他日日夜夜对我讲你,不讲别的,就专讲你。他为了我特地去买了你的书来。可是我还不曾读呢。我明天就要开始读了。你一来我多高兴呵!我从来不曾见过什么人。从来没有什么人来跟我们一起坐坐。我们要什么东西都有,就是我们老是孤零零的。你讲话的时候,我一直坐着听呢,那多好啊……那么星期五再见吧。"

第七章

我出来，急忙赶回家去。马斯罗波耶夫的话给了我很深的印象。各种念头都在我心里涌了起来……好像命该如此似的，家里又有一件意外的事情在等着我，那像触电似的叫我惊跳起来。

在我住的房子的大门的正对面，矗立着一杆街灯。我刚走到门道上，街灯底下就冲出一个奇怪的人影来，那样奇怪，我喊了起来。这是一个活东西，吓得要死的，震颤的，半疯的，它锐叫了一声，抓住我的手。我吓得怔住了。这是尼丽呀。

“尼丽，怎么啦？”我叫起来。“怎么一回事呀？”

“那儿，楼上……他在我们……房里哩。”

“那是谁？来吧，跟我来吧。”

“我不，我不。我等到……在这过道里，等他走了……我不。”

我心里怀着一种奇怪的预感回到我的房间，打开门，看见华尔戈夫斯基亲王。他坐在桌子旁边读我的小说呢。至少那书是翻开的。

“伊凡·彼特罗维契。”他欣然地喊。“我真高兴，你终究回来了。我正打算走哩。我已经等了你一个多钟头了。为了伯爵夫人热烈和特殊的期望，我答应今晚带你去看她。她那样特别恳求我，她是那样焦急想认识你呢。因为你曾经答应过我，我想我可以趁你还不曾出去之前早一点来看你，请你同我一块儿去。想想看我多倒霉。我一来，你的佣人就告诉我你不在家。我怎么办呢？我已经答应带你去啦。所以我就坐下来等你，决心等你一刻钟。这一刻钟可长哩！我打开你的小说读着，把时间都忘记了。伊凡·彼特罗维契！这是一本杰作呀！他们对你的估价还不够呢！你已经引得我掉眼泪啦，你知道吗？是的，我曾经哭了，我可是不常常哭的啊。”

“那么你要我去吗？我得承认，现在……并不是我反对，但是……”

“看上帝面上，让我们去吧！你是怎样对待我啊！唉，我已经等了你一个半钟头呢……再则我是那样想跟你谈谈。你知道是谈什么。你比我更了解这全盘事情呢……也许我们会决定一些什么，得到某种结论的。只想一想这个吧！看上帝面上，别拒绝吧。”

我想，我迟早总是要去的。娜泰莎现在自然是孤寂的，需要我去，但是她自己也叫我尽可能早一点去认识卡佳。再则，阿略沙大概也在那边。我知道，我没有把卡佳的消息带给娜泰莎以前，她是不会满意的，于是我就决定去了。可是我却替尼丽担忧。

“等一下，”我对亲王说，走到楼梯上去。尼丽在那儿一个黑角落里站着。

“你为什么不进来呀，尼丽？他做了些什么？他跟你说了一些什么？”

“没有什么……我不要进来，我不要……”她重复地说，“我怕。”

我竭力劝慰她，可是没有什么用。我跟她商量好，等我跟亲王一出去，她就立刻回去把自己锁在里面。

“别让什么人进来，尼丽，不管人家怎样劝你。”

“可是你同他一起去吗?”

“是的。”

她抖了起来,紧抓着我的臂膀,似乎求我不要去,不过她却没有说出一句话来。我决定等明天再仔细地来盘问她。

我向亲王道了一声歉,开始来换衣服。他向我保证说,无需换衣服,去看伯爵夫人是无需打扮的。

“也许稍微打扮一下就得了,”他补了一句,从头到脚审察般地打量我。“你知道……这些习俗的成见……完全去掉是不可能的。我们这社会要经过很长久的时期才会达到那样理想的境地。”他下结论说,很满意看见我有一件晚礼服。

我们走出去。但是我留他在扶梯上,又回到房里来,尼丽已经溜进来了,我再来向她说次再会。她激动极了。她脸孔毫无人色。我替她担忧;我真不愿意离开她呀。

“你那女仆真是古怪,”我们下楼梯的时候亲王说。“我猜想那小女孩子是你的女仆吧?”

“不……她……是暂时跟我住在一起的。”

“古怪的小女孩子。我断定她是疯子。你想吧,一上来她很文气地回答我,但是后来她一看见我,就向我冲过来,喊着,抖着,抓住我……想说些什么又说不出来。我承认我是给吓着了。我想逃开她,天见怜,她却自己逃走了。我吓愣住了。你打算怎样和她过下去呢?”

“她是患羊痫疯的。”我回答说。

“啊,那就是了!嗯,那么,这就不奇怪了……她如果是发病的话。”

我突然想起昨天马斯罗波耶夫明知道我不在家而来看

我，今天早晨我去看马斯罗波耶夫，马斯罗波耶夫刚才在醉后违反他的本意而告诉我的故事，他再三请我今晚七点钟到他家里去，他劝我不要相信他会隐瞒我，以及最后那亲王等了我一个半钟头，那时也许他明知我是在马斯罗波耶夫家里的，而尼丽又在那时逃开他奔到街上去，这一切事情多少都是有点关联的。我要好好地想一想了。

华尔戈夫斯基亲王的马车在大门口等着。我们一坐进去就开走了。

第　八　章

我们到屠高伏亥桥并不很远。最初一分钟里我们都沉默着。我一直疑讶，他将怎样开头来说话。我猜想他会试探我，打量我，考验我的。可是他并不拐弯抹角，就单刀直入地说起来了。

“我有一件事情觉得很不安，伊凡·彼特罗维契，”他说，“我首先要跟你谈这件事，而且要向你请教。我前些日子决心想放弃我打官司赢来的东西，想把那争执着的一万款子还给伊赫曼耶夫。我怎样去办这件事呢？”

“你不会当真不知道怎么办吧？”我心里闪过这样的念头。“你这不是在跟我开玩笑吗？”

“我不知道，亲王，”我尽可能简单地回答说，“在别的事情上，就是说，同娜泰里雅·尼古拉叶夫娜有关的各种事情上，我准备告诉你一些对你和对我们也许都有益的话，可是对这件事情，你当然比我知道得更清楚。”

“不，不，我知道得并不清楚，当然不清楚。你熟悉他们，而且娜泰里雅·尼古拉叶夫娜也许不止一次曾经把她对这个问题的意见告诉过你了。她这些意见会是我的指导原则。你可以帮我很大的忙。这是一件极困难的事情。我准备作一次让步。我甚至已经决定作一次让步，不管别的事情结局如何。你懂得吗？可是怎样和用什么方式来让步呢？这是一个问题。那老头儿是傲慢而固执的。他很可能因为我的好心反来侮辱我，把钱抛到我的脸上。”

“可是请原谅我。你对这笔钱如何看法呢？看作是你自己的还是他的呢？”

“我赢了官司，所以这笔钱是我的。”

“可是在你良心上呢？”

“自然，我认为这是我的，”他回答说，因为我的没有礼貌多少有点愠怒了。“但是我相信，你对于这案子的全部事实还不知道。我并不责怪那老头儿存心不老实，我承认我从来不曾责怪过他。是他自己要把这看作一种侮辱。我是责怪他不小心，怪他没有更精密地去照顾托付给他的事情。而照我们的合同，他是应该对他的某些错误负责的。可是你要知道，甚至这个还不是真正的要点呢。骨子里真正的要点是那时我们吵嘴，我们彼此互相责备，事实上是伤害了双方的自尊心了。我对这一万块钱的小款子并不重视。但是自然，你知道这整个案子是怎样开始和因什么事情而引起来的。我准备承认我是多疑的，而且也许是不公平的（即是说，当时我不公平），但是我并不管这个，当我恼怒和憎恨他那种无礼的时候，我是不愿意让那机会溜掉，就打起官司来了。你也许会想在我这一边太不够大度。我并不替我自己辩护；但是，我可以说，发脾气——或者说得更那个一点——受了伤害的自尊心，跟不够大度是并不相同的，那是一种自然的人性的东西，而且我承认，我再说一遍，我根本不了解伊赫曼耶夫，很相信关于阿略沙跟他女儿的那些谣言，因而就能相信那钱是存心偷的……但是这些且搁开不谈，真正的问题是，现在我怎样办？我可以不接受这笔钱，但是如果同时我又说，我仍然认为我的要求是正当的，这变成是我给他钱了，再加上关于娜泰里雅·尼古拉叶夫娜的微妙地位，他一定会把钱扔到我的脸上呀……”

“呃，你瞧，你自己说他会把钱扔到你的脸上；那么你认为他是个诚实的人了，因此也就可以完全断定他不曾偷你的钱。如果是那样，你为什么不到他那里去，坦白地告诉他说你认为你的要求是不合法的。这样会体面一点，而且这一来伊赫曼耶夫接受他的钱也许会并不感到困难了。”

“哼！他的钱……这正是问题呀；你把我放在一种什么地位啊？到他那里去，告诉他说我的要求是不合法的。‘你如果认为这是不合法的，那么为什么又要作这种要求呢？’这句话，谁都会当面问我的。而我却不该听这种话，因为我的要求是合法的呀。我从来不曾说过也不曾写过他偷了钱，但是我却相信他的不小心，他的疏忽，和他管理事业的无能。那笔钱无疑是我的，因此对我自己来做一次假的责备，这是可耻的。而且最后我重说一遍，那老头儿给自己招来耻辱，而你却逼我为这种耻辱去求他原谅——这是困难的。”

“我以为，如果两个人想要讲和，那就……”

“你以为这是容易的吗？”

“是呀。”

“不,有时挺不容易呢,特别是……”

“特别是,假如这件事情还关联着别的事情。是的,这一点我同意你,亲王。娜泰里雅·尼古拉叶夫娜和你儿子的处境,在那些需要由你来解决的各点上,是应该由你来解决的,而且应该那样来解决,使伊赫曼耶夫家可以完全满意。只有这样,你跟伊赫曼耶夫关于官司的事情才能够坦诚相见。目前什么都不曾解决,你只有一条路可走:向他承认你的要求是不正当的,坦白地承认,必要时甚至公开地承认,这就是我的意见。我这样坦率告诉你,是因为你亲自来问我的意见,而且你大概也不希望我对你不诚恳。这个使我有勇气来请问你,你为什么要为这件还钱给伊赫曼耶夫的事情来伤脑筋呢?你如果认为你的要求是正当的话,那么你又干吗要还给他呢?我这样喜欢盘问,要请你原谅,但是这件事是和另外那些事情有密切关系的。”

“你以为如何?”他忽然问,似乎并不曾听见我的询问,“如果没有什么托辞和……和……奉承的话,就把这一笔款子交给他,你以为那老伊赫曼耶夫一定会拒绝吗?”

“他当然会拒绝的。”

我脸上绯红,简直愤怒得发抖了。这个不要脸的怀疑的问题在我身上起了那么一种影响,好像他唾了我的脸似的。另外,一些因素更增加了我的憎恶:他那种无礼的贵族的态度,以这种态度,不回答我的问话,而且显然就不理睬我的问话,却用另外一个问题来打断我,这也许是他想教我明白,我是太过分了,太随便了,竟然敢问他这样的问题。我痛恨,我憎厌这种贵族的机巧手段,过去我曾经竭力教阿略沙改掉这种脾气的。

“哼！你是太冲动了，实际生活中的事情并不像你理想中那样做法的，”亲王听见我的叫喊平静地说。“但是关于这个问题我想娜泰里雅·尼古拉叶夫娜也许会做些决定；请你告诉她可以提供一些意见。”

“一点也不会，”我粗鲁地回答说，“你不打算来听我刚才对你说的话，却打断了我。娜泰里雅·尼古拉叶夫娜会明白的，如果你退还那笔钱，不是坦直的，没有你所谓的那些奉承的话，那就等于你付这笔钱是为了那父亲失去他的女儿，为了她失去阿略沙——换句话说，你是在用金钱来赔偿……”

“哼！……你就是这样来了解我呀，我的好伊凡·彼特罗维契，”亲王大笑起来。他干吗笑呀？

“眼前，”他接着说，“我们还有许多许多事情得在一起谈的。但是现在没有时间了。我只求你明白一件事情：娜泰里雅·尼古拉叶夫娜和她整个的前途是牵涉着这件事情的，而这一切在某种程度上是要倚靠我们的决定。你是不可缺少的，你自己会明白。所以，你如果依旧对娜泰里雅·尼古拉叶夫娜忠诚的话，你是不能拒绝和我坦直地来参与这些事情的，不管你对我怎样不大同情。可是我们到啦……*à* bientôt。”[1]

第 九 章

伯爵夫人生活过得很讲究。房间里布置得很舒适而且很风雅，可是却完全不奢侈。不过每件东西都带着一种暂时小

---

① 法语：一会儿再见。

住的特色，不带着一切贵族阶级的有钱人家的永远固定住宅所具有的那种气魄和一切他们认为必要的那种怪癖的。有一个谣言，说伯爵夫人夏天要到锡姆勃斯克省她那座破落了和典押了的田庄上去，而且亲王会陪她同去。我已经听见这个话，不安地奇怪着，当卡佳跟着伯爵夫人去了，阿略沙将怎么办呢。可是我还不曾把这个告诉娜泰莎。我怕告诉她。不过从我所注意到的某些征兆上看来，我料想她也知道这谣言了。可是她却沉默着，暗地里自苦着。

伯爵夫人给了我很好的招待，热诚地向我伸出她的手来，一再说她早就希望和我结识。她亲手从一只精致的银茶炊里倒茶，我们都围着茶炊坐下来，亲王和我，还有另外一位绅士，年老而极其贵族气的，胸前挂着一枚勋章，态度有点古板而且有点外交家的神气。这位客人似乎是个很受尊敬的人物。伯爵夫人自从外国回来以后，这年冬季里还没有来得及在彼得堡广为结交，以及像她所希望和打算的那样建立起她的地位。除了这位绅士以外没有别的客，一晚上也没有别的人来过。我寻找卡捷琳娜·菲多罗芙娜；她跟阿略沙在隔壁房里，但是一听见我们到了，她就立刻走进来。亲王恭敬地吻了她的手，伯爵夫人示意她向我走过来。亲王立刻替我们介绍了。我带着急切的注意看着她。她是一个矮小的、温柔的金发碧眼的小姑娘，穿着一件白色的外衫，带着一种顺柔的沉静的脸部表情，有一双完全蓝色的眼睛，正如阿略沙所说的一样：她有一种青春的美，只是这样罢了。我原来指望碰到一位十足的美人，可是这却算不上美人。那整齐的、线条柔和的鹅蛋脸，那十分端正的五官，那浓厚而确实漂亮的头发，那梳成了简单的家常的样式，那温和的注意的表情——这一切，如果我是在旁的什么地方碰到她，我不会特别注意就会走过去的。但是这不过是最初的印象，在这天晚上我继续对她获得了一个较充分的认识。她跟我握手，带着一种天真的过分的热心，站着望着我的脸孔，不说一句话——那种样子，就以它的奇特情形给了我一种印象，我忍不住对她微笑起来。显然的，我立即感到，我是面对着一个心地极其纯洁的人物。伯爵夫人注意地望着她。卡佳握过手以后就有点匆匆地从我这里走开，跟阿略沙在房间的那一端坐了下来。当阿略沙来问候我的当儿，他轻轻地向我说："我在这儿只留一会儿，我就要上'那边'去了。"

那位"外交家"——我不知道他的名字，随便叫叫，就叫他外交家吧——沉着地和神气地在谈天，发挥着某种见解。伯爵夫人专心地听着。亲王给予他一种鼓励的谄媚的微笑。那位雄辩家不时向着他说话，显然认为他是一个值得他注意的听众。他们倒了一些茶给我，就让我独自呆着，这个我倒是十分感谢的。同时，我是在打量伯爵夫人。最初一眼中，我禁不住给她吸住了。她也许已经不年轻了，但是在我看来却还像没有过二十八岁。她的脸庞依然是鲜艳的，在她青春初期，一定是很美丽的。她那暗棕色的头发依旧十分浓厚；她的表情十分温和，但是有点轻佻，而且带着恶作剧的侮慢。不过眼前她显然在约束着自己。她的眼睛里还可以看出很聪明的样子，尤其是好脾气和愉快。在我看来，她主要的特征是某种轻浮，一种享乐的热望，和一种温和的自私，这种自私也许占很大部分。她是绝对听亲王指导的，他对她是有一种异常的影响。我知道他们是有私情的；我还听说，当他们在国外的时候，他就已经不是一个善于妒忌的爱人哩；我一直猜想着，并且现在还这么想，除开他们从前的关系以外，还有一种别的什么，一种相当神秘的纽结把他们联结在一起，那似乎是依赖于自私的动机的相互的责任。……事实上一定是有这样一种东西的。我还知道，目前亲王已经对她厌倦了，不过他们的关系却不曾断绝。特别使他们还能在一起的，或许就是对卡佳的企图吧，这大概是由亲王主动的。亲王怂恿她让阿略沙跟她继女结婚，这样他就有理由推掉同伯爵夫人的婚姻了，她确实是对他要求过这个婚姻的。至少我从阿略沙十分单纯地透露出的一些事实中间，推测到这样的结论；连他对这也不能不有所注意了。除开阿略沙的话以外，我并且还猜想到，虽然伯爵夫人是完全受亲王控制的，可是他为了某种缘故却有点怕她。连阿略沙也注意到这个。后来我才知道，亲王是急于要让伯爵夫人跟别的什么人去结婚；一半也是为了这个目的，所以他要把她送到锡姆勃斯克去，希望在那个省份里能替她找到一个合适的丈夫。

我默默地坐着听他们说话，不知道怎样能够快一点跟卡捷琳娜·菲多罗芙娜作一次密谈。那位外交家在回答伯爵夫人关于目前政治局势和关于正在创制的改革的一些问题，问他这些是不是可怕的。他长篇大论说了一大泡，沉着地，像是一个有权威的人士。他精细而聪明地发挥着他的意见，但是他的意思却是教人反感的。他不断地坚持说这种改革和改进的全部精神只会很快地就产生某些结果，看到这些结果，“他们才会领悟过来”。那么这种改革的精神不但会从社会上（自然是在某一部分社会上）消失掉，并且他们会从经验中认识了他们的错误，之后他们就会用加倍的努力来回复到旧的传统上去。所以这种经验，虽然惨痛，却是大有益处，因为这会教训他们来维持那有益的传统，使这样做法获得新的根据。因此，只盼望这种莽闯的极度尽早到来吧。“没有我们，他们是干不下去的，”他结束说，“没有我们，没有一种社会能站得稳的。我们是不会丧失什么的。相反，我们总是胜利的。我们是要升到上面来的，而眼前我们的格言却是 Pireçava, mieux çaest。”[①]亲王带着一种可憎的同情向他微笑着。那位雄辩家十分满意他自己。我那么傻，甚至想要跟他争辩起来。我的心在沸腾着。但是阻止我的却是亲王那副恶意的神情；他朝我这边偷偷地瞟了一眼，我看他正在期望我会发出一种奇怪的、青年人的脾气来。也许他甚至期望这个，为了拿我的自找麻烦来开心呢。同时，我确实相信那外交家不会理会我的抗辩的，甚至连我这个人也不会理睬的。跟他们坐在一起真教讨厌呢；可是阿略沙搭救了我。

他轻轻地走到我旁边，在我肩膀上碰了一下，要我跟他说两句话。我猜他是带着卡佳的口信来的。果然不错。一分钟之后我已经坐在她的旁边了。起初，她一直专心地望着我，似乎在对她自己说：“你原来是这样一个人啊。”而在最初，我们彼此都找不出一句话来谈。可是我却确实感到，她要是一说开了，她会说个没完，直说到明天早晨。阿略沙说过的“五六个钟头的谈话”那句话，又涌上我的心来。阿略沙坐在我们旁

① 法语：愈糟愈好。

边，性急地等着我们开始谈话。

"你们怎么不说哪？"他开头说，带着一丝微笑望着我们。"你们来到一起默默地坐着呀。"

"嗳，阿略沙，你怎么能够……我们马上就会说的呀，"卡佳回答说，"我们有那么多话要说呢，伊凡·彼特罗维契，我简直不知道从哪里说起呢。我们彼此认识已经迟了，我们早就该会面的，虽然我很久以前就知道你了。我是很急于想见你哩！我甚至想给你写封信呢……"

"为什么事情？"我问，不由自主地微笑着。

"有那么多事情呢，"她热诚地回答说，"唉，即使是想知道阿略沙说的话真不真实也好，他说他在这样的时候让娜泰里雅·尼古拉叶夫娜一个人留着，她不会伤心的。什么人能像他那样做人呢？你怎么现在还呆在这儿哪，请你告诉我呀？"

"唉，好天爷，我马上就要走啦！我刚说过，我只在这儿再呆一分钟，就是要瞧瞧你们两个，瞧你们怎样彼此说话，之后我就上娜泰莎那边去。"

"那么，我们是在这儿呀，我们坐在一块儿呀，你瞧见了没有？他老是这样的。"她补了一句，脸孔微红，用手指指他。"'一分钟'，他老这么说，'只一分钟'；你瞧，他却会呆到半夜里，到那时候，去那边又太迟啦。'她不会生气的，'他说，'她是仁慈的，'这就是他的看法。这是对的吗？这是讲情义吗？"

"好吧，如果你要我走我就走吧，"阿略沙可怜地回答说，"可是我十分想跟你们两个在一起呢……"

"你要跟我们在一起做什么？相反的，我们有许多话必须单独谈呢。听着，不要难过。这是必要的——要彻底地了解。”

“如果这是必要的，我立刻走就得啦——这有什么好难过呢？我顺便去看一下列文加，之后就马上到她那儿去。我说，伊凡·彼特罗维契，”他拿起帽子，又补说一句，“你知道我爸爸要拒绝接受他跟伊赫曼耶夫打官司赢来的那笔钱吗？”

“我知道，他告诉我了。”

“他这样做多慷慨啊。卡佳却不相信他做得慷慨呢。跟她谈谈这个吧。再见了，卡佳，对于我爱娜泰莎，请不要怀疑吧。你们两个怎么老是这样拘束我，责怪我和管着我呀——好像你们必得监视着我似的。她知道我多么爱她，她对我是放心的，而我也确信她是对我放心的。且莫说一切，且莫说一切责任，我是爱她的。我说不出我多么爱她，我就是爱她。所以用不着来盘问我，好像我是该责备似的。你可以问伊凡·彼特罗维契，他现在在这儿，他会来证明我所说的，就是说娜泰莎是嫉妒的，她虽然那么爱我，可是她的爱情里有许多自私的成分，因为她从来不肯为我牺牲什么的。”

“这是什么话？”我愕然地问，几乎不能相信我的耳朵了。

“你在说什么啊，阿略沙？”卡佳绞着手，几乎惊叫起来。

“怎么，这有什么好大惊小怪的？伊凡·彼特罗维契知道这个的。她老坚持着要我跟她在一起。倒不一定是她坚持，但是别人可以看出，这正是她所想要的。”

“你不害羞吗？你不害羞吗？”卡佳说，气得脸孔都通红了。

“这有什么好害羞呀。你真是什么样的人啊，卡佳！我比她所想象的还爱她呢，如果她真的也像我爱她那样爱我，那她当然会为我牺牲她的快乐呀。她自己让我走开，这倒是真的，可是我从她脸色上看出，她很不愿意这样做的。那么这和她不肯让我走开正是一样啊。”

“哼，这里面有鬼呢，”卡佳叫，带着发亮的愤怒的眼光又向我转过来，“承认吧，阿略沙，马上承认吧，这全是你的父亲使你想起这种念头的。他今天跟你谈过话，是不是？请别试探和欺骗我了：我马上就会查出来的！是不是这样呢？”

“是的，他曾经谈过话，”阿略沙昏乱地回答说，“这又怎么啦？他今天是用那么一种仁慈和友爱的态度说着话，不断地对我称赞她。我实在是惊奇，她把他那样侮辱了，他还这样地称赞她啊。”

“你，你就相信他的话吗？”我说，“为了你，她已经把她所能抛弃的一切都抛弃了！而就在眼前，就在今天，她的一切焦愁都是为了你，为了不使你厌烦，不剥夺你来看卡捷琳娜·菲多罗芙娜的可能。这是她今天亲自对我说的。而你却立刻就相信这些胡诌的暗示了。你不害羞吗？”

“没良心的孩子啊！可是正是这样的。他从来什么事情都不害羞呢。”卡佳说，挥一挥手叫他走开，仿佛他是无可救药了。

“但是，真的，你是怎样在说话啊！”阿略沙用一种可怜的声音继续说。“你老是这样子，卡佳！你老是猜疑我有什么不好的地方……我并不计较，伊凡·彼特罗维契！你以为我不爱娜泰莎了。我刚才说她是一个自私的人并不是那个意思。我只是说她太爱我了，所以弄得一切全失去了平衡，我为这受苦，她也受苦。我的爸爸从来没有影响过我，虽然他是想那样做。我不容许他。他也并不是从任何坏的意思上说她是一个自私的人；我了解他。他说的正和我刚才说的一样：说她太爱我了，爱得那样专心一致，这就是等于单纯的自私了，这使我受苦也使她受苦，而且我以后还要更受苦。他说的是真话，而且因为爱我才说这话的，这绝不是他有什么攻击娜泰莎的意思；相反地，他明白她爱情的力量，她那深长的、几乎是令人难信的爱情……”

但是卡佳打断了他的话，不让他说完。她开始激烈地责难他，断定亲王称赞娜泰莎只是想假充仁慈来欺骗他罢了，一切都是为了要摧毁他们的恋爱，怀着一种心思，想不露痕迹和不知不觉地使阿略沙掉过头来反对她。她热烈地和聪明地辩论着，说娜泰莎是爱他的，说没有一种恋爱能够原谅像他对待她那种行径的，又说阿略沙自己才是真正自私的人哩。渐渐地，卡佳把他弄到十分痛苦和完全悔恨的地步。他坐在我们旁边，完全吃瘪了，脸上带着一种痛苦的神情凝视着地板，不再打算回答了。但是卡佳是毫不留情的。我一直带着极大的兴趣望着她。我急切地想理解这位奇怪的姑娘。她完全是个孩子，然而却是个奇怪的孩子，一个有信念的孩子，具有坚定的原则，而且对于善良与正义具有热烈的天赋的爱。如果人们当真要叫她是个孩子，那么她是属于有思想的孩子那一类，这种孩子在我们俄国家庭中间是很多很多的。显然她对许多问题都曾经深深地思索过。那是极有兴味的，去窥察这颗善于思索的小头脑，和去看看这头脑里面那些完全孩子气的想象和幻想，跟那些从生活经验中（因为卡佳是确实生活过来的)得来的严肃观念与思想的混合,而同时这些又混合着那些她并不知道、还不曾经验过的观念,那些从书本上得来的抽象理论——虽然她也许把这些抽象理论误认是从她经验中得来的概括呢。这种抽象的观念大概是极多的。在那天晚上和以后,我相信,我是相当彻底地研究了她;她的心是热情的和容易感受的。在某种情形下,她似乎轻视约束自己,把真实看得比什么都重要,而把生活上的各种束缚都看作是习俗的成见。她似乎以这种信念自傲,这在那些热情很高的人,甚至那些年纪并不很轻的人往往都是这样的。然而正是由于这一点,才使她具有一种特殊魅力。她很爱思索,爱探求事物的真理,却并没有一点书呆子气,那样充满年轻人的风习,使人家一上来就会爱好她那一切新颖的思想,并且接受这些思想。我想起列文加和鲍令加来,这一切我以为都是属于事物的自然程序。说来奇怪,她那脸庞,在我最初的一瞥中,觉得并不特别美丽,可是这天晚上似乎每一分钟中都在越变越漂亮,越变越动人了。她身上这种孩子的成分和善于思索的妇女的成分的天然的混合,这种孩子气的而却是绝对真实的对真理正义的渴求,以及在她感情冲动时候那种绝对的真诚——这一切使她的脸庞由于真诚地充溢而辉耀起来,给予它一种崇高的精神的美,教人明白,这种美并不是在一切寻常的没有同情的眼睛里一下子就能看得出来的,要估量这种美的充分意义不是那么容易的。我看出阿略沙一定会热情地依恋着她的。如果他自己没有能力去思想和推论,那么他会被那些能够替他思想甚至能够替他希望的人所吸引的,而卡佳已经把他放在她的羽翼之下了。他的心肠是厚道的,它对一切高尚和光荣的东西是无需斗争就会立即降服的。而卡佳已经以一个孩子的同情与全部真诚在他面前把许多事情都坦白地说出来了。他是全然没有他自己的意志的。她却有极强烈的、坚毅的和热诚的意志；而阿略沙是只能让自己去依恋一个能够支配他和甚至命令他的人的。一半也是因为这缘故，所以娜泰莎在他们最初发生关系的时候，也曾经吸引了他，然而事实上卡佳却有比娜泰莎更优越的条件，因为她自己还是一个孩子，而且以后许多日子里还将是个孩子。这种孩子气，她那种辉煌的智慧，以及某种判断力的缺乏，这一切使她更和阿略沙相近。他感到了这一点，于是卡佳就越来越吸引他了。我相信，当他们单独一块儿谈天，在卡佳热烈地讨论他们的"宣传"的时候，他们有时会回复到孩子的淘气中。虽然卡佳也许常常教训阿略沙，而且已经把阿略沙按在她的拇指底下了，而他却显然觉得，跟她在一起要比跟娜泰莎在一起更舒适。他们是很好的一对，而这就有很大的关系了。

"停住，卡佳，停住。够啦；你总是对的，我总是错的。那是因为你的心比我的更纯洁。"阿略沙说着站起来，伸手向她道别。"我直接到她那里去，我不顺路去看列文加了……"

"你到列文加家里也没有什么事。可是你肯听话是很可爱的，现在去吧。"

"而你比谁都更可爱一千倍呢，"阿略沙忧郁地回答说，"伊凡·彼特罗维契，我有两句话跟你说。"

我们走开了一两步。

"我今天做了丢人的事，"他向我轻轻地说，"我做了卑劣的事，我对世界上每个人都犯了罪，尤其是对她们两个。今天饭后，爸爸把我介绍给亚历山特琳娜小姐（一个法国姑娘）——一个迷人精。我是给……迷住啦，而且……可是这说它做什么呢……我是配不上她们的……再见了，伊凡·彼特罗维契！”

“他是一个仁慈的、心地高贵的孩子呢，”当我重新在她身旁坐下来的时候，卡佳匆忙地开始说，“可是关于他，我们以后有许多话要谈的；首先，我们应当获得一种了解：你对于亲王怎样看法？”

“他是一个很可怕的人。”

“我也这样想。那么我们对于这一点是同意了，而且这样将使我们能够判断得更好一些。现在，关于娜泰里雅·尼古拉叶夫娜……你知道，伊凡·彼特罗维契，我现在好像还是在黑暗中间，我盼望你带给我光亮呢。你必须替我把这一切弄个清楚，因为许多要点，我只能从阿略沙告诉我的话里凭猜测去判断呢。再也不能从什么人那里听到什么了。告诉我，首先是（那是主要点）你以为怎样：阿略沙和娜泰莎在一起，会不会幸福？这是我首先要知道的，这可以使我断然决定我应该怎样做。”

“这个事情别人怎样能确定说呢？”

“不，自然不是确定地说，”她插嘴说，“但是你以为怎么样？因为你是一个极聪明的人呀。”

“我想，他们是不会幸福的。”

“为什么呢？”

“他们是不合适的。”

“我也是这样想的啊！”

于是她绞起她的手,好像深深地痛苦着似的。

“更详细一点告诉我吧。听,我非常焦灼地想看娜泰莎呢,因为有许多话我得跟她谈,而且我以为她跟我在一起是能解决一切事情的。我近来不断地描想她。她一定是很聪明的,认真的,真诚的,美丽的。是不是这样呢?”

“是的。”

“我确信是这样。嗯,如果她是这样,她怎么会爱上像阿略沙这样一个小毛头呢?解释解释吧。这一点我常常奇怪哩。”

“这是不能解释的。卡捷琳娜·菲多罗芙娜。人们怎样会恋爱,什么会使他们恋爱,这都是难以想象的。是的,他是一个小孩子。但是你知道,一个人怎么会爱上一个小孩子的?”(我望着她,望着她那双含着一种深刻的、诚挚的、难耐的注意紧紧地盯在我的身上的眼睛,我的心软了。)“越是娜泰莎自己不像一个小孩子,越是她认真,她就越容易跟他恋爱。他是老实的,诚恳的,天真得可怕而有时又是天真得可爱的!她爱上了他——我怎样来解释这个呢?——也许是出于一种怜悯吧。一种厚道的心肠往往会因怜而生爱的。虽然我感到我不能做什么解释,但是我却想反过来问你:你爱不爱他呢?”

我大胆地问了她这个问题,觉得我不至于因为这问题的唐突,扰乱了她坦白的心灵上那种孩子般的无限的纯洁吧。

“我当真还不知道呢。”她平静地回答说,从容地望着我的脸孔,“可是我想我是很爱他的……”

“那么你瞧。你能解释你为什么爱他吗?”

“他没有虚伪,”她想了一下回答说,“当他看着我的眼睛说着些什么的时候，我就喜欢这种没有虚伪。告诉我，伊凡·彼特罗维契，我现在在这儿跟你谈这些话。我是一个女孩子，你是一位男人，我这样做对呢，还是不对呢？”

“怎么，这中间有什么问题吗？”

“没有什么。自然这中间并没有什么。可是他们，”她向围坐在茶炊四周那一伙望了一眼，“他们一定会说这是不对的。他们对不对呢？”

“不对。唉，只要你心里并不觉得你做得不对，那么……”

“我就是常常这样的，”她插嘴说，显然是急于要把她所能说的话尽量告诉我。“当我给什么事情弄得困惑了，我就常常问我的心，我的心是泰然的，我也就泰然了。这是我常常应该做的。我对你说话就和对我自己说话一样爽直，因为一则你是一个光明磊落的人，而且我知道你的过去，在阿略沙以前，你跟娜泰莎，我听见这话的时候，我哭起来了。”

“唉，谁告诉你的？”

“自然是阿略沙，他告诉我的时候，他自己眼睛里也含着眼泪呢。这是他极好的地方，我就是为这个喜欢他。我想，他喜欢你超过于你喜欢他呢，伊凡·彼特罗维契。就是为了这些事情，我所以喜欢他。我对你这样坦白的另一种理由，因为你是一个极聪明的人，你能给我出主意和教导我许多东西。”

“你怎么知道我聪明到够得上教导你呢？”

“啊，那你无需问！”

她思索起来了。

“我实在并不打算谈这些的。让我们谈那最关紧要的吧。告诉我，伊凡·彼特罗维契，我现在觉得我是娜泰莎的情敌，我知道我是的，我该怎样做呢？这就是我为什么要问你：他们会不会幸福。我日日夜夜想着这个问题。娜泰莎的处境是可怕的，可怕的！你知道，他实在是已经不再爱她了，而他却越来越爱我了。就是这样的，对不对呢？”

“看来是这样的。”

“可是他却并不是在骗她。他并不知道他是不再爱她了。但是无疑她是知道的。她该是多不幸啊！”

“你要怎么样办呢，卡捷琳娜·菲多罗芙娜？”

“我有许多计划，”她郑重地回答说，“同时我又弄不清楚。这就是为什么我那么耐不住想见你，要你来替我把这一切弄个清楚。你对这些是比我知道得更清楚的。你知道，你现在对于我就是一种神。听啊，我最初想的是这样：如果他们彼此相爱，他们一定是幸福的，那么我就应该牺牲我自己来帮助他们——我不应该吗？”

“我知道你曾经牺牲过你自己的。”

“是的，我牺牲过。但是以后他到我这里来，越来越关心我，我又迟疑起来了。我现在依旧在迟疑，我究竟该不该牺牲我自己。这是很不对的，是不是呢？”

“那是很自然的，”我回答说，“一定会是这样的……这并不是你的错。”

“我想这是我的错。你那么说，因为你是非常仁慈的。我想这是由于我的心还不十分纯洁吧。如果我有一颗纯洁的心，我就会知道怎样做的。可是让我们别谈这个吧。后来我从亲王那里，从妈妈那里，从阿略沙本人那里，听到更多的关于他们彼此之间的态度的话，我猜想他们是不合适的，而现在你已经证明这点了。我就比以前格外迟疑起来，我现在拿不定我该怎么办了。你知道，要是他们这样下去会不幸福，唉，他们还是分开好一些。所以我决心更详细地问你一下，我亲自到娜泰莎那里去，跟她去解决这一切事情。”

“但是怎样解决呢？这就是问题。”

“我将对她说，‘你爱他比什么都爱，是不是，那么你关心他的幸福一定胜过关心自己的，因此你就必须跟他分开。’”

“是的，但是她怎样接受这个呢？就算是她同意你的话，她能够那样坚强来实行吗？”

“这正是我日日夜夜所想的，而……而……”

她突然流起眼泪来。

“你不知道，我多么替娜泰莎难过呢，”她轻轻地说，带着眼泪嘴唇颤抖起来。

没有什么话再要说了。我沉默着，而当我望着她的时候，我也觉得好像要哭出来了，并不是为了什么特别理由，只是出于一种类乎脆弱的模糊的情感罢了。她是多么可爱的一个孩子啊！我不再问她为什么她自认为能使阿略沙幸福的了。

“你喜欢音乐吗？”她问，平静一点了，不过依旧被刚才的眼泪所压制着。

“是的，”我回答说，有点惊异。

“如果有时间，我要为你弹一曲贝多芬的第三协奏曲。这是我现在在弹着的。那一切感情都包含在里面了……正如我现在所感觉着的。我以为是这样。不过那等别的时候再弹吧；现在我们还是谈天。”

我们开始来讨论，她怎样去会娜泰莎，这一切怎样布置。

她告诉我，他们老管束着她，她继母虽然仁慈而且喜欢她，但也决不会允许她跟娜泰里雅·尼古拉叶夫娜去交朋友，所以她决定只有用瞒骗的方法。她有时早晨乘着马车去散步，但常常是跟伯爵夫人一起的。有时伯爵夫人不跟她一起去，却叫一位法国女人陪她去，这位法国女人现在正害着病呢。伯爵夫人有时会害头痛病的，所以她得等到她头疼的那一天。而同时她还得去说服她的法国侍女（一个老妇人，是一种作伴的女人），因为后者是个性格极好的人。归结起来说，要在事前决定她哪一天能够去看娜泰莎，这是不可能的。

"你不会后悔同娜泰莎结识的，"我说，"她也急于想认识你呢，而且她一定要认识你，哪怕就是为了她要知道她把阿略沙让给谁的。不要为这些事情太苦恼了。用不着你烦心。时间会决定一切的。你们要到乡下去，是不是？"

"很快就要去了。也许就是下个月，"她回答说，"我知道这是亲王主张的。"

"你以为怎样——阿略沙会跟你们同去吗？"

"我已经想过这件事，"她注意地望着我说，"他会去的，他不会吗？"

"是的，他会去的。"

"天哪，我不知道这一切将怎样结局呢。我告诉你，伊凡·彼特罗维契，关于种种事情，我会写信给你的，我会时常详细写信给你的。现在我也要麻烦你了。你能常来看我们吗？"

"我不知道，卡捷琳娜·菲多罗芙娜。这得要看情形。也许我根本就不会来。"

“为什么不呢?”

“这要经过几种考虑,主要的是我跟亲王的关系。”

“他是一个不诚实的人,”卡佳决断地说。“我告诉你,伊凡·彼特罗维契,假如我来看你怎么样?这样好不好?”

“你自己以为怎么样?”

“我想这是好的,这样我可以带给你消息,”她笑了笑补充说,“我这样说,因为我非常喜欢你,而且非常敬重你。而且我能够从你那里学习许多东西。我喜欢你……我这样说话不算丢脸吧,是吗?”

“怎么会是丢脸呢?你对我已经跟我家里人一样地亲热了。”

“那么,你要做我的朋友吗?”

“啊,是的,是的!”我回答说。

“可是他们却一定会说这是丢脸的哩,说一个年轻姑娘是不应该这样的。”她说,又指指围着茶桌在谈天的那一伙。

我这里得说明一句,那亲王似乎故意让我们在一起,使我们能够谈得称心满意的。

“我知道得很清楚,”她接着说,“亲王是在想我的钱。他们以为我是一个十足的小毛头哩,而且事实上他们公然对我那样说了。但是我可不那样想呢。我现在不是一个小孩子了。他们是些古怪的人:他们自己才像小孩子呢。他们这样乱哄哄的在干些什么呀?”

“卡捷琳娜·菲多罗芙娜,我忘记问你了,阿略沙常常去看望的那列文加和鲍令加是什么人哪?”

“他们是远房亲戚。他们是很聪明和很诚实的,可是他们话真多哩……我认识他们的……”

她微笑起来。

“说你将来要捐给他们一百万，这是真的吗？”

“啊，你瞧，我如果捐了怎么样？关于那一百万，他们讲了多少空话了，讲得教人受不住哩。自然，捐钱给一切有益的事情我是高兴的；有这样巨大财产又有什么用呢？但就是我将来捐给他们，这也没有什么，可是他们却已经把它分配啦，讨论啦，吵闹啦，争论这钱用在哪里最好啦，甚至为了这个还闹起架来，这可太奇怪了。他们是太性急呀。不过他们毕竟是诚实和聪明的。他们都在读书。那比别人的过法好一些，是不是呢？”

我们又谈了许多。她差不多把她的全部生活都告诉了我，热心地听着我对她说的话。她老坚持着要我再多告诉她一点关于娜泰莎和阿略沙的事情。在华尔戈夫斯基亲王跑来，让我知道这是该告辞的时候了，已经十二点了。我说了再见。卡佳热烈地握着我的手，含情地望着我。伯爵夫人请我下次再来；我同着亲王出来了。

我禁不住有一种奇怪的、或许是不很适当的批评意见。在我跟卡佳作三个钟头的谈话以后，我在对她的其他印象中间，留下那种奇怪的然而却是确实的信念，就是说，她依旧还是那样的一个小孩子，她还不曾有两性关系的内在意义的观念。这使她的某些感想以及一般地对于她谈论许多很重要问题的那种严肃的口吻，具有了一种异常滑稽的风趣。

第　十　章

“我跟你说，”华尔戈夫斯基亲王在马车里在我旁边坐下的时候说，“我们现在去吃点夜宵怎么样？你说怎么样？”

“我不知道，亲王，”我迟疑地回答说，“我是向来不吃夜宵的。”

“唔，自然，我们一壁吃夜宵一壁还谈谈呢。”他补充说，注意地和狡猾地瞅着我的脸孔。

这是很明白的了！“他打算直说出来呢，”我想，“这正是我所需要的。”我答应了。

“那么就这样决定了。到大摩斯卡雅街B家铺子去吧。”

“是家酒馆吗？”我有点迟疑地问。

“是呀，怎么会不是呢？我常常不在家里吃夜宵的。你一定不会拒绝做我的客人吧？”

“但是我已经告诉过你，我向来不吃夜宵。”

“可是偶然吃次把没有关系的；特别是我请你……”

这是说，他要替我付钱了。我断定这句话他是故意加上的。我答应同他去，可是决意到酒馆里自己付钱。我们到了，亲王包了一间单房间，带着品味专家的神气，选定了两三样菜。那都是很值钱的菜，他叫的那瓶美酒也是一样。这些我都吃不起。我看了看菜单，叫了半只山鹬和一杯拉飞脱酒。亲王反抗了。

“你不肯同我吃夜宵啊！嘿，这简直是笑话呀！Pardon, mon ami[①]，这可是……教人反感的拘谨啊。这是最无价值的

---

① 法语：对不起，我的朋友。

自负。这几乎带着阶级感情的嫌疑了。我敢打赌，是这样的。我确实告诉你，你是在侮辱我啊。”

但是我仍然坚持着。

“可是，随你高兴吧，”他接着说，“我不坚持……告诉我，伊凡·彼特罗维契，我可以像一个朋友那样跟你说话吗？”

“我请求你这样。”

“好的，那么，我以为这种拘谨是妨碍你的。你们这些人都是这样妨碍着你们自己。你是一个文学家；你应该懂得人情世故，而你却跟什么东西都离得远远的。我现在并不是讲你的山鹬，是说你打算完全拒绝跟我们这圈子里的人来往，这对你是不利的。姑且不谈你损失很大——事实上是损失一种事业，单从你应当知道你在描写什么这一点来说吧，那么在小说里，也得有伯爵哪，亲王哪，和闺秀哪……但是我在说什么啊！你们现在是以描写贫穷为时髦啦，什么丢了的外套呀！[①]钦差大臣呀，吵架的官吏呀，书记呀，过去的日子呀，背叛国教的异端呀，我懂得的，我懂得的……”

“但是你错了，亲王。如果说我不想跑进你们那个所谓的‘高等圈子’，第一，是因为在那里感到很无聊；第二，我在你们的圈子里并没有什么事情可做！不过究竟我有时也进去过……”

“我知道；一年一度，在R亲王家里。我曾经在那里碰到过你。但是一年中间的其余日子里，你就停留在你们那民主主义的骄傲里，和潦倒在你们那顶楼里，不过并不是你们所有

① 这是指果戈理的小说《外套》。——英译注。

的人都是那样的。你们中间有些人是那样一种冒险家,真叫我恶心……”

“我求你,亲王,换一个话题吧:别转到我们的顶楼去吧。”

“啊呀,冒犯了你啦。可是你知道,你答应我像朋友一样跟你谈天呀。不过这是我的不对,我是不配获得你的友谊的。这酒极可口。尝尝看。”

他从他的酒瓶里倒出半杯给我。

“你瞧,我亲爱的伊凡·彼特罗维契,我很懂得,强迫一个人跟任何人讲友谊,这是不好的行为。我们并不像你所想象的全是那么粗暴和骄横的。我很明白你坐在此地并不是由于对我有好感,而只是因为我答应要跟你谈天。就是这样的,是不是呢?”

他笑起来。

“而且因为你是照顾着某个人的利益的,所以想听听我打算说些什么。就是这样,是不是呢?”他带着恶意的微笑又补充了一句。

“你没有说错,”我忍不住插嘴说。(我看出,他是那样一种人,只要谁稍微落在他们的掌握里,他们就非得让你感觉到不可。我现在是落在他的掌握里了。我不听到他打算说些什么话,是不能走开的,这一点他很明白。他的口吻忽然改变了,越来越变得无耻地狎昵和嘲笑了。)“你没有说错,亲王,就是为了这个来的,否则我就不会坐在这里了……这么夜深。”

我原想这样说:“我无论如何不会跟你一起吃夜宵的,”可是我并没有那样说,却用另外的话来结束我的语句了,那倒并不是由于胆小,而是由于我那可诅咒的柔弱和稳重。而且,实在，就算对方是活该，就算你存心要对他无礼，一个人怎么好对人家当面无礼呢？我猜想亲王从我眼睛里已经看出这点了，当我说完那句话，他嘲笑地瞅着我，似乎拿我的懦怯在开心，又似乎用他的眼睛在向我挑战："那么，你是不敢无礼了；就是这样呀，我的孩子！"这准是那样的，因为我一说完，他就咯咯地笑起来，而且带着一种屈尊的亲热的态度拍拍我的膝盖。

"你倒很有趣，我的孩子！"这是我从他眼睛里看出来的。"等着瞧吧！"我自己想。

"今晚上我觉得精神很好！"他说，"我当真不知道为什么。是的，是的，我的朋友。我想要跟你谈的，正是那个年轻人。我们必须十分坦白地说话；直谈到我们得到某种结论为止，我希望这一次你能彻底了解我。我刚才跟你谈到那笔钱，那个老古板的父亲，那个过了六十个夏天的小毛头……嗯！现在不值得谈的。你知道，那只是说说罢了！哈，哈，哈。你是一个文学家，你应该猜想到了。"

我惊愕地望着他。我觉得他还没有喝醉。

"至于那个姑娘，我确实告诉你，我是敬重她的；我实在是喜欢她。她就是有点儿任性，可是'没有不带刺的玫瑰'，五十年前人家就这么说的，还有那句也说得好：刺是刺人的，但却是诱人的，虽然我那阿历克舍是一个傻瓜，我却因为他的审美力，已经在某种程度上原谅他了。一句话，我是喜欢那样的年轻小姐的，而且事实上我有——（他带着深长的意味抿紧他的嘴唇）——我自己的见解……不过这个以后再……"

"亲王！听着，亲王！"我叫，"我不懂你这样快改变态度，可是……换个话题吧，如果你高兴。”

“你又冒火啦！很好……我换个话题，我换个话题吧！但是我告诉你，我的好朋友，我只要问你：你是不是很敬重她？”

“自然，”我带着粗暴的难忍的口气回答说。

“啊，当真是。那么你爱她吗？”他继续说，可憎地狞笑着，眯起他的眼睛。

“你忘形啦！”我叫。

“啊，啊，我不会的！你别发脾气吧！我今天心境特别好。我很久没有这样高兴了。我们来喝点香槟好不好？你说怎么样，我的诗人？”

“我一点也不要喝。我不想喝。”

“你别这么说吧！你今天真应该陪我一下。我觉得那么快乐，而且我是心肠柔弱到伤感的地步了，我受不住独个人快乐呢。谁知道呢，我们也许会来祝贺我们的永久友谊呀。哈，哈，哈！不，我的年轻朋友，你还不曾了解我哩！我相信你慢慢会爱我的。今天晚上，我要你来分享我的忧愁和我的快乐，我的眼泪和我的笑，不过我希望至少我不会流眼泪。喂，你说怎么样，伊凡·彼特罗维契？你瞧，你得想想，如果我得不到我所需要的，我的全部灵感就会逝去，就会消失掉，就会飞走，那么你就什么也听不到了。你知道，你坐在这里，不过是希望听我说些什么罢了。是不是呢？”他补充说，又向我无礼地眏眏眼睛。“那么，你自己选择吧。”

这个威胁是严重的。我答应了。“他不至于要把我灌醉吧？”我想。这里我顺便提一下，我很久以前就听到的一个关于亲王的谣言了。那谣言说亲王在社交界里虽然漂亮而有威仪，可是有时他却喜欢在夜里酗酒，喜欢喝个烂醉，喜欢干秘密的淫荡勾当，喜欢干那令人作呕的和神秘的缺德行为……我听到过关于他的一些可怕的谣言。据说阿略沙也知道他父亲有时酗酒，却想对任何人瞒住这件事，尤其是对娜泰莎。有一次他在我面前漏出了一点，但是立刻改换了话题，不肯回答我的询问。不过那谣言我倒不是从他那里听来的，而且我承认，我并不曾相信那谣言。现在我等着，看看究竟怎么样。

香槟拿来了，亲王替他自己倒一杯，又替我倒了一杯。

"一个可爱的，可爱的姑娘呀，虽然她骂过了我，"他津津有味地啜着酒，说下去，"可是这种可爱的人儿只有在那种当儿才更可爱呢……你知道，她无疑以为她把我羞辱了一顿；你记得那天晚上她把我打击得一塌糊涂吗？哈，哈，哈！脸儿红红的多么适合她啊！你是妇女的鉴赏家吗？有时候一阵突然的红晕，对于一张苍白的脸孔是非常适合的。你注意到这个吗？哎呀，我相信，你又生气啊！"

"是的，我生气了！"我叫，控制不住自己了。"我不要你讲娜泰里雅·尼古拉叶夫娜……我是说，不要你用那一种口吻讲她……我……我不允许你这样！"

"哦哈，好吧，只要你高兴，我就顺从你的意思，换些题目谈谈吧。我是像面团儿一样听话和柔软呢。让我们来谈谈你吧。我喜欢你，伊凡·彼特罗维契，但愿你知道我对你是抱着怎样一种友爱和诚恳的关心啊。"

"亲王，谈谈事情不更好吗？"我打断他说。

"你是说谈我们的事情吧。你讲半句话我就懂得你的意思啦，mon ami，可是你却不知道，如果我们现在谈你，而且，自然啰,如果你不打断我的话,我们已经多么接近地接触到事情了。我就这样说下去吧。我要告诉你,我珍贵无比的伊凡·彼特罗维契,像你这样生活着只是自己毁灭自己啊。让我来说说这个不易措辞的问题吧:我是像一个朋友那样说话的。你是穷困的,你向你的出版家预支稿费,还你的零星小债,用剩下来一些余款,喝喝茶度过半年,而当你等着要写出一篇小说,给你那出版家的杂志的时候,你就在你的顶楼里发抖;就是这样的,是不是呢?"

"就算是这样,无论如何这是……"

"这比偷东西、拍马屁、受贿赂、要手段诸如此类的事情总体面一点吧。我知道,我知道你要说什么,这些话人家早就印在书上哩。"

"那么,就用不着你来谈我的事情了。真的,亲王,我是无需给你这么一门不易措辞的功课的!"

"嗯,当然你是无需的。可是如果这恰恰是我们必须接触到的一个微妙的关键,那怎么办呢?那是避不开的。但是抛开顶楼不谈吧。我一点不喜欢它,除非在某种情形下。"他带着一声可憎的笑,补充说。"但是教我吃惊的,是你竟会这样去当一个配角。自然,我记得,你们作家中间有一位曾经在什么地方说过,最大的成就是一个人知道怎样在生活中间把自己限制在一个配角的地位……我相信,就是这么一类事情。我在什么地方也听过这类的话,但是你知道阿略沙把你的未婚妻夺去啦,我知道这个,而你却像什么席勒一样,准备为人家去受火刑,你是在伺候他们,而且差不多是唯命是从……你得原谅我,我亲爱的人,不过这却是相当令人厌恶的高贵感情的表现。我以为你是应该憎恶这个的！这实在是丢人哪！我如果处在你的地位，我相信，我是会烦恼死的，而最糟糕的是丢人哪，是丢人哪！”

“亲王，你带我到这里来好像是故意要侮辱我呀！”我叫起来，愤怒得不能自制了。

“啊，不，我的朋友，一点也不。这会儿我只是一个实事求是的人，我并不希望什么，只希望你幸福。事实上，我是想把一切事情都弄妥当。但是让我们把这些搁一下再谈吧，你且听我说完，别再发脾气，只要两分钟工夫。唔，假如你结婚，你觉得怎么样？你瞧，我现在是完全扯到题外的事情上去了。你怎么这样惊愕地望着我呀？”

“我是在等你说完呀，”我说，确乎是带着惊愕在盯着他。

“不过这是无需多说的。我只想知道，假如你的朋友中间有一个人，急于想使你获得真正永久的幸福，不只是一种暂时的幸福，打算奉献给你一位姑娘，年轻貌美的，只是……略为有点儿经验，那你觉得怎么样？我只是打譬喻说，但是你会明白的，就是说，假定那姑娘有点像娜泰里雅·尼古拉叶夫娜的样子，自然还有适当的报酬的（注意，我是在说不相干的事情，并不是说我们的事情），嗯，那你觉得怎么样？”

“我说，你是在……发疯。”

“哈，哈，哈！呸！嘿，你几乎准备要揍我啦！”

我的确准备要扑到他身上去。我再不能约束我自己了。他给我的印象，就好像一种爬虫，一只大蜘蛛，我很想捣死它。他是拿嘲弄我来开心。他是像猫耍老鼠那样在玩弄我，想象我完全在他的掌握里。在我看来（而且我明白），他似乎在最后当着我的面扯下他的假面具时的那种无耻、骄横和玩世不恭的态度中间获得某种快乐，或者求得某种快感。他拿我的吃惊和恐惧来开心。他真的瞧不起我而且在嘲笑我哩。

我一开始就有一种预感，这一切全是预先计划好的，而这背后还有某种动机，但是我却处在这样一种地位，就是不管碰到什么，都得听他说下去不可。这是为了娜泰莎的关系，我不得不决心来对付一切，来忍受一切，因为全盘事情也许会在这个当儿决定下来的。但是我怎么能听着他拿她来讥笑的这些下流的玩世不恭的话语呀，怎么能冷静地忍受着这个呀！而使事情愈弄愈糟的，是他完全看出，我不得不听他说话，而因此便加倍地来侮辱。不过我想起，他自己也是需要我的，于是我就开始粗鲁地和无礼地来回答他。他懂得这意思。

“瞧吧，我的年轻朋友，”他正经地望着我的脸孔说，“我们不能这样子下去，你和我，所以我们要谅解才好。你瞧，我打算对你坦白地谈一些事情，不管我说什么话，你一定得要听。我想讲什么，高兴讲什么，我就讲什么；是的，在目前情形下，这是必要的。就是这样吧，我的年轻朋友，你肯俯允吗？”

我约束着自己，沉默着，虽然他带着那样一种刻毒的嘲笑在瞅着我，似乎要挑拨我作最直白的抗议。但是他看出我已经同意不走了，于是又说下去。

“别对我发脾气，我的朋友！你在为什么事情发脾气，是不是？只是为了一些表面上的事情，是不是？唉，你实质上对我并没有什么别的期望的，不管我怎么样说话，斯斯文文讲礼貌也好，像现在这样子也好；不管怎样，意思总是一样的。你瞧不起我，是不是？你瞧，我的心是多么可爱的单纯，多么坦白，多么老实呀！我什么事情都向你表白出来，甚至我那孩子气的任性。是的，mon cher，[①]是的，你也该略微和气一点才好，那么，我们就会意见一致，就会好好儿谈下去，而到临了会彼此完全了解的。别觉得我奇怪。我是那么讨厌这一切天真烂漫，阿略沙的这一切田园牧歌，这一切席勒主义，跟这位娜泰莎搞这种讨厌的恋爱的那一切的高傲（不过，她是一个很可爱的姑娘），老实说，我是高兴有一个机会对这些东西来任情放肆一番的。哼，现在机会是来啦。再则呢，我是渴望把我的心向你倾吐一番呢。哈！哈！哈！”

“你教我吃惊呢，亲王，我几乎不认得你了。你是沦落到像一个小丑的程度呢。这些意想不到的直率……”

“哈！哈！哈！当然这话一部分是真实的！一个可爱的比喻呀！哈，哈，哈！我是出来喝酒的啊，我的孩子，我是出来喝酒的啊！我是为自己在找乐儿呀！而你，我的诗人，该对我尽量宽容呀。但是我们还是喝酒吧。”他结束说，注满他的酒杯，自己十分得意。“我告诉你吧，我的孩子，在娜泰莎家里那天可笑的晚上，你记得吗，几乎是把我完全毁了。她本人是很可爱的，这倒是真的，可是我走开的时候，感到非常愤怒了，我是不愿意忘记它的。不忘记它也不掩饰它。自然，我们的日子还是会到来的，而且确实很快就会到来的，不过现在我们且不去谈它吧。顺便我要向你解释一下：我有一个特点，那个你还不曾知道，就是说，我痛恨这一切下流的和毫无价值的天真和牧歌式的胡闹；而且我最感兴趣的娱乐之一，就是我自己也

---

① 法语：我亲爱的。

装成那种派头，学着那种口吻，大大地去骗一下那个永远年轻的席勒，并且怂恿他，之后，趁他绝不会想到这样惊奇的事情的时候，我就突然一下子把他一拳打倒，在他面前突然扯下我的假面具，而且把我狂欢的脸孔突然变作一张鬼脸，向他吐出舌头来。什么？你不明白吗？你也许以为这是卑劣的、愚蠢的、下流的吧，是不是呢？”

“自然是的。”

“你倒直率。我以为，如果他们来折磨我，那我可怎么办呢？我也是直率到愚笨的程度的，但是那是我的特性。不过，我要告诉你我一生中几件有特征的意外事情。这将使你更了解我，而且这是很有趣的。是的，我今天也许当真是像一个小丑，可是小丑也是坦直的，不是吗？”

“听着，亲王，现在很晚了，而且当真……”

“什么？好天爷，好没有耐性哪！而且忙什么呢？你以为我醉了。没有关系。这样更好。哈，哈，哈！这种友好的会面常常在很久以后还记得的，你知道，人们是带着那么一种快乐去回忆它们的。你不是一个好脾气的人，伊凡·彼特罗维契。你没有伤感，没有感情。为了像我这样的朋友，多花上一两点钟空闲的时间，算得什么呢？而且这对某件事情还有一种关系呀……自然你应该知道这个的，而且你还是一个文学家呢；是的，你是应该庆幸这机会的。你也许会从我身上去创造一个典型呢，哈，哈，哈！真的，我今天直率得多么可爱呀！”

他显然是喝醉了。他的脸色变了，摆出一副狠毒的神情。他显然渴望着要伤害，要刺，要咬，要嘲笑。“在某种意义上，他喝醉了倒好些，”我想，“一个人喝醉了酒，往往会把话儿吐出来的。”但是他知道他是在干什么的。

“我的年轻朋友，”他说，无疑地是在寻开心，“我刚才已经向你做了一番自白，也许那是不适当的，就是说，我有时有种不可抗拒的欲望，想在一定的情形下，去捉弄别人一下。由于这种天真和心地单纯的爽直，你把我比作小丑，这真使我感到有趣。但是如果你因为我事实上改变了口吻，现在对你没有礼貌，或者是像种田佬那样没有体统，你就吃惊或者来责骂我，那你就太不公平了。第一，这恰合我的心意，第二，我不是在家里，而是跟你在外面……那是说，我们是像好朋友一样在外面喝醉酒。而第三，我是非常爱好照我的幻想做事的。你知道吗，我一度曾经有过一种幻想，想做一个形而上学者和一个博爱主义者，那几乎达到和你同样的观念了？不过那是在很久以前，在我青年的黄金时代呢。我记得那时候，我带着人道的意志回到乡下去，不消说是苦恼死了。你才不会相信我那时所碰到的事情呢。在我苦恼中间，我结识了几个漂亮的小姑娘……什么，你已经板起脸孔来啦？唉，我年轻的朋友！我们现在是像朋友一样在说话呀！人有时也得寻寻开心，人有时也得让自己放纵一下啊！我有一种俄国人的气质，你知道，一种真正俄国人的气质，我是一个爱国者，我爱抛弃一切东西；此外，一个人必须及时行乐。我们终是要死的——死了还有什么呢！嗯，所以我就来追求那些姑娘。我记得有一个牧羊女郎，她有一个丈夫，是个漂亮的小伙子。我把他结结实实打了一顿，打算把他送去当兵（从前的恶作剧呀，我的诗人），但是我并不曾把他送去当兵。他在我的医院里死掉啦。我在乡里有一所医院，有十二张床位，装修得挺漂亮；那样洁净，有嵌花的地板。我早已经把它毁了，但是那时候，我是拿它来自豪的；我是一个博爱主义者哩。嗯，我为了他老婆的缘故，把那个农民几乎打死了……怎么你又板起脸孔来呢？你讨厌听这些话吗？这冲犯了你高贵的感情了吗？唉，唉，别苦恼你自己吧！这全是过去的事情呀。这些是在我富于幻想的时期干出来的。我想做人类的一个恩人，想建立一个慈善团体……这是我那时所走的路子。而那时我就爱打人了。现在我再不干这样的事了；现在人们对这要皱眉头啦；现在我们对这全要皱眉头啦——那是时代呀……但是现在最使我发笑的，是那个傻瓜伊赫曼耶夫。我相信，他是完全知道那个农民的插话的……你想怎么样？由于他的好心肠——我准相信他那颗心是蜜糖做的——由于他那时候爱我，对他自己在夸奖我，他决心一句话也不相信，而且他当真一句话也不曾相信；那就是说，他不肯相信那事实，十二年来他坚定得像块岩石似的替我辩护，直到他自己也给触犯了。哈，哈，哈！不过这全是胡闹。让我们喝酒吧，我的年轻朋友。听着：你喜欢女人吗？”

我不回答他。我只听他说。他已经开始喝第二瓶了。

“嗯，我喜欢在吃夜宵时谈谈这些事情。吃过夜宵，我给你介绍一个我认识的菲立勃脱小姐，唔？你怎么说？可是什么事啊？你连瞧都不瞧我哩……哼！”

他似乎在沉思。但忽然又抬起头来，好像含着深意似的向我望了一眼，又接下去说：

“我告诉你，我的诗人，我要向你显示一种自然的神秘，我看你似乎对这个还一点不理会呢。我断定，你这会儿是在叫我一个罪人，或者甚至一个流氓，一个罪恶与堕落的魔鬼。但是我可以告诉你！假如只要是可能（不过从人类天性的法则上说，这是绝不可能的），假如可能使我们每一个人把他自己所有的秘密念头都叙述出来，把他所不敢说出来的和无论如何不肯告诉人家的，把他连对最要好的朋友都不肯告诉的，有时实际上连对他自己都不肯承认的东西，都毫不迟疑地公开出来，那这世界就会臭气冲天，把我们全都窒息死哩。这就是为什么——我附带说明一下——我们的社会礼俗和习惯是那么好。它们是有很大价值的。我不是要为了道德说的，而只是为了保存自己，为了求得安慰而说的；自然安慰是更主要的，因为实在说，道德也是一种安慰呵，这就是说，道德也只是为了安慰的缘故而发明的。不过我们以后再来谈礼俗吧；我已经离开本题了，以后提醒我吧。我要用下面的话来作结束了：你责备我罪恶、堕落和不道德，但是也许只怪我比别人更坦白吧，如此而已；因为正如我刚才所说的，别人连对自己都要掩饰的事情我却不曾隐讳呢……这在我是可怕的，但是这却正是我现在所要做的。可是，请放心吧，”他带着讽刺的微笑接着说，“我说‘怪我’，但是我并不要求原谅。并且还要注意这一点：我并不是要使你惭愧。我并不是问你自己有没有这种秘密，来为我自己辩护。我做事是十分得体和光明正大的。我做事总像一个绅士一样的……”

“这简直是蠢话。”我带着轻蔑看着他说。

“蠢话！哈，哈，哈！但是可要我告诉你你在想什么吗？你在纳闷我为什么带你到这里来，忽然莫名其妙地对你这么坦白起来。是不是呢？”

“是的。”

“好,那你以后会明白的。”

“最简单的解释是,你已经喝了两瓶了,而且……不清醒了。”

“你是说,我仅仅是喝醉了酒。也许‘不清醒’!这比说我喝醉了来得文气一点吧。啊,青年人,满身都是文雅呀!可是……我们似乎又要彼此对骂起来啦,而我们是在谈那么有趣的事情呀。啊,我的诗人,如果世界上有可爱而美丽的东西的话,那就是女人呀。”

“你知道,亲王,我依旧不明白,你为什么拣我来作为谈你的秘密和谈你的女色的……嗜好的心腹朋友。”

“哼!可是我不是告诉过你,说以后你会知道的呀。别激动吧;就算我没有理由,那又怎么样呢?你是一个诗人,你会了解我的,我可是已经告诉你了。在突然撕掉假面具中间,当一个人在另一个人前面,甚至不屑顾虑合不合礼便突然显露自己的真相,这种玩世不恭的态度中间,是有一种特殊令人满足的乐趣的。我告诉你一个故事。从前,在巴黎有一个发疯的官员,后来被人家看出他是发疯,被送进疯人院去了。嗯,他的发疯是他想娱乐自己呢。他在家里把衣服脱得精光,完全像个亚当的模样,只留着袜子跟鞋子,穿上一件长及脚踵的大氅,把自己裹在里面,带着一副庄严和威武的神气跑到街上去了。嗯,如果从侧面看过去——他正像别人一样,为了取乐穿件长大氅出去散散步。但是当他一到荒僻的地方碰上一个什么人,四周又没旁人的时候,他就默默地向那人走去,摆出最严肃的和深沉地思索的神气,在他前面突然站住,把大氅一摔，带着一片……清白的心显露他自己的真相！这样总要继续一分钟之久，于是又把自己裹起来，默默地，脸上的筋肉一丝也不动，昂然地从那吓呆了的观客旁边走过去，就跟《哈姆雷特》中的幽灵一样庄严和威武。他时常对每一个人，不管男的、女的和小孩子都这样干，而这就是他唯一的乐趣。嗯，这种差不多相同的乐趣，也可以在那当儿经历到，就是当一个人去吓唬某个罗曼蒂克的席勒，趁他毫不提防的时候向他伸出舌头来。'吓唬'——这个字眼多妙！我在你最近一篇作品中碰到过这个字眼呢！”

“哼，那是一个疯子，可是你……”

“我是神志清楚的吗？”

“是呀。”

华尔戈夫斯基亲王咯咯地笑了起来。

“你说得对，我的孩子！”他带着一种最骄横的表情补充了一句。

“亲王，”我说，因为他那种骄横激怒了，“你憎恨我们这一切人，连我在内，而你就为了所有人和所有事情来向我报复了。这都是由于你那偏狭的自负。你是狠毒的，而你的狠毒是偏狭的。我们曾经惹你发过怒，而你最愤怒的也许就是那天晚上。自然，你除了这种绝对的侮蔑，是找不出更有效的方法来向我报复的。你抛弃了我们彼此之间应有的、最普通的一般上都应该遵从的礼貌。你要向我明白表示，你甚至不屑在我面前顾虑合不合礼，把你那龌龊的假面具公然地和出乎意外地在我面前撕下，在那种道德上玩世不恭的态度中间显露出你自己的真相……”

“你为什么对我说这一些话?”他粗暴地和恶意地望着我说,“表示你的观察力吗?”

“表示我了解你,把这明白地摆在你的面前。”

“Quelle idée,moil cher,[①]”他接下去说,改变他的声调,忽然回复他以前那种轻快的、爱说话的、快乐的口吻。“你不过把我从话题上引开去罢了。Buvons,monami[②],让我注满你的酒杯吧。我只是想告诉你一件动人而且极其奇怪的遭遇。我要简明地告诉你这个。我从前认识过一个女人,她已经不是在青春初期,差不多有二十七八岁了。她是个一等漂亮的女人。多好的胸部,多好的姿态,多好的风采啊!她的眼睛像老鹰眼睛一般敏锐,却常常是严肃而不可侵犯的;她的态度是庄重而难以亲近的。她一向是有冷若冰霜之称的,她那白璧无瑕的、吓人的贞操把什么人都吓怕了。‘吓人的’,这是个恰当的字眼。所有附近的地方没有一个人在评判事情上像她那样严厉。她不仅责罚做坏事,并且责罚别的女人的最微细的缺点,坚决地、无情地责罚这些。她在她的圈子里有很大的势力。那些最骄傲的和最讲贞操的老女人都尊敬她,甚至想跟她亲近。她冷酷无情地观察着每一个人,好像中世纪修道院里的住持似的。年轻女人碰着她的眼光和批评就发起抖来。她一句简单的话,一个简单的暗示就足以毁坏一个人的名誉,她在社会里就有这种大的力量;连男人都害怕她哩。最后她皈依了一种同样沉静和尊严性质的静观的神秘主义……而你

① 法语:你这是什么想法,我亲爱的。

② 法语:喝酒吧,我的朋友。

会相信吗？你找不出一个比她更放荡的罪人哩，而我是那么幸福，竟得到她的完全信任。事实上我是她秘密的和神秘的情人呢。我们的约会安排得那么聪明和巧妙，连她家里都没有一个人会丝毫怀疑。只有她的丫头，一个极可爱的法国姑娘，洞悉她的全部秘密，但是那个女孩子是可以绝对信赖的。她在这事情上也有份——是怎样的——我现在不说。我那情妇的性欲是那么强烈，甚至山特侯爵[①]也得请教请教她呢。但是这种淫乐最强烈、最彻骨和最惊人的，就是它的神秘性，是欺骗的大胆。嘲笑那位伯爵夫人在人家前面所宣称的一切崇高的、卓绝的、神圣的事情，终于这种内心的可怕的冷笑，故意蹂躏一切公认为神圣的事物——而这一切没有限度地放肆到连最狂热的想象都想象不出的程度——这种淫乐的最鲜明的特点，就在这里。是的，她是一个魔鬼的化身，可却是一个最迷人的魔鬼呢。我现在一想到她就禁不住迷魂。当她的淫欲正旺的当儿，她会突然像一个中邪的人似的狂笑起来，而我完全理解这个，我理解她的笑，于是我也狂笑起来。这教我现在想起还叹息呢，虽然这是很久以前的事了。她一年工夫就把我丢开了。我就是想要伤害她，我也办不到。谁会相信我呢？像她那样品格的人物。你怎么说呢，我年轻的朋友？”

“哼，多教人作呕！”我回答说，带着反感听着他这种自招。

“你如果不是这样回答，你也就不会是我年轻的朋友了。我知道你会这样说的。哈，哈，哈！等等吧，mon ami，生活得久一些，你就会明白了，但是现在，现在你仍然需要在你的假

---

① 十八世纪时法国的色情作家。

货上镀金呢。[①] 不,如果你说这话,那你就不是一个诗人。那个女人是懂得生活的,而且懂得怎样尽量享受生活。”

“但是为什么堕落到那样兽性的地步呢?”

“什么兽性?”

“那个女人堕落到的兽性,而你跟她一起堕落的。”

“啊,你叫它做兽性——这表示你还是路都不会走的小毛头哩。自然,我承认独立是可以在完全相反的方面表示出来的。让我们谈得更爽直一点吧,我的朋友……你必须承认这一切全是没有意义的。”“什么是有意义的呢?”

“有意义的是个人——我自己。一切都是为我,全世界都是为我而创造的。听着,我的朋友,我始终相信,幸福地生活在这世界上是可能的。这是最好的信仰,因为没有这个信仰,一个人连过不幸福的生活都办不到:除了服毒自杀。人家说这是一些傻瓜干的事。这种傻瓜老是谈着哲学,直谈到他把一切、一切全毁了,连一切正常和自然的人类本分的义务都毁了,直到最后,他什么也没留下。总数等于一个零,于是他宣说生活中最好的东西便是氢氰酸[②]。你说,那是哈姆雷特。事实上那是可怕的绝望,是我们从来不会梦想到的重大事情。但是你是一个诗人,而我却是一个平凡的俗人。所以我说,一个人必须从最平凡最实际的观点上去看事情。拿我来说吧,我老早就摆脱掉一切桎梏,甚至摆脱掉一切义务。只有我看到有利可图的时候,我才承认义务。你呢,自然不能像这样去

① 意思是讲究外表的虚饰。

② 意指毒药。

看事情的，你的腿还套着脚镣呢，而你的口味是病态的。你高谈理想，高谈德性，嗯，我亲爱的家伙，我准备承认你告诉我的一切，可是我假如知道事实上在一切人类德性的根底里都存在着最自私成分，那我怎么办呢？而且越是有德性的东西，里面自私的成分就越多。爱你自己——这是我所承认的一条守则。生活是一种做买卖的勾当，别浪费你的钱，但是你得花钱款待客人，而且也要对你的邻人履行一切义务。假如你当真要知道的话，这些就是我的道德了。虽然我承认，我以为能够不为邻人花钱，而却能使他们无代价地为我做事，那就更好。我没有理想，我也不要理想；我也从来不感到要想望它们。一个人没有理想就能够过那样快乐而可爱的生活呀……而且 ensomme，[①]我很高兴，我不消氢氰酸就能过得下去。如果我稍微有点德性的话，我也许就像那个傻瓜哲学家（不消说，是个德国人）一样，没有它就不行了。不！生活中剩下的好东西还多着哩！我爱权势、品级、高楼大厦、下大注的赌牌（我是非常喜欢赌牌的）。而尤其是，尤其是——女人……以及女人的各方面。我甚至喜欢秘密的、偷偷摸摸的不良勾当，带点新奇而独创的，甚至为了不单调，要求稍微猥亵一点，哈，哈，哈！我在瞧你的脸孔呢。你带着怎样的轻蔑在望着我呀！”

“你说得对，”我回答说。

“嗯，也许你是对的，不过无论如何，猥亵总比氢氰酸好一点，是不是呢？”

“不，氢氰酸更好。”

---

① 法语：老实说。

"我问你'是不是',是故意要拿你的回答来开心的;我知道你会这么说的。不,我年轻的朋友。如果你是一个真正爱人类的人,就希望一切聪明的人都有像我一样的趣味吧,就是带着一点猥亵也没关系,否则聪明的人在世界上就没有事干,除了愚人就没有人了。这对他们倒会是好运气。虽然直到现在当真还有一句俗谚这么说:愚人运气好。你知道,没有一件事情比跟愚人生活在一起并且帮助他们更为有趣的;这是有利可图的!你无需奇怪我为什么重视习俗,维持某种传统,和争求势力;自然,我知道我是生活在一个没有价值的世界里,不过同时这世界却是舒适的,而我就支持它,表示我坚决地拥护它。虽然如果时机到来,我第一个就会离开它。我懂得你们那一切现代观念,不过我却决不为它们去伤脑筋,也没有理由要这样。我从来不为什么事情感到良心的责难的。只要我能够顺遂,我就什么都赞成,而且有许多许多人都像我一样,我们当真都是很顺遂的。世界上一切都会毁灭,只有我们不会毁灭。世界存在一天,我们就存在一天。整个世界也许会沉沦,但是我们将浮起来,我们将永远浮在顶上。顺便想想一件事情吧:像我们这样的人多么富有生命力啊。我们的生命力是非常地和罕有地强盛;这使你吃惊过吧?我们活到八十岁,九十岁。造物主是这样保佑我们的,唏,唏,唏!我尤其是要活到九十岁。我不喜欢死,我害怕死。鬼才知道死是什么样子。但是,干吗谈这些呢?这都是那个服毒自杀的哲学家惹我说起来的。该死的哲学!Buvons,mon cher。[①] 我们来谈

① 法语:喝酒吧,朋友。

谈漂亮姑娘吧……你要到哪里去?”

“我要回家去,你也该走了。”

“胡说,胡说!我差不多把整个心都向你公开了,而你却不觉得这是多么伟大的友谊的明证呀。唏,唏,唏!你心里是没有爱的,我的诗人。但是等一下,我再要一瓶……”

“第三瓶吗?”

“是的。说到道德,我年轻有为的朋友(你允许我用这个亲密的名字叫你吗?),谁知道呢,也许我的教训有一天会是有用的。所以,我年轻有为的朋友,关于道德我已经说过了:越是善良的道德,它里面的自私成分便越多。我要告诉你一个极美的故事。我一度爱过一个年轻姑娘,几乎是真正爱她的。她为了我甚至牺牲很大哩。”

“是你抢了她的钱的那个女人吗?”我粗鲁地问,不愿再约束我自己了。

华尔戈夫斯基亲王骇了一跳,脸色都变了,他把那双通红的眼睛直盯着我。那眼睛里带着惊愕和愤怒。

“等一下,等一下,”他似乎在对他自己说,“让我想想。我当真是喝醉了,我很难回忆了。”

他歇了一下,带着同样狠毒的精神追究地望着我,把我的手握在他的手里,好像怕我走开似的。我相信,他这个当儿是在心里盘算,想找出我是从什么地方听来这件很少有人知道的事情的;和我知道了这件事是不是有什么危险。这样继续了一分钟;他的脸色很快地就变了。原来那种嘲弄的、喝醉酒的、愉快的表情又显现在他眼睛里了。他笑了起来。

“哈，哈，哈！你真是一个塔列朗啊！[①] 没有别的字眼可以形容你了。嘿，当她扑到我身上，说我抢了她的钱的时候，我当真是站在她的面前愣住了！那时她叫喊得像个什么样子啊，把我骂得什么样子啊！她是一个暴烈的女人，没有自制力的。但是你来评评看：第一，我并没有像你刚才所说的抢过她的钱。是她自己把她的钱送给我的，那么这钱就是我的了。假如你送给我你那件最好的晚礼服，”（他一边说，一边睃着我那件唯一的、差不多走了样子的晚礼服，这件礼服还是三年以前一个叫做伊凡·斯库那金的裁缝替我缝的。）“我谢了你，便穿上了，忽然在一年以后，你来跟我吵，要我还给你，而那时我已经把衣服穿破了……这不大体面吧；那又何必送呢？第二，钱虽然是我的，不过我当然要还给她。但是，想想看吧，我一下子哪里收集得到这样大一笔数目呢？而尤其是，我受不住这种席勒主义和牧歌式的胡闹：我已经那样告诉你过了——这就是这事情的全部内幕啊。你想象不出，她是怎样装模作样的，说她给了我的钱（这钱已经是我的了呀）。我最后冒起火来，而我却忽然做到能够很正确地判断情形，因为我向来不仓皇失措的；我想，我还了她的钱，也许会使她不快乐的。我这样会剥夺她那种完全因我而遭到的不幸并且终身可以诅咒我的那种乐趣。相信我，我年轻的朋友，在这种不幸中间，在感到自己是慷慨的和绝对有理的，并且有权利叫对方流氓的这种感觉中间，是确实有种崇高的狂悦。自然，在那些席勒式的人们中间，是常常会有这种憎恨的狂悦的；后来，她也许会连饭都没得吃，然而我相信她却是快乐的。我不愿剥夺她这种快乐，所以我就没有把

① 十八世纪的法国政治家。

钱还给她。这充分地证明了我的格言，就是说，一个人的慷慨越显著，越明白，它里面所隐藏着的可厌的自私成分也就越多……自然，你是明白这个的……可是你要来抓我哩，哈，哈，哈！……喂，承认吧，你是想要抓我哩……啊，塔列朗呀！”

“再见，”我说，站了起来。

“再一分钟！两句话作结束！”他叫，忽然扔掉他那可憎的口吻，正经地说。“听我说最后的话吧：从我刚才所说的话里，清楚而明白地推论出（我想象你自己也已经看出来了）我决不会为谁放弃于我有利的事情的。我喜欢钱，我需要它。卡捷琳娜·菲多罗芙娜有很多钱。她父亲收了十年的酒税。她现在有三百万，而这三百万对我是很有用的。阿略沙跟卡佳彼此是一对完满的配偶；他们都是十足的傻瓜；而这正是适合我的。因此，我希望而且想使他们的婚礼尽可能早点举行。在两星期或三星期中间，伯爵夫人和卡佳将要到乡下去。阿略沙必须护送他们去。警告娜泰里雅·尼古拉叶夫娜，最好不要搞牧歌式的胡闹，不要有席勒主义，就是说他们最好不要反对我。我是爱复仇和恶毒的；我要卫护我自己。我是不怕她的。一切事情无疑都会像我所希望的，所以我现在警告她，当真还是替她打算呢。注意，别做呆想，她自己处理得懂事一点。否则这对她前途是不利的，极不利的。她应该感谢我，我不曾用我应该采取的手段——用法律去对付她。我告诉你，我的诗人，法律是保障家庭的安宁的，它保证儿子要服从老子，谁要引诱孩子们背弃他们对父母的神圣责任，法律是不许的。并且记住，我是有许多亲戚，而她是没有的，而且……你当然知道我会怎样对付她的……但是，因为她到现在为止，总算做事还有理性，所以我并不曾那样对付她。别不放心。过去六个月中间每一分钟，他们所采取的任何行动，都有敏锐的眼睛在观察着。每件事情的极琐细节目，我都知道呢。因此，我就静静地等着阿略沙自己来抛弃她，而这个过程现在已经开始了，而同时这对他是一种可爱的消遣：我在他的想象中依然是个仁慈的父亲，而且我必须使他这样来想象我。哈，哈，哈！我记得，那天晚上她那么大度和不自私，肯不嫁给他了！我要知道她怎么能嫁给他呢。那时我去拜访她，那很简单，因为已经是结束这关系的时候了。但是，我想用我自己眼睛、用自己经验来证实一切事情。嗯，这使你满足了吧？也许你还想知道，我为什么把你带到这里来，为什么我在你面前这样开玩笑，为什么我对你这样干脆痛快，当这一切事情毋须这样开诚布公就可以说出来的时候——是吗？”

“是的。”

我约束着自己，专心地听着。我毋须再回答什么了。

“唯一的，我年轻的朋友，是我观察到，你对于一切事情，是比我们那两个傻瓜更有常识和清楚的眼光。你也许从前就已经知道我是什么样的人，已经对我有过揣测和猜想了。但是，我想省去你的麻烦，决定面对面地显示给你看，和你打交道的是怎样一个人。直接印象是很重要的事情。了解我吧，mon ami；你知道你在和谁打交道，你爱她，所以我现在希望你会用你一切力量（你对她是有力量的）使她免掉某种不愉快的事情。[①] 否则是会发生这

---

① 在俄国的法规下，一个没有正常地位的女子，往往会成为维持风化的警察迫害和敲诈的对象，此处是暗示这个。——英译注

种不愉快的事情的。我老实告诉你，我老实告诉你，这不是开玩笑的事情哪。最后，我跟你开诚布公的第三个理由……（但是你自然已经猜到了，我亲爱的孩子），是的，我当真要唾弃这全盘事情，还要我当着你眼前来唾弃它吗？”

“你也已经达到你的目的了，”我说，激动得发抖，“我同意，你除了对我坦白以外，再没有更好方法来表示你对我和对我们一切人的狠毒和轻蔑了。你很明白你对我坦白决不会在我眼里连累你自己的，你甚至都不怕羞，把自己的真相都向我显露出来了。你确实是像那个穿大氅的疯子。你没有把我当作是一个人。”

“你猜得对，我年轻的朋友，”他说，站了起来，“你全看明白了。你不枉为一个作家。我希望我们要像朋友一样分手。我们不一起来喝杯 briiders chaft[①] 酒吗？”

“你喝醉了，这是唯一我不给予你应有的回答的理由……”

“又是一副沉默的样子！——你该说的话还不曾说出来哩。哈，哈，哈！你允许我替你抄小路吗？”

“用不着麻烦你。我自己会抄。”

“啊，别多心。我们同路走吗？”

“我不同你走。”

“再见，我的诗人。我希望你了解我……”

他出去了，脚步走得不大稳，再不向我回过脸来了。他的仆人扶他上了马车。我自己走开。这时将近早晨三点钟了。

① 法语：友爱。

天在下雨。夜是阴暗的……

第　四　部

第　一　章

我不想来描写我的愤怒了。虽然一切事情我都预料到了,可是这总是一个打击;似乎他带着全部狞恶的面目突如其来地出现在我面前。但是,我记得我的感觉是纷乱的,仿佛我给什么东西击倒了,压垮了,惨淡的悲哀越来越痛苦地咬啮着我的心。我替娜泰莎担忧。我预见到她未来的巨大的苦难,我在迷茫中间替她筹思一些办法,使她在结局的大灾难到来之前可以避免这苦难,可以和缓她最后的一刻。这个大灾难已经是毫无疑问的了。这就在眼前,而这将以怎样形式出现,是不可能看不出来的。

我不曾注意我是怎样回到家里,不过我一路上是给雨淋得稀湿了。那时已经是早晨三点钟。我还来不及敲我的房门,就听到一声呻吟,那门就急遽地开了,似乎尼丽并不曾睡觉,一直就在房门口窥望着我。房间里点着一支蜡烛。我望望尼丽的脸孔,惊惶起来了。脸孔完全变相了;她的眼睛像害热病似的在发烧,带着一种慌乱的神色,仿佛不认得我了。她是在发高热啊。

"尼丽,怎么一回事呀,你病了吗?"我问,俯下身去,搂住她。

她战栗地挨着我,似乎害怕什么东西,急促而急乱地说了些什么，好像她专等着我回来要告诉我似的。可是她的话奇怪而又不连气，我一点也听不懂。她是在精神错乱的状态中间。

我迅速地把她引到床上。可是她不断地惊跳起来和紧贴着我，似乎恐怖着，似乎求我保护她避开什么人，甚至当她躺在床上的时候，她还是一直捉牢我的手，紧紧地捏着，仿佛怕我会再跑开。我是那么震惊，我的神经是那样震动，当我望着她的时候，我当真哭起来了。我自己也在害病哩。她一看见我流泪，就定着眼睛望了我半天，带着紧张的、专心的注意，仿佛要领会和理解什么似的。这显然使她很吃力。最后她脸上显出一种类乎思索的神气。在一次猛烈的羊痫疯发作以后，她常常好些时间不能够集中她的思想或者清楚地发音。现在就是这样。费了很大的劲想跟我说些什么之后，知道我不曾懂得她的意思，她伸出她的小手来替我擦去眼泪，接着又搂住我的脖子，把我拉过去，吻我。

这很明白，当我不在的时候，她曾经发过一次羊痫疯，那是当她站在门口的时候。也许当她恢复过来之后，她有很长一段时间不能清醒。在这种当儿，现实和梦呓混在一起，她一定幻想起某些可怕的事情，某些恐怖的东西；同时，她该会迷迷糊糊地感觉到，我要回来敲门的，于是她就躺在门道的地板上，她留心着我回来，而一听到我敲门就站起来了。

“但是为什么她刚好在房门口呢？”我奇怪着，突然我惊愕地注意到她穿着她那件小棉外衣（我不久前才从一个做小贩的老妇人那里弄到这件外衣。这个老妇人常常拿些东西来给我，作为偿还我借给她的一点钱的）。这样看来，她或许是打算出去，或许她已经把房门的锁都开了。而就在那当儿突然犯了羊痫疯。她打算到哪里去呢？还是那时她已经精神错乱了呢？

这时，她还不曾退烧，不久她又沉入梦呓和不省人事的状态中了。她在我这座楼面上已经发过两次病了，可是都平静地过去；然而，现在她似乎在发高烧。我在她旁边坐了半个钟头，把一张椅子推到沙发前面，就躺在那里，因为我不脱衣服，靠得她近一点，这样她一叫我，我就可以较快一点醒来。我连蜡烛也不曾熄。我睡熟以前又看了她好多次。她是苍白的；她嘴唇热得发焦，或许因为跌了跤的缘故，嘴唇上还沾着血。她脸上仍然留着那种恐怖的神色和一种切肤的痛苦，那似乎睡梦中还在烦扰她。我决定如果她病再坏下去，我明天尽可能早去找医生。我担忧这会变成真正的脑炎。

“这一定是那亲王把她吓着了！”我想，震栗了一下，并且想起他说的那个把钱摔到他脸上的女人的故事了。

第 二 章

两个星期过去了。尼丽渐渐痊愈起来。她不曾变成脑炎，但是病得很厉害。四月底一个晴朗的有太阳的日子里，她起床了。那是在感恩节的一周中间。

可怜的小东西啊。我不能再用同样的叙述的方法来继续写我的故事了。我现在所描述着的这一切是过去很久的事了，但是直到目前，我依然带一种迫人的、伤心的苦痛，回忆着那张苍白的瘦削的小脸孔，以及当我们有时单独在一起的时候，她那双黑眼睛里那种探究的凝神的注视，她从床上用一种悠长的注视紧盯着我，似乎要引我去猜想她心里的事情；可是看到我并不在猜想而且依旧是迷惑的样子，她就似乎暗自温柔地微笑起来，而且会突然向我伸出她那手指纤细和消瘦的发烧的小手来。现在这一切全过去了，一切事情也都明白了，但是直到今天，我还不曾知道那颗害病的、被折磨与被迫害的小心里的秘密哩。

我觉得我是把话头扯开了，但是这会儿我却偏要单单去想念尼丽。说来奇怪，我现在孤零零地躺在医院的病床上，被一切我所深爱的人所遗弃了，有些从前的琐细的偶然事情，当时未被注意而且很快就忘掉了的，现在却一下子记了起来，而且忽然获得一种新的意义，补充和解释了我甚至此刻都不理解的事情。

在她害病的最初四天里，我们——医生和我——很替她着慌，但是到了第五天，医生拉我到一旁，告诉我说已经没有着急的理由了，她一定会复原的。这个医生是我早就认识的，一个好心肠的古板的老鳏夫，尼丽第一次害病时候我就请过他，他胸前挂着的那只巨大的斯坦尼斯拉夫勋章曾经给过她那么一种深刻的印象。

“那么，没有着急的理由了，”我说，“大大地安心了。”

“不，这一次她会好的，不过以后她会很快就死的。”

“死！可是为什么？”我叫起来，给这死的宣告震骇了。

“是的，她一定会很快就死的。这病人心脏的机构有毛病，环境稍微有点不顺利，她就又会躺下的。也许她会好一点，但是以后还是要病的，而最后她会死去。”

“你是说没有办法可以救她吗？这一定是不可能的。”

“但是这是避免不了的。然而如果能避去不顺利的环境，能够有一种平静和安适的生活，生活能够快乐一点，这病人或许可以不至于死，而且甚至还可以有些……意料不到的……奇怪的和例外的情形……事实上，这病人如果有不断的顺利环境，是可能得救的，但是根本治好——是决不会的。”

“可是好天爷，现在该怎样办呢?”

“听我的劝告，过一种平静的生活，有规律地吃药粉。我注意到这女孩子有点任性，有种神经质的脾气并且喜欢笑。她极不愿意有规律地吃药粉，她刚才就绝对不肯吃。”

“是的，医生。她自然是有点古怪的，不过我认为这一切是她的病态。昨天她就很听话；今天我给她吃药的时候，她好像偶然似的把汤匙推开，把药都泼翻了。我要替她再和一服药，她把药匣子从我手里抢去，扔到地上，接着突然哭起来了。不过我并不以为这是因为我要她吃药的缘故吧。”我想了一下，补充说。

“呵！刺激呀！她过去的巨大不幸呀。”(我曾经详尽地和坦直地把尼丽的大部分历史都告诉那医生了，我说的故事使他极其吃惊。)“这一切接二连三地发生，因此就得病了。目前唯一的补救就是吃药粉，而且她必须吃药粉。我要再去试一次，使她了解服从医生命令的责任，和……总而言之……吃药粉。”

我们两个走出厨房(我们是在那里会面的)，医生又走到那病孩的床边去。但是我想尼丽大约已经偷听到我们的话了。无论如何，她从枕头上抬起头，向我们这边侧着耳朵，一直在细心地听着的。我从半开的门缝里注意到这个。当我们向她走去。这小家伙立刻缩到被头底下，带着一丝嘲弄的微笑朝我们窥望着。四天害病中间，这可怜的孩子已经瘦了许多。她的眼睛陷了下去，而且依旧在发烧，因此使这医生——他是彼得堡最好心肠的德国人中间的一位——那么惊奇的她那恶作剧的表情和闪烁的放肆的眼色，看起来就和她脸孔太不相称了。

他开始庄重地——虽然他想尽可能使他的声音柔和——用一种仁慈和抚爱的声音解释这药粉是怎么重要和有效，因此为什么每个病人必须吃它。尼丽抬着头，但是突然用一种看来像很偶然的臂膀的挥动，把汤匙一推，药又全泼在地板上了。无疑她是有意这么做的。

“这是极不愉快的疏忽，”老人平静地说，“我怀疑你是有意这么做的；这是该受责备的啊。但是……我们可以纠正它，再来配包药粉。”

尼丽对着他脸孔大笑起来。医生严正地摇摇他的头。

“这很不对，”他说，打开另一包药粉，“很，很该受责备的啊。”

“别跟我发脾气呀，”尼丽回答说，想不再笑却做不到，“我一定吃它……但是你喜欢我吗？”

“如果你肯守本分，我会非常喜欢你的。”

“非常？”

“非常。”

“但是此刻你喜欢我吗？”

“是的，我就是此刻也喜欢你。”

“那末假如我想吻你，你会吻我吗？”

"是的,假如你高兴。"

说到这里,尼丽又忍不住大笑起来。

"这病人有一种愉快的特性,但是现在——这是神经质和任性。"医生带着一种极严重的神气向我轻轻说。

"很好,我会吃药粉的,"尼丽突然用微弱的小声音喊起来,"但是当我大起来和长成人的时候,你肯跟我结婚吗?"

显然,这个新的幻想的发明使她大为高兴;她眼睛简直就亮了起来,她的嘴唇笑得扭歪,当她等待着那几乎吓坏了的医生的回话的时候。

"很好,"他回答说,听到这个怪念头也忍不住微笑起来了,"很好,假如你长成一个善良的、有好教养的年轻姑娘,而且听话,而且……"

"吃我的药粉?"尼丽插口说。

"哦!哈!当然,吃你的药粉。一个好女孩子呀,"他又向我耳语说,"她很有点路数,很有点路数……是善良而聪明的,但是……结婚……多么奇怪的任性啊……"

于是他又给她吃药。这一次她可是没有装假,却干脆用手把汤匙从下面往上一推,那药又全部泼到那可怜的医生的衬衫护胸和他的脸上了。尼丽高声地大笑起来,但却不像前一回那种愉快和善意的大笑了。她脸上有一些残忍和恶意的神色。这些当儿她似乎在避开我的眼睛,单单望着那医生,而且带着一种嘲弄的神色等着看那"可笑的"老头儿还会做出一些什么来,不过从这种嘲弄中间却显出一些不安的神情。

"啊,你又这样干啦!……多么倒霉!但是……我可以再替你配一包药粉呀!"老人说,拿手帕擦擦他的脸孔和衬衫护胸。

这使尼丽感动极了。她是准备我们发脾气的，以为我们会责骂她和训斥她的，而她这会儿也许无意识地在期望一些借口使她可以哭一场，可以歇斯底里地啜泣，可以像刚才那样更多打翻几包药，甚至乘她恼怒中间打碎一些什么东西，用这一切来宽舒一下她那任性的和痛苦的小小的心。这种任性的脾气不仅病人有，也不仅尼丽才有。我就常常是这样，在房间里走来走去，带着一种无意识的欲望，等什么人来侮辱我一下，或者对我说几句话，那我就可以把它当作侮辱的借口，来对什么人发泄我的愤怒了。女人用这种方法来发泄她们愤怒的，开头就是哭，淌着最真实的眼泪，而更会动感情的女人甚至会变成歇斯底里。这是极简单的和日常的经验，尤其当心中有什么悲哀——这种悲哀常常是秘密的——想要发泄而不能发泄的时候，便常常发生这种情形。

但是，那老医生天使般的仁慈和他一句责备话也不说，就替她再来配一包药的那种耐性却把她感动了，尼丽突然平静下来了。嘲弄的神色从她嘴唇边消失掉了，红晕泛到她脸上来，她眼睛湿了。她向我偷偷瞧了一眼，立刻又避开了。医生给她拿来药，她驯顺地和不好意思地吃了，握着那老人粗壮的发红的手，慢慢地望到他的脸孔上。

“你……因为我很可恶在发脾气吧？”她想说却没有能说完；她缩到被窝里，藏起她的脑袋，发出大声的歇斯底里的哭泣。

“啊，我的孩子，别哭！……这没有什么……这是神经毛病，喝点水吧。”

但是尼丽不曾听见。

“放心吧……别苦你自己了，”他接下去说，几乎对她哽咽起来了，因为他是一个极易感动的人啊。“我会宽恕你的，而且会跟你结婚，如果你像一个好好的有教养的姑娘一样，肯……”

“肯吃我的药粉，”夹着一阵轻轻的神经性的笑声从被窝底下透出来，那笑声像只铃子似的响着，而被哭泣所打断了——这是我极熟悉的一种笑。

“一个好心肠的、可爱的孩子啊！”医生得意地说，眼泪几乎充满他的眼睛了。“可怜的女孩子啊！”

而从这一天起，他和尼丽之间就发生了一种奇异的和希罕的爱。尼丽对我反而倒越来越变得不高兴，神经性和容易激怒了。我不知道是什么缘故，觉得她奇怪起来，尤其是她这个变化似乎是突如其来的。在她害病的头几天里，她对我特别温柔和怜爱，好像她的眼睛不能离开我似的；她不肯让我离开她，把我的手紧紧地抓在她发烧的小手里，让我坐在她的旁边，而且她如果一看到我忧郁和焦灼，就竭力想逗我高兴，说说笑话，跟我玩儿，又向我微笑，显然努力想克服她自己的痛苦。她不要我晚上工作，也不要我坐着照顾她，我不听她就难过起来。有时我注意到她脸上的一种焦灼的神色；她开始盘问我，竭力想找出我为什么忧郁，我心里在想些什么。但是说来奇怪，我一提起娜泰莎的名字，她立刻就打断话头或者说一些别的事情。她似乎要避免谈到娜泰莎，这却教我吃惊。我一回家，她就高兴了。我一拿起帽子，她就沮丧地而且多少有点奇怪地望着我，眼睛跟着我，仿佛含着责备的意思。

在她害病的第四天，我整个黄昏跟娜泰莎在一起，一直呆到半夜以后。我们有些事情要讨论，那天我出去的时候，我对我那病人说我很快就会回来的，我真是打算这样的。在娜泰莎那儿却几乎是出乎意料地耽搁住了，我对尼丽倒很放心。亚历山特拉·西苗诺芙娜在陪着她，她是从马斯罗波耶夫——他曾经来看过我一下——那里听说尼丽在害病，而我又在极端困难中完全没有一点帮手。天哪，好心肠的亚历山特拉·西苗诺芙娜是多么忙乱啊！

“所以，他自然现在是不能来跟我们吃饭了！……唉，宽恕我们吧！而且他完全是孤独的、可怜的人，完全是孤独的呀！好吧，现在我们可以向他表示我们对他多么好了。这是一个机会。我们不要让这个机会逃掉。”

她立刻出现在我的楼面上，随着她的车子带来一只大篮子。她打开她的包裹，第一句话就宣说她打算留下来，在困难中帮我的忙。那包裹里是给病人吃的糖浆和腌菜，几只小鸡跟一只大鸡是预备给病人好一点时候吃的，还有预备带来烘烤的苹果、橘子，基辅的干果酱（那是预备医生允许的情形下吃的），最后是衬衫、被单、餐巾、睡衣、绷带，压定绷带——整个医院的装备都带来了。

“我们什么东西都有了，”她对我说，似乎急促地发出每一个字音，“你瞧，你像一个独身汉一样过活。这些东西你差不多全没有。所以请答应我吧……而且菲力浦·菲力必契这样跟我说过的。嗯，现在怎么样呢……赶快吧，赶快吧，现在我要做些什么呢？她怎样了？清醒着吗？唉，她躺得多么不舒服呀！我要把她的枕头放平，让她躺着的头可以放得低一点，你以为怎么样，有一个皮枕头不更好吗？皮枕头要比较阴凉一点。嗳，我真是一个蠢家伙！我就没有想到带一只来。我去拿吧。我们要不要生点火呢？我要把我那个老女佣人派到你这里来。我认识一个老女佣人的。你没有佣人，是不是？……嗯，我现在做些什么呢？这是什么东西？药草……是医生开的吗？我想，来烧点药草茶吧，我马上去生火。"

但是，我让她安定下来，她却非常惊异，甚至颇为烦恼，看到并没有很多事情可做。可是这根本并不使她丧气，她立刻就和尼丽做起朋友来，在她整个害病期间，成为我的一个大帮手。她几乎每天都来看我们，而且她一来总好像掉了什么东西或是迷失了，一定要急忙要找到它似的。她常常还补充说是菲力浦·菲力必契叫她来的。尼丽非常喜欢她。她们两个就跟两姊妹一样，我猜想有许多地方亚历山特拉·西苗诺芙娜跟尼丽一样，像小毛头似的。她时常讲一些小孩子的故事使她开心。她一回家，尼丽便常常感到寂寞起来。她第一次进来的时候，我那病人很惊奇，但是她很快就猜到这个不速之客是为了什么来，于是照老样子皱起眉头，变得沉默的和冷冷的。

"她为什么来看我们？"当亚历山特拉·西苗诺芙娜走了以后，尼丽带着不高兴的神气问。

"来帮助你，尼丽，来照顾你呀。"

"为什么？什么意思？我从来不曾为她做过像这样的事呀。"

"仁慈的人并不等待这个呀，尼丽。他们愿意帮助需要帮助的人，并不想望人家为他做什么事的。这就够了，尼丽，世界上有很多仁慈的人。你不曾碰见过他们，而当你需要他们的时候也不曾碰见过他们，这只是你的运气不好罢了。”

尼丽没有说话。我从她身边走开了。但是一刻钟以后，她用一种微弱的声音喊我，向我要些东西喝，突然一下子热烈地把我抱住了，很长一个时候不让我走开。第二天亚历山特拉·西苗诺芙娜再来的时候，她就带着一种愉悦的微笑去欢迎她，虽然她不知什么缘故似乎对她依旧有点不好意思的样子。

第 三 章

这就是我在娜泰莎家里留了半夜的那天。我到家很迟。尼丽睡熟了。亚历山特拉·西苗诺芙娜也很瞌睡，但是她依旧陪着病人坐着，等我回来。她立刻用急促的低语告诉我说，尼丽起先精神极好，甚至笑了好多次，但是后来她又抑郁起来，而且因为我没有回来，她变得沉默和思索起来了。“接着她说她头痛，开始哭起来了，而且哭得那样厉害，我真不知道该拿她怎么样，”亚历山特拉·西苗诺芙娜补着说。“她对我谈起娜泰里雅·尼古拉叶夫娜，可是我不能告诉她什么。她后来也就不问了，老是哭，这样就哭着睡熟了。好吧，再见了，伊凡·彼特罗维契。她无论如何是好一点了，我可以看出来，我现在该回家去了。菲力浦·菲力必契跟我说过的。我得承认这一回他只让我出来两个钟头，可是我却自己留下来了。不过不要紧，别替我烦恼。他不敢对我发脾气的……只是或许……嗳。我的天，伊凡·彼特罗维契，亲爱的，我怎么办呢？他现在常常喝醉了回家哪！他有些什么事情忙碌得很，他也不跟我讲，他是在烦恼。他心里有些什么重大的事情；我看得出来，可是他每天晚上还是喝醉酒……我就是想，他如果回来，谁把他扶到床上去呢？好吧，我要走了，我要走了，再见吧。再见吧，伊凡·彼特罗维契。我刚才看了这儿你这些书，你弄了多少书呀，它们该都是很聪明的吧。而我是那样一个蠢货，我从来不读一些什么……嗯，等明天……”

可是第二天早晨尼丽醒来，抑郁而愠怒，而且不高兴回答我。她并不自动地来跟我说话，却好像跟我在发脾气似的。但是我注意到她暗地里仿佛偷偷地向我瞥了几眼；在那眼色中间有那样一种隐藏的、真心的痛苦，然而这中间也有一种显然的温柔，那在她正面望我的时候是看不出来的。这是在和医生闹吃药的那一天。我不知道如何想法。

但是，尼丽对我完全改变了。她那奇怪的态度，她的任性，以及她有时几乎是憎恨我，一直继续到她不跟我住在一起的那一天，直到那作为我们罗曼史结局的大灾难为止。不过这是后话了。

然而有时也碰到这样情形：她会有个把小时对我依旧和起先一样的挚爱。在那种当儿，她是加倍的温存；她在那样时候多半是苦苦地哭泣。但是，这样的时光很快就过去，于是她又回复到原来的痛苦中间，又带着敌意瞧着我，或是像从前对医生一样的任性，或是忽然注意到我并不喜欢她新近的某些顽皮态度，就大笑起来，而常常几乎是弄到哭起来才收场的。

有一次她甚至跟亚历山特拉·西苗诺芙娜也吵起嘴来了，对她说，她不要她什么东西。在我当着亚历山特拉·西苗诺芙娜的面责怪了她几句的时候，她就发起脾气来，带着一种爆发出来的积压的憎恨来回答我，但是突然又陷入沉默中，两天工夫没有跟我说一句话，药也一包都不吃，甚至连茶饭都不吃，除了那老医生谁也不能使她转圜和使她觉得害羞。

我已经说过，从闹吃药那天起，她和医生之间发生了一种惊人的爱情。尼丽非常喜欢他，不管他没有来以前她是多么悲郁，一看见他就常常报他一种温情的微笑。而在他那一方面呢，这老头儿开始每天都来了，有时甚至一天来两次，甚至当尼丽能起床了和已经完全复原了都还是这样，而她似乎那样迷住了他，他一天如果不听到她的笑声和跟他开玩笑——这玩笑有时是很有趣味的——他简直就过不下去。他给她带来一些图画书，大抵是带教育性质的。其中有一本是他特地买来给她的。之后，他又给她带来装在漂亮盒子里的精致食品和糖果。在那种时候，他一进来就带着一种得意的神情，仿佛是他的生日似的，而尼丽立刻就猜到他是带着礼物来了。可是他却不把礼物拿出来，只是狡猾地笑笑，靠着尼丽旁边坐下来，讽示她说假如有哪位年轻小姐知道怎样好好儿做人而且当他不在的时候也该受到夸奖，那么这位小姐是应当得到一份漂亮的奖赏的。而在这样的当儿，他老是那么单纯和温和地望着她，尼丽虽然带着最坦直的样子在讥笑他，可是这种时候在她那发亮的眼睛里同时却含着真挚和深切的爱的光辉的。最后那老头儿从椅子里庄重地站了起来，拿出一盒糖果，而当他把这交给尼丽的时候，一定补充说："给我未来的可爱的伴侣。"在这个当儿，他确乎是比尼丽还快乐的。

接着，他们就开始谈天，每次他都热诚地和谆谆地劝她当心身体，给她很有说服力的医药上的劝告。

“一个人最主要的是要保养自己的身体，”他教条式地说，“首先和主要的是为了使自己能活着，其次是为了常常健康，这样才能获得生活的幸福。如果你有什么悲哀，我亲爱的孩子，把它们忘记掉吧，最好是不要去想它。如果你没有悲哀——好，那么也别去想它，只是设法想想快乐的事情……一些愉快的和有趣的事情吧。”

“那么我想些什么愉快和有趣的事情呢？”尼丽会问。

医生立刻给窘住了。

“嗯……想些合乎你年龄的天真的游戏呀，或者，嗯……这一类事情……”

“我不要游戏，我不爱游戏的。”尼丽说，“我倒更喜欢新衣服。”

“新衣服！哼！嗯，这不大好。在生活上，在一切事情上能适中就该满足了。不过……或许……喜欢新衣服也没有什么害处吧。”

“那么，我嫁了你的时候，你会给我很多衣服吗？”

“什么念头啊！”医生说，忍不住皱起眉头来。尼丽狡猾地微笑着，而且甚至一下子忘记她自己，向我瞟了一眼。

“不管怎么样，如果你的行为配得上受件新衣服，我会给你一件的，”医生接着说。

“那末，我嫁了你的时候，我还要每天都吃药吗？”

“嗯，那时候，你也许不必常常吃药了。”

医生微笑起来了。

尼丽用笑打断了这次谈话。老头儿和着她笑，挚爱地看着她那快乐的样子。

"一种好玩的戏谑的心情啊!"他转向我说,"但是人家还是看得出来那种任性的以及某种古怪的和容易受刺激的痕迹呢。"

他说得对。我不明她究竟发生了什么事。她似乎简直不高兴跟我讲话,仿佛我有什么地方错待她了似的。这使我非常痛苦。我自己蹙紧眉头,有一次我一整天不跟她说话,但是第二天我就觉得害羞起来。她常常哭,而我却一点也不知道怎样去安慰她。可是有一次她却打破对我的沉默了。

有一天下午,我在天黑以前回家,看见尼丽把一本书仓促地藏到枕头底下去。那是我的一本小说,她从桌子上拿去,乘我不在的时候读的。她干吗要向我掩饰这件事呢?"似乎她不好意思呢,"我想,但是我却装作不曾注意到什么。一刻钟以后,我到厨房里去了一下子,她很快地从床上跳起来把小说放回原来的地方;我回来的时候,看见它又摆在桌子上了。隔了一分钟,她把我叫过去;她的声音里有一种激动的调子。在过去的四天中间,她简直很少跟我说句话的。

"你……今天……去看娜泰莎吗?"她用一种断断续续的声音问我。

"是的,尼丽;我今天必须去看她。"

尼丽没有说话。

"你……是很……喜欢她吗?"她用一种微弱的声音又问。

"是的,尼丽,我非常喜欢她。"

"我也爱她呢。"她柔和地补充说。

接着又是一阵沉默。

"我要到她那里去,跟她住在一起,"尼丽又说,怯怯地望着我。

“那是不可能的，尼丽，”我回答说，有点惊奇地望着她。“你跟我在一起就这样不好吗？”

“这为什么是不可能的呢？”她脸孔绯红起来。“哼，你在劝我去跟她父亲住在一起；我不要到那里去。她有佣人吗？”

“有的。”

“嗯，请她把那个佣人打发掉吧，我去替她当佣人。我会替她做一切事情，不要她的工钱。我会爱她，替她烧饭。你今天就这样告诉她吧。”

“但是为什么呢？怎样的念头啊，尼丽！而且你对她是怎样的想法呢，你以为她会把你当作厨娘吗？她如果愿意收下你，她就会平等待你，把你看作她的妹妹一样。”

“不，我不要平等。我不要像那样子……”

“为什么？”

尼丽不做声。她的嘴唇抽搐着，她快要哭了。

“是不是她爱的那个男人现在离开了她，现在只留她一个人了？”她最后问。

我吃惊了。

“怎么，你怎么知道的，尼丽？”

“全是你自己告诉我的呀；前天早晨亚历山特拉·西苗诺芙娜的丈夫进来的时候，我也问过他；他一切都告诉我了。”

“怎么，马斯罗波耶夫早晨来过吗？”

“是的，”她垂着眼睛回答说。

“你为什么没有告诉我他来过呢？”

“我不知道……”

我想了一下。“天知道马斯罗波耶夫为什么这样神秘莫测地出现呀。他跟她在搅些什么花样啊？我得去看看他，”我想。

“嗯，他如果遗弃她，尼丽，这又关你什么事呢？”

“嗳，你那么爱她，”尼丽说，没有抬起眼睛望着我，“你既然爱她，那么他离开，你就可以跟她结婚了。”

“不，尼丽，她并不像我爱她那样爱我呢，而我……不，那是不会有的事，尼丽。”

“我就替你们两位当佣人，替你们做工，你们可以过活，而且可以幸福。”她不望着我，几乎是耳语般地说。

“她是怎么一回事啊？她是怎么一回事啊？”我想，我心中感到一种纷乱的悲痛。尼丽沉默着，一晚上不再说一句话。当我出去的时候，她哭了，而且哭了一晚上，有如亚历山特拉·西苗诺芙娜告诉我的，而且就这样哭到睡熟了。她甚至睡梦中间都还哭着，说着一些什么话。

但是从那天起，她变得更阴郁和沉默了，而且简直就不跟我说话了。那倒是真的，我碰到她偷偷地向我瞟过来的两三次的眼色，而且这些眼色中间是含着那样的温情。但是这种情形和引起这种突然的温情的一刹那都过去了，而且似乎反对这种冲动，尼丽连对医生都一小时一小时地越变越阴郁了，他对她这种性情的变化也很惊奇。这时她差不多已经完全复原，最后医生允许她到露天里去散散步，不过只准许一个极短的时间。那时天气很好，和暖而又晴朗。这是在复活节前的一个礼拜，这年复活节来得很迟；我早上就出去了；我那天必须留在娜泰莎的家里，而且我想早一点回来，以便带尼丽去散一回步。那时我把她一个人留在家里。

我描写不出在家里等着我的是怎样一种打击。我匆匆赶回家来。我一到家，看见钥匙插在房门外的锁洞里。我走进去。房里没有人。我吓得目瞪口呆了。我找了一下，在桌子上留着一张纸，用铅笔写着很大的歪歪斜斜的字体：

我走了，我再不会到你这里来了。但是我是非常爱你的。

你忠实的尼丽。

我发出一声可怖的叫喊，从楼面上冲了出去。

第　四　章

我还没有来得及奔到街上，我还没有来得及考虑怎样办或做什么，就突然看见一辆四轮马车停在我们房子的大门口，亚历山特拉·西苗诺芙娜从车子里出来，拉着尼丽。她紧紧地捉住她，生怕她再逃跑似的。我向她们奔过去。

“尼丽，怎么一回事呀！”我喊，“你到哪里去了？你为什么要走呀？”

“等一下，别急，让我们快点上楼去。你到楼上会听到这一切的，”亚历山特拉·西苗诺芙娜颤声地说。“我得要告诉你一些事情，伊凡·彼特罗维契，”她在路上对我急促地低声说。“人家只会奇怪……来吧，你马上就可以听到。”

她脸上显示出她有极其重要的新闻。

“去吧，尼丽，去吧，去躺一会儿吧，”我们刚走进房间她就说，“你知道你是累了；跑这样远的路，这不是开玩笑，尤其是在病后，躺下吧，亲爱的，躺下吧。那么我们到房间外面去一会吧，我们不要打搅她；让她睡一会儿。”

她向我做个手势，叫我同她到厨房里去。

但是尼丽没有躺下，她在沙发上坐下，把脸藏在她的手里。

我们走到另一间房里，亚历山特拉·西苗诺芙娜大约地告诉我事情发生的情形。后来我又更详细地听到一些。事情的经过是这样：

在我回来两个钟头以前，尼丽走出这楼面，并且留了一张条子给我，她首先跑到老医生家里。事前她就设法打听到他的住处。那医生告诉我，他一看见她，完全呆住了，而且她在那里的时候。他简直“不能相信他的眼睛”。“我现在都还不能相信哩，”他说完这故事以后又补了一句说，“而且我将永远不相信这回事呢。”可是尼丽确实到过他家里。她奔进去，在“他还没有明白是怎么回事”，就扑到他的脖子上的时候，他正穿着睡衣静静地坐在书室的圈椅里喝咖啡。她哭着，拥抱他，吻他，吻他的手，热烈地却是不连气地恳求他让她跟他住在一起，宣说她不愿意并且不能够再跟我在一起住下去，而这就是为什么她要离开我；又说她是不幸的；又说她再不会取笑他或者讲什么新衣服，却会好好注意自己的行为和学习她的功课，又说她会学习“洗衣服和修理他的衬衫护胸”（她也许在路上或甚至以前就想好她的全部的话的），又说她实在是情愿听话和情愿随他的意思每天吃多少药粉的。至于说，她要嫁给他那只不过是一句笑话，她并没有这种意思；那德国老人是那样愣住了，他从头到尾张着嘴巴，忘记他手上的雪茄，直到它熄灭了。

“小姐，”他最后恢复了他的说话能力，才吐出话来，“尽我所能了解的，你是要求我在我家里给你一个位置。但这是——不可能的。你瞧，我是很窘迫的，又没有很多的收入……而且事实上，不假思索莽撞地做事……那是可怕的呀！而且事实上，据我看来，你是从家里逃出来的，这是该受责备的并且不可能的啊……而尤其是我只答应你在你的恩人照顾之下稍微散步一下，而你却抛弃了你的恩人，在你应该好好儿留心自己身体和……和……吃你的药的时候却跑到我这儿来了。而且事实上……事实上……我是不能理解这件事情……”

尼丽不让他说完。她又哭了起来和恳求他，但是没有用。老头儿越来越窘愕了，越来越不能理解了。最后，尼丽放开了他，叫了一声“啊，天呀！”便奔出室外去了。“这一整天里我害了病，”那老医生迷乱地说，“晚上我吃了一服煎药……”

尼丽又奔到马斯罗波耶夫家里去。她也准备好了他们的住址，虽然不是没有麻烦，终于给她找到了。马斯罗波耶夫在家里。亚历山特拉·西苗诺芙娜一听说尼丽要求他们收留她，惊愕得合起手来。在她问她为什么要这样，有什么事情不对，是不是在我这里她很不快活的时候，尼丽没有回答，只是扑在一张椅子里哭。“她哭得那么厉害，那么厉害，”亚历山特拉·西苗诺芙娜说，“我以为她会哭死哩。”尼丽求他们收留她，只当她是一个女佣人或者一个厨娘，说她会扫地和懂得洗衣服（她似乎特别把她的希望寄托在洗衣服上面，而且不知为什么似乎把这看作是使他们来收留她的一个大大的引诱)。照亚历山特拉·西苗诺芙娜的意思,是想把她留着,等到这问题弄清楚,同时也让我知道。但是菲力浦·菲力必契却绝对不许,叫她把逃跑的人立刻带回我处来。在路上,亚历山特拉·西苗诺芙娜吻她和拥抱她,可是却使尼丽比刚才还哭得厉害。亚历山特拉·西苗诺芙娜看着她,也淌起眼泪来了。她们两个就是这样在轿车里一路哭来的。

"但是,为什么,尼丽,为什么你不要跟他继续住下去呢?他做了什么事。是他对你不好吗?"亚历山特拉·西苗诺芙娜泪眼迷糊的问。

"不是。"

"嗯,那么为什么呢?"

"没有什么……我就是不要跟他住在一起……我对他老是那么不好,而他却是那么仁慈……但是对你们,我是不会不好的,我会做工,"她说,像是歇斯底里似的哭泣着。

"你为什么对他那样不好呢,尼丽?"

"没有为什么……。"

"我所能问得出的就是这些了,"亚历山特拉·西苗诺芙娜擦着眼泪说,"为什么她是这样一个不快乐的小家伙呢? 这是她发病吗? 你以为怎么样,伊凡·彼特罗维契?"

我们走到尼丽那里去。她躺着,把脸藏在枕头里哭。我跪在她旁边,拿起她的手吻着。她把手夺回去,比刚才哭得更厉害起来。我不知道该说些什么。正在这时候,老伊赫曼耶夫走了进来。

"我有点事情来找你,伊凡,你好吗?"他说,向我们所有人看着，惊异地看到我跪着。

老人新近害了病。他苍白而又消瘦，但是仿佛故意跟谁怄气似的，他忽视他的病，拒绝听安娜·安德烈耶夫娜的劝告，照常每天跑出来干他的事情，不肯躺在床上。

“现在我要告退一下，”亚历山特拉·西苗诺芙娜说，望着那老人。“菲力浦·菲力必契叫我尽可能快快赶回去。我们忙着哩。但是黄昏时候，我会再来看你们，跟你们呆上一两个钟头。”

“这是谁？”老人向我轻轻地说，显然他想到别的什么事情了。

我解释了。

“哼！好吧，我有点事情来找你，伊凡。”

我知道他是为什么事情来的，而且我是盼望他来看我的。他是要跟我和尼丽讲，要求她到他家里去。安娜·安德烈耶夫娜最后同意收养一个孤女了。这是我们之间一次秘密谈话的结果。我说服了那老太太，告诉她那孩子的光景，她的娘也是给一个执拗的父亲所诅咒了的，这也许会使我们那位老年朋友的心转移到另外一种感情上去。我把我的计划解释得那样明白，因此现在她自己开始劝她丈夫去收留那孩子了。老人即刻就同意了；首先，他要取悦他的安娜·安德烈耶夫娜；此外，他还有他自己的动机……但是这一切，我将放在后面更充分去说明。我已经交代过，当这老头儿第一次来访的时候，尼丽就不喜欢他。后来我注意到，在她面前一提起伊赫曼耶夫的名字，她脸上就有一种几乎是仇恨的光辉。我那老年朋友毫不拉扯，立刻就提到他的正题。他向尼丽笔直走去，她依旧躺着，把头埋在枕头里，他用手拉着她，问她愿不愿意跟他们去住在一起和代替他女儿的位置。

“我有一个女儿。我爱她甚于爱我自己，”老人最后说，“但是现在她不和我在一起了，她是死了。你肯在我家里代替她在我家里和……在我心里的位置吗？”在他那双由于发烧的缘故看起来干燥而发炎的眼睛里闪烁着一颗眼泪。

“不，我不！”尼丽说，没有抬起她的头。

“为什么不，我的孩子？你是没有亲人的。伊凡也不能永远跟你在一起，你跟我去，你可以跟在你自己家里一样啊。”

“我不愿意，因为你是卑劣的。是的，卑劣，卑劣，”她补充说，抬起她的头面对着老人。“我也是卑劣的，我们都是卑劣的，但是你却比谁都卑劣。”

尼丽说这话的时候，她的脸色变得苍白了，她的眼睛发起亮来；连她嘴唇都变得苍白了，并且由于强烈感情的冲动而扭曲起来。老人迷惑地望着她。

“是的，比我还卑劣，因为你不肯饶恕你的女儿。你要完全忘记她而再去收养另外一个孩子。你怎么能忘记掉你自己的孩子呀？你怎么能爱我呀？你一看见我，你就会想起我是一个外人，而你自己是有女儿的，你却把她忘掉了，因为你是一个残忍的人。我是不愿意跟一个残忍的人住在一起的。我不愿意！我不愿意！”

尼丽发出一声啜泣，并且扫了我一眼。

“后天就是复活节了；每个人都要亲吻，彼此拥抱，他们都要和和气气，他们彼此互相宽恕……我知道……但是你……只有你……哼，残忍的人呀！走开吧！”

她眼泪迷糊了。她大概是预先准备好这一套话;记在心里,防备我那老年朋友再来向她要求的。

我那老年朋友被感动了,他的脸色也变得苍白了。他的脸上显露出他所感到的痛苦。

“而且为什么,为什么每个人都为我这么焦急呀?我不要这个呀,我不要这个呀!”尼丽像发疯似的突然叫起来。“我要到街上去讨饭!”

“尼丽,怎么一回事啊?尼丽,亲爱的,”我不由自主地叫,但是我的叫喊只是火上加油罢了。

“是的,我不如到街上去讨饭。我不要住在这里!”她哭着锐声地叫。“我妈妈也在街上讨过饭,当她临死的时候,她对我说,‘穷苦和在街上讨饭要比……还好些,’‘讨饭并不可耻。我向一切人讨,这和向一个人讨并不相同。向一个人讨是可耻的,但是向一切人讨并不可耻’;这是一个讨饭的女孩子告诉我的。我年纪小,我没有赚钱的本领。我要向一切人讨。我不要!我不要!我是卑劣的,我比任何人都卑劣。瞧,我是多么卑劣啊!”

忽然,完全出乎意料的,尼丽从桌子上抓起一只杯子,摔到地板上。

“嘿,这可打破了,”她补充说,带着一种挑战的胜利望着我。“这儿只有两只杯子,”她补充说,“我还要打碎那一只……那时我看你怎样喝茶?”

她看来是给愤怒支配住了,看来是想从愤怒中间去获得快感,似乎她意识到这是可耻和不对的,而同时却把自己刺激到更暴烈的地步上去。

“她是病了，万尼亚，就是这么一回事，”老人说，“否则……否则就是我不理解这孩子。再见！”

他拿起他的帽子，跟我握手。他似乎是给压倒了。尼丽可怕地侮辱了他。我心里一切都搞得七颠八倒了。

“你对他没有一点怜悯，尼丽！”当我们两个人留下来的时候，我叫，“你不害羞吗？你不害羞吗？不，你不是一个好女孩子！你真是卑劣的！”

我一边说，一边帽子也不戴，就去追赶那老人。我要送他到大门口，至少说几句话安慰他。我奔下楼梯的时候，尼丽的脸孔影子在追逐着我，听了我的责备以后，那脸孔变得惨白极了。

我很快就追到了我那老年朋友。

“那可怜的女孩子是曾经受过虐待，有她自己的悲哀的，相信我吧，伊凡，我要把我的悲哀告诉她呢，”他带着一丝苦笑说。“我触及她的痛处了。人家说，饱人不知饿人饥，我还要补充一句，饿人也未必老是知道饿人的苦。好吧，再见了。”

我还想讲些什么；但是老人挥挥手叫我走开了。

“不必来安慰我；你不如去照顾你那女孩子，不要让她再从你这里跑掉。她好像还要跑掉的，”他带着一种愤怒补充说，踏着迅速的步子走开，挥着他的手杖，在人行道上敲击着。

他倒并没有要做先知的意思。

我当时是怎样一种心情啊，当我回到房里，吓了一跳，发现尼丽又不见了！我冲到过道里去，到楼梯上去找她，喊她的名字，甚至敲邻居的门，去打听她。我不能，也不会相信她会再跑掉的。而且她怎么能够跑掉呢？这大厦只有一道大门；

她大概是趁我跟我那老年朋友谈话的时候从我们旁边溜掉的。但是我立刻想到,那使我大大伤心,她大概先在楼梯上什么地方躲着,等我回去以后再溜掉的,所以我就碰不到她了。无论如何,她不会跑远的。

我带着极大的焦灼再奔出去找她,让门虚掩着,以防她回来。

我首先跑到马斯罗波耶夫家里去,我到他们家里,两个人都不在家。我留了一张条子给他们,告诉他们这新的祸事,请求他们如果尼丽来时,立刻让我知道,于是我就跑到医生家里去。他也不在家。佣人告诉我昨天以后没有人来访问过。那么怎么办呢?我又到布勃诺夫夫人那里去,从我那位朋友,棺材匠老婆那里知道,她的女房东不知为了什么给警察局已经扣押了两天了;从"那一天"以后,尼丽一直不曾去过。我又累又乏地再跑到马斯罗波耶夫家里去。依旧是一样的回答,没有人来过,而且他们自己也不曾回来过。我的条子放在桌子上。我怎么办呢?

我沮丧得要死,晚上很迟回到家里。这天晚上我本该到娜泰莎家里去,她早晨邀过我。可是这天我连东西都不曾进过口。想到尼丽,我整个灵魂都被搅乱了。

"这是什么意思呀?"我奇怪着,"这能是她害病的结果吗?难道她发了疯或失了神吗?但是,天哪,她现在在哪里呢?我该到哪里去找她呢?"我刚说出这些话,就忽然看见尼丽离开我几步站在V—M桥上。她站在一杆街灯底下,没有看见我。我正要向她奔过去,但是我约束住自己。"她在这里能做些什么呢?"我迷惑地惊异着,相信我现在不至于再失落她了,我决定等着观察她。十分钟过去了,她仍然站着,在注意来往的行人。最后一个穿得很好的绅士走过去,尼丽就迎上去。他没有住脚,从口袋里摸出一些什么给了她。她向他屈屈膝。我描写不出我当时的感觉。这给我心头一种受苦的悲痛,似乎什么宝贵的东西,我所爱的,我曾经抚爱和珍视过的东西,这会儿在我的眼前给羞辱了和唾辱了;同时,我觉得眼泪在掉下来。

是的,这是为可怜的尼丽掉的眼泪,虽然我同时感到极大的愤怒;她并不是因为需要而去讨饭的;她并不是被什么人所驱逐、所遗弃而听凭命运去摆弄的。她并不是从残酷的压迫者那里逃出来,而是从爱她和抚育她的朋友们那里逃出来的。似乎她要用她的行为来震骇或惊吓什么人,似乎要向什么人夸炫一番。然而在她心里有些什么秘密酝酿着……是的,我那老年朋友是对的;她曾经被虐待过;她的创伤是不能医治的,而她就故意想用这种神秘的行为,这种对我们一切人的不信任来加重她自己的创伤;似乎她想用这种"痛苦的自私"——假如我可以用这个名词来表示——来享乐她自己的痛苦。这种加重自己的痛苦和在这中间放肆自己,这是我所能理解的;这是许多被侮辱与被损害的人们,那些受了命运的压迫,和由于意识到命运的不公平而在痛苦的人们的一种享乐。但是,尼丽在我们中间又有什么不公平之处可以诉说呢?她似乎想用她的行为,她的任性和野蛮的恶作剧来震骇和惊吓我们,似乎她当真是在我们面前逞能……但是不对!她现在只一个人。我们中间没有人会看到她在求乞。难道她自己能够在这中间找到享乐吗?她为什么要求布施呢?她要了钱有什么用呢？她获得了人家给她的钱以后，就离开那座桥，向一家铺子的灯光雪亮的橱窗口走去。她到了那里数了一数她获得的钱。我离开她十几步路站着。她手里已经有不少的钱了。她显然从上半天就开始求乞了。她把钱捏在手里，越过马路，走进一家小杂货铺。我立刻走到那铺子的门口去，那门是大开着，我看她究竟在那里做什么。

我看见她把钱放在柜台上，接到一只杯子，一只没有花的茶杯，很像今天早上她为了要向伊赫曼耶夫和我表示她多么卑劣而摔碎的那只茶杯。那只杯子约莫值十五戈比，也许还不到。铺子里的伙计用纸把它包起来，扎好了交给尼丽，她急急地走出铺子，很满意的样子。

“尼丽！”当她走近我的时候，我叫起来，“尼丽！”

她骇了一跳，朝我一看，那杯子从她手里滑下去，掉在人行道上打碎了。尼丽脸色发白了；但是看了我一眼，知道我已经看到和明白全部事情了，她突然脸红起来。在这阵红脸中间可以看出一种难忍的痛苦的害羞。我拉着她的手带她回家。我们用不着走很多路。路上我们没有讲一句话。到了家里，我坐下了。尼丽站在我的面前，沉思着和窘惑着，依旧和原来一样苍白，眼睛直盯着地板。她不能够望我。

“尼丽，你在求乞吗？”

“是的，”她轻轻地说，脑袋比刚才垂得更低了。

“你要找钱买一只杯子来赔早上打碎的那一只吗？”

“是的……”

“但是，我为了那只杯子责备过你、骂过你吗？真的，尼丽，你应该明白你的行为是多么倔强？对不对呢？你不害羞吗？真的……”

“是的，”她用一种几乎听不到的声音轻轻说，一颗眼泪从她脸颊上滚下来。

“是的……”我跟着她重复一句，“尼丽，亲爱的，如果我对你有什么不好，请你宽恕我，让我们做朋友吧。”

她望着我，眼泪从她眼睛里迸涌出来，她扑在我的胸脯上了。

正在这时候，亚历山特拉·西苗诺芙娜奔进来了。

“怎么？她回来了？又是一次？嗳，尼丽，尼丽，你究竟是怎么一回事啊？好的，你回来了，这总之是一件好事。你在哪里找到她的，伊凡·彼特罗维契？”

我朝亚历山特拉·西苗诺芙娜做个手势，要她不要问，她理会了。我温情地和尼丽离开，她依旧苦苦地在哭泣，恳求好心的亚历山特拉·西苗诺芙娜跟她在一起，等到我回来，我奔到娜泰莎家里去。我已经迟了，而且很匆忙。

这天晚上，我们的命运要决定了。我跟娜泰莎有许多话要说。但是我还是设法漏出一句关于尼丽的话，并且详细地告诉她发生的一切事情。我的故事使娜泰莎感到很大的兴趣，事实上她感动极了。

“你知道吗，万尼亚，”她想了一会说，“我相信她是在爱你呢。”

“什么……这怎么会呢？”我惊奇着问。

“是的，这是爱的开始，是真正在成长中的爱哩。”

“你怎么能这样，娜泰莎，瞎说啊！嘿，她是一个小孩子啊！”

“一个马上就要十四岁的小孩子了。这种愤怒是由于你不理解她的爱;也许她自己也还不理解这个呢。这是一种愤怒,这中间有许多孩子气的成分,但却是真挚的、痛苦的。尤其是她在妒嫉我。你是那样的爱我,也许连你在家里的时候,还常常在为我烦恼,在挂念我,在谈起我,因此就没有十分理会到她。她看到了这个,而这刺伤了她的心。她也许想跟你谈,盼望把她的心向你披露,可是不知道怎么做,她不好意思,而且也不理解她自己,她在等待一个机会,而你非但不给她这样一个机会,反而不断离开她,往我这边跑,甚至当她害病的时候,还整天地让她一个人留在家里。她为了这个哭;她挂念你,而最使她伤心的是你不注意到这一点。现在,像这样的时候,你还为了我的缘故丢下她一个人。是的,她明天还会因为这缘故害病哩。你怎么能离开她呢?立刻回到她那里去……”

“我本来不应该离开她,但是……”

“是的,我知道。我自己请你来的。但是现在去吧。”

“我回去,可是自然,这话我一句也不相信。”

“因为这和别的人是那么完全不同的。想想她的经历吧,再三地想一想,你就相信了。她不是像你我那样长大的啊。”

可是我回家却已经很迟了。亚历山特拉·西苗诺芙娜告诉我,尼丽又和昨夜一样哭得很厉害,而且和前回一样“哭到睡熟了”。

“我要走了,伊凡·彼特罗维契,菲力浦·菲力必契跟我说过的。他在等着我呢,可怜的家伙。”

我谢了她,靠着尼丽枕头旁边坐下来。在我看来,这样时候离开她对我自己是很可怕的。我在她旁边坐了很久,直坐到夜深，沉入在思索中间……这是我们一切人的一个重要的时间。

但是我现在该描述一下这两星期中间所发生的事情了。

第五章

自从我跟华尔戈夫斯基亲王在酒馆里度过的那不会忘记的一晚以后，我有好几天一直为娜泰莎的事情害怕。“这个可诅咒的亲王究竟存着怎样的恶意在威吓她呢，而且他打算用什么方法来向她报仇呢?”我每分钟里都在问我自己，而且给各种各样的猜想弄得心烦意乱了。我最后得到一个结论，他的威胁决不会是空谈，决不仅仅是瞎吹，只要她和阿略沙生活在一起，那亲王当真会给她一些不愉快的事情瞧的。我想起他是偏狭的、好复仇的、恶毒的和有心计的。要他忘记一次侮辱和放弃任何报复的机会，那是很难的。无论如何他已经把这一点说出来了，而且在这一点上明明白白地显示出他自己了。他绝对主张阿略沙跟娜泰莎断绝关系，而且希望我使她对就要到来的分离有心理准备，并且使她心里准备好“不要闹什么花样，不要有牧歌式的胡闹，不要有席勒主义”。自然，他所最关切的是阿略沙应该和他继续保持很好的关系，依旧把他看作一位慈爱的父亲。为了使他能够更便利去控制卡佳的钱，这是极必要的。因此，这是我的任务，使娜泰莎对这个就要到来的分离做好心理准备。但是我注意到娜泰莎心里起了很大的变化；现在她对我再也找不出一点从前那种坦白的痕迹了；事实上，她对我似乎变得真的不信任了。我要安慰她的那种努力只是使她烦恼罢了；我的询问越来越使她厌烦，甚至使她愤恨起来。我有时坐在她的旁边，观察着她。她抱着胳膊，苍白而阴郁的，从房间的这个角落走到那个角落，仿佛忘记了一切，甚至忘记我在她的旁边似的。有时她偶然望到我（她甚至是避开我的眼睛的），她脸上闪射着一种忍不住的恼怒，而且很快就把脸孔扭过去了。我看出她也许自己正在考虑一些计划，准备应付这就要到来的分离呢？她想着这些事情又怎能不苦痛和悲哀呢？而且我确信，她已经决定断绝关系了。然而，我仍然因为她那种阴郁的绝望神情而烦恼着和惊惶着。尤其是有时我简直不敢向她说话或去安慰她，而就是这样怀着恐惧等待着最后的结局。

至于她对我的粗暴和憎厌的态度，虽然使我烦恼和不安，但是我却深信我的娜泰莎的心。我看到她是痛苦极了，而且她是可怕地消损了。任何外来的干预只会刺激得她恼怒和憎厌罢了。在那种情形下，特别是知道她的秘密的朋友的干预，是比一切更教她憎厌的。但是，我也知道得很清楚，到了最后一分钟，娜泰莎是会回到我这边来的，而且会在我的爱情中间来寻求安慰的。

自然，关于我和亲王的谈话，我并不曾说什么；我的叙述只会使她更激动，更心烦意乱罢了。我只是顺便提到，我和亲王曾经到达伯爵夫人家里，并且确信他是一个可怕的流氓。关于他，她甚至问都不问我，这使我很高兴；但是，当我告诉她我跟卡佳的会面，她却热心地听着。她听了我的叙述，她也并不说什么关于她的话，可是她苍白的脸却发红了，而且这一天里她似乎特别激动。关于卡佳，我并不向她隐瞒什么，而且向她公开承认，说她甚至也给我一个极好的印象。真的，隐瞒这个又有什么用呢？娜泰莎自然会猜到我向她隐瞒了一些什么的，而这只会使她对我发脾气罢了。因此，我就故意尽可能充分地把一切事情都告诉她，揣测她有什么问题要提出，因为我感到在她那样地位是很难问这些事情的。一个人要带着毫不在乎的神情来详询他的情敌的一切，这可不是一件容易的事啊。

我猜想，她还不曾知道亲王坚决要阿略沙陪伯爵夫人和卡佳到乡间去，于是费了很大的劲才把这件事向她透露，为了想缓和这个打击。可是教我惊愕的，我刚说出第一个字，娜泰莎就把我打断了，说毋需乎安慰她的，并且说她知道这件事已经五天了。

"天哪！"我叫起来，"怎么，谁告诉你的？"

"阿略沙呀！"

"什么？他已经这样告诉你了吗？"

"是的，我什么事情都已经下了决心了，万尼亚，"她补充说，带着一种那样的神色，显然地而且仿佛不耐烦似的警告我不要再继续谈这个了。

阿略沙到娜泰莎家里去得很勤，可是总是一会儿就走了；只有一次，他跟她在一起呆了几个钟头，可是那次我不在那里。他往往忧郁地走进来，带着畏怯的温柔望着她，但是娜泰莎却是那样热情地和挚爱地去迎接他，使他常常一下子忘怀，而且高兴起来了。他也开始很勤地跑去看我，几乎是每天都去。他当真是苦恼极了，不能够怀着他的悲哀独自呆一会儿，老是不断地跑到我那里来找求安慰。

我可又能对他说些什么呢？他怪我冷淡，怪我无情，甚至怪我对他有恶感;他悲叹着,他淌着眼泪,跑到卡佳那里去,而一到那里就安慰了。

就在娜泰莎告诉我她知道阿略沙要离开那一天(这是在我跟亲王谈话以后的一个星期),他绝望地跑到我那里去;拥抱我,扑在我的脖子上,并且像一个小孩子般啜泣着。我不做声,等着看他要说一些什么。

“我是一个卑劣的、下贱的人啊,万尼亚,”他开头说,“拯救我,使我不要这样吧。我哭,并不是因为我是卑劣和下贱的,而是因为娜泰莎为了我的缘故要不幸啊。我是把她抛到不幸中间了……万尼亚,我亲爱的,告诉我,替我决定一下吧,她们中间我究竟最爱谁呢,娜泰莎还是卡佳呢?”

“这不是我所能决定的,阿略沙,”我回答说,“你应该比我更清楚啊……”

“不,万尼亚,不是这个话;我还不至于蠢笨到问这样的问题,但最糟糕的是我自己说不出来。我自己问自己,而我却不能回答。可是你从旁边看来,或许会比我自己看得更清楚呢……嗯,纵使你也不知道,你就告诉我你以为如何吧。”

“我看你是更爱卡佳的。”

“你这样想!不,不,完全不对!你没有猜准。我爱娜泰莎是超越一切的。我永远不能离开她,没有什么能引诱我的;我对卡佳也这么说过,她完全同意我的话。你怎么不做声呢?我刚才还看到你笑呢。唉,万尼亚,我像现在这样太不幸了,你却从来不安慰我呵……再见了!”

他奔出房间去,给受惊的尼丽一个特殊的印象,她默默地听着我们的谈话。这时她依旧病着,躺在床上,还在吃药。阿略沙从来不曾向她招呼，而他每回来的时候也很少注意到她。

两个钟头以后，他又跑回来了，而且我给他那副高兴的脸色所惊愕了。他又扑到我的脖子上，把我拥抱起来。

“事情已经解决了！”他叫，“一切误会都过去了。我从你这里一直到娜泰莎那里去。我是烦扰着，我没有她不能存在。我一进去就跪在她脚下，吻她的脚；我必须这样做，我渴望这样做。如果我不这样做，我会悲哀得死去。她默默地拥抱着我，哭泣着。接着我直白地告诉她我爱卡佳更甚于爱她。”

“她怎么说呢？”

“她没有说什么，她听我说了以后只是抚弄我和安慰我——我！她知道怎样安慰人的，伊凡·彼特罗维契。啊，我把我的一切悲哀都向她哭了出来——我把一切都告诉她了。我直白地告诉她我非常喜欢卡佳，但是不管我怎样爱她，也不管我爱的是谁，我没有她——娜泰莎，我是不能存在的，没有她我会死的。不，万尼亚，没有她我是不能生活的，我感觉到这个；不！于是我们决心马上结婚，不过在我离开以前这是不能举行的，因为现在是四旬斋期[①]，我们不能在四旬斋中间结婚的，这得要等我回来，而这得是六月初。我父亲会答应这件事，这是没有疑问的。至于卡佳，嗯，这有什么关系呢！我没有娜泰莎是不能生活的呀，你知道……我们结了婚就立刻到卡佳那里去的……”

可怜的娜泰莎哟！她是做了怎样的牺牲，来安慰这个孩子，来俯就他，来听他的忏悔，和想出这种马上结婚的谎话来

① 四旬斋是复活节前四十天间的大斋。

安慰这个天真的自私者啊。阿略沙当真是被她安慰了好几天。他常常奔到娜泰莎那里,因为他那脆弱的心是无力单独承受他的悲哀的。但是,当他们分离的日子越发接近的时候,他又回复到哭哭啼啼和焦躁烦闷的状态了,又奔到我那里来,倾吐他的悲哀。近来,他变得和娜泰莎那么的难舍难分,他简直一天都离不了她,更不必说六个星期了。他直到最后一分钟,还完全相信他不过离开她六个星期,而他一回来他们就要举行婚礼的。至于娜泰莎,她完全感到她的整个生活将要改变了,阿略沙是再不会回到她那里来了,而且事实一定会是这样的了。

他们分离的日子临近了。娜泰莎害着病,脸色苍白,带着发烧的眼睛和焦枯的嘴唇。她时而自言自语,时而向我投来迅速而探究的眼光。她没有流泪,不回答我的问话,一听见阿略沙的响亮的声音,就像树叶子般的颤抖起来;她脸孔灼红得和落日一般,飞奔过去迎接他;歇斯底里地吻他和拥抱他,笑着……阿略沙凝视着她,带着焦灼询问她的健康,用那样的话来安慰她,说他不会去得很久,而之后他们就要结婚了。娜泰莎显然努力想约束住她自己和抑制住自己的眼泪。她在他面前是不哭的。

有一次,他说他要留些钱给她,够她在他离开的日子里的费用,又说她不必焦虑,因为他父亲已经答应给他许多钱作为旅行的费用。娜泰莎皱起眉头。当我们单独留下的时候,我跟她说,我有一百五十个卢布留给她需要的时候用。她也不问这钱是哪里来的。那是在阿略沙离开以前两天,就是娜泰莎和卡佳最初也即是最后的会见前一天。卡佳托阿略沙送了一张条子来，请娜泰莎答应她第二天来拜访，同时她也写了一张条子给我，请我在她们会面的时候也到场。

我决心十二点钟一定要到娜泰莎那里（这时间是卡佳规定的），不管一切的阻碍；我那时是有许多麻烦和耽搁的事情的，除开尼丽之外，我上个星期跟伊赫曼耶夫两老还有过许多烦恼的事情呢。

安娜·安德烈耶夫娜有一天早晨送了一封信来，要我扔开一切事情立刻到她那里去，因为有一件紧要的事情不能耽延的。我一到那里，看见只有她一个人在家。她绕着房间走着，带着激动与惊惶的热狂，急切地盼望她丈夫回来。照向来一样，我总得要很多工夫才能弄明白是怎么一回事，和为什么她这样惊惶，而同时每一分钟显然都是很宝贵的。最后，要发过一通激烈的和没头没脑的责骂，譬如说“我为什么不去，为什么让她一个人陷在悲苦中间?”因此“天知道我不在的时候发生了什么事情”，她这才告诉我最近三天来尼古拉·舍盖伊契处在一种激动的状态中间，“那是无法形容的”。

“他简直不像他自己啦，”她说，“他在发热狂，晚上他偷偷地跪在圣像前面祷告。他在睡梦中间说梦话，而在白天他就像一个半疯的人一样。我们昨天喝汤，他却找不到就放在他旁边的汤匙；你问他这件事情，他回答你那件事情。他每分钟里都在打算跑出屋子去，他老说‘我有事情要出去，我必须去找那律师，’而今天早晨他却把他自己锁在书房里了。‘我得写一件重要的申告书，关于我法律上的事务的，’他说。哼，我想，你汤匙都找不到，还怎么能写申告书呢？我从钥匙孔里去望他，他是坐着写，一边写一边大哭。我想，是一种古怪的事务申告书啊，他要像这样写法。不过，也许他是为我们伊赫曼耶夫加田庄在伤心吧。那么这田庄一定是丢了！我这么想着，他却突然从桌子旁边跳了起来，把笔猛地丢在桌子上；他脸孔通红，眼睛发亮，抓起他的帽子，就跑到我前面来了。'我马上就回来的，安娜·安德烈耶夫娜，'他说。他跑出去了，我立刻到他写字台旁边去。那儿有那么一大堆关于我们的官司的文件，那些文件他从不让我碰一碰的。我问过他多少次：'你让我拿起这些文件吧，就只一次好了，我要抹一抹桌子啊，''你敢！'他吼起来，挥挥他的臂膀。他在彼得堡变得那么暴躁，老爱吼。所以我跑到桌子旁边去看看他究竟在写些什么东西。因为我知道他并不曾把这张纸带出去，当他站起来的时候，把它塞在另一张纸的底下了。这儿，瞧，伊凡·彼特罗维契，亲爱的，我找到了什么。"

她给我一张记事纸，半面写了字，可是，涂改得那样乱，有几处简直辨认不出。

可怜的老人家啊！从第一行里，人家就可以知道他在写什么和写给什么人的。这是给娜泰莎，给他钟爱的娜泰莎的一封信啊。他热情地和慈爱地开头，他带着宽恕谴责了她，并且劝她回到他这里来。全篇信是很难辨认的，写得那么紊乱和潦草，还夹着许多涂污的地方。只是显然看得出，那种使他拿起笔写最初几行的充满慈爱的热烈感情，很快就被别种情绪所接替了。老人开头责备他的女儿，用最苛刻的话描述她的不道德，愤怒地指出她的固执，责备她没有良心，也许一回也不曾想过她是怎样在对待她的父母。他用报应的话和对她那种自负的一个诅咒来恫吓她，最后要她立刻服从地回到家里来。“只有那时，在你的家庭的怀抱中经过一段卑恭的和行为可取的新生活以后，我们或许会决定来宽恕你。”他写着。这是显然的，在他写了最初几行之后，他认为他起先那种慈祥的感情是个弱点，于是他觉得可耻起来，而最后感到自尊心受到伤害的痛苦，他就用愤怒和恫吓来结束这封信。安娜·安德烈耶夫娜紧握着两只手朝我站着，在一种紧张的痛苦中等着听我对这封信要说些什么。

我十分真实地告诉她，这多么使我感动，这是说，她的丈夫没有娜泰莎是生活不下去了，而且可以确定说，他们之间很快的和解是一定要到来了，虽然一切事情还得看环境。我同时表示了我的推测，或许他的官司的失败对他是一个巨大的打击和震动，至于因为亲王胜利而使他自尊心遭受委屈，和他因为官司这样判法而感到愤怒，那更不必说了。在这种时候，一个人的内心是忍不住要找求同情的，而他还带着一种更加热情的渴望在想着她，他爱她胜过世界上所有的人。而且他或许也听到(因为他是在留心着并且知道娜泰莎的一切的)阿略沙快要抛弃她了。他也许知道她现在过着怎样一种生活，而她多么需要安慰。可是他还是不能约束他自己，认为他是被他的女儿所侮辱与损害了。也许他想到，她不愿意走第一步，而且可能她并不在想他，并希望和解。“这大概是他所想的，”我结束说，“这就是为什么他没有写完这封信，而且也许这只引起他新的屈辱，那甚至比最初的屈辱还来得锐利，而且，谁知道呢，也许这将使和解无限期地拖延下去了……”

安娜·安德烈耶夫娜听我说，一边哭起来了。最后，我说我要立刻到娜泰莎那里去，并且说我已经迟了。她惊跳起来，告诉我她忘记主要的事情了。当她从桌子上拿起那纸的时候，她把墨水打翻在它上面了。有一只角真的给墨水涂污了，这位老太太十分害怕她丈夫会从这墨污上发觉他出去的时候她翻过他的文件和读过他给娜泰莎的信。她这样惊惶是有理由的；我们知道了他的秘密这件事实，也许会使他因为害羞和恼怒而更坚持他的愤怒，以及因为自尊心的缘故而变成执拗和不肯饶恕了。

但是我仔细想了一下，就告诉我那老年朋友不要忧虑。他放下信站起来的时候是处在那样兴奋的状态中间，那他也许不会记得那么仔细，也许他现在以为是他自己泼污了的呢。我这样安慰了安娜·安德烈耶夫娜一番，就帮她把信放回原处，于是我想跟她正经地谈一谈尼丽的事情。我想起，这个可怜的被遗弃的孤女——她的母亲曾经被一位不肯饶恕的父亲诅咒过的——也许可以用她的生活和她母亲的死的凄惨和悲剧的故事来感动这老人和引起他的慈祥的情感。一切都具备了；一切都在他心里成熟了；对于他女儿的渴望已经超越了他的自尊心和受伤的虚荣心了。需要的只是一种感动力，一种有利的机会，而尼丽也许可以提供这个机会。我那老年朋友带着极度的注意听着。她的整个脸庞由于希望和热情而发亮了。她立刻责备我为什么以前不告诉她；耐不住地向我盘问关于尼丽的事情，最后郑重答应她将自动地去劝她丈夫把那孤女收留到他们家里来。她开始对尼丽抱着一种真正的爱，听说她害病就烦恼起来，向我询问关于她的事情，强迫我给那孩子带一罐果子酱去，她亲自奔到储藏室去取来，又给了我五个卢布，以为我没有足够的钱去请医生。而当我拒绝接受的时候，她简直不能平静了，只拿那样的想法来安慰她自己，就是说尼丽是需要衣服的，所以她应该那样去帮助她。于是她着手来搜索她的每只衣箱和检查她所有的衣橱，把她可以给那孤女的东西都一齐捡了出来。

我到娜泰莎家里去。当我踏上楼梯的最后一段时——我曾经交代过，那楼梯是螺丝形地转上去的——我注意到在她房门口有一个人正要敲门，可是听到我的脚步声音又歇住了。接着，他犹豫了一下子，显然打消了他的主意，跑下楼梯来了。我刚在楼梯转角上碰到他，我一看出他正是伊赫曼耶夫，我多么惊愕啊。这楼梯就是在白天里也是很幽暗的。他猛地缩到墙壁上让我走过去；我记得当时他注意地望着我，他那眼睛里有一种奇异的闪光。我想他是痛苦地红了脸；至少他是大大吃惊了，而甚至被窘惑所困住了。

“咦，万尼亚，怎么，是你呀！”他用一种震颤的声音吐出来。“我来找一个人……一个抄写的书记……有事情……他新近搬来的……就在这边……不过看来他不住在此地……我找错了……再会吧。”

于是他迅速地跑下楼梯去了。

我决定暂时还不把这件事情告诉娜泰莎，无论如何得等到阿略沙走了，只剩下她一个人的时候。这个时候，她是那么心烦意乱，虽然她会明白和看出这事实的充分重要性，但是她是不能够像在最后那难堪的悲惨和绝望的瞬间那样，去领会和感觉这件事情的。这还不是时候呢。

这天我本来应该再到伊赫曼耶夫家里去一次的，而且我也很想这样做。但是我却没有去。我猜想我那老年朋友看见我会不好意思，他也许会想到我是为了碰到他才跑去的。我没有去看他们，直到两天以后；我那老年朋友是沮丧的，但是他却带着一种完全无所谓的神气来迎接我，除了跟我谈他的官司以外并不谈什么。

“我说，那天我们碰到，你记得吗——那是几时？——我想是前天吧，你跑到那样高的地方去找谁呀？”他突然问，相当漫不经心地，不过他却避开不望着我。

“住在那里的我的一个朋友，”我回答说，也把我的眼睛避开去。

“哦！我是去找我的书记亚斯泰斐耶夫的；人家告诉我是那座房子……可是却弄错了。嗯，我刚才告诉你的……在立法院，这判决……”以及诸如此类的话。

他把话题转移开去的时候，他完全脸红了。

我这天里把这件事重复地对安娜·安德烈耶夫娜讲了一遍，使她高兴。我顺便求她现在不要带着有意味的神气去望他，不要叹气或作暗示，事实上无论如何不要透露出她知道他最近的行动。我那老年朋友是那么吃惊和高兴，起先她甚至不肯相信我的话。她告诉我她那方面的事，她已经向尼古拉·舍盖伊契暗示了一下关于那孤女的事情，可是他却没有说什么，虽然这以前他时常恳求她让他们收养这个孩子。我们决定明天她不用什么暗示也不讲废话，直截了当地对他讲出来。可是到了第二天我们两个都惊惶和焦灼极了。

事情是，在那天早晨，伊赫曼耶夫跟替他打官司的一个人会面。那人告诉他，说他看到过亲王，并且说虽然亲王保留了伊赫曼耶夫加田庄的所有权，但是“为了某种家庭问题的关系”，他决定赔偿老人，并且答应给他一万卢布。老人会过他之后，就在一种可怕的激愤状态中直接跑来找我，他的眼睛里闪着愤怒的光。他叫我走出楼面到楼梯上来，我不知道为了什么事，他坚决地要我立刻到亲王那里去，向他挑起一次决斗。

我是那么震骇，好久不能集中我的思想。我想劝阻他。但是我那老年朋友变得那么愤怒，他气得病倒了。我奔到楼面里去取一杯水来，可是当我跑回来，我发现伊赫曼耶夫已经不在楼梯上了。

第二天我跑去找他，可是他不在家。他整整三天不曾露面。

到了第三天，我们知道发生什么事情了。他从我那里直接赶到亲王那里去，他不曾在他家里找到他，留了一张条子给他。在他的信里，他说他已经听到亲王的意见了，他认为这些意见是一种不共戴天的侮辱，而且他认为亲王是一个卑劣的流氓，因此他向他挑起一次决斗，警告他别想拒绝这个决斗，否则他要受到当众羞辱的。

安娜·安德烈耶夫娜告诉我，他处在那样的狼狈和激动的状态中跑回家来，以致不得不去睡一觉了。他对她却非常温存，只是几乎不回答她的询问，而且显然在狂热地期待一些什么。第二天早晨，邮局送来了一封信。他读着它，大声地叫了起来，抱头叫苦。安娜·安德烈耶夫娜吓得呆住了。可是他却立刻抓起他的帽子和手杖冲出去了。

那信是亲王写来的。他干脆、简明而有礼貌地通知伊赫曼耶夫，说他，华尔戈夫斯基亲王，是没有必要向任何人说明他向律师所说的话的，又说他虽然对于伊赫曼耶夫官司失败感到很大的同情，可是让打输了官司的人还有权利用决斗的方法向他的敌方报仇，他却不能觉得这是公平的。至于他所威吓他的“当众羞辱”，亲王请求伊赫曼耶夫不要操心，因为这不会有也不能有什么当众羞辱的，又说那封信要立刻送到适当的地方去，而警察无疑是能够采取步骤以维持法律与秩序的。

伊赫曼耶夫拿了这封信立刻奔到亲王家里去。他又不在家，但是老人从跟班那里知道亲王或许是在耐音斯基伯爵家里。他毫不迟疑地就奔到伯爵家里去。当他奔上楼梯的时候，伯爵的门丁阻拦住他。老人狂怒到了极顶，就用手杖揍了他一下。他立刻给逮住了，被拖到台阶上来，交给一个警官，他就把他送到警察局里去了。人家报告了伯爵。亲王正在场，就向那位老浪荡子解释说，这就是伊赫曼耶夫，那个迷人的年轻人儿的爹（亲王是不止一次替那老伯爵干这类差使的），那位大老爷只笑了笑，他的怒气立刻平了。命令传出来，说那伊赫曼耶夫应该开释。可是直到两天以后才把他释放了（不消说是亲王的命令），他们通知伊赫曼耶夫，说是亲王亲自请求伯爵对他从宽发落的。

老人跑回家来，简直是快发疯的样子了，奔到他的床上，一动不动地躺了一个钟头。最后他爬起来，叫安娜·安德烈耶夫娜大为惊恐，他宣布他要永远诅咒他的女儿和对她取消他做父亲的祝福。

安娜·安德烈耶夫娜给吓坏了，可是她又得要照料老人，她简直不知道她在做什么了。她整天整夜地服侍着他，用酸醋润湿他的头部和放上冰。他是在发烧和说谵语。我一直过了夜间两点钟才离开他们。但是第二天，伊赫曼耶夫就起床了，就在那一天他跑到我那里来，要把尼丽永远带到他家里去。他和尼丽那场吵闹我已经描写过。这场吵闹完全把他击垮了。他一到家就躺在床上。这一切都发生在耶稣受难日[①]，这一天就是卡佳离开彼得堡的前一天约好卡佳见娜泰莎的日子。我是参加这次会面的。这是在早上举行的，在伊赫曼耶夫来看我之前和尼丽第一次逃跑之前。

第　六　章

阿略沙在会见的前一个钟头就来叫娜泰莎准备了。我到的时候，卡佳的马车刚开到门口。卡佳是由一个法国老太太陪着来的。那位老太太经过了许多劝告和犹疑，最后才答应陪她来。她甚至同意让卡佳不带着她到娜泰莎那里去，却只要求一个条件，就是要阿略沙来护送她，而她自己就留在马车里。卡佳向我点点头，没有下马车就请我把阿略沙叫下来。我看见娜泰莎在淌眼泪。阿略沙和她都在哭。听说卡佳已经来了，她从椅子里站起来，擦干她的眼睛，朝着房门，激动地站着。这天早晨她全身穿着白色衣服。她那暗棕色的头发平匀地梳开来，在后面扎成一个大髻。我特别喜欢她的头发这样梳法。她看见我陪着她，就请我也去迎接客人。

“我以前一直不能到娜泰莎这里来，”卡佳走上楼梯的时候说。“我是那样给监视着，那真可怕呢。我花了整整两个礼

① 耶稣受难日是复活节前的星期五。

拜去说服亚尔倍脱太太，最后她才算答应了。你一次都不曾来看过我呢，伊凡·彼特罗维契！我也不能够给你写信，我也不想那样做。在一封信里是说不清楚什么事情的。我是多么想看你啊……天哪，我的心跳得多么厉害呵……”

“这楼梯很陡呢。”我回答说。

“是的……这楼梯……告诉我，你以为怎样，娜泰莎不会对我生气吧？”

“不会的。怎么呢？”

“嗯……她可怎么会生气呢？我立刻就要亲眼看到了。这是用不着问的。”

我把臂膀伸给她。她当真脸都苍白了，我相信她是很慌的。到最后的一段楼梯上，她站下来喘口气；但是她瞧了我一眼又坚决地走上去了。

她在门口又站住了一次，向我轻轻地说：“我只要一进去就说，我对她有那样一种信心，所以我不怕来……但是我为什么要说呢，我断定娜泰莎是最高尚的人。她可不是吗？”

她怯怯地走进去，仿佛她是一个罪人似的，注意地望了娜泰莎一眼，娜泰莎立刻就向她微笑起来。接着卡佳很快地向她奔过去，拉住她的手，把她那丰满的小嘴贴到娜泰莎的嘴上。接着，她还不曾跟娜泰莎说过一句话，就向阿略沙诚恳地甚至是严峻地转过身来，请他离开半个钟头，让我们在一起。

“别不高兴，阿略沙，”她接着说，“这是因为我有许多话要跟娜泰莎谈，都是极重要而正经的事情，那是你不应该听到的。善良一点，走开吧。但是，请你留下，伊凡·彼特罗维契。你一定要听着我们全部的谈话啊。”

"让我们坐下吧,"当阿略沙离开房间的时候,她向娜泰莎说。"我照这样坐,面对着你。我要先瞧瞧你。"

她差不多正对着娜泰莎坐了下来,向她凝视了几分钟,娜泰莎回答她一种不由自主的微笑。

"我曾经看到过你的相片呢,"卡佳说。"阿略沙给我看的。"

"嗯,我像我的相片吗?"

"你更美些,"卡佳诚挚而果断地说,"我也想你会更美一些的。"

"当真吗?我也不断地看着你。你多么漂亮啊!"

"我!你怎么能……!你,亲爱的!"她补充说,用自己的颤抖着的手把娜泰莎的手拿过来,大家都沉入静默中间,彼此凝视着。

"我一定要告诉你,我的安琪儿,"卡佳打破了静默,"我们只有半个钟头可以在一起;亚尔倍脱太太几乎不肯答应的,而我们有许多事情要讨论……我要……我必须……嗯,我只要问你——你是不是非常关心阿略沙?"

"是的,非常关心。"

"假如是那样……假如你非常关心阿略沙……那么……你一定也关心他的幸福了,"她用一种低声怯怯地补充说。

"是的,我希望他幸福……"

"是的……但是问题在这里——我会使他幸福吗?我有权利这样说吗?因为我将把他从你这里带开去。假如你以为,假如现在我们决定,他跟你在一起会更幸福,那么……那么……"

“这已经是决定了的哪，卡佳，亲爱的。你自己明白，这一切全决定了呀！”娜泰莎柔和地回答说，垂下头去。这显然很难教她继续谈下去了。

卡佳呢，据我猜测，是准备长篇大论地来讨论这个问题，就是她们之间谁能够使阿略沙幸福，她们之间谁应该抛弃他。但是，娜泰莎回答之后，她明白一切已经决定了，没有什么可以讨论的了。她那美丽的嘴唇半张着，带着忧郁和迷惑凝望着娜泰莎，依旧握着她的手。

“那么你非常爱他吗？”娜泰莎突然问。

“是的；我还有一件事情要问你，我是为这个目的来的：告诉我，确切地说，你爱他的什么？”

“我不知道，”娜泰莎说，在她的声音里有一种悲痛的难忍的调子。

“他聪明吗；你以为怎么样？”卡佳问。

“不，我只是爱他罢了……”

“我也是这样。我总替他觉得难受。”

“我也这样。”娜泰莎回答说。

“现在对他怎么办呢？他怎么能够因为我而离开你呢？我不能明白！”卡佳叫，“现在我已经看到你了，我却不能明白！”

娜泰莎望着地下，没有回答。卡佳沉默了一会儿，接着从椅子上站起来，柔和地拥抱着她。她们彼此拥抱着，互相淌着眼泪。卡佳坐在娜泰莎椅子的靠手上，依旧抱着她，并且吻她的手。

“但愿知道我是多么爱你啊！”她哭泣着说，“让我们做姊妹吧，让我们常常彼此写信吧……我将始终爱你……我将那么地爱你……那么地爱你……”

“他对你讲过我们在六月里结婚吗？”娜泰莎问。

“是的。他说你已经答应了。那只是为了……安慰他，是不是这样？”

“自然。”

“我就是这样理解的。我会真实地去爱他，娜泰莎，我会写信给你，告诉你一切事情。看来他不久就要做我的丈夫了；事情就是这样发展的；他们都这样说。亲爱的娜泰莎，你现在决定要回到……家里去吗？”

娜泰莎没有回答，只是在沉默中亲热地吻着她。

“快乐一点吧！”她说。

“而……而你……而你也快乐一点吧！”卡佳说。

这时房门开了，阿略沙走了进来。他不能等到半个钟头，而一看见她们彼此抱着而且相互在哭，他就带着无力的悲痛在娜泰莎和卡佳的前面跪倒了。

“你哭什么呢？”娜泰莎对他说，“因为你要跟我分开吗？可是这并不长久呀。你不是六月里就要回来吗？”

“而且那时你们的结婚，”卡佳带着眼泪赶紧接下去说，也来安慰阿略沙。

“但是我不能离开你，我不能离开你一天呀，娜泰莎。没有你我会死的……你不知道你现在对于我是多么宝贵啊！特别是现在！”

“好，那么，这是你应该做的，”娜泰莎说，突然精神振作起来，“伯爵夫人要在莫斯科停一个短时期，是吗？”

“是的，差不多一个星期，”卡佳插口说。

“一个星期！那再好没有了：你明天护送她们到莫斯科去，那只要一天，你马上又可以回到这里来。当她们要离开莫斯科的时候，我们最后可以分别一个月，而你就回到莫斯科去陪她们。”

“是的，就是这样，就是这样……那么你们无论如何可以有额外的四天工夫在一起了，”卡佳说，给迷惑了，跟娜泰莎交换了一个有意味的眼色。

我不能够描写出阿略沙听到这个新计划的狂悦神情。他立刻完全得到安慰了。他的脸孔因为高兴而发光，他拥抱娜泰莎，吻卡佳的手，又来拥抱我。娜泰莎带着一种悲哀的微笑望着他，可是卡佳受不住了。她用灼热的闪烁的眼睛望了望我，拥抱一下娜泰莎，就站起来要走了。正在这时候，那法国太太恰巧派了一个仆人来请她们缩短会谈，并且告诉她那约好的半个钟头已经超过了。

娜泰莎站起来。两个人面对面站着，紧握着手，似乎要借她们的眼睛来传达她们灵魂里所积储着的一切东西。

“我想，我们彼此将不会再见面了。”卡佳说。

“再不会了，卡佳。”娜泰莎回答说。

“嗯，那么，让我们说再会吧！”

她们彼此拥抱起来。

“别诅咒我啊，”卡佳急促地低声说，“我会始终……你可以相信我……他会幸福的……来吧，阿略沙。带我下去吧！”她迅疾地发着音，挽住他的臂膀。

“万尼亚，”当他们已经走了，娜泰莎带着激动和悲痛对我说，“你跟着他们去……别回来了。阿略沙会陪我到晚上，到八点钟。但是这以后他就不能留了。他要走了。我将一个人留下来，请九点钟来吧！”

到了九点钟，我离开尼丽和亚历山特拉·西苗诺芙娜（在打碎杯子的事情之后），到娜泰莎那里去，她只一个人在那里，耐不住地在等我。玛芙拉替我们放好茶炊。娜泰莎给我倒了一杯茶，在沙发上坐下来，示意我走近她。“一切事情就这样完了，”她说，专心地望着我。我永远忘记不了这个眼色。

“现在我们的爱也完了。半年的生活啊！而这就是我的全部生活啊，”她补充说，紧握着我的手。

她的手是灼热的。我劝她裹起来到床上去睡。

“我就去，万尼亚，我就去，亲爱的朋友。让我们再谈一会儿和回想一下种种事情。我觉得我现在好像被击成碎片了……明天我在十点钟还要最后再看到他一次，最后一次了！”

“娜泰莎，你在发烧呢。你马上就要打寒颤了。……别乱想了。”

“嗯，我正在等你呢，万尼亚，从他走开之后我等了你半个钟头。你以为我在想些什么呢？你以为我在奇怪些什么呢？我奇怪我究竟爱过他没有？还是我不曾爱过他？我们的爱究竟是怎样的一种东西呢？怎么，你以为这是可笑的吗？万尼亚，我这会儿居然来问自己这些问题吗？”

“别激动了，娜泰莎。”

“你瞧，万尼亚，我断定我不曾把他当作同等的人去爱过他，像通常一个女人爱一个男人那样，我有点……几乎像是母亲似的爱他。我甚至想世界上就没有两个人彼此平等地相爱的恋爱。你以为怎么样?”

我带着焦虑望着她,担心这也许是脑炎的开始。似乎有什么东西使她迷神了。她好像觉得不能不说话。她有几句话简直接不上气,有时甚至连发音都不清了。我非常惊惶。

“他是我的,”她接下去说,“我第一次和他见面时候,就几乎有种抑不住的欲望,以为他应该是我的,立刻就该是我的,并且以为他除了我不应该看任何人,不应该去认识任何人……卡佳今天早上对这个解释得极好。我也是那样爱他,似乎我常常在替他难受……我独个人的时候时常有种强烈的渴望,一种完全渴望的痛苦,渴望他能常常快乐,十分快乐。我一看见他的脸孔(你是知道他脸孔的表情的,万尼亚),就不能不感动;再没有别人有那样一种表情,而当他笑的时候,这表情使我发冷和打战……真的!”

“娜泰莎,听着……”

“人家讲他……你也说过,他是没有意志的,而且他是……不大聪明,像——一个——孩子似的。我最爱的就是他身上这种地方……你会相信吗?虽然我并不知道我是否就是爱他这一点,我只是整个儿地爱他罢了,如果他不是那样子,如果他是有意志的或是聪明一点的,或许我就不会那么爱他了。你知道,万尼亚,我要向你自白一件事情。你记得吗,三个月以前我们吵过一次架,那时他去看了那个——她叫什么名字呀——那个明娜……我知道了,我发现了,你相信吗,这叫我非常伤心,而同时我却有点喜欢……我不知道为什么……那想头是这样:他是在自己寻乐——或者不,不是那样——是说,他像一个成年人一样,同着其他男人们去追求漂亮姑娘了，所以他也到明娜那儿去了！我……从那次吵架中间我找到怎样的快乐；于是我就宽恕他了……啊，我亲爱的人呀！”

她望着我的脸孔，奇怪地笑了起来。接着她沉入思索中间，似乎在回忆着一切事情。好多工夫她就这么坐着，脸上含着一丝微笑，在梦想着过去。

“我爱宽恕他，万尼亚，”她接下去说，“你知道的，当他让我一个人留着的时候，我就老在房间里走着，烦躁着，哭泣着。那时我会想，他对我越坏越好……是的！你也知道，我常常把他描想为一个小孩子。我坐着，他把头枕在我膝盖上睡熟了，于是我轻轻地抚摸他的头和拥抱他……他不跟我在一起的时候，我常常这样想着……听着，万尼亚，”她突然补了一句说，“卡佳是多么可爱的人呀！”

我看，她似乎故意在撕裂她自己的创伤，这是由于一种渴望，一种绝望与痛苦的渴望所促成的……一种遭受到巨大失败的心常常是这样的。

“卡佳——我相信——是能使他幸福的，”她接下去说。“她有性格，她谈起来，好像她有那样的确信，而且她对他是那么的庄严而严厉——还常常跟他谈那些聪明的事情，仿佛她是大人般的。而同时她却是一个十足的小孩子啊！那小乖乖，那小乖乖！啊，我希望他们会幸福！我希望那样，我希望那样！”

她眼泪和泣声接连着迸发出来了。一直过了半个钟头她才回复过来，恢复了一定程度的自制力。

我可爱的安琪儿，娜泰莎哟！甚至在那天晚上，她虽然有她自己的悲痛，但是当我看到她略微平静一点，或者不如说疲乏了的时候，想要转移她的心境，我把尼丽的事情告诉了她，她却还能同情我的焦虑。那天晚上我们离开得很迟。我一直留到她睡着了才走，当我出去的时候，我请求玛芙拉整夜不要离开她那受苦的女主人。

"啊……但愿这不幸结束吧，"当我走回家的时候，我叫。"让它快点，快点过去吧！不管怎样结束，总之，只盼望它快点过去吧！"

第二天早晨正九点钟，我又同她在一起了。阿略沙这时也来了……来道别。我不描写这一个场面，我不要回忆它。娜泰莎似乎决心要约束她自己，表现得高兴和无所谓，可是她做不到。她热情地和痉挛地拥抱着阿略沙。她并不跟他多说话，只是带着一种痛苦的和几乎是疯狂的凝视专心一致地看了他好半天。她贪婪地倾听着他所说的每一句话，却又似乎并不理会他所说的。我记得他求她宽恕他，宽恕他的爱，宽恕他给她的一切损害，宽恕他的不忠实，他对卡佳的爱，他的离开……他不连气地说着，他的眼泪窒塞着他。他有时忽然又想来安慰她，说他只离开一个月，或者最多五个星期；说他夏季里会回来，那时他们就要结婚了，又说他父亲会答应的，而尤其是后天他就会从莫斯科回来的，而那时他们又会有四个整天可以在一起，所以，现在他们只不过离开一天罢了……

这真奇怪！他竟然完全相信他自己说的话，以为两天之内他准会从莫斯科回来的……那么，他为什么又要那么伤心和那样哭呢？

最后，敲了十一点钟了。我好容易才劝他走。莫斯科火车是准正午开出的。只有一个钟头了。后来娜泰莎说，她不记得最后一次她是怎样看他的。我却记得她在他身上画了一个十字，吻了他，把手掩着她自己的脸奔回到房间里去了。我得一直把阿略沙送到马车那里，否则他一定又会跑回去，决不会走到楼底下的。

“你是我们唯一的希望啊，”当我们下楼梯的时候，他说。“亲爱的万尼亚！我曾经损害了你，是永远不配你爱的；但是，始终做我的一个哥哥吧；爱她，别抛开她；尽可能充分而详尽地把她的一切事情写信告诉我吧，尽可能多给我写信吧。后天我一定又要回到这儿来的，一定，一定的！但是以后，我走了，给我写信吧！”

我扶他上了马车。

“后天，”车子开走的时候，他向我叫，“一定的！”

我带着沉郁的心情走上楼，回到娜泰莎那里。她站在房间的中央，抱着臂膀，带着一种迷惑的眼色注视着我，仿佛不认识我似的。她的鬈发垂落在一旁；她眼睛的神色是茫然的和迷乱的。玛芙拉站在门道上惊惶地望着她。

突然，娜泰莎的眼睛里闪出光来。

“啊！是你呀！你呀！”她向我尖声叫着。“现在只剩下了你了！你恨他！因为我爱他你就永远不肯饶恕他……现在你又跟我在一起啦！你又来安慰我啦，又来劝我回到抛弃了我和诅咒过我的父亲那里去啦。我知道会是这样的，昨天，两个月以前……我不要，我不要。我也诅咒他们……走开！看到你我受不住！走开！走开！”

我看出她是发疯了，她一看见我把她的愤怒激到紧张的顶点了，我看出这是没有办法的，于是想还是走开好些。我坐在外面楼梯的上端——等待着。我不时地站起来，打开门，招呼玛芙拉出来，打听她的情形。玛芙拉在哭泣着。

一个半钟头这样过去了。我描写不出我是怎样度过这些时间的。我的心带着一种不能忍耐的痛苦沉陷着和发痛。突然，门打开了，娜泰莎穿着披肩和戴着帽子冲了出来。她似乎简直不知道她在做什么，后来她告诉我她当时并不知道要奔到哪里去，和为了什么目的。

我还来不及跳起来隐蔽我自己，她就看见我了，好像突然给什么东西猛击了一下似的在我面前站住了。"我突然明白起来，"她后来告诉我，"我在残忍和疯狂中间当真把你赶走了，你，我的朋友，我的哥哥，我的救主！而当我看到你，可怜的孩子，你在被我侮辱了之后，还不走，却在楼梯上坐着，等我叫你回来，我的天呀！但愿你知道，万尼亚，我当时是怎样的感觉啊！这好像我心上刺了一把刀……"

"万尼亚，万尼亚！"她喊，向我伸出手来，"你在这儿呀！"

于是她倒到我的胳膊里了。

我抱着她，把她送到房里去。她昏厥过去了！"我怎么办呢？"我想。"她一定是患脑炎了！"

我决定跑去找医生；一定要想些办法来阻止这个病。我很快就能赶到那边。我那老德国人两点钟以前通常是在家的。我请求玛芙拉一分钟一秒钟也不要离开娜泰莎，也不要让她出去，我就飞赶到他那里去。真运气。再去迟一点，我那老朋友就不在家了。我碰到他的时候，他正从家里出来，已经在街上了。他还来不及吃惊，我就立刻把他推进我的车子里了，我们急急地赶回到娜泰莎这里来。

唉，运气真帮我的忙呀！在我离开的半小时内，娜泰莎那里发生了一件事情，如果不是医生和我在危机一发的时候赶到，那也许会把她立刻杀死的。我走开以后不到一刻钟，华尔戈夫斯基亲王就进来了。他刚送走了那些人，就从火车站一直跑到娜泰莎这里来了。这次访问大概是他很早以前就计划好和想好的。娜泰莎后来告诉我，她刚一看见亲王甚至并不吃惊。“我的头脑在飞旋着，”她说。

他面对着她坐下，带着一种抚爱和哀怜的表情望着她。

“亲爱的，”他叹息说，“我明白你的悲痛；我知道这会儿你是多么难过，所以我觉得这是我的责任来看看你。宽宽心吧，假如你能够，只要你放弃了阿略沙，保全了他的幸福就好了。但是这个你是比我更清楚的，因为你决定采取了你这种高尚的行动……”

“我坐着听，”娜泰莎后来告诉我，“但是起先我真的不了解他。我只记得我不断地凝视着他。他握着我的手，把它紧握在他自己的手里。他似乎觉得这个很适意。我当时是那么的失神，一点没有想到要抽开我的手。”

“你明白，”他接下去说，“做阿略沙的妻子，以后会使你变成他所憎恨的对象的，你的高贵的自尊心足以使你看得出这一点的，于是你决心……但是——我并不是跑来称赞你的。我只是要告诉你；你无论在哪里永远也找不到一个比我更忠实的朋友的！我同情你而且替你难过。我违反我的意志，迫得我在这一切同情与难过中间要分担一份，但是——我只是尽我的责任罢了。你那高贵的心里会明白这一点，而且会来跟我讲和的……但是这在我是比你更困难的——相信我吧。”

“够了，亲王，”娜泰莎说，“让我平静一点吧。”

“自然，我马上就走的，”他回答说，“但是我爱你，好像你是我自己的女儿一般，你必须允许我来看你。现在请把我看做你的父亲一般，允许我帮你一点忙吧。”

“我不要什么，让我一个人留着吧，”娜泰莎又打断他说。

“我知道你是骄傲的……但我是从我心里诚恳地说的。你现在打算做什么呢？跟你父母讲和吗？这是一件好事情。不过你的父亲是不公平的、骄傲的和暴虐的；请原谅我，不过事情却是那样的。你现在在你家里只会碰到谴责和新的痛苦罢了。但是你必须独立，而现在这是我的责任，我的神圣的责任来照顾你和帮助你。阿略沙请求我不要离开你而来做你的一个朋友。但是除开我以外，还有人真心地想献身给你呢。我，希望你允许我给你介绍耐音斯基伯爵。他有最好的心肠，他是我们的一位亲戚，我甚至可以说，他是我们全家的保护者呢。他曾经帮了阿略沙许多忙。阿略沙对他抱着最大的尊敬和热爱。他是有很大势力的权威人物，一个老年人，而像你这样一个姑娘是很可能去结识他的。我已经向他谈起过你了。他可以栽培你，假如你愿意，他可以替你找一个很好的位置……跟他的一位亲戚。我很早以前就把我们的事情详细而坦白地向他讲了，我是那样引动了他那仁慈和慷慨的感情，现在他老要求我尽快地把他介绍给你……他是一个对一切美好事物都有感情的人，相信我——他是一个慷慨的老年人，极其受人家尊敬的，能够认识真实的价值的，而且真的，在不久以前他在某件事情上曾经极慷慨地对待过你的父亲哩。”

娜泰莎好像给刺了一下似的跳了起米。现在,她终于明白他了。

"离开我,立刻离开我!"她叫。

"但是,我亲爱的,你忘记了,伯爵或许也能帮助你父亲呀……"

"我爸爸不会向你们要什么的。离开我!"娜泰莎又叫起来。

"啊,你是多么不公平和多疑啊!我怎么该受这样报应呀!"亲王叫,带着一些不安的神情向四周望了望。"你无论如何得允许我,"他接着说,从口袋里摸出一大卷钞票来,"你无论如何得允许我留给你这个我的同情的明证,特别是耐音斯基伯爵的同情,我是在执行他的意思呢。这卷钞票包括一万卢布。等一下,我亲爱的,"他看见娜泰莎愤怒地从她椅子里跳起来,急促地说,"耐心地听完我的话。你知道你父亲跟我打的官司是输掉了。这一万算是一种赔偿,那……"

"走开!"娜泰莎叫,"把你的钱拿走!我看穿你了!啊,卑劣,卑劣,卑劣的人呀!"

华尔戈夫斯基亲王从椅子里站起来,脸孔气得发白了。

他也许是来试探一下,来考察一下情形,自信这一万卢布对于穷困的、被一切人所遗弃的娜泰莎会发生很大的效力的。这个卑鄙和兽性的人常常在这类事情上替耐音斯基伯爵——一个淫荡的老浪子——效劳的。但是他仇恨娜泰莎,并且看出事情进行并不顺利,于是立刻改变他的口吻,带着憎恨的高兴急于来侮辱她一番,使他无论如何不至于空跑了一趟。

"我亲爱的,你发脾气,这一点也不对,"他用一种急于想享乐他那侮辱的效果而发出来的颤抖声音急促地说,“这一点也不对。我是来给你保护,你却翘起你的小鼻子……你不知道你应该对我感恩的吗?作为一位被你诱入邪路的青年人的父亲,我早该把你送到感化院里去的,但是我却不曾这样做,唏——唏——唏!”

正在这当儿我们进去了。我还在厨房里就听到声音了,我把医生拦住了一下,偷听到亲王最后的一句话。接着是他那可憎的冷笑声和娜泰莎的一声绝望的叫声。“啊,我的天!”正在这当儿,我打开门,冲到亲王前面去。

我唾了他的脸孔,尽我全部的力气打了他一个耳光。他正要向我扑过来,但是一看见我们有两个人,就从桌子上抓起那卷钞票,转身逃走了。是的,他是这样逃的,我亲眼看见。我从厨房桌子上抓起一条面杖向他背后摔过去……当我奔回房间来,我看见医生在扶着娜泰莎,她似乎痉挛发作似的从他胳膊里在扭转和挣扎着要出来。许多工夫我们没法使她平静下来;直到最后,我们才把她弄到床上去;她似乎在发脑炎症的癫狂了。

“医生,她是怎么一回事?”我带着沮丧的心情问。

“等一等,”他回答说,“我要更仔细地诊察一下这种病,才能得出我的结论……但是一般地说,情形很不好。这甚至结果会得了脑炎……但是无论如何我们得想办法……”

我突然想出一个主意。我求医生再陪娜泰莎两三个钟头,要他答应一分钟也不离开她。他答应了,于是我奔回家去。

尼丽坐在一个角落里,沮丧而又不安,她奇怪地望着我。

我的样子大概是很奇怪的吧。

我拉住她的手，在沙发上坐下来，把她抱到我的膝盖上，热烈地吻着她。她脸孔红起来了。

“尼丽，我的安琪儿！”我对她说，“你愿意做我们的救星吗？你愿意来救我们所有的人吗？”

她惊愕地望着我。

“尼丽，你现在是我们唯一的希望了！这里有一个做父亲的，你看见过他和认识他的。他曾经诅咒过他女儿，他昨天曾经跑来请你去代替他女儿的位置。现在她，娜泰莎(你说过你爱她的)，已经给她所爱的男人遗弃了，她是为了那男人的缘故才离开她父亲的。他就是那个亲王的儿子，那个亲王，你记得吗？就是有一天晚上来看我，看见你一个人在家，而你就从他身边逃开，后来害了病的……你认识他的，是不是呢？他是一个恶毒的人！”

“我认识。”尼丽说，发起抖来，脸色也变苍白了。

“是的，他是一个恶毒的人。他恨娜泰莎，因为他儿子阿略沙想跟她结婚。阿略沙今天早上离开了，一个钟头以后他父亲跑到娜泰莎那里去，侮辱了她，威吓着要把她送到感化院去，并且嘲笑她。你明白我吗，尼丽？”

她那黑色的眼睛闪亮起来，但是立刻又垂下去了。

“我明白。”她轻轻地说，几乎听不清楚。

“现在娜泰莎是孤零零的，在害着病。我跑到你这里来的时候，我让医生陪着她。听着，尼丽，让我们到娜泰莎的父亲那里去。你以前不喜欢他，不愿意到他那里去。但是现在让我们一齐去吧。我们要进去，我告诉他们，说你现在愿意跟他们住在一起，来代替他们的女儿娜泰莎的位置。她的父亲现在害病，因为他曾经诅咒了娜泰莎，而且因为阿略沙的父亲有一天曾经给他一个致命的侮辱。他现在不愿意听到他女儿的名字了。但是，他爱她，他爱她。尼丽，而且要跟她讲和。我知道这个。我知道这一切。是这样的。你听见吗，尼丽？”

“我听见。”她用同样的低语说。

我是流着眼泪对她说的。她怯怯地望着我。

“你相信这话吗？”

“是的。”

“所以，我要同你去，我带你进去，他们会接待你，看重你和询问你。那时我会来转变话头，那么他们会来问你过去的生活；关于你妈妈和你外公的。告诉他们所有的事情，尼丽，正如你以前告诉我一样。干脆告诉他们，什么都不要隐讳。告诉他们你妈妈怎样被一个恶毒的人所遗弃，她怎样死在布勃诺夫夫人家的地下室里，你妈妈跟你怎样在街上讨饭，她临死的时候说些什么和要你做些什么……同时告诉他们关于你外公的事情，他怎样不肯宽恕你的妈妈，她在临死以前怎样叫你到他那里去，她怎样死去。告诉他们一切事情！一切事情！当你告诉他们这一切，那老人也会在他心里感到这一切的。你瞧，他知道阿略沙今天已经抛弃了她，她是被侮辱与被损害地被抛弃了，孤独和无助了，没有一个人能够保护她不受到她仇人的侮辱了。他知道这一切的……尼丽，救救娜泰莎吧！你愿意去吗？”

“愿意。”她回答说，吸了一口痛苦的气，带着一种奇怪的悠长的凝视朝我望着。这凝视中间含着一种类乎谴责的神气，我心里感觉到的。

但是，我不能放弃我的主意。我对这主意有着很大的信念。我拉着尼丽的臂膀，于是我们走出去。这时已经是下午两点多钟了。一阵暴风雨快要到来。在不多一会以前，天气是炎热和闷人的，但是现在我们却听到春雷已经在远处响起来了。风从灰沙的街道上扫掠过去。

我们登上一辆四轮矮轿车。一路上尼丽不曾说一句话，她只是不时地用那同样的奇怪和如谜的眼光瞧着我。她胸部在起伏着，我在车子里抱着她，我的手感觉到她那小小心脏的猛烈搏动，仿佛要从她的身体里迸跃出来似的。

第七章

我觉得路好像没有尽头似的。最后我们到了，我带着沉重的心情走进我那老年朋友的家里。我不知道我停会儿告别的时候会是什么样子，但是我知道，无论如何，如果不争取到宽恕与和解，我是决不离开这屋子的。

这时已经过了三点钟了。我那老年朋友们和平常一样孤寂地坐着。尼古拉·舍盖伊契心神错乱而且害着病，头上扎着一块手巾，苍白而乏力地半靠半睡地躺在他那舒适的安乐椅上，安娜·安德烈耶夫娜坐在他的旁边，不时地拿酸醋润湿他的前额，不断地带着一种探究和怜悯的神情在窥察着他的脸孔，这种神情似乎使老人烦乱，甚至着恼了。他顽强地沉默着，而她又不敢先来开口。我们突然的到来，叫他们两个都吃惊了。安娜·安德烈耶夫娜不知什么缘故一看见我跟尼丽便立刻惊惶起来，在第一分钟里那样望着我们，仿佛她突然感觉犯了罪似的。

“你们瞧，我把我的尼丽给你们带来了，”我走进去说。“她已经打定了主意，而现在她是自愿到你们这里来了。收留她和爱她吧……”

老人猜疑地望了望我，单从他的眼睛里人家就可以看出，他知道一切事情了，就是说，娜泰莎现在是剩下一个人了，被遗弃了，被抛却了，而现在也许是被侮辱了。他急于想知道我们的来意，探究地望着我们两个。尼丽在抖着，把我的手紧紧地捏在她手里，眼睛一直望着地下，只有不时朝她四周偷偷地投了畏怯的一瞥，仿佛落到陷阱里的一只小野兽似的。但是，安娜·安德烈耶夫娜不久就镇定过来，而且理解这情形了。她断然地抓住了尼丽，吻她，拍她，甚至朝她哭起来，温存地让她在她自己旁边坐下来，把那孩子的手一直握在她手里。尼丽带着好奇和一种惊惑斜睨着她。但是在抚弄过尼丽和让她在她自己旁边坐下来之后，那老太太却不知道往下该做些什么了，于是带着一种天真的期待望着我。那老人皱起眉头，几乎是在猜疑我为什么把尼丽带来。他看见我在注意他那烦躁的神情和皱起的眉毛，便把手放到他头上说：

“我头痛，万尼亚。”

这些时间中间，我们都坐着没有说话。我在考虑怎样开头。这时房间里很晦暗，一片乌黑的雨云把天空蒙起来了，在远处又传来一阵隆隆的雷声。

“今年春天雷打得早，”老人说，“可是我记得一八三七年比这更早就打雷下雨了。”

安娜·安德烈耶夫娜叹息起来。

“我们可要茶炊吗?”她怯怯地问,但是没有一个人回答,于是她又转向尼丽。

“你叫什么名字,亲爱的?”她问。

尼丽用一种微弱的声音说出她的名字,她的头比刚才垂得更低了。老人注意地望着她。

“同叶列娜是一样吗,是不是?”安娜·安德烈耶夫娜比较有精神地接着问。

“是的。”尼丽回答说。

接着又是一阵沉默。

“泼拉斯戈伐耶·安德烈耶夫娜的姊姊有一个侄女儿也叫叶列娜,她也是常常被叫做尼丽的,我记得。”尼古拉·舍盖伊契说。

“你没有亲属吗,我亲爱的,没有爸爸也没有妈妈吗?”安娜·安德烈耶夫娜又问。

“没有。”尼丽用一种怯怯的低语急促地说。

“我听说是这样,我听说是这样。你妈妈死去已经很久了吧?”

“不,没有多久。”

“可怜的心肝,可怜的小孤女哪。”安娜·安德烈耶夫娜接下去说,怜惜地望着她。

老人不耐烦地把手指在桌子上擂着。

“你妈妈是个外国人,是不是呢?你曾经这样告诉过我,是吗,伊凡·彼特罗维契?”那老太太怯怯地坚持着说。

尼丽用她那黑眼睛向我偷偷地瞥了一下,似乎恳求我帮助她。她在艰难而不规则地喘息。

“她妈妈是一个英国男人和一个俄国女人的女儿;所以她不如说是一个俄国人,安娜·安德烈耶夫娜。尼丽是在外国生的。”

“怎么,她妈妈结婚时候是住在外国吗?”

尼丽突然脸红起来。我那老年朋友立刻想到她失言了,于是在她丈夫的愤怒的眼色底下抖了起来。他严厉地望了她一眼,把眼睛旋到窗口去了。

“她妈妈是给一个卑劣的坏人骗了,”他突然对着安娜·安德烈耶夫娜冲口说出来。“她为了他离开她的爸爸,并且把她爸爸的钱交给她的爱人去保管;于是他就用诡计把钱从她那里骗出来,把她带到外国去,抢了她的钱就把她抛弃了。有一位好朋友,直到他死以前始终是对她忠心耿耿,并且帮助着她的。他死了以后,她在两年前就回到俄国她爸爸这里来了,你告诉过我们的不就是这样吗,万尼亚?”他卤莽地问我。

尼丽带着极大的激动站了起来,想朝着门口走去。

“这边来,尼丽,”老人说,终于向她伸出手去,“坐在这儿,坐在我旁边,这儿,坐下来。”

他俯下去,吻她,柔和地抚摸着她的头。尼丽浑身颤抖着,但是约束着自己。安娜·安德烈耶夫娜带着感动和快乐的希望看着尼古拉·舍盖伊契怎样终于亲近起这孤女来了。

“我知道,尼丽,一个恶毒的人,一个恶毒的、无原则的人毁了你的妈妈,但是我也知道她是爱她爸爸和尊敬她爸爸的。”老人依旧抚摸着尼丽的头,带着一些兴奋说出来,不能不向我们抛弃这次挑衅了。

一阵微微的红晕泛上他那苍白的脸颊,但是他竭力不望着我们。

“妈妈爱外公比他爱她还厉害呢，”尼丽怯怯地然而却是坚决地说。她也竭力不望着什么人。

“你怎么知道呢？”老人尖利地问，像一个孩子般的率直，虽然他似乎因为他的没有耐性感到不好意思。

“我知道，”尼丽急遽地回答说，“他不肯收留我妈妈，而且……把她赶走了……”

我看到尼古拉·舍盖伊契正要说些什么，作一些那样的回答，譬如说那做父亲的是有理由不收留她的，但是他瞟了我们一眼又沉默了。

“唉，你外公不肯收留你们的时候，你们住在什么地方呢？”安娜·安德烈耶夫娜问，她显示出一种突然的执拗和欲望要在这个话题上继续谈下去。

“我们一到，花了很多日子去找外公，”尼丽回答说，“但是我们无论如何找不到他。妈妈告诉我，说我外公一度曾经很有钱，并且打算开一家工厂，但是现在他却很穷了，因为那个跟妈妈一同走开的男人把外公的钱都从她手里拿走了，不肯还回来。她亲自告诉我这个的。”

“哼！”老人应了一声。

“并且她还告诉我，”尼丽接下去说，越来越真挚了，似乎急于要回答尼古拉·舍盖伊契，虽然她却是对着安娜·安德烈耶夫娜在说话，“她告诉我，外公对她非常生气，她非常对不起他；而她除了外公，在这世界上再也没有别人了。当她告诉我这话的时候，她哭了……‘他决不会宽恕我的。’我们初到的时候，她说，‘但是也许他看见了你会爱你的，而且为了你的缘故，他会宽恕我。'妈妈是非常喜欢我的，她说这些话的时候，常常吻着我，而她是非常怕到外公那里去。她教我替外公祷告，她自己也常常祷告，她并且告诉我许多话，说她从前怎样和外公住在一起，而外公又是怎样爱她胜过一切。她常常弹钢琴给他听，在晚上读书给他听，外公时常吻她和给她许多礼物。他时常给她一切东西；因此有一天在妈妈的命名日，他们吵了一场，因为外公想妈妈并不知道他打算给她什么礼物，不料妈妈却很早就知道了。妈妈要耳环了，而外公却想骗她，说是一只胸针，不是耳环子；当他把耳环子给她的时候，他看出妈妈早就知道那是一副耳环子而不是胸针，他因为妈妈早发觉了便生起气来，半天不肯跟她说话，但是过后他又自动地跑去吻她和请她宽恕。"

尼丽被她自己的故事所感动了，她那苍白而瘦削的小脸上泛起一层红晕。显然在她们地下室的角落里，做妈妈的不止一次跟她的小尼丽谈过她过去的幸福日子，拥抱着和吻着她一生中唯一剩下来的这个小女孩，而且对她哭泣着，从不曾猜想到这些故事对那脆弱孩子的过分敏感的和早熟的感情上会产生怎样的一种巨大的影响。

但是尼丽似乎突然约束住自己了。她不信任地向四周看了一下，又沉默了。老人皱起眉头又在桌子上擂着手指了。安娜·安德烈耶夫娜眼睛里闪耀着一颗眼泪，她拿手帕把它悄悄地抹掉了。

"妈妈到这里来的时候病得很厉害，"尼丽用一种低声接下去说，"她的胸部很不好。我们找外公找了好久，一直找不到他；于是我们租了一间地下室里的一个角落。"

“一个角落，一个病人！”安娜·安德烈耶夫娜叫了起来。

“是的……一个角落……”尼丽回答说，“妈妈穷。妈妈告诉我。”她带着渐渐增强的热忱补充说，“穷不是罪，富了去侮辱人家才是罪，又说上帝是在惩罚她。”

“你们住的就是华西里耶夫斯基岛吗？在布勃诺夫夫人家里，是不是？”老人转向我问，想在他的问话中加上一种不关心的声调。他说话，似乎是觉得老这么闷坐着不大对劲。

“不，不是那里。起先是住在梅耶斯脱敝斯基街的，”尼丽回答说。“那里很黑又很潮湿，”她歇了一下又接着说，“妈妈在那里病得很厉害，不过那时她还能走路。我常常替她洗衣服，她常常哭。那里还住着一个老太婆，一个船长的寡妇；那里还住着一个退职的书记，他常常喝醉了酒回来，每天晚上要叫闹一通。我非常怕他。妈妈老把我拉到她的床上，紧紧地抱住我，他一叫骂起来的时候，她自己也浑身发抖。有一回他要打那个船长的寡妇，她是一个极老的女人，走起路来要拄根拐杖的。妈妈替她难受，就来保护她；那人也打妈妈，于是我就打他……”

尼丽停住了。那回忆激动了她；她眼睛里发出光来。

“好天爷！”安娜·安德烈耶夫娜叫起来，完全给她的故事所吸引了，把眼睛老是盯在尼丽身上，尼丽主要是对她说的。

“过后，妈妈就离开那里，”尼丽接下去说，“并且带着我去。那是在白天里。我们跑遍所有街道，直到已经黄昏了，妈妈老是边走边哭，和捏紧了我的手。我非常累了。这天里我们没有东西吃。妈妈不断地自言自语，又对我说：‘穷罢，尼丽，我死了以后，别听任何人说的话，也别相信任何事情。也别到任何人那里去，就一个人穷，去做工，不能找到工就去讨饭，别到他那里去。'这时天已经黑了，我们穿过一条大街；突然妈妈叫了起来：'亚助尔加！亚助尔加！'于是一只大狗，尾巴上的毛全秃光了，向妈妈奔过来，呜呜地叫着，并且跳到她身上来。妈妈给吓着了；她脸色发白，哭了出来，在一个握了一条手杖望着地下走路的高大的老人家前面跪倒了。那高大的老人家就是外公，他是那么瘦而且穿着那么坏的衣服。这是我第一次看到外公。外公也大大地吓着了，脸色变得非常苍白，当他一看见妈妈跪在他的面前，抱着他的脚，他就把身体挣脱，推开妈妈，用手杖敲着人行道，很快地从我们旁边走开了。亚助尔加留在后面，一直嗥着舐着妈妈，又追到外公那里去，咬着他的外衣后摆，想拉他回来。外公用手杖打它。亚助尔加又奔回到我们这边来，但是外公唤着它，它又追到外公那边去，不断地呜呜叫着。妈妈像死人一般躺在地上；一大群人围拢来看，警察也来了。我一直叫喊着，想把妈妈拉起来。她站了起来，望望她的四周，于是跟着我走。我引她回家。人们望了我们好半天，不住地摇着头。"

尼丽停下来吸了一口气，再作一番新的努力。她脸色很苍白，但是她眼睛里却有一种坚决的光。显然她是最后下了决心，把一切全说出来。在刹那中，她似乎有些挑战的神气。

"嗯，"尼古拉·舍盖伊契用种不坚定的声音说，带着一种易怒的严厉神气，"嗯，你妈妈损害过她爸爸，他是有理由拒绝她的。"

"妈妈也对我这么说，"尼丽尖利地回答说，"当她走回家去的时候，她不住地说：'那就是你的外公，尼丽，我对他犯了罪啦；于是他诅咒了我，这就是上帝为什么要惩罚我啊。'这一整晚和第二天一整天，她老说着这个。她说着仿佛她并不知道她在说些什么似的……"

老人依旧沉默着。

"那么，你们怎样搬到另外一个住处去的呢？"安娜·安德烈耶夫娜问，依旧暗暗地哭着。

"那天晚上，妈妈病倒了，那个船长的寡妇替她在布勃诺夫夫人家里找到一个住处，两天以后，我们就搬了，那个船长的寡妇也同我们一起搬去；我们搬了过去之后，妈妈病得更加厉害了，在床上躺了三个星期，我照料着她。我们的钱用光了，我们就靠船长的寡妇和伊凡·亚历山特立契帮助。"

"那个棺材匠，他们的房东，"我解释说。

"当妈妈起床而且能够走动的时候，她就告诉我关于亚助尔加的一切事情。"

尼丽歇住了。话头转到狗身上去，老人似乎安心一点了。

"她告诉你关于亚助尔加的一些什么呢？"他问，坐在椅子里把身体更俯下一点，那样使他看着地下，而且更可以完全隐藏起他的脸孔。

"她老跟我谈着外公，"尼丽回答说，"当她害病的时候，她老说着他，而当她稍微好了一点，她时常告诉我她从前怎样生活……那时，她告诉我关于亚助尔加的事，因为有一回有几个凶恶的孩子想把亚助尔加沉到郊外的河里去，妈妈给了他们几个钱就把亚助尔加买回来了。外公一见亚助尔加，笑得很厉害。只是亚助尔加逃走了。妈妈哭了起来；外公给吓慌了，答应出一百个卢布，只要谁能把亚助尔加找回来。两天以后，亚助尔加给我回来了，外公给了一百个卢布。从那时候起，他也喜欢亚助尔加了。妈妈是那么喜欢它，甚至常常把它抱到她床上去。妈妈告诉我亚助尔加常常跟些演戏的人在街上演戏，它懂得怎样演它这个角色，常常有只猴子骑在它的背上，并且它还知道怎样使枪和许多别的东西。妈妈离开它以后，外公就养着它，常常带着它出去，所以当妈妈在街上一看见亚助尔加，她立刻就猜到外公是在近边。”

老人显然不曾料到关于亚助尔加的竟是这些话，他脸色越来越难看。他不再问下去了。

“那么，你不曾再看到过你外公吗？”安娜·安德烈耶夫娜问。

“看到过的，当妈妈的病稍微好一点的时候，我又碰到外公了。我到铺子里去买些面包，突然我看见一个人带着亚助尔加；我仔细一看，认出是外公。我退到一旁，紧紧地靠着墙壁。外公看着我；他那样严厉地望着我，而且那么可怖，使我十分害怕他，于是从旁边走过了。亚助尔加还记得我，在我旁边跳着和舐我的手。我急急地往家里跑，朝后面看着，外公走进那铺子去了。那时我想，‘他一定是进去打听’，于是我更害怕起来，当我回到家里，我没有对妈妈讲，怕她又会病倒的。第二天我没有到那家铺子里去；我推说我头痛；后一天我又去，却不曾碰到什么人；我害怕得很，就奔得很快。可是再下一天我又去，我还不曾拐过那个角，外公带着亚助尔加又站在我的面前了。我奔起来，转到另外一条街上，从别条路上走到那家铺子去；可是忽然又碰见他了，我吓得那样子，呆呆地站着不会动了。外公站在我面前，望了我很久，之后又摸摸我的头，用手拉着我，引着我走，亚助尔加跟在后面摇着尾巴。那时我看见外公走路都不能好好地走了，老是靠着手杖，他的手一直在抖着。他把我带到街角的一个摊子上，那儿在卖着姜饼和苹果。外公买了姜饼做的一只鸡和一条鱼，一点糖果和一只苹果；当他从皮包里拿出钱来的时候，他的手抖得很厉害，他掉了一枚五戈比的钱，我拾了起来。他把这五戈比给了我，又给我那姜饼，并且摸摸我的头；但是他还是什么话不说就走开了。

"于是我回到妈妈那里去，告诉她关于外公的一切，以及起先我多么害怕他和躲避他。妈妈起先不相信我，但是后来她是那么高兴，一晚上问了我许多问题，吻着我，并且哭；当我把关于这件事的一切都告诉她了，她对我说以后别再害怕他，说外公一定喜欢我，既然他特意到我跟前来。她又告诉我对外公要乖一点，要跟他去说话。第二天早上她几次地差我出去，虽然我告诉她外公除了黄昏时候是从不出来的。她隔开一段路跟着我，躲在一个拐角的后面。第二天，她又照样做，但是外公没有来；这几天刚下了雨，妈妈同我走到大门口，受到很厉害的感冒，又不得不躺下来了。

"一个礼拜以后，外公又来了，又替我买了一条姜饼做成的鱼和一只苹果，这一回也没有说话。他走开以后，我悄悄地跟着他，因为我事前就决心要查出外公住在什么地方，去告诉妈妈。我跟在后面走了很长一段路，沿着马路的那一边，所以外公不曾看见我。他住得很远，不是他后来住的和死的地方，而是在高乐霍伏街一家大房子里的四层楼上。我查明了这一切，回到家里已经迟了。妈妈害怕得很，因为她不知道我到哪里去了。我告诉了她，她又高兴起来，要第二天就去看外公。到了第二天，她却考虑和害怕起来了，她接着整整的害怕了三天，因此她终究不曾去。之后她叫我过去对我说，‘听着，尼丽，我现在病着不能去，但是我写了一封信给你外公；你到他那里去，把信给他。你看着，尼丽，他怎样读它，他说些什么，他要做些什么，那你就跪下去，吻他，求他宽恕你的妈妈。’妈妈可怕地哭着，不断地吻着我，画着十字和祷告着；她并且教我跟她一起在圣像前面跪下来；虽然她病得很厉害，她还是一直送我到大门口，我回头去看时，她依旧站在那里望着我走去……

“我走到外公家里，把房门打开；那房门是没有闩的。外公坐在桌子旁边吃面包和山芋；亚助尔加摇着尾巴望着他吃。那住处的窗子也是很矮而且很黑的。那里也只有一张桌子和一把椅子。他是一个人孤零零住着。我一进去，他是那么害怕，脸孔发白得抖了起来。我也怕起来了，没有说一句话。我只是走过去，把信放在桌子上。外公一看见那信，就那么冒火，他跳了起来，举起手杖对着我摇摇；可是他却不曾打我，他只是把我引到过道里，推开我。我还不曾走下第一段楼梯，他又打开门，把那封信原封不动地从我后面丢过来。我回家把这一切告诉妈妈。于是妈妈又病倒在床上了……”

第　八　章

这时，打了一阵相当响的雷；急重的雨点敲拍着窗上的玻璃。房间黑下来了。安娜·安德烈耶夫娜似乎惊惶着，在自己身上画十字。我们都惊骇起来了。

“这马上就会过去的，”老人说，朝窗上望着。接着他站了起来，在房里来回走着。

尼丽斜睨着他。她是处在一种极端反常的激动状态中，不过她似乎在避开不望着我。

“嗯，之后呢？”老人问，又在他的安乐椅上坐下来了。

尼丽怯怯地向四周环顾了一下。

“那么，你以后不曾再见过你外公吗？”

“是的，我见过……”

“是的，是的！告诉我们，亲爱的，告诉我们，”安娜·安德烈耶夫娜性急地插口说。

“我有三个星期不曾见他，”尼丽说，“直到完全是冬天了。那时是冬天，已经下雪了。当我在原来那地方又碰到外公的时候，我喜欢得要命……因为妈妈是在伤心他不会再来了。我看见他，就故意奔到街的对面去，使他看到我逃开他。我偶一回头，看见外公很快地跟过来，接着奔跑起来追我，叫着我‘尼丽！尼丽！’亚助尔加跟在他的后面跑。我替他难受起来，便站住了。外公走上来，用手拉着我，领着我一同走。他看见我在哭，又站下来，望着我，俯下身来吻我。接着他看见我的鞋子旧了，他问我有没有另外的鞋子。我尽我可能很快地告诉他说，妈妈没有钱，只靠我们同住的人发点慈悲给我们一些东西吃。外公没有说什么，只是带我到市场上，替我买了一双鞋，并且叫我立刻穿上去，接着把我带到他家里去，而且先弯到一家铺子里，买了一只馅饼和两件糖果。我们到了，他就叫我吃馅饼。我一边吃，他一边望着我，接着又给我糖果。亚助尔加把脚爪抓在桌子上，也来讨馅饼吃；我给了它一些，外公就笑起来。接着他拉着我，让我站在他旁边，抚摸着我的头，问我可读过些什么，知道一些什么。我回答他，于是他告诉我，不管哪一天下午三点钟我都可以来，他会亲自教我。接着他又叫我把身体旋过去，望着窗外，等他叫我再回过身来。我依着他做了，但是我偷偷地回头看他，我看见他解开枕头的下角，拿出四个卢布。接着他把那些卢布给我，说：'这只是给你的。'我正要去拿，但是我又改变了主意说：'如果只是给我，我不愿意拿它。'外公突然发起怒来，对我说：'哼，随你的便吧。走吧。'我走了，他不曾吻我。

"我回到家里，我把一切事情都告诉了妈妈。妈妈的病越来越坏了。一个医科的学生时常来看那棺材匠；他看见妈妈，叫她吃药。

"我时常去看外公，妈妈叫我去的。外公买了一本《新约》和一本地理书，开始来教我；他有时常常告诉我，有些什么国家，有些什么样人住在那些国家里，以及一切海洋，和古时候这些都是什么样子，并且说上帝怎样饶恕我们一切人。我问他一些问题的时候，他非常高兴，于是我就常常问他问题，他不断地告诉我种种事情，并且说了许多关于上帝的话。有时我们不上功课，只是跟亚助尔加玩耍。亚助尔加喜欢起我来了，我教它跳过一根手杖，外公有时笑起来，拍拍我的头。不过外公并不常笑的。有时候他会说许多话，接着忽然沉默起来，似乎要睡熟了，虽然他的眼睛是张开的。他就会这样坐到天黑。天一黑，他就变得那么可怕那么苍老了……又有的时候，我跑去，看见他坐在椅子上想，不曾听见；亚助尔加在他旁边躺着。我等了又等，咳嗽了一声，外公依旧没有回过来看。

于是我就那样走了。妈妈在家里要等我的。她躺在那里，我告诉她一切一切，这样就到夜里了。我还在告诉她，她也还在听关于外公的种种事情：这天里他做了一些什么，跟我说了些什么，他讲的故事和他教我的功课。当我告诉她我怎样教亚助尔加跳过一根手杖，外公怎样发笑了，忽然她也笑起来了，她笑了和高兴了很多时候，叫我再讲一遍，接着开始祷告起来。我常常想，妈妈那样爱外公，而外公却一点也不爱她，于是当我到外公那里去的时候，我就故意告诉他妈妈怎样爱他，怎样常常问起他。他听着，那么生气的样子，但是仍然听下去，不说一句话。于是我问他，为什么妈妈那么爱他，常常问起他，而他却从来不问妈妈一声。外公发起怒来，把我赶出房间外面去了。我在外面站了一会儿；他突然打开门来，又叫我进去；他依旧在发怒，不做声。后来当我们开始来读四福音书，我又问他为什么耶稣基督说：'彼此相爱和宽恕损害'，而他却不肯宽恕妈妈呢？于是他跳了起来，说这是妈妈教我说的，又把我赶出去，告诉我再也别冒险来看他。我说，我无论如何再也不会来看他，就走开了……第二天外公就从他的住处搬走了……”

“我说过这雨马上就会过去的；看雨过去啦，太阳在出来哩……瞧，万尼亚，”尼古拉·舍盖伊契望着窗口说。

安娜·安德烈耶夫娜带着极端的惊愕转向他。这位一向是那么驯顺和被吃瘪的老太太的眼睛里，忽然露出一丝愤怒的闪光。她默默地握着尼丽的手，让她坐到她的膝盖上。

“告诉我，我的安琪儿，”她说，“我会听着你的。让那硬心肠的……”

她没有说完便突然哭出来。尼丽探询地望着我，似乎迟疑着和惊惶着。老头儿望望我，似乎要耸耸肩膀，但是立刻又转过身去了。

“说下去，尼丽。”我说。

“我有三天没有到外公那里去，”尼丽又说下去，“那时妈妈病得更厉害了。我们所有的钱都花完了，没有钱来买药，也没有东西吃，因为那棺材匠和他老婆也没有钱了，他们开始责怪我们靠他们过活。接着到第三天，我起来穿好衣服。妈妈问我到哪里去。我说到外公那里去要点钱，她高兴起来，因为我曾经告诉她过，说他怎样赶我出来，和我怎样跟他说我再不愿到他那里去，虽然她那时哭着和竭力劝我去。我去了，发现外公已经搬了家，于是我到他那新房子里去找他。我刚走进他的新房子里去看他，他就跳了起来，冲到我面前跺着脚；我立刻告诉他，妈妈病得很厉害，我们没有钱，没有五十个戈比不能买药，我们并且没有东西吃……外公对着我叫，将我赶到楼梯上，把房门在我后面闩上了。但是他赶我出来时候，我对他说，我要坐在楼梯上不走开，直等到他给了我钱。于是我就坐在楼梯上。隔了一会儿他把门打开来，看见我还坐在那里，又把门关上了。接着又隔了一个很长时候，他把门打开来，一看见我他又把门关上了。这以后，他几次打开门朝外面看。后来他带着亚助尔加出来了，关上门，从我身边走过去，不说一句话。我也不说一句话，就坐在那里，一直坐到天黑。”

“我的心肝！”安娜·安德烈耶夫娜叫了起来，“那楼梯上一定是很冷的呀！”

“我穿了一件暖和的外衣。”尼丽回答说。

“一件外衣，真的吗！……可怜的心肝，你受过怎样的痛苦啊！那么他后来怎么样呢，你那外公？”

尼丽的嘴唇抖了起来，但是她使了一种很大的劲，约束住自己。

“天完全黑了以后他才回来，他一上来就跌在我的身上，叫了起来：‘这是谁呀？’我说是我。他一定以为我老早就走了。当他看见我还在那里，他大为吃惊，在我前面呆站了许多时候。突然他用手杖在楼梯上一敲，奔过去把门打开了，一分钟之后，给我拿出些铜板，向我抛过来，抛在楼梯上。

“‘这儿，拿去！’他叫，‘我有的都在这里了，拿去，告诉你妈妈，我诅咒她。’接着他又把门砰的阖上了。那钱从楼梯上滚下去。我在黑暗里去拾起来。外公似乎明白他把钱丢在楼梯上，我在黑暗里是很难找寻的；他打开房门，拿出一支蜡烛，我借着蜡烛光就很快拾起来了。外公也拾起了几枚，告诉我一起是七十个戈比，接着他又走开了。我回到家里，把钱给了妈妈，告诉她一切事情。妈妈病又坏一点，而我这一整夜里和第二天也害病了，浑身发起烧来，我别的都不想，只气我的外公；我趁妈妈睡熟了，走出到他住处去，我到那边之前，在桥上站住了，这时‘他’从旁边走过……”

“亚立波夫，”我说，“就是我告诉过你的那个人，尼古拉·舍盖伊契——那个在布勃诺夫夫人家里跟那年轻商人一起挨过一顿打的。尼丽那时第一次看到他……说下去，尼丽。”

“我拦住他，向他讨些钱，讨一个银卢布。他说：‘一个银卢布？’我说：‘是的，’于是他笑了起来，说：‘跟我来吧。’我不知道要不要去。一个戴金边眼镜的老先生走过来，听见我要讨一个银卢布。他俯下身来，问我为什么要那么多。我告诉他妈妈病着，我要这么多钱去买药。他问我住在什么地方，把地址抄了去，给我一张卢布票。另外，那个人看见那戴眼镜的先生就走开了，再不来要我同他去了。我走进一家铺子，把卢布换成零钱。我把三十个戈比包在一张纸里，放开预备给妈妈，那七十个戈比我没有包，故意握在手里，就走到外公那里去。我到了那里，打开门，站在门道上，把所有钱一起丢到房间里，于是那些钱就满地滚起来。

"'这儿，把你的钱拿去！'我对他说。'妈妈不要这个，因为你咒了她。'于是我把门砰地关上，立刻逃开了。"

她的眼睛闪出光来，带着一种天真的挑衅神气望着老人。

"这也很对，"安娜·安德烈耶夫娜说，不去望尼古拉·舍盖伊契，把尼丽紧抱在她的怀里。"这样对付他很对。你外公是恶毒的和狠心的……"

"哼！"尼古拉·舍盖伊契应了一声。

"嗯，那么以后呢，以后呢？"安娜·安德烈耶夫娜耐不住地问。

"我再不去看外公了，他也再不来碰我了。"尼丽说。

"嗯，那么你们怎么过下去呢——你妈妈跟你？唉，可怜的人们呀，可怜的人们呀！"

"妈妈依旧病得很凶，她很难起床了，"尼丽接下去说，她的声音颤抖着，断断续续的。"我们没有一点钱，于是我跟着那船长的寡妇出去。她常常挨家挨户地跑，在街上拦住一些善良的人，也向他们讨钱；她就是这样过活的。她时常对我说，她并不是一个叫化子，她有文件表示她的品级的，同时也表示她穷。她常常拿出这些文件来表示，人们就为这个缘故给她钱。她时常对我说，向一切人讨钱并不是耻辱。我时常跟她出去，人们给我们钱，我们就这样过下去。妈妈也知道这事了，因为别的房客骂她是叫化子，布勃诺夫夫人亲自跑到妈妈那里来，说与其上街讨饭，不如让我到她那里去。她以前也曾经来看过妈妈，并且给她钱。妈妈不肯拿她的钱，她说她为什么那么骄傲，并且还送东西来给她吃。当她提到我的事情时候，妈妈吓着了而且哭了；布勃诺夫夫人骂起她来，因为她是喝醉酒的，并且对她说，我无论如何总归是个叫化子，常常跟那船长寡妇一起出去的。这天晚上，她就把那船长寡妇赶出屋去了。妈妈听到这个，她哭了起来；接着她突然从床上起来，穿上衣服，拉着我的手，带着我出去了。伊凡·亚历山特立契想阻止她，但是她不听他说，于是我们就出去了。妈妈简直走不动路，每隔一两分钟就要在街上坐下来，我扶着她。妈妈不断地说，她要到外公那里去，要我带她去，那时天已经完全黑了。忽然我们走进一条大街；那里有一大群马车，在一处房子外面停着，有许多人出来；所有的窗子里都点着灯，还可以听到音乐。妈妈站住了，紧抓着我，对我说：'尼丽，穷吧，一生一世的穷吧；不管是谁叫你，不管是谁来找你，别到他那里去。你到那边也许可以有钱，可以穿得很好，但是我不愿意。他们是残忍和恶毒的，这就是我吩咐你的话：守着穷，去做工，和去讨饭，如果有什么人来找你，你就说："我不同你去！"'这就是妈妈病中对我讲的，我要终生终世服从她，"尼丽补充说，激动得抖起来，她那小小的脸孔通红了；"我要终生终世地做工，做一个佣人，我到你们家里来，也是来做工，做一个佣人，我不要像女儿一样……”

“别说，别说，我的心肝，别说！”安娜·安德烈耶夫娜叫起来，热烈地紧抱着尼丽。“你要知道，你妈妈说这话的时候是在害病啊。”

“她是神经错乱了。”老人尖利地说。

“她神经错乱又怎么样！”尼丽叫起来，很快地向他转过去。“就算她是神经错乱吧，她是这样告诉我了，我就要终生终世这样做。她对我说这些话的时候，她晕倒了。”

“天哪！”安娜·安德烈耶夫娜叫起来。“害着病，在街上，在冬天哪！”

“他们要把我们交给警察，但是一个先生来袒护我们，问了我们的地址，给我十个卢布，叫他们用他的马车把我们送回住处。这以后妈妈就不曾起来了，过了三个星期，她就死了……”

“那么她爸爸呢？那时他始终不曾宽恕她吗？”安娜·安德烈耶夫娜叫起来。

“他不曾宽恕她，”尼丽回答说，用一种痛苦的努力控制着自己。“她死前一个星期，妈妈把我叫过去，对我说：‘尼丽，再到你外公那里去一次吧，最后一次了，请他到这里来，宽恕我吧。告诉他，几天之内我就要死了，抛下你一个人孤零零在世界上。并且还告诉他，我是很难死的啊……’我跑去，敲外公的房门。他打开门，一看见是我，就打算关上，但是我用两只手扳住门，向他大叫：

“‘妈妈快死啦，她是来请你的；去吧！’但是他推开我，把门关上了。我回到妈妈那里，在她旁边躺下来，把她抱在我的臂膀里，没有说什么。妈妈紧抱着我，没有问什么。”

说到这里，尼古拉·舍盖伊契把两只手沉重地按在桌子上，站了起来。但是，当他用一种奇怪的无神的眼色向我们所有的人看了一眼之后，又无助地倒到他的安乐椅里了。安娜·安德烈耶夫娜再不去望他了。她对着尼丽在悲泣着……

“妈妈死前的最后一天里，快黄昏的时候，她叫我过去，握着我的手说：

“‘今天我要死了，尼丽。’”

“她还想说些什么，但是她说不出了。我看着她，她却似乎不在看我，只是把我的手紧紧地捏在她手里。我轻轻地抽开我的手，奔出屋子去，一直奔到外公家里。他一看见我就从椅子里跳了起来，望着我，他是那么给吓着了，脸色完全发白，并且抖了起来。我捉住他的手，只说了一句：

“她就要死了。’

“接着，突然一下子他忙乱起来，他抓起他的手杖，跟着我奔；他连帽子也忘记了，而天气是很冷的。我抓起他的帽子，戴到他头上，我们就一起奔去。我催他快点，叫他喊部雪橇，因为妈妈快要死了，但是外公只有七个戈比，这就是他全部的钱了。他叫住一部矮轿车，来讲价钱，但是他们只是笑他并且笑他的亚助尔加；亚助尔加是同着我们在奔的，于是我们就不断地奔着。外公是乏了，呼吸很困难，但是他还是奔着赶去。突然他跌倒了，他帽子又落掉了。我扶他起来，替他戴上帽子，用手拉着他，直到天黑了才到家。但是妈妈已经死去了。外公一看见她，举起他的手发起抖来，他站在她面前，一句话不说。我那时走到我那死了的妈妈前面，抓着外公的手，向他叫着：

"'看，你这恶毒的残忍的人呀！瞧吧……瞧吧！'"

"外公锐叫了一声，像死人一样倒下去了……"

尼丽跳了起来，挣开安娜·安德烈耶夫娜的臂膀，脸色苍白、乏力和恐怖地站在我们的中间。但是安娜·安德烈耶夫娜向她扑过去，重新抱住她，像受着神灵感动似的叫起来。

"我现在要做你的妈妈，尼丽，你要做我的孩子。是的，尼丽，让我们走，让我们抛弃这些残忍的恶毒的人吧。让他们对人们去嘲笑吧；上帝会报应他们的。来吧，尼丽，离开这儿，来吧！"

无论从前或后来，我从来不曾看见她那样激动过，我也从来想不到她会那么激动。坐在椅子里的尼古拉·舍盖伊契站了起来，用断断续续的声音问：

"你到哪里去，安娜·安德烈耶夫娜？"

"到她那里去，到我女儿那里去，到娜泰莎那里去！"她喊着，拉着尼丽向门口奔去。

"停着，停着！等一等！"

"用不着等，你这残忍的、冷心肠的人！我等得太久了，她也在等着，可是现在，再会吧！"

说着这话，安娜·安德烈耶夫娜回过身去，望了她丈夫一眼，却化石般地站住了。尼古拉·舍盖伊契在找他的帽子，用无力的颤抖的手在拉他的外衣。

"你也去！……你也同我们去！"她喊起来，恳求地抓着手，不信任地望着他，似乎她不敢相信那样的快乐似的。

"娜泰莎！我的娜泰莎在哪里呀？她在哪里呀？我的女

儿在哪里呀?”最后从那老人的嘴唇里突然叫出来。“把我的娜泰莎还回来!她在哪里,哪里呀?”

他抓起他的手杖——这是我递给他的——就向门口冲去。

“他已经宽恕了!宽恕了!”安娜·安德烈耶夫娜喊。

但是老人不曾到门口。门很快地打开了,娜泰莎冲进房间里来,脸色苍白,眼睛发光,似乎在发烧。她的衣服皱乱和给雨淋湿了。包在她头上的头巾,滑落在她颈旁,她那浓密的鬈曲的头发上闪着大颗的雨滴。她奔进来,看见她父亲,就在他面前跪下了,向他伸出两只手去。

第 九 章

但是他已经把她抱在怀里了!

他像抱孩子似的,把她举起来,抱到他的椅子上,使她坐下,自己就在她面前跪倒了。他吻她的手,吻她的脚,他急急地吻她,急急地注视她,似乎他还不能相信他是跟她在一起。他又看到她和听到她——她,他的女儿,他的娜泰莎了。安娜·安德烈耶夫娜拥抱着她,哭泣着,把头紧贴着她的胸脯,似乎在这些拥抱中间几乎闷杀了,说不出一句话来。

“我的亲亲呀……我的命呀!……我的宝贝呀!……”老人不连气地喊,紧抓着娜泰莎的手,像一个爱人似的注视着她那苍白瘦削然而却可爱的脸孔和那闪着泪光的眼睛。“我的宝贝,我的孩子!”他重复地喊着,又停住了,并且带着一种虔敬的狂悦注视着她。“怎么,怎么你们告诉我她瘦了?”他说,带着一种急促的孩子般的微笑旋向我们,虽然他依旧跪在她的面前。“她瘦了，这是真的，她是苍白了，但是她多么好看哪！比向来更加可爱了，是的，甚至更可爱了呀！”他补充说，他的声音因为快乐的痛苦而破碎了，那种快乐的痛苦似乎使他的心裂成两半了。

“起来，爸爸！啊，起来呀，”娜泰莎说，“我也要吻你呀！……”

“啊，心肝！你听见吗，安奴胥加，[①]你听见她说得多可爱哪。”

于是他痉挛地把她拥抱起来。

“不，娜泰莎，这是该我，该我来躺在你的脚下，直到我的心告诉我，你已经宽恕我了，因为我现在是决不，决不配受你宽恕的呀！我把你抛开，我诅咒过你；你听见吗，娜泰莎，我诅咒过你呀！我那时竟敢那样做呀！……而你，你，娜泰莎，你能相信我诅咒过你吗！她曾经相信过，是的，她相信过！她不应该相信呀！她不应该相信，她简直不应该相信呀！残忍的小心肝啊！你为什么不到我这里来呀……你应该知道我是会收留你的呀……啊，娜泰莎，你应该记得我向来是多么爱你呀！啊，现在我是比以前两倍的、一千倍的更爱你啊。我用我的每一滴血在爱你啊。我要把我的心撕出来，撕成一片一片地放在你的脚下，啊，我的宝贝呀！”

“啊，那么吻我吧，你这残忍的人呀，吻我的嘴唇，吻我的脸孔，像妈妈吻我一样吧！”娜泰莎用一种虚弱而无力的声音叫，充满了快乐的眼泪。

---

① 安娜·安德烈耶夫娜的昵称。

“还要吻你那可爱的眼睛呀！你那可爱的眼睛呀！像我常常吻它一样，你记得吗？”经过长久一会亲热的拥抱之后，老人重复地说。“啊，娜泰莎！你可有时梦到我们吗？我几乎每天晚上都梦到你呀，每天晚上你到我这里来，我朝着你哭。有一次你像一个小孩子一样来了，似乎你还只有十岁模样，才开始学音乐的功课，你记得吗？我梦见你来，穿着一件短外衫，穿着好看的小鞋子，还有红红的小手……那时她的手常是那么红红的，你记得吗，安奴胥加？——她跑来，坐在我的膝盖上，把她的臂膀围着我……而你，你这坏丫头呀！你能相信我诅咒过你吗，能相信你回来我会不欢迎你吗？唉，我呀……听着，娜泰莎，我常常到你那里去的啊，你妈妈不知道，没有一个人知道；有时我站在你的窗子底下，有时我等了半天，站在靠近你那大门口的人行道上，等待一个机会，如果你出来我可以远远地见到你呀！常常在晚上，你的窗子口点了一只灯；我是那么常常地跑到你的窗子底下来，只为了望望你的灯，只为了在玻璃窗上看到你的影子，祝福你夜晚平安。你可曾也在晚上祝福我吗？你也想我吗？你的心可曾告诉你，我是在你窗子底下吗？在冬天里，我是那么常常地跑到你的楼梯上来，站在黑暗的梯头上，在你的门口谛听着，希望听到你的声音呢。你笑吗？我咒你吗？唉，有天晚上，我到你那里去；我要来宽恕你，到了门口才回转呢……啊，娜泰莎呀！”

他站起来，把她从椅子里抱起，把她紧紧地紧紧地拥在他的心头。

“她又在这儿啦，又靠近我的心啦！”他叫，“啊，主呀，我为这一切，为这一切感谢您，为您的愤怒也为您的怜悯啊！……

因为您，在暴风雨之后，太阳又照在我们的身上了！为了所有这些瞬间，我感谢您呵！啊，我们可以被侮辱与被损害，但是我们又在一起了，现在那些侮辱过和损害过我们的骄矜和傲慢的人，可以胜利了吧！让他们向我们来扔石头吧！别害怕，娜泰莎……我们要手拉手地走着，我会对他们说：'这是我的心肝，这是我钟爱的女儿，我的清白的女儿，她曾经给你们侮辱过和损害过，但是我爱她，永远永远地祝福她呀！'"

"万尼亚，万尼亚，"娜泰莎用一种微弱的声音喊，从她爸爸的臂膀里向我伸出手来！

啊，我永远不会忘记，她在这会儿会想到我，会叫我啊！

"尼丽在哪里呀？"老人向四面望了望说。

"啊，她在哪里呀？"他的女人叫起来。"我的天！我们把她忘记啦！"

可是她没有在房间里。她趁人家没有注意溜到卧室里去了。我们都跑进去。尼丽站在门背后的角落里，很害怕的样子躲开我们。

"尼丽，你怎么回事呀，我的孩子？"老人叫，想用他的臂膀去抱她。

但是她投给他一种奇怪的长久的注视。

"妈妈，妈妈在哪里呀？"她突然像梦呓似的叫出来，"我的妈妈在哪里呀？"她又叫了一声，向我们伸出她那颤抖的手来。

于是突然一声可怕的非人的锐叫从她的胸膛里爆发出来，她的脸孔痉挛地搐动着，在一阵恐怖的癫病发作中间，她倒在地板上了。

尾　　声

最后的回忆

这是六月初头。天气炎热而闷人；市内是不可能住的，那里到处都是尘土、泥灰、棚架、灼热的人行道和污浊的空气……但是现在——啊，快活呀！远处在响着隆隆的雷声了；一阵风吹过来，驱赶着城市的烟尘。几颗巨大的雨珠滴落到地上，接着整个天空似乎裂开了，如注的大雨向市内倾倒下来。半个小时以后，太阳又出来了，我打开我的顶楼的窗子，贪婪地吸着新鲜的空气到我的疲弱的肺部里去。我在欣悦中间感觉得要抛开我的写作，我的工作和我的出版人，要奔到华西里耶夫斯基岛我的朋友那里去。但是诱惑虽然那么强烈，我却仍然主宰住自己，带着一种愤怒又回去做我的工作。无论如何，我得完成我的工作。我的出版人要求过这个，我不完成他不肯付我钱。那边在等着我，但是另一方面，到了黄昏我就自由了，像风一样完全自由了，这天晚上将补偿我那过去的两天两夜，那两天两夜里我曾经写了三张半大稿纸。

现在工作终究完成了；我丢开笔杆站起来，胸口背上都发痛，脑袋沉甸甸的。我知道这会儿我的神经是紧张到顶点了，我仿佛听到我那老医生对我说的最后那句话：

“不，没有一种身体能忍得住这种紧张，因为这是不可能的。”

然而现在这终于成为可能了！我的头在旋，我几乎站不直，可是我的心却充满了喜悦，无限的喜悦。我的小说写完了，虽然我欠了我的出版人许多钱，但是当他看见目的物已经到手，他自然多少还会给我一些的——就是五十个卢布也好，我好久以来连这一点钱都没有了。自由与金钱呀！我高兴地抓起我的帽子，把原稿挟在我的胁下，用最快的速度奔出去找我们珍贵的亚历山特·彼特罗维契。

我找到他了，但是他正要出去。他恰好也刚刚做成一笔极有利的买卖，不过不是文字的买卖，他最后送着一个浅黑色脸孔的犹太人到门口，他曾经跟那犹太人在书房里坐了两个钟头。他殷勤地跟我握手，用他那柔和可爱的低音询问我的健康。他是一个心肠极好的人，说实在话，我是深深地叨赖他的。他终生终世只是一个出版家，这是他的错误吗？他很了解文学是需要出版家的，而且了然得很中肯，因此一切的光荣和荣誉都归了他！

他含着一丝适意的微笑，听说小说完成了，因此他下一期的杂志的主要栏目是保险无忧了，他惊奇我究竟怎么能够结束一切事情，而且在那话题上开了一个极可爱的玩笑。接着他走到他那只坚固的铁箱旁边去，把他答应过我的五十个卢布给了我，同时又拿出另外一本厚厚的敌对的杂志来，在批评栏里指出几行文字，那里有些话讲到我最近的小说。

我看了。这是一篇"抄袭家"写的文章。他既不直接攻击我，也不恭维我，我很高兴。但是那位"抄袭家"顺便还说了我的作品一般地都带着"汗酸臭"。那就是说，我是那样流着汗、拼着命写出来的，那样地加工，那样润饰，而结果却是叫人作呕的。

那出版家和我都笑了起来。我告诉他说，我最后那部小说是在两夜中间写成的，而现在我在两天两夜中间写了三张半大稿纸，但愿那位攻击我的作品过度费力和太审慎的“抄袭家”知道这个吧！

“不过这是你自己不对，伊凡·彼特罗维契，”他说，“你为什么这样拖延，使得你要熬夜呢？”

亚历山特·彼特罗维契自然是个极有趣的人，不过他却有一个特别的缺点——就是喜欢吹几句他对于文学的判断，尤其是在那些他认为十分了解他的人面前。但是我却不想跟他来讨论文学；我拿了钱，抓起我的帽子。亚历山特·彼特罗维契要到岛上他的别墅里去，听说我也要到华西里耶夫斯基岛去，他就亲切地邀我坐他的马车去。

“我弄了一辆新马车，”他说，“你还不曾见过呢。那是很漂亮的。”

我们动身了。那马车确实很可爱的，亚历山特·彼特罗维契在最初弄到它的时候特别高兴让朋友坐在里面，甚至精神上渴望着这么做。

在马车里，亚历山特·彼特罗维契好几次又批评起现代的文学。他对我毫不拘束，泰然地叙述各种传闻的意见，那是一两天前他从一些文艺家那里听来的，那些文艺家是他所相信，他们的意见是他所尊崇的。这使他有时重复地叙述着一些异常奇特的观念。有时还碰到这样情形，他获得一个错误的观念，或者运用错了，这样就被他弄得毫无意义。我默默地坐着听，惊奇着人类情感的不定和奇幻。“这里有一个人，”我自己想，“他可以赚钱，而且已经赚到钱；但是不，他还得要有名誉，文学的名誉，一个领导的出版家，一个批评家的名誉！”

这时他正在企图入微入细地说明一种文学理论，那是三天以前他从我这里听去的，那时他还和我争辩过，但是现在他却冒充是他自己的意见了。不过，这样的健忘在亚历山特·彼特罗维契是一种寻常的现象，他这种天真的缺点在一切认识他的人们中间是有名的。他这个时候坐在他自己的马车里发挥着这些议论，多么快乐，多么满意于他自己的身份，多么亲切啊！他在谈一种深有修养的文艺性的话题，连他那柔和的有威仪的低音都有着一种有修养的调子。渐渐地他扯到自由主义上面去了，接着又转到一种温和地怀疑的命题上去。就是说，在我们文学中间，诚实和虚心是不可能有的，或者在任何其他文学中也一样，除了“彼此打架”以外，什么也不会有的，尤其是在流行在作品上签名的制度的地方。我自己回忆着，亚历山特·彼特罗维契想把每个诚实和恳挚的作家当作一种即使不是傻瓜，也是头脑简单的人物，那就是因为他们太诚实和恳挚的缘故。这种意见，无疑是直接由于他极端的忠厚而来的。

但是我不再去听他了。我们到了华西里耶夫斯基岛的时候，他让我下了马车，于是我就跑到我的朋友们那里去。这时我已经到十三道街了；他们的小房子就在这里。安娜·安德烈耶夫娜一看见我，就向我摇摇指头，挥着她的手，对我说声“嘘！”叫我不要响。

“尼丽刚睡熟哩，可怜的小东西呵！”她急促地向我低声说。“看上帝面上，别吵醒她吧。她身体可是亏得很哩，可怜的心肝呀！我们都替她很担心哩。医生说暂时不会有什么事。从你那位医生口里什么也探听不出来。这可不是你的羞耻吗，伊凡·彼特罗维契！我们在等你呀！我们等着你来吃饭……你已经两天不到这里来啦！”

“可是我前天告诉过你，说我两天之内不会来呀，”我对安娜·安德烈耶夫娜低声说，“我得赶完我的作品……”

“但是你知道，你答应今天到这里来吃饭的呀！你为什么不来呢？尼丽还特地起来，小安琪儿呀——我们把她放在安乐椅上，把她抬进来吃饭。‘我要同你们等着万尼亚，’她说，但是我们的万尼亚却没有来。唉，马上就六点钟了哪！你在哪里闲荡呀，你这造孽的？她是那么的烦恼，我简直不知道怎样去逗她喜欢……幸而她睡熟了，可怜的心肝。尼古拉·舍盖伊契也到市里去了(他会回来喝茶的)。我是一个人烦躁着呢……他找到了一个位置呢，伊凡·彼特罗维契。我只要一想起在拍尔姆省，我心里就起一阵寒颤……”

“那么，娜泰莎在哪里呢？”

“在花园里，我的心肝！到她那里去吧……她也有点不对劲呢……我不明白她……唉，伊凡·彼特罗维契，我的心好沉重啊！她说她是快乐和满足的，但是我不相信她。到她那里去吧，万尼亚，悄悄地来告诉我，她有什么事情……你听见吗？”

但是，我再不去听安娜·安德烈耶夫娜的话了。我奔到花园里去。这小花园是属于这座房子的；有二十五步长，同样宽，全长满绿草。有三株枝叶张展的老树，几株赤杨树，几簇丁香花和忍冬花；在角落上有一片地种着覆盆子花，两坛莓子，有两条狭窄的蜿蜒的小路各自穿过这园子。老人曾经愉快地说过，这里马上要长蘑菇了。主要的是尼丽喜欢这花园，她常常坐在安乐椅上给抬出到花园的小路上来。尼丽现在是这家里的宠儿了。

但是，这时我碰见娜泰莎了。她高兴地来迎接我，伸出她的手来。她是多么消瘦，多么苍白啊！她也是刚刚从病中恢复过来的。

“你已经完全写好了吗，万尼亚？”她问我。

“完全，完全！我整个黄昏都自由了。”

“啊，谢谢上帝！你是赶出来的吗？不曾损害那作品吗？”

“我怎么办呢？不过都还不错。做这样一种吃力的工作，我的神经搞得特别的紧张；我想象得格外清楚了，我的感情也更生动和深刻了，甚至我的文体也更加受我的控制了，所以挤压出来的作品倒往往是更好的。都还不错……”

“唉，万尼亚，万尼亚啊！……”

近来我注意到，娜泰莎对于我文学的成功和声名有种嫉妒而恳挚的留心。她读过我去年出版的一切东西，不断地问我未来的计划，对于每种批评都感兴趣，对于有些批评则很生气；而且拼命地渴望我在文学界里取得崇高的地位。她的欲望表现得那样强烈和执拗，使我简直对于她那样的感情震骇了。

“你简直会把你自己写垮哪，万尼亚，”她对我说，“你在使你自己过度紧张，而你会把你自己写垮；尤其是，你是在毁坏你的身体呢。S一年只写出一本小说，而N十年才写出一本小说。瞧他们的作品是多么洗练，多么完整啊！你找不出一丝毛病的。”

“是的，但是他们是走运的，用不着赶着写，而我却是靠笔杆儿吃饭的。不过这没有关系！让我们撇开别谈吧，亲爱的。嗯，没有什么新闻吗？”

“一大堆呢。首先是他来了一封信。”

“又来了吗？”

“是的，又来了。”

她给了我一封阿略沙写来的信。从他们分开以来这是第三封信了。第一封是从莫斯科写来的，似乎是在一种疯狂中间写的。他告诉她事情变得那样，使他不可能照他们分别时候所计划的从莫斯科赶到彼得堡来。在第二封信里，他宣称他几天内就要回到我们这里来，赶紧跟娜泰莎举行婚礼，并且说这婚事已经是决定了，没有什么东西能阻止的。可是从这封信上的全部口吻看来，显然他是在绝望中间，外界的力量重重地压迫着他，他自己都不相信自己所说的话。他顺便说到卡佳是他的天神，她是他唯一的支持和安慰。我急切地打开这第三封信。

这封信一共两张纸，是用匆促的、难以辨认的潦草字体连不成气而零乱地写成的，染抹着一些墨污和泪痕。开头是阿略沙弃绝娜泰莎，求她忘记他。他想表示他们的结婚是不可能的，说外界的敌对的力量比任何东西都强，而且事实上也一定是那样的；又说娜泰莎跟他在一起是不会幸福的，因为他们是不相等的。但是，他无法继续这样说下去了，于是突然抛弃了他的辩论和说理，也不曾撕掉或抛弃那上半部分的信，就承认他对待娜泰莎是犯罪的，说他是一个堕落的人，没有能力站起来反对他的父亲——他已经下乡来了。他写着，他表达不出他的痛苦，顺便他又承认，他觉得是有把握能使娜泰莎幸福的，证明他们绝对是相等的，并且固执地和愤怒地驳斥了他父亲的意见；他描绘了一幅关于幸福生活的绝望的图画，这种幸福的生活也许在等待着他俩——他自己和娜泰莎，如果他们结了婚的话；他诅咒自己的懦怯，说出永别！那信是在悲痛中间写成的；他写的时候显然已经精神错乱了。眼泪涌到我的眼睛里来。娜泰莎又给了我另一封卡佳写来的信。这封信放在阿略沙的同一个信封里寄来，不过是另外封好的。卡佳只用几行字，相当简要地告诉娜泰莎，说阿略沙当真是非常抑郁，说他哭得很凶，似乎是绝望了，而且甚至病了，但是有她跟他在一起，他是会幸福的。顺便，卡佳努力来说服娜泰莎，不要相信阿略沙会那么快就得到安慰的，不要相信他的悲哀是轻微的。“他永远不会忘记你的，”卡佳补充说，“真的，他永远不能忘记你，因为他不是那样一种心肠，他是无限量地爱着你的；他会永远爱着你。所以，如果他不爱你了，想到你不悲痛了，那我就会因为这个立刻不再爱他了……”

我把两封信都还给娜泰莎，我们彼此望着，没有说什么；对另外那两封信也是一样。一般地说，我们都避免谈到过去，仿佛我们彼此之间是有着一种默契似的。我看出她是难以忍受地痛苦着，但是她不愿意表示出来，甚至在我面前。她回到她父亲家里以后，由于热度的袭击，在床上躺了三个礼拜，最近才好起来。我们彼此都不大谈到我们未来的变化，虽然她知道她父亲已经获得了一个位置，我们不久就要分离了。不过尽管这样，这些日子里她对我却是那么温存，那么留心，和对我所做的一切工作那么关心。对于我必须告诉她的关于我自己的一切事情，她是带着那样的坚持，那样固执的注意来听着，那使我最初简直感到有点压迫了；在我看来，她似乎想为过去的事情来补报我。但是，这种情感不久就过去了。我看出她是需要一些完全不同的东西，看出她只是在爱我，无限量地在爱我，没有我，和没有对于我一切事情的关切，她就不能生活；我相信没有一个姊妹爱他的兄弟，有如娜泰莎爱我那样。我完全知道，我们快要到来的分离，是她心头上的一种重负，娜泰莎是悲伤的；她也知道我没有她是不能生活的；但是关于这个，我们大家都不提，虽然我们对于眼前的事情却谈得很琐细。

我问起尼古拉·舍盖伊契。

“我相信他马上就会回来的，”娜泰莎说，“他答应来喝茶。”

“他还在找工作吗？”

“是的；但是关于工作已经没有什么疑问了；我不知道他当真有什么理由要今天去，”她补了一句，沉默着，“他本来可以明天去的。”

“那么他为什么要去呢？”

“因为我收到了一封信……他是这样为我难过，”娜泰莎接着说，“那当真使我痛苦呢，万尼亚。他似乎除开我之外，什么也不梦想。我相信，他除开想到我怎样过活，我怎样感觉，我在想些什么之外，别的什么也不想。我每一种焦灼在他心上都会起种反响。我看到他有时那么拙笨地想约束他自己，假装并没有为我难过，他怎样装作愉快，想笑出来娱乐我们。妈妈在这种当儿也不像她本来那样子，并且也不相信他的笑，于是叹息起来了……她是那么拙笨的……一个坦白的人呵，”她笑了一笑接着说。“所以，当我今天收到了一封信，他就不得不立即跑出去，避开碰见我的眼睛。我爱他超过于爱我自己，超过于爱世界上任何一个人，万尼亚，”她接着说，垂下她的头，和捏着我的手，“甚至超过爱你……”

我们在花园里来回走了两遍，她这才又说话。

“马斯罗波耶夫昨天跟今天都在这里。”她说。

“是的，他近来常常来看你们。”

“你知道他为什么来吗？妈妈相信他比什么人都相信。她以为他是那么熟悉这一类事情(法律以及这一类事情)，所以能够处理任何事情。你再也想象不到妈妈在酝酿着什么一种念头！她的心底里是非常酸痛和悲哀的，因为我不曾成为亲王夫人。这念头使她不能平静，我相信她曾经向马斯罗波耶夫吐露过她的真心。她是怕跟爸爸说的，她不知道马斯罗波耶夫是否能替她想点办法，通过法律是否有些什么办法。我猜想马斯罗波耶夫没有违反她，她还用酒款待他哩！”娜泰莎笑了一笑补充说。

“这样那流氓就够了！但是你怎么知道的？”

“唉，妈妈亲自向我吐露出来的……用一些暗示。”

“尼丽有什么事吗？她怎么样了？”我问。

“我对你有点奇怪哩，万尼亚。这以前你从不曾问起过她。”娜泰莎谴责地说。

尼丽是这全家的宠儿了。娜泰莎喜欢她极了，而尼丽是绝对地信奉她。可怜的孩子呀！她从不曾期望会碰到这样一些朋友，会获得这样的爱，我高兴地看到她那受苦的小心在柔和起来，她的灵魂在向我们展露开来。她带着痛苦与狂热的渴望在感受环绕着她的爱，那和过去只有使她心中滋长着不信任、憎恨和固执的一切日子，是那样的相反呵。虽然即使在目前，尼丽还是坚持了许多日子，她有许多日子故意想对他们掩饰着她妥协的眼泪，直到最后她才完全屈服了。她渐渐地非常喜欢娜泰莎，后来又非常喜欢尼古拉·舍盖伊契。我对于她已经变得那么必需了，我一走开，她的病就要坏一点。最近一次，我为了结束我的小说，离开了她两天的时候，我好容易才把她安慰下来……自然是间接地。尼丽仍然不好意思太公开太无约束地表现她的感情。

她使我们所有人都很不安。没有经过什么讨论，便默契地决定了她要永远留在尼古拉·舍盖伊契的家里；这时离开的日子格外近了，她的病却愈来愈坏。自从我把她带到尼古拉·舍盖伊契的家里来那一天，就是他跟娜泰莎和解的那一天起，她就病倒了。不过实在说，她一直就是病着的。那病在以前就已经逐渐生了根，可是现在却格外迅速地变得更坏了。我不明白也不能精确地解释她的病。那倒是真的，她的癫症比以前发的次数更多了，但是更严重的象征是一种消耗和乏力，不断地发烧和神经衰弱，这近来变得那么坏，她只好躺在床上了。说来奇怪，那病越是侵袭她，她对我们却越发柔和、越发亲热和越发坦白了。三天以前，我走过她的床前，她向我伸出手来，把我拉到她旁边去。那时房间里没有别人。她瘦得可怕；她的脸孔绯红，她的眼睛里燃烧着一种发烧的热光。她痉挛地使我贴近她，当我向她俯下去的时候，她用她浅黑色皮肤的小胳膊紧紧地抱住我的脖子，并且热情地吻着我，接着她立刻要娜泰莎到她那里来。我叫了她来；尼丽一定要娜泰莎坐到床上，向她凝视着……

“我要看着你，”她说，“我昨夜梦见你，我今夜还将再梦见你呢……我常常梦见你……每天夜里。……”

她显然想说些什么；她是给感情压倒了，但是她却不理解她自己的感情，不能够表达它们……

除开我，她爱尼古拉·舍盖伊契是比对谁都爱。尼古拉·舍盖伊契爱她可以说几乎是和娜泰莎一样。他有一种奇怪的本领能够逗尼丽高兴和使她快乐。他一走近她，就会有笑声或甚至恶作剧。那病着的小姑娘就跟小孩子一般的好玩，跟那老头儿撒娇，嘲笑他，和把她的梦告诉他，常常捏造一些杜撰的故事，并且也叫他给她讲故事。那老人是那么喜欢，那么快乐，望着他那“小女儿尼丽”，他每天跟她在一起，便越来越欢喜她了。

“上帝为了补偿我们的痛苦，派了她到我们这里来。”他有一次在晚上和平常一样在尼丽身上画过十字以后，离开她的时候向我说。

黄昏，我们都在一块儿的时候（马斯罗波耶夫几乎每天黄昏也在场），我们那位老医生常常也闯了进来。他对伊赫曼耶夫家也热烈地依恋起来了。尼丽坐在她的安乐椅上给抬到圆桌前面来。凉台上的房门开着。我们在落日光辉中可以看到绿色花园的全景，从花园里吹来新鲜树叶和开放的丁香花的香气。尼丽坐在她的安乐椅上，亲切地望着我们所有的人，和听着我们的谈话。有时她精神更好一点，就也加入到我们的谈话里来。但是，那种当儿我们常常都带着不安听她说话，因为在她的回忆中间，有许多话题我们是不愿触到的。娜泰莎和我以及伊赫曼耶夫两老都感到一种内疚，和承认我们自己做错，就是那天她被逼迫着痛苦和颤抖地来告诉我们她的全部故事。老医生尤其反对那种回忆，常常想来转移话头。那种时候尼丽竭力装作她不曾注意到我们的苦心，会跟医生或是跟尼古拉·舍盖伊契大笑起来。

可是她的病却越来越坏了。她变成非常容易受感动。她的心脏跳动得没有规律。那医生告诉我，实在她随便什么时候都会很容易地死去的。

我不曾把这个告诉伊赫曼耶夫两老，怕这会使他们伤心。尼古拉·舍盖伊契十分确信他们动身的时候她就会复原的。

"爸爸进来了，"娜泰莎听到他的声音说，"我们去吧，万尼亚。"

和平常一样，尼古拉·舍盖伊契刚跨进门就大声地说起话来。安娜·安德烈耶夫娜在向他做手势。老人立刻就沉静下来，而一看见娜泰莎和我，便带着一种急促的神气，用一种低声告诉我们他出去的结果。他已经接受了他所要找的位置，心里很高兴。

"两礼拜之内，我们就可以动身了。"他说，搓搓他的手，朝着娜泰莎焦灼地斜睨了一眼。

但是她却报答了一个微笑，并且去拥抱他，因此他的疑惑便立即消失了。

"我们要离开了，我们要离开了，我亲爱的！他高兴地说。'只有你，万尼亚，离开你，这是缺憾……"（我要补充说一句，他从来不曾提议过一回，要我跟他们去，我懂得他的性格，如果在别种环境下……他一定会叫我同去的……那就是说，如果他不曾觉察到我对娜泰莎的爱。）

“嗯，这没有办法，朋友们，这没有办法呀！这使我难过，万尼亚；但是换一个地方会给我们所有人一个新的生活……改换一个地方就等于改换一切事情呀！”他补了一句，又望了他女儿一眼。

他相信这句话，而且高兴去相信它。

“那么尼丽呢？”安娜·安德烈耶夫娜说。

“尼丽？唉……这小心肝还是很可怜，但是到那时候，她一定会好起来的。她已经好一点了，你以为怎么样？万尼亚？”他说，仿佛惊惶似的。他不安地望望我，似乎要我来解决他的疑问似的。

“她怎么样了？她睡熟了吗？她没有什么不好吧？她现在不曾醒吧？你知道吗，安娜·安德烈耶夫娜，我们要把那张小桌子搬到阳台上去，我们要把那茶炊拿出来；我们的朋友们就会来的，我们都坐到那里去，而且尼丽也可以出来到我们这里……这会很不错。她还不曾醒吗？我要到她那里去。我只是去瞧瞧她。我不会弄醒她的。别不安！”他看见安娜·安德烈耶夫娜又在对他做手势，便补了一句。

但是尼丽已经醒了。一刻钟之后，我们又照常坐下来围着茶炊喝晚茶了。

尼丽坐在她的椅子上给抬了出来。医生和马斯罗波耶夫都到了。后者带来一大束丁香花给尼丽，但是他似乎有什么事情焦灼着和烦恼着。

顺便提一句，马斯罗波耶夫几乎每天黄昏都来的。我已经说过，他们所有人都非常喜欢他，特别是安娜·安德烈耶夫娜，但是我们中间却没有一个人说到亚历山特拉·西苗诺芙娜。马斯罗波耶夫自己也没有暗示到她。安娜·安德烈耶夫娜从我这里听说亚历山特拉·西苗诺芙娜还不曾成为他的正式的妻子，便决定不能够在这屋子里来招待她和跟她谈天。这个决定是坚持着，而且很表示了安娜·安德烈耶夫娜的特性。如果不是娜泰莎跟她在一起，尤其是如果没有发生过这一切事情，她也许不会这么苛求吧。

尼丽这天黄昏特别抑郁，甚至有点精神恍惚的样子。好像她做过一场噩梦，正在默想着它。不过她却很高兴马斯罗波耶夫的礼物，喜欢地看着那些花，我们把那些花装在玻璃杯里摆到她的面前。

“那么，你是非常喜欢花了，尼丽，”老人说，“等一等，”他热心地说，“明天……嗯，你会看到……”

“我喜欢花，”尼丽回答说，“我记得我们过去怎样常常拿着花去欢迎妈妈。当我们在外边的时候(在外边意思是在外国)，妈妈有一次病了整整一个月。亨立契和我商量好，等她起了床，第一次跑出她整整一个月不曾离开的卧室的时候，我们要把所有房间都用花装饰起来。于是我们就那样做了。头天夜里妈妈告诉我们，说她明天要下楼来吃早点。我们很早很早就起来。亨立契拿来一大堆花，于是我们用绿叶子和花环把所有房间都装饰起来。那里有常春藤和一些有宽大叶子的什么东西，我不知道它的名字，还有一种叶子会粘住一切东西的，还有大白花和水仙花——我顶喜欢水仙花——还有玫瑰花，那样好看的玫瑰花，和许多别的花。我们把它们都扎成花环挂起来，或者放到花盆里，有的插在大木桶里就好像一大株树一样；我们把它们放在房间角落上和我妈妈的椅子旁边，妈妈一进来，骇了一跳，大大地高兴起来，亨立契也快乐了……我现在还记得呢……”

这天黄昏，尼丽特别虚弱和神经衰弱。医生不安地望着她。但是她却很想谈话。她谈了很久，直到天黑，告诉我们她从前在外边的生活；我们不去打断她。她和她妈妈，和亨立契一起旅行过许多地方，这些日子里的回想依旧生动地留在她的记忆中间。她热心地谈着蓝色的天空，谈着她曾经看见和经过的积着冰雪的高山，谈着山间的瀑布；接着又谈到意大利的湖沼和山谷，谈到花和树木，谈到那些乡下人，谈到他们的服装，他们的浅黑色的脸孔和黑色的眼睛。她告诉我们他们经历过的各种险事和意外事情。接着她又谈到大城市和宫殿，谈到有一个圆顶的高耸的教堂，那圆顶会突然之间照耀出各样颜色的光彩来；接着又谈到有蓝色天空和蓝色海洋的炎热的南方城市……尼丽从来不曾那么详细地跟我们谈过她所记忆着的事情。我们带着强烈的兴趣听着她。这以前，我们只听到她谈她各色各样的经验，在黑暗阴郁的城市里，以及它那压迫人的、使人麻痹的气氛，它的疫疠的空气，它的奢华的宫殿里老是蒙着尘垢；它那苍白的昏暗的阳光，和那城市里的邪恶的半疯狂的居民，她和她妈妈曾经在他们手里吃过不少的苦头。于是我描想着，她们怎样在那污秽的地窖里，在潮湿而阴暗的晚上，一起躺在那蹩脚床上，回想着过去的日子，和她们的死去的亨立契以及别的地方的奇异事情。我又描想着，尼丽没有了她的妈妈，只一个人的时候，在回忆着一切，而这时布勃诺夫夫人却企图用打击和兽性的残暴去摧毁她的心灵和迫使她过一种污秽的生活……

但是最后尼丽觉得发晕了，于是给抬进屋子里去。尼古拉·舍盖伊契非常惊惶，恼怒我们让她说了那么多话。她有一种突发的病症或者说发晕症。她已经发过几次这种病了。当这回病发过以后，尼丽恳切地要见我。她有点事情要跟我一个人谈。她请求得那么恳切，这一回连医生也主张应该许可她的希望，于是他们都退到室外去了。

“听着，万尼亚，”当我单独留下来的时候，尼丽说，“我知道，他们以为我要跟他们同去，但是我不去，因为我不能去，我要暂时同你住在这里。我要这样告诉你。”

我想劝阻她；我告诉她，伊赫曼耶夫两老爱她，把她看成女儿一样；失去她，他们都会非常难过的。而且在另一方面，她跟我住在一起是很苦的；所以虽然我那样爱她，这件事却是没有希望的——我们只得分开。

“不，这是不可能的！”尼丽着重地回答说，“因为我近来常常梦见妈妈，她告诉我不要跟他们同去。只是留在这里。她告诉我，抛下外公一个人，我是极有罪的，她告诉我这话的时候老是哭。我要留在这里照顾外公，万尼亚。”

“可是你知道，你的外公已经死了呀，尼丽。”我惊愕地听着她，回答说。

她想了一下，注意地望着我。

“告诉我，万尼亚，再告诉我一遍，外公是怎样死的，”她说，“告诉我一切，什么都不要遗漏。”

我听到这请求觉得很惊异，但是我接着把这件事的详细情形都告诉她了。我猜想她是有点神志不清，或者至少在她发病以后，脑子还不曾完全清醒过来。

她注意地听着我所说的，我现在还记得她那黑色的眼睛，闪烁着发热的光，当我谈话的时候，她就一直注意地和固执地望着我。这时房间里已经黑下来了。

“不，万尼亚，他没有死，”她听了这一切话，回想了一下，断然地说，“妈妈常常跟我讲外公的事情，我昨天对她说，‘但是外公死了呀，’她悲伤极了；她哭着并且告诉我说他没有死，人家是故意这样告诉我的，说他现在是在街上走着讨饭，‘正和我们往常讨饭一样，’妈妈对我说，‘他老在从前我们第一次碰到他。’我在他面前跪下，亚助尔加认出我的地方走来走去……”

“那是一个梦呀，尼丽，由于生病而做的梦呀，因为你在害病呀，”我对她说。

“我自己也老是想，这只是一个梦，”尼丽说，“我没有对什么人讲起。我只要想告诉你。但是今天你没有来，我睡熟了，我梦见了外公本人。他坐在家里，正在等我，他是那么瘦削和可怕；他告诉我他已经两天没有东西吃了，亚助尔加也一样，他非常生气，并且骂了我。他还告诉我他一点鼻烟都没有了，没有鼻烟他是不能过活的。他从前有一次确实曾经这样告诉过我。万尼亚，那是妈妈死了以后我跑去看他的时候。那时他在害病，几乎不明白什么事情了。今天我听他这样说，我就想，我要跑到大桥上去求乞，然后给他去买点面包、烤山薯和鼻烟。于是我就跑去站在那里，接着我看见外公在附近走着，他踌躇了一下，向我走过来，看我讨到多少，并且把它拿去。

‘这够买面包了，’他说，‘现在再讨一些去买鼻烟吧。’我讨到了钱，他就过来从我这里拿去了。我告诉他，我总会把所有的都给他的，不会藏下什么。‘不，’他说，‘你偷了我的。布勃诺夫夫人告诉我，你是一个贼骨头；所以我不带你来一起住。你把另外那五个戈比放到什么地方去了？’我哭了起来，因为他不相信我，但是他并不听我，继续地叫，‘你偷了五个戈比哪！’接着他就在桥上打起我来，把我打伤了。我哭得很厉害……所以我想，万尼亚，他一定还活着，他一定还在什么地方走来走去，等着我去呢。”

我再度地想去安慰她，想劝她说她弄错了，最后我相信我是把她说服了。她说，她现在害怕睡熟，因为怕梦见她外公。末了她热烈地拥抱着我。

“但是，无论如何，我也不能离开你，万尼亚，”她说，把她的小脸孔紧贴着我，“就是不为外公，我也不愿离开你。”

屋子里每一个人，对尼丽的发病都很惊惶。我把她病中的幻想单独地告诉了医生，问他觉得她这情形怎么样。

“现在还不能确定，”他想了想回答说，“我所能做的，只是推测、观察和注意而已；但是什么都不能确定的。复原总之是不可能的了。她是要死的。我不告诉他们，是因为你求我不要讲，但是我很难过，但是我提议明天会诊一下。也许会诊之后，病会有一种转变。但是我为这小女孩子很难过，仿佛她是我自己的孩子似的……她是一个可爱的、可爱的孩子呀！而且是有那样一个有趣的心境啊！”

尼古拉·舍盖伊契特别地激动。

“我告诉你，我想到一些什么，万尼亚，”他说，“她非常喜欢花。你知道什么吗？明天她醒来的时候，让我们准备用花去欢迎她，像她今天所描述她跟亨立契为她妈妈所准备的一样……她讲那个的时候带着怎样的激动心情啊……”

“我敢说，她是那样，”我说，“但是现在激动对她正是最坏的。”

“不错，但是快乐的激动是另外一件事。相信我吧，我的孩子，信任我的经验吧；快乐的激动是无害的；这甚至可以治病，这是对健康有帮助的。”

那老人实在被他自己的主意那样地迷惑住了，使他完全陷入一种狂喜中间。这是不可能劝阻他的。我把这事去问医生，但是他还来不及考虑这问题，尼古拉·舍盖伊契就已经抓起帽子，奔出去准备了。

“你知道，”他出去的时候对我说，“这儿附近有一所温室，一家富丽堂皇的铺子。那些管苗圃的人出卖花；很便宜就可以买到。多么便宜，那真惊人啊！……你要给安娜·安德烈耶夫娜一个印象。否则，她马上又要因为这种浪费发脾气了……所以，我告诉你……我告诉你，我亲爱的孩子，你现在到哪里去呀？你现在自由了，你已经结束你的作品啦，那么你为什么要急急赶回家呢？今天晚上睡在这里，楼上的顶楼里；你从前在那里睡过，你记得吗？床架和床垫依旧和从前一样哩；什么东西都不曾碰过。你可以像法国国王一样睡觉哩。唔？住下吧。明天我们一早就起来。那时他们会把花送来。到八点钟，我们要把整个房间都布置起来。娜泰莎会来帮我们的忙。她会比你和我更有审美力哩。嗯，你赞成吗？你今夜肯住下吗？”

这决定了，我今夜住下来。尼古拉·舍盖伊契出去料理了。医生和马斯罗波耶夫道了别出去。伊赫曼耶夫家十一点钟就早早地睡觉了。马斯罗波耶夫走的时候似乎躇踌了一下，想要说些什么，但是又扔开了。可是当我向老人们道过晚安走上顶楼的时候，我出乎意外地看见他在里面。他坐在小桌子的旁边，翻着一本书在等候我。

"我半路上又转回来，万尼亚，因为不如现在来告诉你。坐下吧。这是一件傻事情，你瞧，事实上那么烦人呀。"

"啊，什么事情呀？"。

"啊，你那位流氓亲王两个礼拜以前发了那样大的脾气，脾气大得我现在还气愤呢。"

"啊，什么事情呀？你和亲王难道还有关系吗？"

"滚你妈的'什么事情呀？'倒像煞发生了什么了不起的事情啦。你简直就跟我那个亚历山特拉·西苗诺芙娜以及那一切难受的娘儿们一色一样！……我受不住那些娘儿们……连雄鸡啼一声，她们也会'什么事情呀？'"

"别生气呀。"

"我一点也不生气，但是什么事情得看得合理一点，不要太夸张……这就是我要说的。"

他歇了一下，似乎还在生我的气。我不去打断他。

"你瞧，万尼亚，"他又说起来，"我已经找到一点线索……这就是说，我还不曾真正地找到它，而这还不是真正的线索。可是我这么觉得……那就是说，由于某种理由，我推断尼丽……也许……嗯，事实上是亲王的合法的女儿。"

"你说什么呀？"

“你又吼起来啦，‘你说什么呀？’所以，一个人真是不能照这样说话哪！”他狂乱地挥着手叫起来。“我可曾确定地对你说过什么吗，你这莽撞的家伙？我可曾告诉你，已经证明了她是亲王的合法的女儿吗？我告诉过你，还是不曾告诉过你呀？”

“听着，我亲爱的家伙，”我极其激动地对他说，“看上帝面上，别再叫了，只是把事情清楚地和精确地来说明白吧。我发誓我会了解你的。你该知道，这问题多么重要，而怎样的结果……”

“结果，真的，什么结果呀？证据在哪里呀？事情可不是这样办的呀，那么我现在来告诉你一个秘密吧。我为什么要告诉你，这以后再说。你可以确定，这中间是有个道理的。听着，别开口，要明白这一切完全是秘密……事情是这样，你瞧。亲王冬天从华沙一回来，就是斯密司死以前，他就开始在调查这事情。那就是说，他在去年更早就开始了。不过那时他在调查一件事情，后来是调查另外一件事情。问题是他失去线索了。自从他在巴黎跟尼丽的母亲分开和把她抛弃以来，已经有十三年了，但是这一些日子里他始终不断地注意着她；他知道她是跟亨立契住在一起，就是尼丽今天讲到的那个亨立契，他知道她生了尼丽，也知道她害了病；事实上他知道一切事情，但是之后他忽然失去线索了。这大概是在亨立契死后，她到彼得堡的时候。在彼得堡，他自然会很快发现她的，不管她在俄国用什么名字；但是问题是，他在外国的经理人把一个假的情报误传给他了，通知他说她是住在德国南部的一个偏僻的小城市里。他们因为疏忽把他骗了。他们是把另外一个女人当作了她。这样过了一年多。可是到了去年，亲王开始怀疑起来了；某些事情甚至更早就使他怀疑不是那个女人。那时问题就发生了：那个真的女人在哪里呢？这使他猜想（虽然他并没有根据）她会不会在彼得堡呢。这时外国方面也在打听，同时这边也着手打听；不过他显然不想去利用官家的线索，于是他就跟我认识了。我是由别人推荐给他的。人家把我的种种事情都告诉了他，说我是把侦探作为一种业余工作的，诸如此类的话……嗯，所以他就把事情对我解释；只是模模糊糊地解释，天杀的家伙，他模糊地和暧昧地解释这件事。他弄了很多错误，自己几次地重复着；他在同一个时候从几种不同的观点上来说明事实……嗯，正如我们大家知道的，纵使你是那么狡猾，你也无法不露一点痕迹。嗯，我开头自然是带着全然的驯顺和单纯的心地去做的，实在是奴隶一般的忠诚。但是，我是依照我永远遵守的一种原则，而且也是一种自然的法则（因为这是一种自然的法则）去做的。第一，先考虑他是否告诉了我他真正所要说的话；第二，在他所告诉我的话背后，是否还隐藏着一些他不曾告诉我的东西。因为如果是后一种情形的话，即使像你，亲爱的孩子，凭你诗人的头脑，大概也会明白他是在愚弄你：因为譬如说这一件工作值一个卢布，另一件工作也许要值一个卢布的四倍。所以，如果我为了一个卢布去做值四个卢布的工作，那我就是一个傻瓜。我开始来侦查和推测，一点一点我找到一些线索了；我从他那里探出一件事情，从旁人那里又探出一件事情，凭我的机智我又探出第三件事情。假如你问我，这样做是什么意思，我会回答你，嗯，是为了一点，就是亲王似乎对这件事颇为急切；他似乎有些什么事情极为惊惶的样子。究竟他在害怕一些什么呢？他曾经把一个女孩从他父亲那里带跑，而当他遗弃她的时候，她已经怀了孕。这种事情究竟有什么了不起呢？一种有趣的好玩的恶作剧罢了，没有别的什么呀。像亲王这样的人是不会怕这种事情的！可是他却怕……这教我怀疑起来。我顺便从亨立契身上还找到了一些极有兴味的线索，我的孩子。自然他是死了，但是通过他的一个表妹（现在嫁给彼得堡的一个面包师），那表妹从前曾经热恋过他，后来尽管嫁给了那个做面包的胖子老爹，而且偶然地替他养下八个孩子，依旧继续爱了他十五年；从这位表妹身上，我说，我用了许多各色各样的计策，知道了一件重要的事实，就是亨立契照着德国的习惯时常写信和寄日记给她，而且在他死以前，还寄过一些信给她。她是一个傻瓜，她不懂得那信里的重要东西，我相信她只懂得他谈到月亮呀，'我亲爱的奥古斯汀'[①]呀，还有韦兰[②]呀的一部分。但是我抓住了那些必要的一些事实，从这些信上，我得到一个新的线索。我也查出了关于斯密司，关于他女儿从他那里偷去的钱，以及关于亲王控制了那些钱的事情；最后在各种感叹、闲话和讽喻中间，我也看到了一些重要的真实。你要明白，万尼亚，这就是说，什么都不是肯定的。蠢笨的亨立契故意隐讳着这个，只是暗示地提到；嗯，这些暗示，全部集合起来，在我心里却合成一种妙极了的调合一致的东西。亲王是合法地跟那年轻女人结过婚的。他们在哪里结婚，确实在什

① 英国的圣僧（？—604）。

② 德国作家（1733～1813）。

么时候，什么地方，在外国还是在此地，那些证明文件在哪里——却全部不知道。实在的，万尼亚老朋友，我白费力气地找寻它们，简直绝望得把头发都扯断了；我实在是日日夜夜在追寻。我最后发现了斯密司，但是他走了而且死了。我连去看一看他都来不及。后来，由于凑巧，我忽然知道我所怀疑的一个女人死在华西里耶夫斯基岛。我调查了一下，找到了一些线索了。我奔到华西里耶夫斯基岛去，就在那里，你记得吗，我们碰上了？我那时得到了一个很大收获。总之，在这点上，尼丽是我一个很大的帮助……”

“听着，”我打断他说，“当真你不以为尼丽是知道的吗？”

“什么？”

“知道她是华尔戈夫斯基亲王的女儿吗？”

“唉，你自己知道她是亲王的女儿就得了，”他回答说，带着一种愤怒的谴责看着我，“干吗问这种愚蠢的问题呢，你这蠢家伙？重要的不仅在她是亲王的女儿，而且她是他的合法的女儿——你明白这个吗？……”

“不可能的！”我喊起来。

“我起先也对我自己说，这是‘不可能的’，可是结果这却是可能的，而且完全可能是真实的。”

“不，马斯罗波耶夫，不是这样的，你的幻想在跑野马了！”我叫。“她一点也不知道这件事，尤其是她是他的合法的女儿。如果那做娘的有什么文件之类可以拿出来，她会过像她在彼得堡所过的这种可怕的生活吗？尤其是会让她的孩子落在这样一种完全孤苦无靠的命运中吗？胡说，这是不可能的！”

“我从前也这样想；事实上这到今天对我还是一个谜呢。但是进一步说，事情是这样：尼丽的妈妈是世界上最疯狂、最不理智的女人。她是一个奇特的女人；想想这一切情形，她的浪漫主义，这一切表现在最狂妄最疯癫的形式中的空想的胡闹吧。拿一点来说：从最初以来，她就在梦想着一些尘世天堂的东西，在梦想着天使；她的爱是无止境的，她的信仰是无垠的，并且我相信她后来发了疯，倒并不是因为他对她厌倦而把她抛弃了，却是因为她在他的身上遭受了欺骗，因为他能够欺骗她和抛弃她，因为她所崇拜的人结果变成了泥土，并且唾弃了她，屈辱了她。她那罗曼蒂克和痴狂的灵魂是不能忍受这种变化的，更不必说侮辱了。你知道这是怎样一种侮辱吗？在她的恐惧，尤其是在她的高傲中间，她带着无限的鄙夷从他那里脱出身来。她斩断一切联系，撕碎她的一切文件，唾弃他的钱，忘记这虽不是她的钱却是她爸爸的钱，为了要凭她精神上的伟大去压倒引诱她的人，为了要把他看作是曾经抢夺过她的，为了要使她有权利终生终世瞧不起他，她就把那钱看得那么肮脏而拒绝去接受它。她好像说过这样的话，她认为称呼她是他的妻子乃是一种不名誉的事。我们在俄国是没有离婚的，但是事实上他们是分离了。照这样情形，她怎么能够向他要求救济呢！记得那疯子在她临死的床前对尼丽说：‘别到他那里去；做工，死掉，可就是别到他那里去，不管是谁来带你去。’所以甚至在那时候，她也梦想到她会被查究出来，因此想再一次用鄙夷去压倒那查究她的人，替她自己报仇。总之她是以噩梦代替面包而生活的。我从尼丽口里曾经打听出许多事情。老兄，事实上我现在还打听出许多。自然她妈妈是害痨病的；这种病特别会引起怨恨和各种容易受刺激的情形。可是我从布勒诺夫夫人的一个密友那里确实知道，她是写过一封信给亲王的，不错，是给亲王，确实是给亲王……”

“她写了吗！那么他收到那封信吗？”我叫起来。

“正是这句话了。我不知道他收到没有。有一次，尼丽的妈妈走近那个密友（你记得那个涂脂抹粉的女人吗？她现在是在感化院里了。），嘿，她已经写好信，交给她拿去，但是那信终究不曾送去，她又拿回来。这是在她死以前三个星期……一件重要的事实，她既然有一次决心要寄去，纵使她又收回来，她也许会再寄出去的——那我就不知道了；但是有一个理由可以相信她当真不曾寄出去；因为我猜想亲王只是在她死后才确定查出她是在彼得堡和住在什么地方。他该是放心了！”

“是的，我记得阿略沙说过，有一封信使他爸爸非常高兴；但那是很近的事情，还不到两个月。唔，说下去，说下去。你跟亲王的交涉怎么样了？”

“我跟亲王的交涉？要明白，我有一种完全有把握的确信，可是没有一点正面的证据，一点也没有，虽然我已经竭尽了一切努力。危险的地位哩！我非得要到外国去调查。但是什么地方呢？——我不知道。自然我知道我为这个要艰苦地斗争，因为我只能用暗示去恫吓他，装作我比实在所知道的更知道得多一些……”

“嗯，以后怎么样呢？”

“他没有上当，虽然他是给吓着了；甚至他现在还在害怕哩。我们会过几次面。他是装作怎样一个癞疯子！有一次他在吐露心情的时候，开始告诉我全部故事。那时他以为我已经完全知道了。他带着感情说得很好，很坦白——自然，他是无耻地在撒谎。就在那时，我估计他是怕我。一次我对他装傻，让他看出我是在装佯。我做作得很拙劣的——那是故意做作得很拙劣的。我故意对他稍微粗暴一点，去恫吓他，这一切使他把我看作一个傻子，多少吐露一些东西出来。他看穿了，这流氓！又一次我装作喝醉酒。那也没有效——他是刁滑的。你能够明白这点的，万尼亚。我必须探究出他怕我到什么程度；同时，使他相信我比实在知道的知道得更多。”

“嗯，结果怎么样呢？”

“没有结果。我需要证据，可是我得不到。他只看出一点，就是也许我会造谣。自然，谣言是他所害怕的一件事情，而他之所以害怕，尤其是因为他要在这里攀亲。你自然知道他快要结婚了？”

“不。”

“就在明年。去年他在这里已经在找寻他的新娘了；她那时只有十四岁，现在是十五岁了，依旧还挂着围嘴呢，可怜的东西！她的父母很高兴。你想他是多么焦急地盼望他妻子死哩。她是一个将军的女儿，一个有钱的姑娘——有大堆的钱！你和我决不会结这种婚的，万尼亚朋友……只是有些事情我终生终世都不能原谅我自己！”马斯罗波耶夫叫起来，把拳头在桌子上一捶。“因为两礼拜以前他已经占了我的上风啦……这流氓！”

“怎么会是这样呢？”

“是这样的。我看出他知道我是没有什么确实的东西可以倚靠了！而且最后我觉得事情越拖下去，他就越看出我没有办法。哼，所以我就同意从他那里拿两千。”

“你拿两千！”

“是银币，万尼亚；这是不得已的，可是我拿了。这样一件工作好像值不得两千以上哩！拿这钱是倒霉的。我觉得他好像唾了我的脸。他对我说：‘马斯罗波耶夫，你以前做的工作我还不曾付你钱呢。’（但是他很久以前就已经付过了，我们商定了的一百五十卢布。）‘嗯，现在我要离开了；这儿是两千，这样我希望我们之间的一切事情都解决了。’我这样回答说：‘最后解决了，亲王，’并且我不敢去看他那丑恶的脸孔。我想那脸孔上显然写着：‘哼，他拿够了。我只是出于好心把这钱给一个傻瓜罢了！’我不记得我是怎样离开他的！”

“但这是可耻的呀，马斯罗波耶夫，”我叫，“尼丽怎么样呢！”

“这不但是可耻……这是罪恶的……这是可憎的。这是……这是……没有话可以形容的！”

“天呀！他至少总该抚养尼丽呀！”

“自然他应该！但是别人怎样去强迫他呢？去恫吓他吗？一点都没有用；他不会被吓住的；你瞧，我已经拿了他的钱了。我自己向他承认了，他害怕我的一切只值两千卢布。我自己定的价钱呀！现在还怎么去恫吓他呢？”

“那么，这样就算了吗，尼丽的一切都丧失了吗？”我叫起来，几乎是绝望了。

“一点也不！”马斯罗波耶夫愤怒地叫着跳了起来。“不，我不能这样放过他的。我要重新来过，万尼亚。我已经下了决心。我拿了两千又怎么样呢？滚他妈的！我是为了侮辱拿这笔钱的，因为他欺骗了我，这恶棍，他一定在笑我哩。他骗了我还笑我呀！不，我不能让他嘲笑的……现在我要从尼丽身上来下手。万尼亚，从我所注意到的事情中间，我完全确定她是有打开全盘局势的钥匙的。她知道一切——关于这事情的一切！她妈妈告诉她了。在她昏迷中间，在她绝望中间，她会告诉她的。她没有一个人可以诉说。尼丽在她身边，所以她就告诉尼丽了。而且我们也许可以找到一些文件呢，”他愉快地补充说，搓搓他的手。“你现在明白了，万尼亚，我为什么常常在这儿徘徊？首先，自然是因为我喜欢你；但是主要的是为了注意尼丽，而另外还有一件事情，不管你愿意不愿意，你必须帮我忙，因为你对尼丽是有影响的！……”

“我一定会帮你忙，我发誓！”我叫，“而且我希望，马斯罗波耶夫，你得尽你最大的努力，为了尼丽的缘故，为了这可怜的、被损害的孤女，不仅是为了你自己的利益。”

“不管我为了谁的利益去尽最大的努力，这对你又有什么分别呢，你这幸福的天真的人呀？问题只是要做起来啊，自然这是为了那孤女的缘故，这只是普通的人性呀。可别太看死我了，万尼亚，以为我只想着自己。我是一个穷人，他是不敢侮辱穷人的。他抢夺了我自己的，又外加上他欺骗了我，这流氓。你以为我会去体谅那样一个骗子吗？决不！”

但是，第二天我们的会面却不曾实现，尼丽的病更坏了，不能够离开她的房间了。

而且她永远就没有再离开她的房间了。

两个星期以后，她死了。在她最后痛苦的两个星期中间，她从没有完全清醒过和摆脱掉过她那奇怪的幻想。她的智能似乎是被蒙蔽了。直到她死那一天，她都坚信她的外公是在唤她，在气她不去，在用手杖打她，和叫她去讨钱给他买面包和鼻烟。她常常在睡梦中哭起来，她一醒来就说她看见她的妈妈了。

只是有些时候，她似乎完全恢复她的机能。有一次只剩我们两个人在一块。她转向我，用她那瘦小的滚烫的小手紧握着我的手。

“万尼亚，”她说，“等我死了，去跟娜泰莎结婚吧。”

我相信，这想头很早就常常存在她心里了。我朝她笑笑，没有说话。看见我笑，她也笑了。她装出一副恶作剧的脸孔，向我摇摇她的小手指，立刻又来吻我了。

她死前三天，一个美丽的夏天黄昏，她要求我们把窗帷拉开，并且打开她卧室的窗户。从那窗里是可以望到花园的。她朝那茂盛的绿色的花叶，朝那落日凝视了许久，忽然请其余的人都走开，只剩下我们。

“万尼亚，”她用一种几乎听不见的声音说，因为这时她已经非常衰弱了，“我快要死了，很快就要死了。我希望你记着我。我把这个留给你作为一个纪念物。”(她给我一只小袋，那是和十字架一起挂在她胸前的。)“妈妈临死的时候把这留给我。所以我死了你就把这拿去，拿去并且读一读里面的东西。我今天要告诉他们把这个给你，不给别的人。当你读了那里面写的东西，就到他那里去，告诉他我死了，我不曾宽恕他。还告诉他，我最近读了福音书。那书上说我们必须宽恕我们一切敌人。是的，我读了，但是我还是一样地没有宽恕他；因为妈妈临死还能说话的时候，她最后一句话就是：'我诅咒他。'所以我也诅咒他，不是为了我的缘故，而是为了妈妈的缘故。告诉他妈妈是怎样死的，我是怎样孤零零地落在布勃诺夫夫人家里！告诉他你怎样在那里看见我，告诉他一切一切，告诉他我宁愿在布勃诺夫夫人家里，不愿到他那里去……"

尼丽说这些话的时候，脸色转白了，眼睛闪出光来，她的心跳得那么猛烈，她倒到枕头上了，有两分钟工夫说不出一句话来。

"叫他们来吧，万尼亚，"她最后用微弱的声音说，"我要向他们一切人告别。别了，万尼亚！"

她最后一次热情地拥抱我。别的人都进来了。尼古拉·舍盖伊契不能相信她是快死了；他不能承认这意见。直到最后一刻，他都不肯同意我们，坚持她一定会好起来的。他因为焦灼格外瘦了；他好几天来都坐在尼丽床边，甚至晚上也这样。最后一夜他完全没有睡觉。他想看出尼丽一线最微弱的希望，当他从她那里走出到我们这里来。他哭得很伤心，但是，立刻又希望她不久会好起来。他用花布满了她的房间。有一次他买了一大束精致的红白玫瑰花来；他跑了很长一段路才买来的，把它们带给他的小尼丽……他用这一切使她很兴奋。她不能不用整个心去报答环绕在她四周的爱。那天晚上，她向我们告别的晚上，老人简直不能够对她去道永诀。尼丽朝他微笑，整个晚上想装作快乐的样子；她同他开玩笑，甚至发笑……我们离开她的房间，几乎觉得有希望了，但是第二天她就不会说话了。两天以后她就死了。

我记得老人怎样用花装饰她的小棺材，绝望地凝视着她那枯瘦的、带着微笑而死去的小脸孔和她那交叉在胸前的手。他朝她哭着，好像她是他自己的孩子一般。娜泰莎和我们所有人都来劝慰他，却无法劝慰，而在出殡以后他就生起重病来。

安娜·安德烈耶夫娜把尼丽脖子上那只小袋给了我。里面有她妈妈写给华尔戈夫斯基亲王的信。我在尼丽死的那天把它读了。她诅咒了亲王，说她不能宽恕他，叙述着她后来的一部分生活，她留给尼丽的一切恐怖，和请求他为孩子想点办法。

"她是你的，"她写着，"她是你的女儿，而且她真正是你的女儿。我死后我叫她到你那里来，给你这封信。如果你不拒绝尼丽，我也许将宽恕你，在末日审判的日子，我会站在上帝神座之前，祷告宽恕你的罪恶。尼丽知道这信里的话。我已经把这信向她读了。我把一切都告诉了她；她知道了一切事情，一切事情……"

但是尼丽并不曾照她妈妈的吩咐去做。她知道一切，但是她没有到亲王那里去，没有宽恕他，死去了。

当我们送了尼丽丧回来，娜泰莎和我走到花园里去。这是一个炎热的有太阳的日子。一个星期之后，他们就要动身了。娜泰莎用一种长久而奇异的眼光注视了我好久。

"万尼亚，"她说，"万尼亚，这是一场梦啊，你知道。"

"干什么是一场梦？"我问。

"一切，一切，"她回答说，"这一年中间的一切事情。万尼亚，为什么我毁坏了你的幸福呢？"

在她的眼睛里，我读到：

"我们本来可以永远在一起幸福的啊。"